Gustav F Waagen

Handbuch der Geschichte der Malerei

Handbuch der deutschen und niederländischen Malerschulen

Gustav F Waagen

Handbuch der Geschichte der Malerei
Handbuch der deutschen und niederländischen Malerschulen

ISBN/EAN: 9783742869289

Hergestellt in Europa, USA, Kanada, Australien, Japan

Cover: Foto ©Thomas Meinert / pixelio.de

Manufactured and distributed by brebook publishing software
(www.brebook.com)

.

Gustav F Waagen

Handbuch der Geschichte der Malerei

Handbuch

der

Geschichte der Malerei

von

G. F. Waagen.

Erster Band.

Die deutschen und niederländischen Malerschulen.

Stuttgart. 1862.

Verlag von Ebner & Seubert.

Handbuch

der

deutschen und niederländischen

Malerschulen.

Von

G. F. Waagen.

———

Mit Illustrationen.

———

Erste Abtheilung.

Stuttgart. 1862.

Verlag von Ebner & Seubert.

VORREDE.

Seit dem Erscheinen der trefflichen Bearbeitung des Kugler-schen Handbuchs der Malerei von Jakob Burckhardt im Jahr 1847, sind über die Geschichte der Malerei in Deutschland und den Niederlanden, sowohl für die frühere Zeit, bis einschliesslich des 16., als für die spätere, bis zum Ausgang des 18. Jahrhunderts, so viele Forschungen angestellt worden, dass der Buchhändler John Murray in London es angemessen fand, mich zu einer Umarbeitung einer bei ihm erschienenen Uebersetzung der obige Schulen betreffenden, Theile jenes Handbuches aufzufordern. Da ich mich seit mehr als vierzig Jahren eifrig mit dem, vornehmlich auf die Anschauung der betreffenden Denkmäler in den meisten öffentlichen und Privat-sammlungen Europas begründeten, Studium dieser Schulen beschäf-tigt habe, bin ich dieser Aufforderung gern nachgekommen. Ob-wohl ich nun bei dieser Arbeit für die Epochen bis zur Mitte des 16. Jahrhunderts manche Theile des Originals beibehalten, so hatte doch schon in diesen, durch die Mehrung des Thatbestandes, wie durch die Verschiedenheit der Beurtheilung, das Meiste eine neue Gestalt gewonnen, für die späteren Epochen erschien aber vollends eine ganz neue Bearbeitung als unerlässlich. Die Meister von Rubens an sind nämlich in dem Kugler'schen Handbuch ungleich weniger ausführlich, ja manche nur skizzenhaft behandelt worden. Ich habe es mir daher angelegen sein lassen, dieser Ungleichheit durch eine ähnlich ausführliche Besprechung derselben abzuhelfen.

Für die deutsche Ausgabe, welche hiermit dem Publikum übergeben wird, war indess in einigen Stücken noch ein anderer Standpunkt erforderlich. Bei dem allgemeineren Interesse, welches in
Deutschland auch für die früheren Epochen vorauszusetzen ist, sind
dieselben ausführlicher behandelt, manche Abschnitte, z. B. der
über Albrecht Dürer, ganz neu gearbeitet worden, so dass von
dem Kugler'schen Buche überhaupt nur sehr wenig stehen geblieben ist. Da bei der Auswahl der Denkmäler, welche aus der
unermesslichen Anzahl der vorhandenen, anzuführen sind, nächst
ihrer besonderen Bedeutung, ihre leichte Zugänglichkeit zu berück-
sichtigen war, indem mir ganz besonders daran liegt, dass jeder
Leser dieses Handbuchs im Stande ist, sich durch eigne Anschauung
zu belehren, habe ich hier manche der in England befindlichen
Bilder unterdrückt, und vorzugsweise die Gallerien zu Dresden,
München, Wien, Berlin, Kassel und Frankfurt am Main, so wie
die, jetzt mit der Eisenbahn so leicht zu erreichenden, in Paris,
Antwerpen, Gent, Brügge, Brüssel, Amsterdam und dem Haag,
benutzt, dagegen nur in wichtigen Fällen auf die Nationalgallerie
in London und die Gallerie der Uffizien in Florenz Bezug genommen. Da ich während des Drucks dieses Handbuchs Gelegenheit
gehabt habe, die, mir vorher nicht aus eigner Anschauung bekannte, Gemäldegallerie der Ermitage in St. Petersburg einem
genauen Studium zu unterwerfen, habe ich mich im Stande gesehen, mich in manchen Fällen noch nachträglich auf dieselbe zu
beziehen. Bei der grossen Wichtigkeit dort befindlicher Gemälde
für mehrere Hauptmeister, hat hiedurch das Buch einige wesentliche
Ergänzungen erfahren, durch welche zugleich die Kunstfreunde auf
diese, bisher viel zu wenig bekannten Kunstschätze aufmerksam
gemacht werden, welche nach der, im nächsten Jahre bevorstehen-
den, Vollendung der Eisenbahn zwischen Berlin und St. Petersburg,
ungleich leichter zugänglich sein werden, als bisher. Um das Auf-
finden der Bilder in allen diesen Gallerien möglichst zu erleichtern,
habe ich die Nummern derselben nach den neuesten Katalogen
angegeben. Nur bei der Kaiserl. Gallerie in Wien und der der
Ermitage in St. Petersburg habe ich, da bei der ersteren die An-

gabe nach Stockwerk, Schule und Zimmer, bei jedem einzelnen
Bild zu umständlich, bei der zweiten aber weder ein gedruckter
Katalog vorhanden ist, noch die Bilder endgültige Nummern haben,
davon Abstand genommen. Privatsammlungen habe ich vornehmlich
berücksichtigt, wenn sie leicht zugänglich und die Bilder darin besonders wichtig sind. Die vornehmsten dieser auf dem Kontinent
sind die Gallerien Liechtenstein, Esterhazy, Czernin und Schönborn
in Wien, die Sammlung des Grafen Schönborn in Pommersfelden
bei Bamberg, die Sammlung Suermondt in Aachen, die Sammlung
Aremberg in Brüssel, die Sammlung Six van Hillegom in Amsterdam,
die bedeutendsten in England, die der Königin in Buckingham-
Palace und in Windsorcastle, des Grafen Ellesmere, des Lord
Ashburton, wie der Herrn Thomas Baring und R. S. Holford. **Andere**
Sammlungen habe ich nur bei höchst wichtigen und seltnen Bildern
angeführt.

Obwohl nun dieses ein Handbuch der Malerei ist es mir
doch als unerlässlich erschienen, bei solchen Malern, welche Kupferstiche, Holzschnitte oder Radirungen nach ihren eignen Erfindungen ausgeführt, oder auch nur Zeichnungen für den
Holzschnitt gemacht haben, kürzlich davon zu handeln. Von verschiedenen der grössten Maler, wie z. B. von Martin Schongauer
kann man nämlich, bei der ungemeinen Seltenheit ihrer Bilder,
ihre ausserordentliche Erfindungskraft und ihre hohe Bedeutung fast
nur aus ihren Kupferstichen und Radirungen kennen lernen. Andere,
denen es an Farbensinn fehlte, z. B. Herman Swanevelt, erscheinen
in ihren Radirungen ungleich mehr zu ihrem Vortheil, als in ihren
Gemälden, wieder andere, z. B. Simon de Vlieger, welcher als
Maler, mit seltnen Ausnahmen, nur Seestücke ausführte, hat seinem
Talent für die Landschaft beinah nur in seinen Radirungen Ausdruck gegeben. Ein anderer Grund, weshalb ich von diesen verschiedenen Gattungen der Druckkunst Notiz genommen, besteht
darin, dass es davon eine grosse Anzahl von Exemplaren giebt, so
dass recht viele Personen im Stande sind, zu deren Anschauung
zu gelangen, worauf es ja doch vor Allem in der bildenden Kunst
ankommt. Es versteht sich übrigens von selbst, **dass ich bei den**

Bemerkungen über alle diese verschiedenartigen Blätter vornehmlich
die Seite der Erfindung und des Malerischen hervorgehoben
habe. Ein näheres Eingehen auf den technischen Theil, eine
genauere Beschreibung einzelner Blätter liegt ausserhalb der Grenzen
dieses Handbuchs. In beider Beziehung habe ich indess auf das
bekannte Werk von Bartsch: „Le peintre graveur" und auf die
Nachträge zu demselben von Rudolph Weigel verwiesen. In Betreff
der so wichtigen Handzeichnungen der Meister habe ich mich, bei
der erstaunlichen Anzahl derselben, und der schweren Zugänglichkeit der meisten, vollends nur auf wenige Anführungen beschränken
müssen. Wenn endlich der Leser die Namen einer grossen Anzahl
von Malern ganz vermissen wird, so bemerke ich, dass deren Aus-
lassung nicht aus Vergesslichkeit, sondern mit guter Absicht geschehen ist. Der Zweck eines Handbuchs besteht nämlich darin,
auf den Standpunkt der neusten Forschungen von den wichtigeren
Erscheinungen der zu behandelnden Schulen, in deren verschiedenen
Epochen, sowohl im Betreff des historischen Thatbestandes, als der
ästhetischen Würdigung, eine kurze Rechenschaft zu geben, und
für diejenigen, welche selbst Forschungen über die betreffenden
Schulen machen wollen, die Quellen nachzuweisen. Alle solche
Maler, welche weder mit einem namhaften Meister zusammen-
hängen, noch selbst sich für ihre Epoche über das Mittelmässige
erhoben, noch endlich auf andere Maler von namhaftem Verdienst
einen Einfluss ausgeübt haben, habe ich daher, als dem Zweck
eines Handbuchs fremd und auf den Leser nur zerstreuend wirkend,
unterdrückt. Die Maler dieser Art sind ein Gegenstand für Künstlerlexika. Dagegen habe ich selbst minder bedeutende Maler aufgenommen, wenn sie sich an einen Künstler ersten Rangs, wie
Rubens oder Rembrandt, angeschlossen haben, um eine möglichst
vollständige Vorstellung von dem Umfange ihrer Wirksamkeit zu
erwecken. Aber auch bei den grössten Künstlern konnte es mir
nicht einfallen, mich auf die Besprechung aller ihrer Werke ein-
zulassen. Ein Solches ist Gegenstand einer Künstlerbiographie, wie
z. B. Passavant von Raphael geliefert hat. Im Einzelnen wird
natürlich immer Verschiedenheit der Ansichten darüber herrschen,

welche Künstler, oder welche Werke aufzunehmen sind, und welche nicht. Nur in Betreff des, durch seine trefflichen Radirungen so allgemein bewunderten, Waterloo halte ich es für nöthig, hier zu bemerken, dass ich ihn lediglich desshalb ausgelassen, weil weder mir noch dem so viel erfahrenen Kunstforscher, Ernst Harzen, jemals ein beglaubigtes Gemälde von ihm vorgekommen ist, so dass es als zweifelhaft erscheint, ob er überhaupt gemalt hat. Bei der Beschreibung der einzelnen Werke habe ich mich nur sehr selten einer grösseren Ausführlichkeit befleissigen können. Wie anziehend es auch ist, selbst bei Genrebildern auf alle Einzelheiten einzugehen, wie z. B. Burger in seinen, mit so grosser Lebendigkeit geschriebenen, Büchern es häufig thut, so dass er einmal zwei Seiten auf die Beschreibung eines Bildes des Adriaen van de Velde verwendet, so würde dadurch doch ein Handbuch seinen oben angegebenen Charakter verlieren und zu einer zu grossen Stärke anschwellen. In der Regel habe ich mich daher begnügen müssen, die einzelnen Bilder mit kurzen Andeutungen ihres Werths als Belege der Charakteristik des betreffenden Meisters und der mit ihm im Verlauf seines Lebens in seiner Kunst vorgegangenen Veränderungen anzuführen. Einen Vorzug darf ich dieser Arbeit vor den sonstigen mir über diese Schulen in ihrem ganzen Verlauf, bekannten Büchern beimessen, nämlich, dass ich die Denkmäler, worauf ich meine Urtheile begründe, mit wenigen, ausdrücklich von mir hervorgehobenen, Ausnahmen, selbst gesehen habe. Wenn nun der Leser dessungeachtet finden wird, dass dieses Handbuch, mit ähnlichen Werken über die italienische Schule verglichen, in den früheren Epochen in der Angabe namhafter Künstler und bedeutender Werke, als sehr mager, in den späteren aber in den historischen Thatsachen, z. B. Geburts- und Todesjahr der Maler, als weniger zuverlässig erscheint, so liegt dieses in den ungleich weniger günstigen Bedingungen, welche für den Bearbeiter der Geschichte der Malerei in Deutschland und den Niederlanden vorhanden sind. Es erscheint mir als angemessen, von diesen Bedingungen hier einige Rechenschaft zu geben. Die beiden Hauptquellen, worauf jede Kunstgeschichte zu begründen ist, sind, in

erster Stelle, die vorhandnen Denkmäler, in zweiter die über diese,
wie über deren Urheber, die Künstler, vorhandnen Nachrichten.
Verschiedene Umstände haben nun zusammengewirkt, dass in
Deutschland und den Niederlanden von Denkmälern der Malerei
von grösserem Umfang vor dem Jahr 1420 nur kärgliche Ueberreste
vorhanden sind, und dass selbst die Zahl der Bilder von dieser
Zeit bis zum Jahr 1550, also der ganzen Schule der van Eyck,
und der deutschen Meister von Martin Schongauer und Michael
Wohlgemuth, bis Albrecht Dürer und Hans Holbein, verglichen
mit dem ursprünglichen Reichthum, als sehr mässig erscheint.
Schon die grössere Rauhigkeit des Klimas, namentlich der starke
Wechsel der Temperatur im Frühjahr und im Herbst, hat in vielen
Fällen zerstörend auf die Malereien eingewirkt. Zunächst sind in
Folge der Reformation, zumal wo dieselbe in der Form der
schweizerischen Reformatoren, welche keine Bilder in den Kirchen
zuliessen, zur Geltung kam, [1] als in den Niederlanden und in der
Schweiz, eine grosse Anzahl jener früheren Bilder zu Grunde
gegangen. [2] Nicht minder verderblich wirkte in den katholischen
Theilen von Deutschland und den Niederlanden die Bevorzugung
späterer Kunstformen, welche zur Zeit von Rubens eine Art Be-
rechtigung hatte, aber in den Niederlanden, wie in Deutschland
auch für die Epochen des entschiedensten Verfalls in der zweiten
Hälfte des 17. und im 18. Jahrhundert sich geltend machte und
die früheren Kunstformen aus den Kirchen verdrängte. [3] Sehr
namhaft ist auch die Zahl von Bildern aus jenen früheren Epochen,

---

[1] Dagegen sind, wo die Reformation nach der Lehre Luthers angenommen
wurde, wie z. B. in Breslau und in Sachsen, in den Kirchen nicht allein viele
Altäre aus der katholischen Zeit erhalten, sondern noch zahlreiche Bilder, meist
von Lucas Cranach und seiner Schule, hinzugekommen. Mit Unrecht wird daher
der Reformation ganz allgemein die Zerstörung der Bilder zur Last gelegt. —
[2] In den Niederlanden geschah dieses ganz besonders durch den Bildersturm,
welcher im Jahr 1566, im August, seinen Anfang nahm. — [3] In den Niederlanden
gewährt hiefür besonders Brüssel, wo der Bilders arm nie hinkam, in Deutschland
die Stephanskirche zu Wien und der Dom zu Freisingen, wo die Reformation nie
zur Geltung gelangte, durch die sehr geringen Ueberreste von Bildern aus den
früheren Epochen an ersterem, dem gänzlichen Mangel an den beiden anderen
Orten, ein schlagendes Beispiel.

welche in den Niederlanden, sowohl in dem langwierigen Kriege
mit den Spaniern im 16., als in den Kriegen mit Frankreich im
17. und 18. Jahrhundert, in Deutschland im dreissigjährigen Kriege,
theils vernichtet, theils geraubt und nach dem Auslande verschleppt
worden ist. Viele Bilder der früheren Epochen sind endlich auch
durch die allgemeine Geringschätzung zerstört worden, welche im
18. Jahrhundert gegen sie herrschte. Die Erkenntniss der Meister
der Mehrzahl der, von allen diesen nachtheiligen Einflüssen ver-
schonten, Bilder aber wird noch durch den Umstand erschwert,
dass sie in der Regel gar nicht, oder doch nur mit Monogrammen
bezeichnet sind, deren Bedeutung in vielen Fällen verloren gegangen ist. Mit der schriftlichen Kunde über die Geschichte der
Malerei in Deutschland und den Niederlanden ist es ebenfalls sehr
schlecht bestellt. Die frühsten, spärlichen Nachrichten müssen wir
aus einigen italienischen Büchern,[1] vornehmlich aber aus dem
Werke des Vasari schöpfen. Während nun dieser seine Lebensbeschreibungen schon um 1550 herausgiebt und in seinen Nachrichten über Maler bis in das 13. Jahrhundert zurückgeht, erscheint
das Werk des Carel van Mander, als des ersten, welcher
eine nähere Kunde von den niederländischen und deutschen Malern
enthält, erst im Jahr 1604,[2] und geht nicht weiter, als bis zu
Hubert van Eyck, also etwa bis zum Anfang des 15. Jahrhunderts
zurück. Wie unvollständig und unzuverlässig dieser aber auch in
so vielen Stücken ist, so bleibt sein Werk doch die Hauptquelle
für die Meister der betreffenden Schulen bis gegen Ende des
16. Jahrhunderts, und nimmt eine ungleich höhere Stelle ein, als
das des frühsten Schriftstellers, welcher in Deutschland über die

---

[1] So finden sich in dem 1455 und 1456 geschriebenen Buche des Facius „De
viris illustribus" die ältesten Nachrichten über Jan van Eyck und Rogier van der
Weyden dem älteren, in einem im ersten Drittel des 16. Jahrhunderts verfassten
Tagebuch eines Reisenden, welches Morelli zuerst herausgegeben (Notizie d'opere
di disegno. Bassano 1800) einige Notizen über Bilder von obigen und anderen
Meistern der van Eyck'schen Schule. — [2] Het Schilderboeck, etc. door Carel van
Mander, Haarlem 1604 bei Paschier van Wesbusch. 1 Th. 4. Das Leben der
niederländischen und deutschen Maler macht hievon jedoch nur einen Theil,
nämlich von Blatt 196 bis 300, aus. Meine Citate beziehen sich indess auf die
zweite, ebenfalls in 4., 1618 in Amsterdam erschienene Ausgabe.

Geschichte der Malerei geschrieben hat. Dieses ist die, erst 1675 erschienene, deutsche Akademie des Joachim von Sandrart. Für die niederländischen, ja selbst für die Mehrzahl der deutschen Maler bis zum Ausgang des 16. Jahrhunderts enthält dieses Werk wenig mehr, als eine ungenaue Uebersetzung, ja öfter selbst nur einen dürftigen Auszug, aus dem Werke des Carel van Mander. Nur die Nachrichten über die dem Sandrart gleichzeitigen Meister sind in der Regel zuverlässig und sehr schätzbar. Ueber die niederländischen Künstler befinden sich in dem 1661 und 1662 erschienenen Werke des Cornelis de Bie[1] manche gute Notizen. Leider sind aber die Hauptschriftsteller über die Epoche der zweiten, grossen Blüthe der niederländischen Kunst im 17. Jahrhundert, Arnold Houbraken[2] und Campo Weyermann,[3] höchst mangelhaft. In den Nachrichten, welche sie nicht aus den Werken des van Mander und de Bie entlehnt haben, sind sie ebenso dürftig, als unzuverlässig. Dafür sind sie aber desto reicher an müssigem Geschwätz und an durchaus unwahren Anekdoten, welche selbst öfter das Andenken der Maler in schmählicher Weise verläumden. Johan van Gool,[4] welcher das Werk von Houbraken fortsetzt, ist zwar für die früheren Maler ebenfalls wenig verlässig, giebt aber wenigstens manche gute Nachrichten über die ihm gleichzeitigen. Die bekannten Malerbiographien des Descamps[5] sind fast nur ein Auszug aus den obigen Büchern, welche er, bei einer ungenügenden Kenntniss der holländischen Sprache, nicht einmal überall richtig verstanden hat. Die bei jenen gerügten Mängel sind daher auch in sein Werk übergegangen. Dadurch, dass er bei Malern, deren Geburtsjahr ihm unbekannt ist, das

[1] Het gulden Cabinet van de edel fry Schilderkonst. 1661—1662. Antwerpen. 1 Th. 4. — [2] Grote schouburgh der Nederlantsche Kunstschilders en schilderessen. 1718. Amsterdam. 3 Th. 8. — [3] Levensbeschryvingen der Nederlantsche Kunstschilders en schilderessen. Sgravenhaage 1729. 4 Th. in 4. Es ist nicht Wunder zu nehmen, dass dieser in verläumderischen Erfindungen noch weiter gegangen ist, als Houbraken, da er als Pasquillant von Profession sein Leben in gefänglicher Haft endigte. — [4] De nieuwe schouburgh der Nederlandtsche Kunstschilders en schilderessen. Sgravenhaage 1750. 2 Th. in 8. — [5] La vie des peintres flamands, allemands et hollandois. Paris 1753. 4 Th. in 8. J

Geburtsjahr irgend eines anderen, gleichzeitigen Malers an den
Rand setzt, um so auch deren Geburtszeit annähernd zu bestimmen,
hat er aber jene Mängel noch ansehnlich vermehrt. Die meisten
späteren Schriftsteller über diesen Gegenstand, welche das Buch
des Descamps wieder als erste Quelle benutzt, haben nämlich jene
Jahreszahlen am Rande als die wirkliche Angabe des Geburts-
jahrs in ihre Werke aufgenommen. Besonders trifft dieser Tadel,
namentlich für die Maler des 17. und 18. Jahrhunderts, das für die
früheren Epochen viele schätzbare Materialien enthaltende Werk
des Fiorillo,[1] und die Künstlerlexika von Füssli,[2] Bryan,[3] Pil-
kinton[4] und Nagler[5] J. Immerzeel[6] unterliegt zwar demselben
Vorwurfe, doch hat er wenigstens die schändlichen Verläumdungen
von C. Weyerman mit der gebührenden Verachtung widerlegt, und
im Einzelnen manche gute Notiz nachgetragen. Das Werk des
Rathgeber ist eine sehr fleissige Compilation.[7] Sehr verdienstlich
ist endlich das, als Fortsetzung von diesem Buch im Jahr 1859
in Amsterdam erschienene, Werk des Herrn Kramm.

Als nun in Deutschland in den ersten Jahrzehnten unseres
Jahrhunderts, theilweise durch die Schriften von Ludwig Tieck und
Friedrich Schlegel angeregt, der Sinn für die hohe Bedeutung der
Kunstdenkmale des Mittelalters mit grosser Lebhaftigkeit erwachte,
und man das Bedürfniss empfand, sich von denselben möglichst
genau zu unterrichten, musste man in Betreff der Malerei bald
jenen doppelten Mangel der Seltenheit der Bilder und der Spärlichkeit der historischen Nachrichten gewahr werden. Man bemühte
sich daher, Bilder aus den früheren Epochen, bis etwa um 1500,
aufzufinden, und in Sammlungen zu vereinigen. Obwohl man diess
zum Theil mit gutem Erfolge geschah, wie namentlich die, später in die

---

[1] Geschichte der zeichnenden Künste in Deutschland und den vereinigten
Niederlanden. Hannover 1815—1820. 4 Th. in 8. — [2] Allgemeines Künstlerlexicon.
Zürich 1810—1820. 3 Th. in Folio. — [3] Dictionary of Painters and Engravers.
2 Th. 4. London 1816. — [4] Dictionary of Painters. 4. London 1810. — [5] Neues
allgemeines Künstler-Lexicon. München 1835—1852. 22 Th. 8. — [6] De Levens en
werken der hollandsche en vlaemsche Kunstschilders, beeldhouwers, graveurs en
bouwmeesters. Amsterdam 1842. 3 Th. in 8. — [7] Annalen der niederländischen
Malerei. Gotha 1842. Fol.

Königl. Gallerie zu München übergegangene Sammlung der Brüder
Boisserée, die des Engländers Edward Solly, welche jetzt einen
höchst werthvollen Theil der Gemäldegallerie des Berliner Museums
ausmacht, die durch Vermächtniss dem Museum von Antwerpen
einverleibte des Chevalier van Ertborn, und die, erst kürzlich
von der Regierung in Württemberg käuflich erworbene, des Herrn
Abel in Stuttgart, eine Reihe trefflicher Bilder dieser Art vereinigten, so gewährten diese doch immer nur für die Zeit von
etwa 1380—1550 sehr vereinzelte Beispiele. Dasselbe galt noch
mehr für die früheren Epochen von den, an sich oft sehr wichtigen,
aber häufig sehr verdorbenen, Wandmalereien, welche man unter
der Tünche, meist in kirchlichen Gebänden, entdeckte. Um theils
eine mehr zusammenhängende, künstlerische Anschauung für jene
früheren Epochen zu gewinnen, theils dieselbe für die etwas späteren zu vervollständigen, nahm man daher seine Zuflucht zu den,
in besonders reich ausgestatteten Manuscripten vom 8. bis 16.
Jahrhundert befindlichen Miniaturen, welche durch den Charakter
der Schrift, und durch die Personen, für welche sie geschrieben
worden, mehr oder minder sichere Anhaltepunkte für die Zeitbestimmung gewähren. Das Verdienst, zuerst diesen Weg einge-
schlagen zu haben, gebührt d'Agincourt in seinem bekannten
Werke. [1] In grösserer Ausführlichkeit habe ich zunächst diese
Quelle benutzt, und in meinen Werken über die Kunstschätze in
Paris und in England, so wie in einem Aufsatz des deutschen
Kunstblattes vom Jahr 1850 von einer ansehnlichen Zahl von Manuscripten mit Miniaturen eine nähere Auskunft gegeben. In
Deutschland schlug zunächst Kugler denselben Weg ein. Um den
Thatbestand der so spärlichen historischen Nachrichten möglichst
zu vermehren, suchte man eifrig von Malern oder Bildern handelnde
Stellen bei Dichtern, Geschichtschreibern, wie in Chroniken von
Städten oder Klöstern auf. Ja man scheute zu demselben Zweck
selbst nicht die meist sehr mühseligen Nachforschungen in Gilden-
und Kirchenbüchern, in Archiven und alten Rechnungen. Als ein

---

[1] Histoire de l'Art par les monuments. 3 Th. Fol. Paris.

besonders bedeutendes Ergebniss solcher Forschungen ist das Werk
von Merlo über die Künstler der Stadt Köln hervorzuheben.[1] Als
nach dem Jahr 1820 auch in Belgien das Interesse für die Grösse
der vaterländischen Malerschule der Brüder van Eyck erwachte,
wurden der Forschungen ähnlicher Art angestellt. In der früheren
Zeit zeichneten sich besonders Louis de Bast, Delepiérre und
van Lockeren, in der etwas späteren Wauters, Schayes,
de Stoop, Goetgebuer, der Abbé Carton und Edmund
van Even aus.[2] Auch einige Fremde müssen hier erwähnt
werden. So enthält das, allerdings vorzugsweise für die italienische
Kunst wichtige, Werk des Dänen Gaye[3] einige sehr schätzbare
Nachrichten. Einen grossen Reichthum sehr namhafter Beiträge
aber gewährt ein Werk des Grafen Leon de Laborde,[4] welches
die Frucht eines genauen Studiums der verschiedenen Archivo
der alten Herzoge von Burgund ist.

Zunächst entstand das Bedürfniss auf die genaue Kenntniss
jener Bilder und auf jene einzelnen Nachrichten kunsthistorische
Werke von mehr oder minder grossem Umfang zu begründen,
welche einen, bisher Schriften dieser Art abgehenden, wissenschaftlichen Charakter hätten. Ich war der erste, welcher bereits im
Jahr 1822 mit einem Buch über die Brüder van Eyck hervortrat,[5]
worin ich mich bemühte, nach dem damaligen Stand der Kenntnisse
über dieselben, die hohe Bedeutung dieser grossen Künstler nicht
allein für die Malerei in den Niederlanden, sondern in ganz Europa

---

[1] Nachrichten von dem Leben und den Werken Kölnischer Künstler. Köln
1850. 1 Th. 8. — [2] Die Ergebnisse der Forschungen dieser Männer sind vornehmlich in dem „Messager des Sciences et des Arts de Belgique," Gand, und in den
jährlichen Bulletins der Königl. belgischen Akademie der Wissenschaften und
Künste in Brüssel, veröffentlicht worden. Die Namen verschiedener anderer,
in derselben Richtung verdienter Männer, so wie manche ihrer Ergebnisse findet
man in der Einleitung des, für die historischen Nachrichten über das Leben
der Maler musterhaften, und daher auch fleissig von mir benutzten Katalogs des
Museums von Antwerpen vom Jahr 1857 vor. [3] Carteggio d'artisti. Firenze
1839—1840. 3 Th. 8. — [4] Les Ducs de Bourgogne. Paris 1849. 8. Von diesem,
auf sechs Bände berechneten, Werk sind indess bisher erst drei erschienen. —
[5] Ueber Hubert und Jan van Eyck. Breslau 1822. 1 Th. 8. In verschiedenen
grösseren Aufsätzen von mir im Kunstblatt und im Deutschen Kunstblatt finden
sich Berichtigungen und Ergänzungen dieses Buches vor.

darzuthun. In Deutschland verfolgten dieses Bestreben um etwas
später mit besonders glücklichem Erfolg, Schnaase,[1] Passavant,[2]
Kugler,[3] Hotho[4] und Jacob Burckhardt.[5] Als sich in
Belgien dasselbe Bedürfniss geltend machte, suchte man demselben
von Seiten der Regierung durch eine Unterstützung, welche man
dem französischen Schriftsteller, Herrn Alfred Michiels, bei
einer Abfassung einer Geschichte der Malerei in den Niederlanden
angedeihen liess, Vorschub zu leisten.[6] Dieselbe ist dem Wesentlichen nach eine sehr fleissige Zusammenstellung aller damals bekannten Forschungen, und geht bis an das Ende des 16. Jahrhunderts. Ein, von der Königl. belgischen Akademie gekrönte
Preisschrift über die Brüder van Eyck und ihre Schule von Herrn
Heris,[7] stützt sich vornehmlich auf die Ergebnisse der oben erwähnten, deutschen Forschungen. Mit sehr fleissiger Benutzung
aller, bis zum Jahr 1857 gesammelten Materialien und auf eigne
Anschauung der meisten Bilder gestützt, haben endlich der italienische Kunstforscher, G. B. Cavalcaselle und der englische
J. A. Crowe, eine eigentliche Geschichte der früheren niederländischen Malerschule verfasst,[8] welche eine sehr vollständige
Vorstellung derselben giebt, so wenig ich auch manchen Urtheilen
beipflichten kann. Auch leidet der kritische Werth des Buchs

---

[1] Niederländische Briefe. Stuttgart 1834. Voll geistreicher Urtheile, welche
sich auch über Bilder der späteren Epochen erstrecken. — [2] Zuerst am Ende
seiner Kunstreise durch England. Frankfurt 1833. 1 Th. 8. Später in mehreren
längeren und sehr gehaltvollen Aufsätzen im Kunstblatt und im Deutschen Kunstblatt. Neuerdings in dem Buche: Die christliche Kunst in Spanien. Leipzig 1853.
1 Th. 8. — [3] Ausser in seinen Handbüchern in vielen Aufsätzen seiner kleinen
Kunstschriften. Stuttgart 1854. 3 Th. 8. — [4] Die Malerschule Huberts van Eyck.
Berlin 1855 und 1858. 2 Th. 8. In diesem Werke, welches die betreffenden Schulen
vom Jahr 1250 an behandelt, werden auch die geschichtlichen und kirchlichen Zustände,
als den Gang der Malerei bestimmend, in Betracht gezogen. Wenn vollendet,
wird dieses, auf die eigne Anschauung fast aller Bilder, mit Ausnahme der in
Spanien, und kritischer Benutzung des gesammten Materials mit feinem Urtheil
ausgeführte, Werk weit das bedeutendste über diesen Gegenstand bilden. — [5] In
der zweiten, von ihm bearbeiteten Ausgabe des Kugler'schen Handbuchs der
Malerei. Berlin 1844. 2 Th. 8. und hin und wieder in seinem Cicerone. — [6] Histoire de la Peinture Flamande et Hollandaise. Bruxelles 1845 und 1846. 3 Th. 8.
— [7] Histoire de l'école flamande. Bruxelles 1856. 1 Th. 4. — [8] The early
Flemish painters. London. John Murray. 1857. 1 Th. 8.

durch den Umstand, dass man öfter nicht weiss, ob die Verfasser
über Bilder aus eigner, oder nur nach fremder Anschauung urtheilen.

Da man in Belgien inne ward, auf wie schwachen Füssen
auch die ganze Kenntniss der zweiten grossen Epoche der niederländischen Malerei im 17. Jahrhundert stand, fing man gleichfalls
an, über diese Forschungen, in der oben angegebenen Art, zu machen,
welche schon jetzt die erfreulichsten Früchte getragen haben, und
für die Zukunft noch mehr versprechen. Für diese Epoche haben
sich in dieser Beziehung besonders die Herrn De Laet, van Le-
rius, Gerard und de Burbure grosse Verdienste erworben.[1]
Diesen schliessen sich eine Reihe von Lebensbeschreibungen einzelner Maler von Edmund Fetis, welche in den Bulletins der
mehrerwähnten, belgischen Akademie abgedruckt worden sind, an.
In Holland ist leider das Interesse ähnliche Forschungen über die
grossen Meister ihrer, derselben so dringend bedürfenden, Schule,
wie in Deutschland und Belgien, anzustellen, noch wenig erwacht.
Indess sind einige wenige Schriften in dieser Art höchst dankens-
werth. Die bedeutendste ist die des Archivars von Amsterdam
Dr. P. Scheltema über Rembrandt,[2] durch welche über das
Leben und den Charakter dieses grossen Meisters ein ganz neues
Licht verbreitet worden ist. Nächstdem verdient auch die des
T. van Westrheene über Jan Steen, eine rühmliche Erwäh-
nung. Einzelne schätzbare Nachrichten sind endlich in Zeitschriften
abgedruckt worden.

An Beschreibungen und Beurtheilungen einer grossen Zahl
von Bildern aus dieser Epoche liegt ein ansehnliches Material vor.
Die ausführlichste Kunde über eine mässige Zahl von Meistern,
von denen die meisten zu den berühmtesten in ihrem Fache ge-

---

[1] Die Forschungen dieser und andrer Männer sind theils in Monographien,
theils in dem Journal „Messagers des sciences historiques de Belgiques" veröffentlicht und die Ergebnisse derselben in vielen Fällen in dem Kataloge des Museums
von Antwerpen von 1857, welcher auch über die Monographien Auskunft giebt,
benutzt worden. — [2] Dieser, zuerst im Jahr 1853 in holländischer Sprache in
Amsterdam abgedruckte, Vortrag, ist im Jahr 1859, von Herrn W. Burger ins
Französische übersetzt und mit Anmerkungen begleitet, in der Revue universelle
des arts und auch besonders abgedruckt in Brüssel veröffentlicht worden. — [3] Jan
Steen, étude sur l'art en Hollande. Lahaye 1856. 1 Th. 8.

hören, ist in dem Katalog von John Smith enthalten. [1] In der
künstlerischen Beurtheilung der Bilder zeigt sich der Verfasser als
ein durchgebildeter Kenner und jeder Billige wird ihm gern, im
Vergleich des reichen und trefflichen Materials, was er giebt, einzelne Irrthümer zu Gute halten. Treffliche Nachrichten über eine
ebenfalls mässige Zahl von Meistern enthalten zwei Schriften von
C. J. Nieuwenhuys. [2] Eine kritische Würdigung vieler Bilder einer
grossen Anzahl von Meistern befinden sich in meinen Werken über
die Kunstschätze von Paris [3] und Grossbritannien. [4] Dasselbe gilt
von verschiedenen Büchern der Frau Jameson. [5] Endlich hat diese
Epoche erst neuerdings in Herrn W. Burger, einem Franzosen,
welcher, vorzugsweise von dem genauesten Studium der Bilder und
den darauf befindlichen Bezeichnungen ausgehend, sowohl in der
ästhetischen Würdigung, als in der Berichtigung und Vermehrung
des historischen Thatbestandes, einen Bearbeiter gefunden, welcher
in verschiedenen Büchern [6] ungemein dazu beigetragen hat, endlich
eine Geschichte dieser grossen Schule zu begründen, welche auf
einen wissenschaftlichen Werth Anspruch machen kann.

Indem ich nun hiemit, sowohl von dem früheren, als von dem
jetzigen Stand der, über die Geschichte der Malerei in Deutschland
und den Niederlanden vorhandenen, Nachrichten Rechenschaft ab-
gelegt, habe ich zugleich die Quellen angegeben, aus welchen ich
bei der Ausarbeitung dieses Handbuchs geschöpft, und die zugleich
für Jeden massgebend sind, welcher sich auf nähere Forschungen

---

[1] A Catalogue raisonné of the Works of the most eminent dutsch, flemish
and french painters. «London 1829 — 1842. 9 Th. 8. — [2] A review of the lives
and Works of some of the most eminent Painters. London 1834. 1 Th. 8., und
Description des tableaux de S. M. le Roi des Pays Bas. Bruxelles 1843. 1 Th. 8.
[3] Kunstwerke und Künstler in Paris. Berlin 1839. 1 Th. 8. — [4] Treasures of art
in Great Britain. London 1854. 3 Th. 8. und Galleries and Cabinets of art in
Great Britain. Supplement. London 1857. 1 Th. 8. Von mir kurzweg als vierter
Theil der Treasures angeführt. -- [5] A Handbook to the Public Galleries of art in
and near London. London 1842. 1 Th. 8. und Companion to the most celebrated
Private Galleries of Art in London. London 1844. — [6] Tresors d'art exposés à
Manchester 1857. Paris 1857. 1 Th. 8. Musées de la Hollande, Amsterdam et
la Haye. Paris 1858. Musées van der Hoop et de Rotterdam 1860. 2 Th. 8. Paris.
Gallerie d'Arenberg à Bruxelles 1859. Paris, Bruxelles et Leipzig. 1 Th. 8.

über diesen Gegenstand einlassen will. Mehrere andere Quellen, welche nur Auskunft über Einzelheiten gewähren, werden schicklicher bei diesen einzelnen Fällen angegeben werden. Verschiedene Gründe haben mich bewogen, die Geschichte der Malerei in jenen Ländern nicht bis auf die Künstler der Gegenwart zu verfolgen. Um über eine Kunstepoche, wie über einzelne Künstler ein unparteiisches und reifes Urtheil zu fällen, müssen dieselben der Vergangenheit angehören. Erst dann fallen so manche Vorurtheile, für, oder gegen beide, wovon sich die Zeitgenossenschaft nie frei machen kann, und so manche Rücksichten fort, welche man billig den lebenden Künstlern schuldig ist. Auch findet man häufig, dass die Freunde der Malerei früherer Zeiten, für welche doch dieses Handbuch vorzugsweise bestimmt ist, an der Malerei der Gegenwart weniger Interesse nehmen. Das Allgemeinste derselben ist überdem unter allen Gebildeten so bekannt, dass es überflüssig gewesen sein würde, dasselbe hier anzugeben, ein genaueres Eingehen aber würde, auch abgesehen von den obigen Rücksichten, den Umfang und den Preis dieses Handbuchs zu ansehnlich vermehrt haben.

Indem ich nun schliesslich bemerke, dass dieses Buch nicht für die k l e i n e Zahl der Kenner und Forscher, sondern für die g r o s s e Zahl der Kunstfreunde und Künstler geschrieben ist, welche sich über die betreffenden Schulen einige zusammenhängende Kenntnisse erwerben wollen, erlaube ich mir dieser Klasse von Lesern einen auf eigne Erfahrung begründeten Rath zu ertheilen. Ich empfehle ihnen nämlich bei der ersten Lecture, ausser der allgemeinen Charakteristik an der Spitze der verschiedenen Abschnitte, nur die Meister zu beachten, welche sich durch die ausführlichere Behandlung als die wichtigsten kund geben, und auch, wenn sie bei dem Besuch der Gallerien den, in diesem Buche enthaltenen Angaben folgen wollen, ein ähnliches Verfahren zu beobachten. In der Kenntniss der Kunst kommt es nämlich besonders darauf an, sich zuerst gewisse H a u p t e i n d r ü c k e f e s t anzueignen. Erst dann wird man ein Interesse und ein Verständniss für Meister von minderer Bedeutung gewinnen, welche, wenn man sie auf den ersten

Anlauf mit in den Kreis seiner Betrachtungen ziehen will, nur zerstreuend, ja verwirrend einwirken, und dadurch leicht die Freude an dem ganzen Studium verleiden.

Um jede der einzelnen Schulen in seinem Zusammenhange verfolgen zu können, wird am Ende des zweiten Bande eine Uebersicht über dieselben gegeben werden. Zwei Register, denen das eine die Namen der Meister, das andere die angeführten Bilder nach den Orten enthält, wo sich dieselben befinden, werden den Leser in den Stand setzen, jeden Maler, wie jedes Bild, leicht aufzufinden.

Ich beabsichtige in der Weise dieses Handbuchs auch die übrigen vornehmsten Malerschulen, und zwar zunächst die italienische und darauf die französische zu behandeln, deren Hauptwerke mir durch den wiederholten Besuch der betreffenden Länder ebenfalls aus eigner Anschauung bekannt sind. Sollte es mir noch vergönnt sein, durch den Besuch von Spanien mir eine ähnliche Kenntniss der dortigen Malerschule zu erwerben, so würde ein Handbuch über dieselbe den Beschluss machen.

Berlin im September 1861.

Der Verfasser.

Inhalt der ersten Abtheilung.

VIERTES BUCH.

Dritte Epoche von 1530—1600.

Verzeichniss der Illustrationen.

ERSTES BUCH.

Vom Jahr 800—1250.

— — —

Erstes Kapitel von 800—1150.

Altchristlich-byzantinische Epoche.

Weder in Deutschland noch in den Niederlanden lassen sich Spuren von einer Ausübung der Malerei vor Einführung des Christenthums nachweisen. Karl der Grosse, welcher die Bildung der antiken Welt in seinem weitläufigen Reich zu verbreiten bemüht war, liess in Aachen sowohl die von ihm erbaute Kaiserkapelle mit Mosaiken, als seinen Palast mit Wandmalereien schmücken. Die Mosaik enthielt in der Kuppel die in Werken dieser Gattung so häufige Darstellung des segnend thronenden Christus von Engeln überschwebt, und die vierundzwanzig Aeltesten der Apokalypse, welche ihre Kronen zu ihm emporreichen. [1] Jene Gemälde in dem Palast stellten unter anderen Begebenheiten aus dem Leben Karls, seinen Feldzug nach Spanien, die Belagerungen von Städten, Thaten fränkischer Krieger, aber auch die sieben freien Künste dar. Sein

---

[1] Eine Abbildung nach dem Werke des Ciampini im zweiten Theil des Werks, von Ernst aus'm Weerth. Kunst-Denkmäler des christl. Mittelalters in den Rheinlanden. Leipzig bei T. O. Weigel 1860. Th. II. Taf. 32. 11.

Palast zu Oberingelheim am Rhein war ebenfalls reich mit Wandmalereien geschmückt. In der Kapelle befanden sich, ohne Zweifel
in strengem Bezug untereinander, Vorgänge aus dem alten und
dem neuen Testament, in dem Festsaal, ebenso auf einer Wand,
Begebenheiten aus der vorchristlichen Zeit der Weltgeschichte, als
von Ninus, Cyrus, Phalaris, Romulus, Hannibal und Alexander,
auf der Wand gegenüber die Thaten des Constantin, Theodosius,
der Sieg Carl Martells über die Friesen, Pipins Besitzgreifung
Aquitaniens, endlich Karls Sieg über die Sachsen, und er als
Sieger gekrönt, auf dem Thron. Obwohl nun von allen diesen
Malereien keine Spur mehr vorhanden ist, können wir uns doch
aus einigen, auf Veranlassung Karls des Grossen in Manuscripten
ausgeführten Miniaturen noch einige Vorstellung von der Kunstform machen, worin dieselben ausgeführt gewesen sind. Den Malereien religiösen Inhalts haben hienach meist Vorbilder der altchristlichen Kunst zum Grunde gelegen. Da aber solche, in den
Manuscripten enthaltene Darstellungen in dem Ungeschick und der
Steifheit der Motive, der Schwäche der Zeichnung, der Buntheit
der Färbung, gar sehr Künstler einer noch halbbarbarischen Nation verrathen, so mögen vollends die weltlichen Vorstellungen, wo
den Malern jene Vorbilder fehlten, und es häufig auf die Darstellung sehr lebhafter Bewegungen ankam, ein höchst barbarisches
Ansehen gehabt haben. Die Behandlung mit dem breiten Aufsetzen
der Lichter und Schatten auf dem jedesmaligen Mittelton ist ohne
Zweifel noch, wie in den Miniaturen, ganz die aus der antiken
Malerei überkommene gewesen. In einigen Theilen, wie in den
Typus mancher Köpfe, in den kleinlichen und mageren Falten, dem
Schraffiren der Gewänder mit Gold, dem grünen Ton der Schatten,
dem häufigen Gebrauch des Zinnoberrothen und des ungebrochenen
Blau, mag sich, wie wir dieses in den Miniaturen sehen, ein byzantinischer Einfluss geltend gemacht haben. Jene Manuscripte mit
Miniaturen aber sind: Ein Evangeliarium in der Kaiserlichen Bibliothek zu Paris, welches die Darstellungen der vier Evangelisten, den
nach dem Ritus der byzantinischen Kirche segnenden Christus im
jugendlichen Typus, und den Brunnen des Lebens, als ein acht-
eckiges Gebäude von Hirschen, Pfauen und anderen Vögeln umgeben, enthält. Die Köpfe sind hier von länglichem Oval, die
Augen gross und weit geöffnet, der Stirnknochen über den Augen
stark geschwungen, die Nasen oben schmal, unten mit breiten

Nüstern. [1] Dieses Manuscript ist, wie ein lateinisches Gedicht darin besagt, von einem Gottschalk geschrieben worden. Höchst wahrscheinlich ist dieser, wie so oft in den Zeiten der Klosterkunst, auch der Maler. Jedenfalls steht es fest, dass, mit seltenen Ausnahmen, bis gegen den Ausgang des zwölften Jahrhunderts die Malerei nur von Mönchen ausgeübt wurde, wie denn die sämmtliche geistige Bildung bis um diese Zeit in dem Besitz der Klöster und der Geistlichkeit war. Ungleich reicher ist ein zweites Evangeliarium an derselben Stelle (Supplement latin No. 686), welches aus der Kirche des heil. Medardus von Soisson stammt. Die Bilder, welche ausser den Vorstellungen des Vorigen, noch die christliche Kirche als ein Gebäude enthält, verrathen einen ungleich geschickteren Künstler. Zwei der Evangelisten sind besonders lebhaft bewegt. [2] Noch vorzüglicher aber ist der Künstler, welcher die vier, durchweg jugendlich aufgefassten Evangelisten in dem dritten Manuscript, einem Evangelistarium der Stadtbibliothek zu Trier ausgeführt hat. Die Motive haben hier durchgängig etwas Grossartiges, Edles und Freies und drücken sehr wohl die Begeisterung durch den heiligen Geist aus. Bei dem Matthäus sind selbst die Gesichtszüge edel zu nennen. Auf einer ungleich höheren Stufe der Ausbildung als diese Darstellungen menschlicher Figuren, befinden sich indess die Ornamente der Ränder, der Canones und Initialen. Es lassen sich darin vornehmlich zwei Elemente deutlich unterscheiden, nämlich ein antikes, welches öfter, z. B. in dem à la Grecque, in den Acroterien, Genien, Thieren in grosser Reichheit erscheint, und ein irisches, worin sich in den künstlichsten, mit seltenster Meisterschaft und Genauigkeit ausgeführten Verschlingungen ein eben so origineller, als schöner Geschmack in der Eintheilung und Ausfüllung des Raums, in allerlei Drachen und Schlangenwesen das, für das ganze Mittelalter so charakteristische, phantastische Element zuerst ausspricht. Diese, in den irischen Klöstern vom 6. Jahrhundert ab ausgebildete Kunstweise, war durch die zahlreichen, von Irland ausgehenden Apostel in verschiedene Länder des Continents verbreitet worden. So in Frankreich und Schwaben durch den heiligen Columban, in der Schweiz durch dessen Schüler den heiligen Gallus (Stifter des Klosters St. Gallen), in Franken durch den heiligen Kilian, in Belgien durch den heiligen Lievin,

[1] Ausführlicheres darüber in meinen Kunstwerken und Künstlern in Paris S. 254. [2] Näheres darüber in dem angeführten Werke. S. 257.

in Friesland durch den heiligen Willebrord. [1] Diese beiden Elemente sind nun von den, in diesen Manuscripten Karls des Grossen thätigen Künstlern mit Anwendung der kostbarsten Farben, besonders des Purpurs, so wie des Goldes und des Silbers zu einem System der Ornamentik verarbeitet worden, welches die grösste Pracht, mit einem sehr eigenthümlichen und ansprechenden Geschmack und einer bewundrungswürdigen technischen Meisterschaft verbindet. Es spricht sich hierin offenbar dieselbe tectonische Anlage des germanischen Volksstamms aus, welche später in der Architektur sich so glänzend bethätigen sollte. Als im neunten Jahrhundert unter den Enkeln Karls des Grossen Frankreich und Deutschland sich zu abgesonderten Staatsverbänden gestalteten, lässt sich auch bald in den Malereien beider eine Verschiedenheit wahrnehmen. Ich ziehe daher die in Frankreich ausgebildete Weise hier nur so weit in Betrachtung, als sie gelegentlich auf die in Deutschland übliche Einfluss ausgeübt hat. Der byzantinische Einfluss verliert sich in jener französischen, wohl aber erkennt man in den Darstellungen Vorbilder altchristlicher Kunst, wie sie in Italien und Frankreich sich ausgestaltet hatten. Indess macht sich im Verlauf des 9. Jahrhunderts in dem Typus der Köpfe mit Nasen von einer unförmlichen Dicke und Länge, in einem ziegelrothen Ton des Fleisches, in einer roheren Behandlung, immer mehr ein barbarisches Element geltend. In den Verzierungen der Initialen und Ränder, in dem oben angegebenen System hält sich dagegen die Kunst auf einer ungleich grösseren Höhe. Hauptdenkmäler dieser Art sind die Bibeln Kaiser Karl des Kahlen im Museum der Monarchen von Frankreich im Louvre, und in der Königl. Bibliothek zu München, vordem im Kloster St. Emmeran in Regensburg, sowie die Bibel Kaiser Karl des Dicken in der Kirche des heiligen Calixtus zu Rom. [2] Eine andere Reihe von Miniaturen in in Frankreich geschriebenen Manuscripten, worin sich entschieden ein Einfluss angelsächsischer Kunst ausspricht, [3] betrachte ich hier nicht näher, da diese Gattung keinen Einfluss auf die Malerei in Deutschland ausgeübt zu haben scheint.

Die eine Art von Denkmälern in Deutschland, welche sich er-

[1] Näheres darüber in meinen Nachträgen zu Kugler's Handbuch der Geschichte der Malerei im Deutschen Kunstblatte vom Jahr 1854. S. 83. — [2] Dort irrig für eine Bibel Karls des Grossen ausgegeben. Vgl. darüber den obigen Aufsatz im Kunstblatt. S. 92. — [3] Vgl. meine Kunstwerke und Künstler in Paris. S. 258.

halten haben, besteht in meist sehr rohen und flüchtigen Federzeichnungen, in denen nur in den Gewandmotiven sich Reminis-
cenzen aus der antiken Kunst erhalten haben. Solcher Art sind
die Miniaturen in dem Manuscript aus dem bairischen Kloster
Wessobrunn, vom Jahr 814, in der Bibliothek zu München, worin
sich unter anderen das berühmte Wessobrunner Gebet, eins der
ältesten Denkmäler der deutschen Sprache, befindet. Es enthält
sechszehn kleine, auf die Findung des Kreuzes Christi durch die
heilige Helena bezügliche Vorstellungen. Die in der zweiten Hälfte
des 9. Jahrhunderts von dem Mönche Ottfried aus dem Kloster
Weissenburg im Elsass gemachte Uebersetzung der vier Evangelien
in deutsche Verse, in der kaiserlichen Bibliothek zu Wien. Die
zwei, wahrscheinlich von demselben Mönche herrührenden, Bilder,
die Kreuzigung Christi und der Palmsonntag, nehmen jedes eine ganze
Seite ein. Christus hat den jugendlichen Typus und erscheint am
Kreuz aufrecht und lebend. In Maria und Johannes zu den Seiten
des Kreuzes ist der Schmerz durch lebhafte Gebährden gut ausgedrückt. Oben sieht man in zwei Runden die halben Figuren von
Sonne und Mond, welche, die Blicke auf Christus gerichtet, im
Begriff sind, ihre Gesichter mit ihren Gewändern zu verhüllen.
Ein drittes Bild, das Abendmahl, rührt von einer späteren, noch
ungleich roheren Hand her, welche auch im zweiten Bilde die
acht Apostel hinzugefügt hat. In Rücksicht der Kunst werden
diese Denkmäler weit durch die Darstellung eines Christus als
Salvator mundi auf S. 369 eines Manuscripts der Bibliothek des
Klosters von St. Gallen (No. 877), welches die Grammatik des
Donat und andere Schriften ähnlichen Inhalts enthält, übertroffen.
Das Motiv ist frei und edel, das Verhältniss schlank, die Arme
von überraschend guter Zeichnung, die antiken Motive des Gewandes wohl verstanden. Dieses Bild aus dem 9. Jahrhundert beweist, wie früh die Malerschule dieses Klosters zu einer sehr
achtbaren Ausbildung gelangte.

Die zweite Gattung von Bildern in Deutschland besteht aus
meist sehr sorgfältig in Guasch ausgeführten Vorstellungen, in deren
Auffassung sich zwar sehr deutlich antike Vorbilder erkennen lassen,
neben ihnen aber auch, zumal im 10. Jahrhundert, ein starker Einfluss byzantinischer Malerei bemerkbar ist. Das Hauptdenkmal dieser Art aus dem 9. Jahrhundert ist ein Psalterium unter Nro. 23.
in der Bibliothek zu St. Gallen. Unter den, innerhalb der reich-

verzierten Litanei befindlichen Vorstellungen aus dem alten und dem
neuen Testament, zeichnen sich besonders ein Christus in jugend-
lichem Typus und der den Psalter spielende David aus. In Rücksicht der Initialen ist dieses das reichste und prachtvollste Denkmal deutscher Kunst, welches ich kenne, und welches sich würdig
jenen Bibeln Karl des Kahlen zur Seite stellt. Ungleich reicher in
Rücksicht der Bilder ist ein sehr stattlicher Codex eines Evangeliariums auf der Dombibliothek zu Trier, welcher in den Initialen,
den Zeichen der Evangelisten, wie in dem Gebrauch mancher Farben einen sehr starken Einfluss irischer Miniaturen verräth. In
manchen anderen Verzierungen ist der Einfluss der französischen
Manuscripte von der oben angegebenen Kunstweise sichtbar, in den
Motiven der Figuren, wie theilweise in der Farbenstimmung, erkennt
man endlich byzantinischen Einfluss. Ein Thomas, welcher sich
als Schreiber nennt, hat wahrscheinlich einen Theil, der von verschiedenen Händen herrührenden, Bilder gemalt. Manches spricht
dafür, dass auch dieser Codex in der Schule des Klosters von St.
Gallen ausgeführt worden ist.

Die Blüthe, welche Deutschland vom Jahr 919 bis 1066 unter
den sächsischen und den ersten beiden der fränkischen Kaiser
genoss, lässt sich auch in der einzigen noch vorhandenen Gattung
von Malereien, den Miniaturen in Manuscripten, erkennen. Unter
den Künstlern dieser Zeit nehmen mehrere Bischöfe eine hervor-
ragende Stellung ein. Die antiken Vorbilder sind in Guasch nicht
ohne viel technisches Geschick wiedergegeben; daneben kommen
schon Züge von eigenthümlichen Erfindungen vor. Häufig, besonders in der späteren Zeit, in Folge der Vermählung der griechischen Prinzessin Theophanu mit dem Kaiser Otto II. im Jahr 972,
lässt sich ein starker Einfluss byzantinischer Kunst wahrnehmen.
Besonders charakteristisch für die deutschen Malereien dieser und
der folgenden Epochen, ist die häufige Anwendung des Grün,
welches offenbar ebenso die Lieblingsfarbe der Deutschen gewesen,
als das Azurblau die der Franzosen. Von der beträchtlichen Zahl
der aus dieser Epoche noch vorhandenen Manuscripte mit Miniaturen kann ich hier nur einige als Belege anführen. Für die
Schweiz ist ein zu Anfang und Ende unvollständiger Codex (No. 338
der Bibliothek von St. Gallen) wichtig, welcher ein Antiphonarium,
ein Sacramentarium und andere kirchliche Ritualschriften enthält.
In einer Kreuzigung und einer Ausgiessung des heil. Geistes zeigt

sich der in dem Buch sich nennende, wahrscheinliche Urheber der Malereien, ein Mönch Gottschalk als ein tüchtiger Künstler für seine Zeit. Die Motive sind sprechend und würdig, die Zeichnung verhältnissmässig gut. In der noch breiten, antiken Behandlungsweise finden sich hie und da selbst Halbtöne vor. [1] Für Schwaben ist ein Hauptdenkmal ein eigenhändig von dem heiligen Ulrich, Bischof von Augsburg, geschriebenes Evangelistarium in der königl. Bibliothek zu München. Die wahrscheinlich ebenfalls von ihm herrührenden Bilder der vier Evangelisten und des, besonders gut gelungenen Engels Michael mit dem Drachen, sind nicht nur bis auf die Färbung des Fleisches, frei von byzantinischem Einfluss, sondern zeigen die antike Auffassungsart der altchristlichen Kunst, und viel Geschick in der Ausführung. Nur die bunten, kräftigen Farben und der Mangel an Verständniss der Gewandmotive sind neue, der Zeit angehörige Elemente. [2] Zunächst erwähne ich noch eines, von demselben heiligen Ulrich herrührenden, Evangeliariums im britischen Museum (Harleian. No. 2970) von ähnlichem Kunstcharakter, nur dass die Farben hier heller gehalten sind. [3] Für Baiern ist ein Evangeliarium mit den Bildern der vier Evangelisten von dem Kloster zu Tegernsee von 1017—1048 in der Bibliothek zu München (No. 31) anzuführen. Sie sind von strenger Zeichnung, einfachen Falten der Gewandung und sauberer Ausführung.

An der Spitze der zahlreichen, für Franken vorhandenen Manuscripte nenne ich ein, etwa aus Jahr 1000 geschriebenes Evangelistarium in der Bibliothek zu München (IV. 2. 6.). Die Malereien darin sind, sowohl wegen der Gegenstände, als wegen des künstlerischen Geschicks, interessant. Einer der vier, darin zu unterscheidenden Künstler, von dem die Geburt Christi herrührt, steht unter entschieden byzantinischem Einfluss. Eine andere Hand, welche eine räthselhafte Vorstellung auf S. 5 ausgeführt hat, zeigt vollständig diejenige Kunstweise, welche sich in den meist auf Veranlassung Kaiser Heinrich II. (reg. 1002—1024) zu Bamberg geschriebenen und mit Miniaturen geschmückten Manuscripten vorfindet. Dieselben werden theils noch in der Bibliothek zu Bamberg, theils in der Bibliothek zu München aufbewahrt. Die Kunstweise darin ist nun in mancher Beziehung von den bisher betrachteten

---

[1] Näheres darüber in dem obigen Aufsatz des Deutschen Kunstblatts. S. 92. — [2] Näheres an demselben Ort. S. 93. — [3] Näheres darüber in meinem Treasures of art in Great Britain. Th. I. S. 196.

deutschen Miniaturen dieser Epoche verschieden. Auch hier lassen
sich häufig byzantinische Vorbilder erkennen, deren Nachahmung
indess in allen Stücken sehr von denselben abweicht. In den Köpfen
herrscht ein sehr einförmiger und kunstloser Typus, der auch bei
Bildnissen, z. B. das des Kaisers Heinrich II., ohne irgend eine Andeutung von Individualität, beibehalten ist. Von den alten Motiven
der meist sehr langen Figuren ist noch der Ausdruck von Feier
und Würde am besten gelungen. Uebrigens sind sie öfter sehr
lahm. So sind auch die überkommenen Motive der Gewänder sehr
vereinfacht, und ohne Verständniss in mechanischer Weise wieder
gegeben. Die Zeichnung ist sehr mangelhaft. Die Farben sind noch
mehr gegen das Blasse und Helle gebrochen, als bei den gleichzeitigen, byzantinischen Miniaturen. In den Fleischtheilen herrscht ein
hellgelber, nächstdem ein bräunlicher, oder orange Ton vor. Bisweilen ist er auch ganz weiss. In den Gewändern sind ein mattes
Grün, ein helles Blau, ein lichtes Röthlich, vorwaltend. Bei den
heiligen Personen ist meist das antike Kostüm beibehalten, bei allen
übrigen aber das der Zeit in Anwendung gekommen. Der Gesammteindruck ist der einer kühlen, aber angenehmen Harmonie. Hiezu
trägt auch die Farbe der Gründe bei, welche meist in verschiedenen,
zart ineinander übergehenden Streifen besteht, deren unterster, welcher die Erde andeutet, grün, der darüber, die Luft, violettlich-blau,
und zu oberst röthlich ist. Gelegentlich kommt aber auch der byzantinische Goldgrund vor. Die Angabe von Schatten ist meist sehr
gering. In dem grünlichen Ton derselben in dem gelben Fleisch
ist wieder der byzantinische Einfluss sichtbar. Die Behandlung in
Deckfarben ist sehr sauber, aber nicht mehr breit, sondern zart verschmolzen. Gelegentlich zeigen sich aber auch Bilder von roherem
Machwerk, woran gar keine byzantinische Einwirkung wahrzunehmen ist. In manchen Vorstellungen, worin die Künstler nicht durch
ältere Typen bedingt worden, finden sich eigenthümliche und öfter
glückliche Motive, welche eine Beobachtung aus dem Leben zeigen.
Ja gelegentlich kommen, besonders als verzierende Begleitung der
Canones, schon aus dem gewöhnlichen Leben genommene Vorstellungen vor, welche öfter von scherzhafter Natur sind. Die Initialen sind
in einigen dieser Manuscripte sehr reich und geschmackvoll. Manche
Verzierung der Ränder, z. B. das à la Grecque, verrathen noch antike
Vorbilder, während andere mehr den gemischt fränkisch-irischen zeigen, wie er in so manchen carolingischen Manuscripten vorherrscht

Eins der wichtigsten unter diesen Manuscripten ist ein Missale, welches der Kaiser Heinrich II. bei Gelegenheit seiner Krönung im Jahr 1002 dem Domcapitel zu Bamberg verehrt hat, (Schublade B. No. 7 der Münchener Bibliothek), ein starker Folioband. Schon die Krönung dieses Kaisers (Bl. 11 a) ist ein stattliches Bild, noch gelungener in der Ausführung ist indess der thronende Kaiser mit verschiedenen Personen auf der folgenden Seite. Zeigen schon diese byzantinischen Einfluss, so hat vollends das nächste, im Kopf besonders fleissige Bild, welches den heiligen Gregor darstellt, die auffallendste Aehnlichkeit mit gleichzeitigen byzantinischen Miniaturen. Dagegen ist die Kreuzigung (Bl. 15 a) von einer ungleich roheren und in den Farben grellen Hand, welche keinen fremden Einfluss verräth. In diesem Codex kommt auch das älteste, mir bekannte Beispiel des in späterer Zeit so häufigen Schachbrettgrundes vor.

Das an Bildern reichste und interessanteste Manuscript ist indess ein von demselben Kaiser, bei derselben Gelegenheit, demselben Kapitel geschenktes Evangeliarium (Schublade B. No. 4 derselben Bibliothek). Schon die Canones sind sehr reich und geschmackvoll verziert. Hier finden sich als Verzierungen allerlei Thiere, z. B. Hähne, Füchse, welche Tauben fressen, Pfauen, Löwen, Panther; auch Vorgänge aus dem täglichen Leben, z. B. ein Mann, der sich an einem Feuer wärmt, ein Zimmermann, welcher ein Brett schlichtet. Merkwürdig sind auch die Personificationen verschiedener Länder und Städte im antiken Kostüm und mit Kronen, z. B., wie aus den Beischriften erhellt, Roma, Gallia, Germania, Selovinia, welche dem auf der Seite gegenüber thronenden Kaiser huldigend ihre Gaben darreichen. Bei der Anbetung der Hirten, einem Theil des Bildes Bl. 28 a, weisen sowohl sie, als die Thiere ihrer Heerden auf eine recht lebendige Naturbeobachtung. Bei der Versuchung Christi (Bl. 32 b) sind die Teufel, bis auf die Flügel, noch von rein menschlicher Bildung und recht gut bewegt. Auch der Tanz der Salome vor Herodes ist kühn und gut dargestellt, ja ihr und einiger anderen Köpfe haben etwas Individuelles. In der Anordnung und den Motiven zeichnet sich die Darstellung Christi, welcher den Aposteln die Füsse wäscht, besonders aus. Merkwürdig ist, dass hier, bei dem übrigens so vorwaltenden byzantinischen Einfluss, die Kreuzigung in der für die abendländische Kirche charakteristischen Weise aufgefasst ist. Christus ist hier nämlich nicht bereits verschieden und mit ausgesenktem Körper, sondern lebend und in auf-

rechter Stellung dargestellt. Eigenthümlich ist, dass er zwar mit
vier Nägeln befestigt ist, das Fussbrett aber fehlt, sowie, dass er
mit einem purpurnen, die Schächer mit blauen Röcken bekleidet sind.

Endlich führe ich noch ein von demselben Kaiser einer Kirche,
wahrscheinlich auch dem Dom zu Bamberg, geschenktes Evangelistarium in Gross-Folio (Schublade B. Nro. 2 der Münchner Bibliothek)
an, dessen grosse, aber rohe Bilder öfter geringere Wiederholungen
der Vorstellungen in dem vorher besprochenen Manuscript S. B.
No. 4 sind, wegen der, aus so früher Zeit nur selten auf uns gekommenen Darstellung des jüngsten Gerichts. Auf einer Seite (Bl. 201 b)
sieht man vier auf Kuhhörnern posaunende Engel, und in den Ecken
vier blasende Winde von blauer Farbe und mit Hörnern. -Unten
dreizehn Auferstehende von grünlicher Farbe. Auf der Seite gegenüber (202 a.) weicht der thronende Christus in so fern von der
gewöhnlichen Darstellung ab, als er ein grosses Kreuz, als Symbol
der Erlösung vor sich hält und sein Angesicht roth gefärbt ist.
Auch fehlen hier Maria und Johannes der Täufer, welche sich gewöhnlich zu den Seiten Christi befinden. Mir neu ist ebenso das
Motiv, dass sich unten zwei Engel mit Spruchzetteln befinden, deren
einer den Beseeligten, der andere den Verdammten zugewendet ist,
offenbar in der Meinung, beiden das ihnen gewordene Urtheil zu
verkündigen. Diese sind nun, dem kleinen Raum angemessen, auf
eine kleine Zahl beschränkt. Unter den fünf Beseeligten befindet
sich ein Geistlicher und ein Fürst. Von den Verdammten reisst ein
Teufel einen Fürsten an einer Kette in den Abgrund, woraus Flammen schlagen und in dem der Hauptteufel gefesselt ist.

Für die Malerei in Sachsen sind folgende Manuscripte von besonderer Wichtigkeit. Ein Evangeliarium in dem Schatze der
Kirche zu Quedlinburg, vielleicht ein Geschenk Kaiser Heinrich I.
In der Weise dieser Miniaturen kann man sich ungefähr die Malereien denken, welche dieser Kaiser in seinem Palaste zu Merseburg von seinem Siege über die Ungarn hatte malen lassen. Ein
Evangeliarium in der kaiserlichen Bibliothek zu Paris (Supplement
latin No. 667), wohl gewiss für den Kaiser Otto II. (reg. 974 bis
983) geschrieben, von namhaftem Kunstwerth in der oben angegebenen Kunstform, doch mit besonders starkem byzantinischen Einfluss. Ein für denselben Kaiser geschriebenes Evangeliarium, vordem im Kloster zu Echternach, jetzt in der herzoglichen Bibliothek

zu Gotha. Sowohl durch die grosse Zahl und den Werth der
Bilder, mit Ausnahme von einigen, welche mehr als ein anderes,
mir bekanntes Denkmal deutscher Malerei aus dieser Zeit, der
oben charakterisirten, wenig ansprechenden, französischen Kunstweise des 9. Jahrhunderts folgen, als durch den Reichthum im
Schmuck der Canones und Initialen, ein Denkmal ersten Ranges. [1]
Drei Evangeliarien im Domschatz zu Hildesheim, deren Miniaturen,
welche in der Kunstweise durchaus mit dem Bamberger stimmen,
nur dass sie etwas roher in der Ausführung sind, wohl gewiss von
dem als Künstler berühmten Bischof von Hildesheim Bernward dem
heiligen (reg. von 993 — 1022) ausgeführt worden sind.

Für die Malerei in Westphalen geben zwei Evangeliarien der
Dombibliothek zu Trier Zeugniss. Das eine (No. 139), wohl nicht
später als 950, zeigt in den Figuren in Verhältniss zu den süd-
deutschen und rheinischen Miniaturen dieser Zeit, eine grosse
Schwäche, in den Initialen und Verzierungen der Canones dagegen
ein grosses Geschick. Das andere, auf dessen Einband eine Sculptur
in Elfenbein aus dem 10. und Emaillen aus dem 12. Jahrhundert,
dessen Miniaturen aber um das Jahr 1000 fallen dürften, ist von
ungleich grösserem Kunstwerth.

Für den Zustand der Malerei in der Rheingegend gibt endlich
das für den Bischof Egbert von Trier (reg. von 978 — 993) geschriebene, auf der dortigen Stadtbibliothek befindliche Evangelistarium eine sehr günstige Vorstellung. Die 57, darin enthaltenen
grossen Bilder, worin sich sechs verschiedene Hände unterscheiden
lassen, sind theilweise sehr glücklich componirt, und verrathen in
der Mehrzahl in den Motiven, in dem guten Geschmack der Gewänder, wie in den lichten Farben ein erfolgreiches Festhalten an
antike Tradition. Eine Probe hievon gewährt die Geburt Christi
(Fig. 1). Nur in einer mässigen Zahl gewahrt man entschieden die
Nachahmung byzantinischer Vorbilder.

Dass im 11. Jahrhundert auch in Böhmen die Malerei in ähnlicher Weise ausgeübt worden ist, beweisen die Miniaturen in
einem auf der Universitätsbibliothek zu Prag befindlichen Evangeliarium von höchst prachtvoller Ausstattung. Manche Abweichungen
von der Tradition, z. B. dass bei der Taufe Christi der Jordan als

---

[1] Rathgeber, Beschreibung des Herzogl. Museums zu Gotha. Section der neueren Kunst. S. 9 ff.

ein nackter Jüngling das Wasser über das Haupt desselben ausgiesst,
zeigen eine eigenthümlich böhmische Sinnesweise. [1]

In den benachbarten Niederlanden wurde die Malerei nach
den spärlichen, uns aus dieser Zeit übrigen Manuscripten mit Miniaturen in ähnlicher Weise, nur mit etwas minderem Erfolg, ausgeübt. Ein in der königl. Bibliothek im Haag befindliches Evangeliarium, welches etwa um 900 anzusetzen ist, zeigt in besonders

Fig. 1.

Miniaturbild aus dem Evangeliarium des Egbertus zu Trier.

starkem Maasse den Einfluss irischer Kunst, ist jedoch in den Formen
sehr roh, in den Farben sehr bunt. Die Bildnisse des Grafen
Dietrich des II. von Holland und seiner Gemahlin Hildegard mit
dem heiligen Albert, welcher sie dem, in der Mandorla erscheinen-
dem Christus empfiehlt, am Ende der Handschrift, rühren aus der
2. Hälfte des 10. Jahrhunderts her, als beide diesen Codex, in die,
diesem Heiligen geweihte Kirche, der Abtei von Egmond stifteten.
Diese Vorstellung ist nur in schwarzen Umrissen mit der Feder
gezeichnet, und, obwohl sehr roh, doch die erste Regung einer

---

[1] Näheres darüber in dem obigen Aufsatz S. 129 f. und sehr ausführlich und
mit der Abbildung der Verkündigung und des hl. Wenzel in einem grossen D. in
einem Aufsatze Wocel's in d. Wiener Mittheilungen, Februarheft v. 1860, S. 10 ff.

eigenthümlichen Kunstweise im Gegensatze der immer mechanischer werdenden Nachahmung der antiken Vorbilder. Ein Evangeliarium der Kirche St. Jaques zu Lüttich, jetzt in der Bibliothek der alten Herzöge von Burgund (No. 18383) zu Brüssel, welches dem 10. Jahrhundert angehört, ist ungleich reicher und von ungleich sorgfältigerer, durchweg in Guasch in lichten, harmonischen Farben ausgeführter Malerei. Ein an derselben Stelle befindliches Evangelistarium (No. 9428) etwa aus dem Anfang des 11. Jahrhunderts, ist noch um Vieles reicher und wichtiger. Die Bilder stimmen in der Kunstform und dem Typus der Köpfe sehr nahe mit dem Evangelistarium des Bischofs Egbert von Trier überein, nur dass sie roher sind. Der violettliche, kühle Fleischton, so wie die ganze lichte und harmonische Farbenstimmung, hat eine auffallende Verwandtschaft zu den für Kaiser Heinrich II. in Bamberg ausgeführten Miniaturen und beweist, wie weit diese Weise in jener Zeit verbreitet war.

Nach der Mitte des 11. Jahrhunderts tritt in Deutschland, wahrscheinlich in Folge der grossen Zerrüttungen unter der langen Regierung Kaiser Heinrich IV., ein Stillstand in der Malerei ein. Neben der Kunstweise der vorigen Epoche mit den deckenden Leimfarben von lichtem Gesammtton, worin sich mehr oder minder der Einfluss byzantinischer Kunst geltend macht, bleibt auch die von jenem Einfluss mehr unabhängige der blossen Umrisse, mit meist sehr flüchtiger Illuminirung, in Ausübung. Doch während das Verständniss der antiken Vorbilder immer mehr verloren geht, gelangt der Ausdruck eigenthümlicher Geistesart noch nicht zur Ausbildung. Ausser den einzelnen Gestalten Christi, der Maria und der Heiligen kommen auch Vorgänge aus der heiligen Schrift, und jene Vorstellungen symbolischen Inhalts vor, welche für den Geist des Mittelalters so charakteristisch sind. Schon zu Anfang des 12. Jahrhunderts zeigt sich indess in einzelnen Fällen ein mässiger Fortschritt, welcher bis gegen die Mitte desselben anhält. Ich begnüge mich, hiefür nur einige Beispiele anzuführen. Ein Evangeliarium aus dem Kloster Altaich bei Straubing in Baiern, in der Bibliothek zu München, worin sich besonders der segnende Christus und der heilige Marcus auszeichnen, und das ganze Machwerk sehr sauber ist. Ein anderes, ebendaselbst befindliches Evangeliarium aus dem Kloster Niedermünster in Regensburg, ist in jedem Betracht eins der reichsten, und wegen der darin enthaltenen Vorstellungen wichtigsten Manuscripte aus dieser Zeit. Die Verzierungen der Ränder und Initialen zeigen noch sehr die Kunstweise des 11. Jahrhunderts. Ich kann hier von den zahlreichen Bildern nur einige in etwas nähere Betrachtung ziehen. Auf Bl. 2 a. ist in der Mitte in einem Rund Maria mit dem Kinde dargestellt, welches die unten knieende, das Buch darreichende Aebtissin des Klosters nach dem Ritus der römischen Kirche segnet. Ihr Kopf zeigt keine Spur von Individualität. Ausserdem noch andere Verehrende. Das nächste Bild (Bl. 3 a.) stellt in der Auffassungsart der Zeit den Triumph des Lebens und den Sieg über den Tod durch den Kreuzestod Christi dar. In der Mitte der Heiland im Mosaikentypus mit längerem Bart als gewöhnlich und von langem Verhältniss, an einem grossen goldnen Kreuz mit einem Purpurrock bekleidet. Rechts davon „Vita" als eine Frau im hellblauen Rock und Rosamantel emporschauend und die Hände noch nach der antiken Weise emporstreckend, links „Mors" als bleicher Mann mit struppigem Haar, in gekrümmter Stellung, in den Händen eine goldne Sichel und Lanze, welche beide zerbrochen, das Gesicht halb verhüllt, und von einem Drachenkopf, worin ein vom Kreuz ausgehender Zweig endet, in einen Arm gebissen. Oben Sonne und Mond als zwei halbe Figuren im Begriff sich zu verhüllen. In zwei Halbkreisen, welche an den Seiten des Bildes ausgeladen sind, rechts das neue Testament, eine weibliche, gekrönte Gestalt mit der Siegesfahne und dem Kelch des Abendmahls, links das alte Testament, ein Mann, welcher das Gesicht in der Einfassung des Bildes verbirgt, in den Händen Opfermesser und Gesetzesrolle. Unten verschiedene, bei dem Todo Christi aus den Gräbern erstandene Heilige, links der Tempel Salomo's, an welchem der Vorhang zerreisst. Dieser folgt noch eine andere Vorstellung von symbolisch-allegorischem Inhalt. Bei den vier Evangelisten ist ausser ihren gewöhnlichen Symbolen über ihren Häuptern, unter ihnen je einer der vier Paradiesesflüsse, noch in der antiken menschlichen Form wahrzunehmen. Nur zwei rothe Hörner sind ein späterer Zusatz, ebenso wie das Motiv, dass Geon bei dem Matthäus sein Gefäss über eine blühende Pflanze ausgiesst. Sehr merkwürdig ist noch die Seite, worauf die Geburt Christi. In dem quadraten Felde einer Ecke sieht man den Kaiser Augustus in kurzer blauer Tunica, Purpurmantel und flachen goldnen Reifen als Krone, wie er einem jungen Schreiber das Edikt wegen der Schatzung diktirt, welches Veranlassung der Wanderung von Maria

und Joseph nach Bethlehem gegeben. Bei der Geburt ist die Auffassung als eine eigenthümlich deutsche anzusehen, dass das Kind
zugedeckt in der Krippe, Maria aber daneben in einem Bette liegt. Der
Typus der Köpfe mit graden Nasen von breiten Rücken und Nüstern, weit geöffneten Augen, etwas geschwungenen Brauen, wohl-
gebildetem Mund und vollem Oval ist minder leer und nichtig, als
in den Manuscripten aus der Zeit Heinrich II. Die Proportionen
sind meist lang, Hände und Füsse öfter von richtigem Verhältniss,
bisweilen jedoch erstere zu gross, letztere zu klein. Manche Motive
sind wahr und sprechend, die antiken Gewandmotive dagegen steif
und ohne Verständniss, die Angabe der Schatten gering. Das
Machwerk ist sehr genau und sauber. Ein Beispiel jener zeichnenden Weise ist ein, von dem Abt von St. Gallen Notger, mit dem
Beinamen Labeo, oder Teutonicus, geschriebener Psalter in der
Bibliothek zu St. Gallen (No. 21) mit Bildern, welche für die Zeit
von auffallender Rohheit sind.

Die in den Niederlanden ausgeführten Miniaturen stimmen auch
in dieser Zeit in den wesentlichsten Theilen mit den deutschen überein, nur dass sie durch einen mehr oder minder starken Glanz die
Anwendung von Gummi in der Mischung der Farben zeigen. Ein
Beispiel hiefür gewähren die Miniaturen in dem zweiten Theil einer
Vulgata im britischen Museum (Addit. No. 17738). Nur sind einige
Farben, das Zinnoberroth und Grün, nicht gegen das Lichte gebrochen, sondern in ihrer vollen Kraft angewendet. Besonders
zeigt eine symbolische Darstellung (Bl. 2 b.) einen geschickten Künstler. Eine andere Probe enthält der Commentar des heiligen Gregor
über das Buch Hiob, in der kaiserl. Bibliothek zu Paris (Sorbonne
No. 267), worin die Motive von grosser Lebendigkeit. Da etwa die
Hälfte der Bilder nicht fertig geworden, kann man hier zugleich
das technische Verfahren beobachten. Die Umrisse sind sehr geschickt mit der Feder aufgezeichnet, zunächst die betreffenden
Localfarben aufgetragen, und endlich die Einzelheiten in einem
dunkleren Ton mit dem Pinsel darauf gesetzt.

Zweites Kapitel von 1150—1250.

Byzantinisch-romanische Epoche.

Etwa von der Mitte des 12. Jahrhunderts tritt aber in Deutschland und den Niederlanden, wie in allen Künsten, so auch in der Malerei ein entschiedener Aufschwung ein, welcher bis zur Mitte des 13. ununterbrochen anhält. Aus den Händen der Klostergeistlichen geht sie allmählig in die Hände der Laien über. Der kirchliche Bilderkreis wurde ausserordentlich erweitert und jene Gegeneinanderstellung von Gegenständen des neuen mit denen des alten Testaments erst völlig ausgebildet. In der schriftlichen Bearbeitung der verschiedenen Sagenkreise von Karl dem Grossen, Artus und der Tafelrunde, wie der Niebelungen, gelangte in dieser Epoche der romantische Geist erst zum Ausdruck seiner Eigenthümlichkeit und wurde ebenfalls in den Kreis der malerischen Darstellung gezogen. Hiebei wurde die ganze Erscheinung des Lebens, Rüstungen, Waffen, Trachten der Ritter und Edelfrauen, aus der unmittelbaren Umgebung genommen. Neben der phantastischen Sinnesweise, welche sich in kirchlichen Malereien besonders durch die sehr häufige bildliche Behandlung der Apocalypse äusserte, fand auch die humoristische Sinnesart in den grotesken Sculpturen der romanischen Kirchen, wie in den scherzhaften Vorstellungen in manchen Räumen der Klöster,[1] so wie in den Miniaturen einen reichen künstlerischen Ausdruck. Die für jeden Monat des Jahrs übliche Beschäftigung gab in den mehr und mehr von der Malerei behandelten Kalendern auch Veranlassung zu Darstellungen aus dem täglichen Leben. Endlich wurde selbst die Darstellung von Thieren sehr beliebt, bald als Illustrationen der Naturgeschichte des Aristoteles, bald der Schriften über die so vielfach ausgeübte Jagd, besonders der Falkenjagd. Für die Art der Auffassung in dem kirchlichen Bilderkreise blieb auch in dieser Epoche die byzantinische Malerei von sehr grossem Einfluss, indess in einer ganz anderen Weise, als in der früheren Zeit. Die Maler erkannten nämlich in den vertrockneten Gestalten derselben das Treffliche der ursprünglichen Erfindungen, und wussten

---

[1] Dieses geht aus den Klagen des hl. Bernhard hervor. Siehe dessen Werke Th. I. S. 545.

dieselben in eigenthümlicher Weise zu beleben, wobei sich öfter Gefühl für Schönheit und Grazie ausspricht, und statt der byzantinischen Magerkeit eine gewisse Fülle der Gesichtsformen eintritt. Nur bei gewissen Vorstellungen, z. B. der Kreuzigung, wurde die nicht glückliche Auffassung der späteren byzantinischen Kunst häufig festgehalten. Für die Gewänder mit engem Faltenwesen, für das Dramatische, ja öfter Gewaltsame der Motive, übten die an und in den Gebäuden des romanischen Styls befindlichen Sculpturen einen starken Einfluss aus. In den Köpfen ist ein Typus von sehr ansprechender Form ziemlich gemeinsam. Das Oval ist von ansehnlicher Fülle mit breiten Backenknochen, die Augen, mit kühn geschwungenen Brauen, gross und weit geöffnet, die Nasen kräftig ausgeladen, mit breitem Rücken und, bis zur etwas gebogenen Spitze, grade, der Mund klein und wohlgebildet. Innerhalb dieses Typus findet indess doch durch manche Modificationen, z. B. durch die Art, wie Haar und Bart behandelt sind, eine sehr bestimmte Charakteristik statt. Für Christus, für Petrus und Paulus wird die traditionelle Form festgehalten. Die aus dem Leben genommenen Züge, womit besonders geistige Verwerflichkeit und Gemeinheit ausgedrückt sind, werden hier noch mannigfaltiger. Wiewohl auch die Köpfe häufig schon einen bestimmten Ausdruck haben, so werden die geistigen Affecte doch vornehmlich durch die mit grossem Erfolg ausgebildeten Geberden verdeutlicht. Die Anwendung des Zeitkostüms wird noch allgemeiner, und kommt gelegentlich sogar bei den Aposteln vor. Im Allgemeinen, aber namentlich wo das antike Kostüm beibehalten ist, werden die Gewandfalten breiter und reicher und gelangen zu einer sehr stylgemässen, durch die Stellungen und Bewegungen der Körper bedingten Ausbildung. Die Behandlung, vorzugsweise in Leimfarben, wurde endlich zu einer ausserordentlichen Meisterschaft und Präcision ausgebildet. Bis gegen das Jahr 1200 sind die Farben in der Regel, gleich den meisten byzantinischen Malereien, welche zu Vorbildern dienten, sehr gegen das Helle gebrochen, von da ab aber werden sie, wie die späteren byzantinischen Bilder, kräftig, ja häufig dunkel. Statt der bisherigen farbigen Hintergründe tritt jetzt mehr und mehr der Goldgrund ein. In dem Vorwalten bestimmter, meist schwarzer Umrisse, in dem Vertreiben der Farben ineinander erkennt man ein neues Element. Noch eigenthümlicher und unabhängiger spricht sich die germanische Kunstweise in den

Bildern von blossen Umrissen, mit meist sehr flüchtiger Illuminirung in Farben, aus. Mit verhältnissmässig wenigen Ausnahmen bestehen die aus dieser Epoche noch vorhandenen Malereien aus Miniaturen in Manuscripten, deren ich hier nur einige der vorzüglichsten hervorheben kann.

Ein Psalterium in der Bibliothek des Fürsten Wallerstein zu Mahingen unweit Nördlingen, welches dem Anfange dieser Epoche angehören möchte, zeigt in der Darstellung der Beschäftigungen der verschiedenen Monate im Kalender manche lebendige, aus dem Leben genommene Züge, so im März den Säemann, so im September das Pflücken, Treten und Keltern der Trauben, so im November das Zapfen des Biers. In den Bildern religiösen Inhalts erkennt man zwar entschieden byzantinische Vorbilder, doch hat die Maria in der Geburt, wie der seine Wundenmale zeigende Christus, etwas Grossartiges und Edles. Die Stimmung der Farben ist licht. Von grosser Wichtigkeit in jedem Betracht ist ein Manuscript, welches Auszüge aus den Kirchenvätern und anderen Schriften enthält, und in den Jahren von 1159—1175 von Herrad von Landsberg, Aebtissin des Klosters Hohenburg zur Belehrung und Unterhaltung ihrer Nonnen verfasst, und mit einer sehr grossen Anzahl von Miniaturen geschmückt worden ist. Bis zur Revolution in jenem Kloster unter dem Namen hortus deliciarum aufbewahrt, befindet es sich seitdem in der Universitätsbibliothek zu Strassburg. [1] Nach dem religiösen Standpunkt der Herrad wird Alles, was man damals für wissenswerth hielt, in den Inhalt der Bibel, von Erschaffung der Welt bis zum jüngsten Gericht, eingeschoben. Die Bilder enthalten daher auch seltnerweise ausser den gewöhnlichen religiösen Gegenständen, eine grosse Zahl aus dem Bereich der antiken Mythologie, und für den Geist des Mittelalters höchst charakteristische Allegorien und mystisch phantastische Darstellungen. Zugleich tritt hier die Belehrung, als der Hauptzweck der Bilder besonders deutlich hervor, welcher zu Liebe selbst, an die indischen Gottheiten erinnernde, Abweichungen von der menschlichen Gestalt vorkommen. So ist die Philosophie als eine weibliche Gestalt mit drei Köpfen dargestellt, deren Bedeutung aus den Beischriften ethica, logica und phisica (sic) erhellt. So ist bei einer Darstellung der Verbindung des alten und neuen Testaments die Hauptfigur mit zwei Köpfen, deren der eine

---

[1] Siehe darüber Engelhardt, Herrad von Landsberg und ihr Werk, hortus deliciarum. Cotta 1818.

Moses, der andere Christus darstellt, begabt. Eine andere Form
dieser Belehrung durch die Anschauung spricht sich darin aus, dass
sich nicht nur jeder Vorgang des Lebens Christi, sondern selbst jede
Einzelheit seiner Parabeln abgebildet findet. So sind bei der bekannten Parabel von den Einladungen zum Gastmahle die verschiedenen Entschuldigungen der Geladenen dargestellt, der eine zeigt
auf den Meyerhof, welchen er gekauft, der andere auf die fünf Joch
Ochsen, die, wohlgezählt, dastehen, der dritte auf das Weib, so er
genommen. Viele der biblischen Gegenstände sind nach der alten
Tradition von grosser Würde, und die Köpfe Christi, Johannes des
Täufers, der Apostel Petrus und Paulus, nach dem Typus der altchristlichen Bilder genommen. Für die Frauen und jüngeren Männer ist ein Typus von nicht ungefälligem Ansehen vorhanden. Ausdruck ist in den Gesichtern in der Regel nicht zu finden. Nur sehr
heftige Affecte sind nothdürftig ausgedrückt, wie das Klagen der
thörichten Jungfrauen durch herabgezogene Mundwinkel, heraufge-
zogene Augen. Von geistigen Eigenschaften ist Bosheit durch Grin-
sen wiedergegeben. Unter den zahlreichen, der Zeit angehörigen
Erfindungen sind manche recht glücklich, z. B. die reichgeschmückt
und den Speer schwingend auf einem Rosse einhersprengende Su-
perbia. Dieses, wie die sonst vorkommenden Pferde sind indess
sehr plump und mangelhaft. Wie schwach auch die Zeichnung, so
sind doch die Intentionen sehr deutlich. Diese arten indess bei der
Darstellung von Kämpfen in das Ungeschlachte aus. Merkwürdiger
Weise haben sich hier in so später Zeit bei der Darstellung von
Naturgegenständen und geistigen Eigenschaften noch die antiken
Personificationen erhalten. So sehen wir bei der Taufe Christi noch
den Jordan als Flussgott, und wird bei der Schöpfungsgeschichte
Luft und Wasser durch Aeolus und Neptun, Tag und Nacht durch
zwei weibliche Gestalten ausgedrückt, von denen die letztere sogar
noch, wie in altbyzantinischen Miniaturen, den über dem Haupte im
Halbzirkel flatternden Schleier hat. Eins der merkwürdigsten Bilder ist
das letzte, sich auf die Stiftung des Klosters beziehende, wo Christus,
Maria und Petrus einen goldnen Stab anfassen, welcher ihnen von
dem knienden Herzog Eticho, der dadurch die Stiftung des Klosters als Morgengabe macht, dargebracht wird. Die Bildnisse der
Herrad und ihrer 60 Nonnen zeigen noch keine Spur von Individualisirung. Die Farben sind kräftig, die Behandlung in Deckfarben
genau und sorgfältig.

Ein sehr reiches und interessantes Denkmal ist ein etwa gegen
1200 geschriebenes Evangeliarium in der Dombibliothek zu Trier.
Es findet sich darin eine sehr reiche und besonders eigenthümliche
Darstellung der Wurzel Jesse und viele andere symbolische Darstellungen seltner Art mit zahlreichen Beischriften. Es kommen hier
auch noch antike Personificationen, z. B. Flussgötter vor. — Ein
ungefähr derselben Zeit angehöriges Psalterium, welches wahrscheinlich in der Rheingegend geschrieben, sich jetzt in der städtischen
Bibliothek zu Hamburg befindet, (No. 85) zeigt, was die Malerei in
Deutschland in so früher Zeit vermochte. Es finden sich ebenso
schöne, als eigenthümliche Motive vor. So bei der Darstellung im
Tempel, dass das Kind die Maria liebkost, bei der eine ganze Seite
einnehmenden Maria mit dem Kinde, welche an Grossartigkeit an
die des Guido von Siena erinnert, in dem Kinde die Geberde des
Nachsinnens. Ein wahrscheinlich in Mainz geschriebenes Evangeliarium in der Bibliothek zu Aschaffenburg (No. 3) aus derselben Zeit
ist sowohl durch den Reichthum der Bilder, unter denen sich besonders die Bergpredigt auszeichnet, als durch die Güte der Kunst
eins der wichtigsten Denkmäler dieser Zeit. [1] Ein für den bekannten Landgrafen von Thüringen, mithin zwischen 1193 und 1216
geschriebenes Psalterium, welches früher im Kloster zu Weingarten,
sich jetzt in der Privatbibliothek des Königs von Württemberg zu
Stuttgart befindet, ist für den Zustand der Malerei in Sachsen um
diese Zeit von grosser Wichtigkeit. Die wenigen Bilder nehmen
eine ganze Seite ein, und gehören, ganz in der oben angegebenen
Art byzantinischer Malweise ausgeführt, zu dem Vorzüglichsten, was
wir aus dieser Zeit von deutschen Miniaturen besitzen. Besonders
zeichnet sich auch die von Dibdin in einem Facsimile gegebene [2]
Darstellung der Dreieinigkeit aus. Der im Mosaikentypus Christi
aufgefasste Gott Vater hält den ebenso dargestellten Christus am
Kreuze vor sich. Die Vorstellung befindet sich innerhalb einer Mandorla von Glanzgold, welche mit einem Rande von Regenbogenfar-
ben umgeben ist. Der Gekreuzigte ist ganz in byzantinischer Weise
aufgefasst. Nächstdem ist noch Christi Niederfahrt zur Hölle besonders bemerkenswerth. Diese Bilder gewähren ein besonders glückliches Beispiel von jener Belebung und Milderung der Strenge

---

[1] Näheres darüber Kunstwerke und Künstler in Deutschland Th. I. S. 377 ff. —
[2] A bibliographical Tour etc. Th. III. S. 158. Näheres über die Miniaturen dieses
Manuscripts, von Kugler im Museum von 1834. No. 13. S. 97.

Fig. 2. Miniaturbild aus dem Psalter des Landgrafen von Thüringen.

byzantinischer Vorbilder. Noch freier spricht sich das deutsche Element in den auf die Monate bezüglichen Vorstellungen des Kalenders
aus. In dem hier gegebenen Beispiel gewährt das Heilige zugleich
einen Beleg für den byzantinischen Einfluss (Fig. 2). In den Brust-
bildern des Landgrafen und seiner Gemahlin Sophie, wovon hier
eine Abbildung (Fig. 3) zeigt sich endlich ein leiser Anklang von
Individualität. Auch die Initialen, besonders das grosse B, sind
von schöner Erfindung und reicher und prachtvoller Ausführung.

Fig. 3.

Bildnisse des Landgrafen und seiner Gemahlin aus derselben Handschrift.

Ein Beispiel hievon gewährt das beifolgende S (Fig. 4). Jene fast
nur zeichnende, nur bisweilen flüchtig illuminirende, vom byzantinischen Einfluss mehr unabhängige Weise ist besonders im oberen Baiern
zur Ausübung gelangt, wie verschiedene mit dergleichen geschmückte
Manuscripte beweisen. Dahin gehört das in der Bibliothek zu Berlin befindliche des deutschen Gedichts vom Leben der Maria von
Werenher, Diaconus des Klosters von Tegernsee im Jahr 1173 verfasst. Mit Recht rühmt Kugler [1] in diesen Zeichnungen sowohl die
stille Anmuth und Naivetät in manchen Vorstellungen ruhiger Zustände, wie z. B. eine Gruppe der Seeligen, als das Ergreifende der
Motive in der Darstellung sehr leidenschaftlicher und bewegter Gegenstände, wie in einer Gruppe der Verdammten, oder der über den

---

[1] S. die Doctor-Dissertation „De Werinhero etc. Berlin 1831.“

Tod ihrer Kinder jammernden Mütter von Bethlehem, wovon er auch eine Abbildung gegeben hat, welche hier ebenfalls folgt (Fig. 5).

Fig. 4.

Ein grosses S aus derselben Handschrift.

Sehr wichtig sind die Zeichnungen einiger, von dem Mönche Conrad im Kloster Scheyern gegen die Mitte des 13. Jahrhunderts verfassten und wahrscheinlich auch mit jenen Zeichnungen geschmückten Manuscripte der Hofbibliothek zu München. Ein Evangeliarium

mit einem Lectionale zeichnet sich durch die sehr originellen und
öfter geistreichen Darstellungen der Apocalypse aus, welche den auf
das Phantastische gerichteten Geist jener Zeit trefflich abspiegeln.
Die Kreuzigung ist aber auch hier wieder ganz in byzantinischer
Weise aufgefasst. In der Ausführung sind indess die Zeichnungen
sehr ungleich, einige sind fein und zierlich, viele hart und roh.
Eine Abschrift der Geschichte der scholastischen Philosophie von

Fig. 5.

Miniaturbild Werners von Tegernsee.

Petrus Comestor ist merkwürdig wegen der Personificationen der
sieben freien Künste, von denen z. B. die Musik als eine Frau dargestellt ist, welche das Glockenspiel spielt, und der Darstellung der
alten Philosophen. Das erste Bild, die thronende Maria, ist indess
sehr sorgfältig in Guasch ausgeführt.

Ein treffliches Beispiel der Miniaturmalerei dieser Epoche gewährt ein auf dem Kupferstichkabinet zu Berlin befindlicher Engel
Michael im Kampf mit dem Drachen, etwa um 1250 ausgeführt,
wovon hier eine Abbildung des oberen Theils (Fig. 6.)

Fig. 6. Miniaturbild des Engels Michael, auf dem K. Kupferstichkabinet in Berlin.

Auch Rittergedichte sind in dieser Weise mit Bildern geziert, so ein Manuscript der Aeneide von Heinrich von Veldeck, früher in

Baiern, jetzt auf der Königl. Bibliothek zu Berlin, von welchem
hier ein Beispiel (Fig. 7), so zwei Manuscripte des Tristan von
Gottfried von Strassburg und des Parcival von Wolfram von Eschenbach, doch, wie lebendig und sprechend in denselben auch häufig
die Geberden gehandhabt sind, machen sie im Ganzen einen sehr
rohen und kunstlosen Eindruck. Ein sicher in Bamberg geschriebenes Psalterium auf der dortigen Bibliothek (No. 232) aus der ersten

Fig. 7.

Miniaturbild aus der Handschrift der Eneidt.

Hälfte des 13. Jahrhunderts hat jene dunklere Farbenstimmung.
Die vierzehn grossen Bilder sind von trefflichen, nur in einzelnen
Fällen an byzantinische Vorbilder erinnernden, Compositionen, öfter
sehr eigenthümlichen Motiven und sehr geschicktem Machwerk. [1]

Die spärlichen, noch vorhandenen Wandmalereien in den
kirchlichen Gebäuden dieser Epoche sind oft von sehr eigenthümlicher Erfindung, höchst sinnreichen Beziehungen auf einander, und
glücklichen Motiven. Die Ausbildung erstreckt sich indess nur sehr
selten über öfter ziemlich derbe Umrisse mit geringer Angabe von

[1] S. Kunstwerke und Künstler in Deutschland Th. I. S. 103 ff.

Schatten und Lichtern. Es ist nicht wahrscheinlich, dass die verloren 'gegangenen, deren Zahl sehr gross sein muss, da neuere Forschungen bewiesen haben, dass selbst viele Dorfkirchen sehr reich mit dergleichen ausgeschmückt gewesen sind,[1] und von deren dereinstiger Existenz viele Nachrichten Zeugniss geben,[2] von anderer Art gewesen sein möchten. Viele von ihnen sind in einem sehr verdorbenen Zustande, oder auch durch ungeschickte Restaurationen ihres ursprünglichen Charakters beraubt. Manche befinden sich auch an ziemlich abgelegenen Orten. Ich kann hier nur die bedeutendsten hervorheben.

Die 24 Deckenfelder der ehemaligen Abtei Brauweiler, drei Stunden von Köln nach Bonn zu, welche gegen das Jahr 1200 ausgeführt sein möchten, enthalten in Bildern die Lehre von der Kraft des Glaubens zur Ueberwindung der Welt nach einer Stelle im 11. Kapitel des Briefes an die Hebräer.[3] Die geistige Mitte des Ganzen bildet das kolossale Brustbild Christi. Auf den andern Feldern befinden sich Solche, welche durch den Glauben gesiegt, Verheissungen erlangt, wie Magdalena und der gute Schächer, für den Glauben gelitten, wie Daniel und die heilige Thecla, für den Glauben gestritten, wie Simson, welcher sich, so wie der heilige Hippolyt, besonders durch die Schönheit des Motivs auszeichnen.

Dass in Köln selbst die Malerei bald nach Anfang des 13. Jahrhunderts in hoher Blüthe stand, geht aus der schon so oft angeführten Stelle des um diese Zeit verfassten Gedichts des Parcival von Wolfram von Eschenbach hervor, dass kein Maler von Köln oder Mastricht den Ritter besser habe malen können, als dieser zu Rosse ausgesehen habe.[4] Die Ueberreste, welche von dieser Blüthe Kunde geben, sind indess äusserst dürftig. Dahin gehören vor Allem die Malereien in der Taufkapelle von St. Gereon. Von den Heiligen Laurentius und Stephan sind nur Fragmente vorhanden. Ein sitzender Engel, so wie die Heiligen Katharina und

[1] J. W. Lübke, die mittelalterl. Kunst in Westphalen. Leipzig T. O. Weigel. 1. Band in 8. mit einem Atlas. S. 333 f. — S. über die Malereien im Kloster zu Benedictbeuren in Bayern Fiorillo, Gesch. der bild. Künste in Deutschland. Bd. 1. S. 178 f. Auch die Bischof Burkard von Halberstadt, Otto von Bamberg, Ibo von Merseburg, liessen in ihren Kirchen Malereien ausführen. Vergl. Botho, die Malerschule Huberts van Eyk. Bd. 1. S. 42. — Ich folge hier der scharfsinnigen Erklärung von A. Reichensperger im 11. Bande der Jahrbücher der rheinischen Alterthumsfreunde. 1847. — [1] Im Original lautet die Stelle:

„Als uns die aventiure gicht
Von Cholne noch von Mastricht
Daheim schiltere entwerf en bas
Denn als er ufem orse sas."

Helena, zeigen in den Köpfen den Typus der Epoche, und einen
edlen Styl der Gewandung. Die Ausführung dieser Bilder möchte
bald nach 1227, dem Jahr der Vollendung des Baues, fallen.[1]
Die mit dem Jahr 1224 bezeichneten, auf Schiefertafeln gemalten
Apostel in der Kirche der heiligen Ursula. Sie waren, soweit die
spätere Restauration es noch erkennen lässt, in der oben angegebenen
einfachen Art behandelt und noch ganz in der Weise romanischer

Fig. 8

Wandgemälde in Schwarz-Rheindorf.

Kunst gehalten. Nur haben die Köpfe durch jene Restauration
den Charakter der kölnischen Schule des 15. Jahrhunderts erhalten.
Als Beispiel von Wandmalereien in Dorfkirchen führe ich die in der
Kirche zu Schwarzrheindorf in der Nähe von Bonn an, welche
zwischen 1151 und 1156 ausgeführt sein müssen.[2] Die Gestalten
von Heiligen und Stiftern in der Unterkirche, sind von grosser

---

[1] v. Quast, Cölner Domblatt. 1850. No. 69 f. — [2] Der Architect Simons, welcher ein treffliches Werk über diese Kirche geliefert, hat das Verdienst, diese Malereien entdeckt und von der weissen Tünche befreit zu haben.

Würde, aber auch starke Bewegungen, wie bei den von Christus aus dem Tempel Vertriebenen, sind von vieler Lebendigkeit. Ein Beispiel davon Fig. 8.

Von ungemeiner Bedeutung sind einige Wandmalereien in dem benachbarten Westphalen, von denen zuerst Wilhelm Lübke in seinem schon erwähnten musterhaften Werk über die Kunst in Westphalen nähere Rechenschaft gegeben hat.[1] Ein Theil derselben befindet sich in dem Chor der Nicolaikapelle zu Soest. Sie stellen den Heiland, die vier Evangelisten und die zwölf Apostel in lebensgrossen Figuren dar. In diesen Malereien, welche Lübke aus der ersten Zeit des 13. Jahrhunderts hält, welchem Urtheil ich, nach den von ihm gegebenen Abbildungen von zwei Aposteln und dem heil. Nicolaus, Tafel XXVIII. und XXIX. des Atlasses, durchaus beipflichte, findet derselbe „eine Macht der Erscheinung, eine Lebensfülle, eine bei aller statuarischen Ruhe doch tief begründete, fein nüancirte Bewegung, die nur einer wunderbaren Verschmelzung realen und idealen Sinnes, die nur dem Höhenpunkt einer vorhergegangenen langen Entwicklungsreihe zuzuschreiben ist." Auch entsprechen diesem Ausspruch die edlen Gestalten, mit den reich und einsichtig motivirten Gewändern, den sehr bestimmt charakterisirten Köpfen sehr wohl.

Fast noch merkwürdiger sind die, welche derselbe Kunstforscher in der Kirche von Methler, einem Dorfe in der Nähe von Dortmund, von der weissen Tünche befreit hat, insofern sie, nicht blos die drei Absiden, sondern auch die Wände der Seitenschiffe bedeckend, und mit reichen Verzierungen in Gold geschmückt, ein Beispiel gewähren, welch ein Aufwand von Kunst in jener Zeit selbst in einer Kirche dieser Art gemacht worden ist. Auch hier theile ich nach den Abbildungen auf Tafel XXX. ganz die Ansicht des Verfassers, dass sie etwa der Mitte des 13. Jahrhunderts angehören möchten. Sie übertreffen die vorher erwähnten fast noch in der Grossartigkeit der Auffassung der Charaktere, stehen ihnen indess an Feinheit der Ausbildung des Einzelnen nach, obwohl sich hier eine bei jenen fehlende Angabe von Schatten vorfindet. Ausser den Aposteln sind hier noch Johannes der Täufer, eine sehr stattliche, auch auf jener Tafel wiedergegebene Figur, die Verkündigung und einzelne Heilige vorhanden.

---

[1] Siehe S. 322 ff.

Ein höchst bedeutendes, etwa gegen 1200 ausgeführtes Denkmal
sind die Malereien, welche die Holzdecke der St. Michaelskirche zu
Hildesheim in ihrer ganzen, gegen 100 Fuss betragenden Länge
einnehmen. Sie zerfallen in drei Reihen. In der mittleren befinden
sich Adam und Eva, Abraham, vier Könige von Israel, endlich
Moses und Maria, von welcher hier eine Abbildung (Fig. 9), zu
den Seiten, darauf bezüglich, Patriarchen, Propheten und Heilige.
Sowohl diese Figuren von streng architektonischer Anordnung, als
die sie umgebenden Verzierungen, stehen auf einer höchst achtbaren Stufe der Kunst und machen in den Farben einen harmonischen, in der Gesammtheit hellen Eindruck. [1]

Nicht minder wichtig, aber leider durch eine ungeschickte Restauration ihres ursprünglichen Charakters grossentheils beraubt, sind
die Malereien im Chor und im linken Flügel des Kreuzschiffes des
Doms zu Braunschweig. An den Wänden des Chors findet sich
in überlebensgrossen Figuren in sinnreicher Zusammenstellung, das
Opfer von Kain und Abel, der Todschlag des Kain, und, in der
bekannten Bedeutung der Erlösung von der Erbsünde durch den
Opfertod Christi, das Opfer des Isaak, Moses dem Gott Vater im
feurigen Busch erscheint, und die Errichtung der ehernen Schlange.
An dem Gewölbe tritt uns in der Darstellung der Wurzel Jesse
das Werk der Erlösung noch näher. An der Kuppel vor dem Chor
ist der neue Bund in dem Lamm, Vorgängen aus dem Leben
Christi von der Geburt bis zum Pfingstfest, und den zwölf Aposteln
dargestellt. Doch auch hier fehlt in acht Propheten die Beziehung
aus dem alten Testamente nicht. Im Kreuzschiff sieht man von
besserer Hand, am Gewölbe, überlebensgross, thronend Christus
und Maria, zwei kolossale Engel und die 24 Aeltesten aus der
Apokalypse, auf der Wand nach Osten, Christus in der Vorhölle
und seine Himmelfahrt, gegenüber, in der bekannten Beziehung
auf das jüngste Gericht, die fünf klugen und die fünf thörichten
Jungfrauen. Nach dem rein romanischen Charakter der Bilder,
wie der Verzierungen, sind sie gewiss vor dem Jahr 1250 ausgeführt worden. Der zweiten Hälfte des 12. Jahrhunderts möchte
nach Kuglers Bericht die grosse Maria in der Chornische des Klosters Neuwerk zu Goslar angehören. Als Himmelskönigin, mit

---

[1] Eine vortreffliche Abbildung hievon in Chromolithographie, bei Storch und
Kramer in Berlin, mit einem Text von Dr. Kraatz.

Krone und Schleier, hält sie thronend das bekleidete Kind auf dem
Schoosse. Die Farben sind nach ihm licht und hell, die Gewänder
frei und unbestimmt gefaltet, der Kopf der Maria nicht ohne Würde.

Fig. 9.

Deckengemälde aus St. Michael in Hildesheim.

Auch die Malereien, welche gelegentlich der Restauration des
Doms von Bamberg in den Nischen der einen Wand im Peters-

chöre von der alten Tünche befreit worden sind, gehören hieher
und möchten, wie schon Kugler bemerkt, etwa um 1200 ausgeführt worden sein. Wohl ganz ans Ende dieser Epoche dürften
die Wandmalereien in der alten Kapelle des Schlosses zu Forch-
heim, einer kleinen, zwischen Bamberg und Erlangen gelegenen
Festung, fallen. Das Hauptbild stellt die Anbetung der Könige
dar. Sonst findet man noch das jüngste Gericht, die Verkündigung
und Propheten. Die Erfindungen und die einzelnen Motive sind gut,
gehören indess der Tradition an. Die Ausführung ist ziemlich roh. [1]

Endlich sind hier auch die Darstellungen einzelner Heiligen in
halben Figuren in der Kirche des Benedictiner-Nonnenstifts Nonn-
berg in Salzburg anzuführen, welche Dr. Heider [2] etwa gegen 1150,
also ganz zu Anfang unserer Epoche ansetzt, womit auch die von
ihm gegebenen kolorirten Abbildungen sehr gut übereinstimmen.

Auch in dieser Epoche zeigt die Malerei in Böhmen einen ähnlichen Charakter. Der starke byzantinische Einfluss erklärt sich
hier noch besonders dadurch, dass der heilige Method, der Apostel
der Böhmen, selbst die Malerei ausübte. Belege hiefür gewähren
das in dem vaterländischen Museum zu Prag befindliche, mit der
Jahreszahl MCCII und dem Namen des Malers Miroslav bezeichnete
Manuscript eines lateinischen Wörterbuchs, [3] und die Miniaturen
einer Bilderbibel in der Bibliothek des Fürsten Lobkowitz in Prag,
welche etwa um 1260 ausgeführt sein möchten. In der letzteren
fällt die Neigung zum Personificiren auf. So sind die Finsternisse
(tenebre [sic]) als zwei schlafende, das Licht als eine kleine Gestalt
mit einer Fackel in der Hand dargestellt. [4]

Tafelbilder kommen vor dem Jahr 1250 nur sehr selten vor,
da die Ausbildung eigentlicher Altarbilder erst etwas später fällt.
Hieher gehört ein Antependium, ursprünglich im Kloster Walburg
zu Soest, jetzt im Provinzialmuseum zu Münster befindlich. Es
stellt den auf dem Regenbogen in der Mandorla thronenden Christus,
mit je zwei Heiligen zu den Seiten dar. Es möchte nach datirten
Miniaturen, etwa um das Jahr 1260 ausgeführt worden sein. Dagegen dürfte eine Tafel, worauf Christi Verrath, Christus vor Herodes, die Auferstehung und die Himmelfahrt, und auf der ganzen

---

[1] Vergl. Kunstwerke und Künstler in Deutschland. Th. I. S. 146 ff. — [2] Jahr-
buch der K. K. Central-Commission. II. Bd. S. 24 ff. Wien 1857. — [3] Näheres in
jenen obigen Nachträgen S. 130 und in einem Aufsatze Woeel's in den Wiener
Mittheilungen. Februarheft von 1860. S. 33 f. mit einigen Abbildungen. — [4] Näheres hierüber an demselben Ort S. 148.

Rückseite die Kreuzigung, in der Kirche zu Heilsbronn, etwa um
1250 fallen.　Die künstlerische Ausbildung ist gering.[1]
　　Bei der Seltenheit von Denkmälern von grösserem Umfang in
dieser Epoche erwähne ich noch Einiges von den der Malerei verwandten Kunstzweigen der Teppichwirkerei und Stickerei.　Beide
fanden in den Teppichen für die Wände der Kirchen, die Fuss-
böden, für die Altäre, die Kirchenstühle, wie für die Gewänder
der Bischöfe und Priester, ein unermessliches Feld zu ihrem An-
bau.[2]　Unter diesen hebt Kugler die mir aus eigner Anschauung
nicht bekannten, im Ziter zu Quedlinburg, wegen ihrer Kunst-
schönheit hervor.[3]　Sie sind von der Aebtissin Agnes (um 1200)
mit ihren Jungfrauen zum Schmuck der Chorwände jener Kirche
gewebt worden und enthalten Darstellungen allegorischen Inhalts,
nämlich die Hochzeit des Merkur mit der Philologie nach Marcianus
Capella.　Sie sind von verschiedenem Werth.　„Einige enthalten
in einzelnen Figuren die Andeutungen von einer solchen Schönheit der Form, von solchem Ebenmass der Glieder, von so würdiger, so kunstverständig geordneter Gewandung, dass wir hier in
der That eine ihrer Vollendung sich annähernde Kunst zu sehen
glauben.“
　　Wiewohl die Emailmalerei, welche an den Reliquarien, Kir-
chenleuchtern, Rauchfässern u. s. w. vielfache Anwendung fand, bei
der Schwierigkeit ihrer Technik, in dieser Epoche als Ausdrucks-
weise der Kunst hinter den obigen Gattungen zurückbleiben musste,
und keine neuen Momente für den Kreis der Darstellungen gewährt,
erscheint es doch als angemessen zu erwähnen, dass sie nach den
neuesten Forschungen in Deutschland und zwar vielfach ebenfalls nach
byzantinischen Vorbildern zur Ausübung gekommen ist.　In den Ornamenten zeigt sie indess die schöne und eigenthümliche Ausbildung des romanischen Styls.
　　Noch weniger spielt in dieser Epoche die Glasmalerei[4] eine
selbstständige Rolle.　Von den ersten Anfängen der Anwendung
farbiger Gläser in den Kirchenfenstern, welche bis in das 10. Jahr-

---

[1] S. Kunstwerke und Künstler in Deutschland. I. S. 310 und Hotho, die Malerschule Huberts van Eyck. Th. I. S. 162 f. — [2] Ueber letztere verweise ich auf die
Arbeiten des Caplan Bock. — [3] S. das Handbuch der Malerei. 2. Ausgabe. Bd. I.
S. 171. — [4] S. über dieselbe M. A. Gessert, die Geschichte der Glasmalerei etc.
1839. 8. Florillo, Geschichte der Malerei. I. S. 197 f. Emeric David, Histoire de
a peinture S. 79 ff.

hundert zurückreichen,[1] war sie in Deutschland und den Nieder-
landen allerdings nicht blos zu schönen Mustern im romanischen
Geschmack, sondern sogar zur Darstellung einzelner, menschlicher
Figuren fortgeschritten. Bei der Unbehülflichkeit der Technik,
wonach die einzelnen Glasstücke durch eine grobe Fassung von
Blei zusammengesetzt wurden, war indess eine höhere künstlerische
Ausbildung unmöglich, und behielt diese Kunst ihren ursprünglichen
Charakter eines architektonischen Ornaments. Diesen Eindruck
machen denn auch die einzelnen Heiligen in den südlichen Fen-
stern des Mittelschiffs des Doms zu Augsburg, welche übrigens in
Form und Farbe mit den Miniaturen gegen 1200 übereinstimmen.

Wie die nicht zahlreichen, noch vorhandenen Manuscripte mit
Miniaturen beweisen, stimmt die Art der Malerei in den Niederlanden auch in dieser Epoche wesentlich mit der in Deutschland
üblichen überein, jedoch ist der Einfluss byzantinischer Malerei
hier noch mehr vorherrschend, worauf in der ersten Hälfte des
13. Jahrhunderts ohne Zweifel der Umstand eingewirkt hat, dass
es Grafen von Flandern waren, welche den Thron zu Konstanti-
nopel während des sogenannten lateinischen Kaiserthums einnahmen.
Sowohl in der Freiheit bei der Belebung altbyzantinischer Motive,
als in der Zeichnung und der technischen Ausbildung stehen verschiedene derselben auf einer ungemeinen Höhe. Beispiele hievon
sind: Ein Missale im britischen Museum (Addit. No. 16949), wohl
zwischen 1150 und 1200 geschrieben. Hier ist indess vornehmlich
das technische Geschick und die Schönheit der Farben bemerkenswerth.[2] Ein Psalterium in der königl Bibliothek im Haag. Ein
sehr reiches, besonders wegen der aus dem Leben genommenen
Darstellungen in dem Kalender und der ausserordentlichen Schönheit der romanischen Verzierungen wichtiges Manuscript, welches
sicher ungefähr derselben Zeit angehört.

Das mir bekannte Hauptdenkmal ist indess ein Psalter in der
kaiserlichen Bibliothek zu Paris (Supplem. français No. 1732 bis),
etwa um 1200 geschrieben. In den zahlreichen Bildern, von bewunderungswürdiger Ausführung, finden sich neben dem Festhalten
byzantinischer Motive, z. B. auf einem Blatt mit Christus, Maria,

[1] S. den Brief des Abtes Gozpert von Tegernsee (983—1001) an einen Grafen Arnold, worin er ihm dankt, dass er die Fenster der Klosterkirche mit buntgemalten Scheiben (discolorum picturarum vitra) habe versehen lassen. — [2] Näheres darüber in meinen Treasures of art in Great Britain. I. S. 122.

den Aposteln u. s. w., auch glückliche, aus dem Leben genommene Züge, so bei der Verkündigung der Hirten, und einer Reiterschlacht, endlich in den Initialen auch scherzhafte Vorstellungen vor.[1]

Würdig schliesst sich diesem in der Kunst ein, einen grossen Theil der Vulgata enthaltendes Manuscript in derselben Bibliothek (Mss. latins. No. 116) an, welches, obwohl ungleich minder reich, für die Kunststufe in den Niederlanden in dieser Epoche ein höchst günstiges Zeugniss ablegt.

Leider hat sich meines Wissens aus dieser Zeit weder von Wandmalereien, noch von Staffeleibildern irgend etwas in den Niederlanden erhalten, was um so mehr, besonders in Betreff der Stadt Mastricht zu beklagen ist, als nach der schon oben angeführten Stelle aus dem Parcival des Wolfram von Eschenbach die Maler daselbst in dieser Epoche eines besonderen Rufs genossen.

---

[1] Vergl. Kunstwerke und Künstler in Paris, S. 311. Irre geführt durch Miniaturen eines Italieners aus dem 14. Jahrhundert in dem hinteren Theil des Manuscripts und bei dem von 1200-1300 gleichfalls in Italien vorhandenen byzantinischen Einfluss, habe ich dieses Manuscript dort als italienisch beschrieben.

ZWEITES BUCH.

Der Germanische Styl.

Erste Epoche von 1250—1420.

Die Einführung der gothischen Architektur, welche von dieser
Zeit an bald allgemein in den Niederlanden, wie in Deutschland,
stattfand, war für die Ausübung der monumentalen Malerei in
diesen, wie in allen Ländern, wo sie mit Consequenz zur Ausbildung kam, von einem sehr nachtheiligen Einfluss. Dadurch, dass
diese Art der Architektur die Mauern in Pfeiler und Fenster auf-
löste, entzog sie nämlich dieser Gattung von Malerei die erforder-
lichen Wandflächen. Durch die zu grosse Höhe waren selbst die
Gewölbe nicht mehr dafür geeignet. Dagegen wurde gerade durch
die verkrüppelte Form, worin diese Architektur in Italien zur Geltung kam, den Malern der unermessliche Vortheil der Ausübung
ihrer Kunst an Wänden und Gewölben erhalten, die Grundbedin-
gung der hohen Ausbildung der monumentalen Malerei in jenem
Lande. Die Maler in den Niederlanden und in Deutschland wurden
daher auf die mehr und mehr in Aufnahme kommenden Altarbilder
verwiesen. Aber auch dieses Gebiet wurde ihnen sehr verkümmert.
Das Mittelstück, welches die einzige geeignete Fläche für eine umfassendere Composition in lebensgrossen Figuren darbot, wurde
meist von der Sculptur in Anspruch genommen. Die allein für die
Malerei übrigbleibenden Flügel waren in der langen und schmalen
Form so ungünstig, dass sie, meist in zwei Felder eingetheilt, nur die
Ausführung von Figuren in sehr kleinem Maassstabe zuliessen.

Erstes Kapitel von 1250--1350.

Die Epoche, worin das Malen sich wesentlich auf die Illumination gezeichneter Umrisse beschränkt.

Die Malerei dieser Epoche zeigt zwar insofern einen Fortschritt im Vergleich zur vorigen, dass sie die byzantinischen Vorbilder zum Theil, die byzantinische Art der Färbung und Behandlung ganz aufgebend, nach einer grösseren Selbständigkeit strebt. Wie es aber zu geschehen pflegt, dass es eine längere Zeit dauert, bevor eine neue Weise zu einer höheren Ausbildung gelangt, so stehen die Bilder dieser Epoche, welche als eine des Uebergangs zu betrachten ist, den Bildern der vorigen an Kunstwerth entschieden nach. In den früheren Malereien derselben findet man in den Motiven noch ein Gemisch der Vorbilder romanischer und gothischer Sculpturen, in der späteren aber herrschen ausschliesslich die der letzteren. Die Stellungen haben etwas conventionell Gewundenes, welches oft ein unschönes Hervorstrecken des Leibes veranlasst. Ein ähnliches Verhältniss lässt sich auch in der Behandlung der Gewänder nachweisen. Diese sind in der früheren Zeit in den Falten zwar mehr ausgeladen, als in der vorigen Epoche, halten aber noch die Tendenz zum Parallelen fest. In der späteren aber erhalten sie eine mehr geschwungene Form mit weit abstehenden und oft mageren Rippen, oder Höhen, der Falten. Dazu kommt, dass selbst bei der Darstellung Gottvaters, Christi, der Maria, oft das antike, durch eine lange Tradition geheiligte Kostüm nicht mehr beobachtet wird. Dessgleichen werden auch von jetzt an die Engel über ihrer bisherigen langen Tunica noch mit einem Mantel bekleidet. Die Köpfe sind meist noch von typischer Bildung, welche in der früheren Zeit in einem oben breiten, unten schmächtigen Oval, weitgeöffneten Augen, schmaler und spitzer Nase und ziemlich grossem, meist in den Winkeln etwas herabgezogenem Munde besteht, während in der späteren das Oval von grösserer Fülle, die Nase kurz und der Mund klein ist. Gemeinheit und Rohheit der körperlichen Bildung wird auch in dieser Epoche meist durch Karikaturen mit grossen, krummen Nasen, geistige Verwerflichkeit durch ein verzerrtes Lächeln, Schmerz vornehmlich durch das Herabziehen der Mundwinkel ausgedrückt. Gelegentlich zeigt sich aber schon das Bestreben nach individuellen Zügen. In dem Kolorit

führt das Verlassen der Tradition zur Anwendung grell bunter
Farben, unter denen das Zinnoberroth und ein starkes Blau die
Hauptrolle spielen. Da die schwarzen Umrisse ziemlich mager gemacht, die Farbe der Wangen nur durch rothe Flecke bezeichnet,
die Schatten in den Gewändern nur sehr einfach in der dunkleren
Lokalfarbe angegeben sind, so bringen diese Bilder den Eindruck
von mit grosser Sicherheit und Handfertigkeit gemachten, höchst
bunt illuminirten Federzeichnungen hervor. Nach dem Jahr 1300
spricht dagegen der Gebrauch von mehr gebrochenen Farben, als
bläulich, rosa, bräunlich, grünlich u. s. w., für den Anfang des
Erwachens des Sinns für Harmonie, und findet sich auch eine
etwas sorgfältigere Angabe und eine zarte Vertreibung von Schatten
und Lichtern vor. Diese Bilder machen schon mehr den Eindruck
von eigentlichen Gemälden. Die Räumlichkeiten sind nur angedeutet. In der Angabe von Architektur sind bald romanische, bald
gothische Formen angewendet. Bäume sind von ganz conventioneller Form, die Lüfte golden, in den Miniaturen ausserdem schach-
brettartig. In Manuscripten finden sich aber, wie in der vorigen
Epoche, gelegentlich auch blasse, zum Theil viel Eigenthümlichkeit
des Geistes verrathende Federzeichnungen.

Da jede neue Bewegung in der Malerei von dieser Zeit an von
den Niederlanden ausgeht, welche zu einer eben so grossen Blüthe
gelangten, als in Deutschland, nach dem Jahr 1250 auf lange Zeit
durch Kriege und gesetzlose Zustände in grösseren und kleineren
Kreisen, eine entschiedene Verwilderung eintrat, so werde ich fortan
meine Betrachtungen stets mit den Niederlanden beginnen.

Das älteste, mit einem Datum versehene Beispiel dieser neuen,
nach grösserer Selbständigkeit strebenden Kunstweise, welches ich
kenne, ist das Manuscript einer Vulgata in zwei Foliobänden auf
der Bibliothek des Seminars zu Lüttich. Die in Initialen vor dem
Anfang eines jeden Buchs befindlichen Bilder zeigen keinen besonders geschickten Künstler, sind aber wichtig, weil sie durch die
Jahreszahl 1248 beweisen, wie früh diese Kunstart schon in den
Niederlanden ausgeübt worden ist.

Sehr nahe in der Zeit stehen diesem die in der Kunst ungleich
vorzüglicheren, nur hie und da illuminirten Federzeichnungen in
einem Manuscript der französischen Geschichte Alexander des Grossen
in der Bibliothek der alten Herzoge von Burgund zu Brüssel
(No. 11040). Die zahlreichen Kämpfe sind ganz in den Waffen und

der Weise der damaligen Zeit gehalten, und geben uns ein sehr
lebendiges und geistreiches Bild von diesen. Der schöne, sehr
jugendliche Kopf des Alexander bei seinem Begräbniss hat etwas
Poetisches.

Wie lange sich aber auch noch in einzelnen Fällen die solide
Behandlung in Guasch und das Farbengefühl mit der neuen Weise
mischten, beweist ein um 1300 verfasstes Manuscript eines Psalteriums in derselben Bibliothek (No. 6070). Dabei ist die Feder
darin mit einer gewissen Breite und grosser Freiheit geführt, und
die Köpfe öfter von vielem Ausdruck. In der Auffassung von
manchen Thieren findet sich eine überraschende Wahrheit und verschiedene scherzhafte Vorstellungen sind so ergötzlich, dass darin
schon Teniers und Jan Steen vorspuken.

Ein besonders ausgezeichnetes Zeugniss von dem Stande der
Malerei in den Niederlanden gegen Ende dieses Abschnitts geben
die Miniaturen, welche, nach einer darin enthaltenen Inschrift,
Michiel van der Borch im Jahr 1332 in einem Manuscript
der Bibel in flamändischen Reimen von Jacob van Maerland im Westrenischen Museum im Haag ausgeführt hat. [1] Die Motive der Figuren
sind sehr sprechend und dramatisch. So ist in der Darstellung der
Schöpfungstage bei der Erschaffung der Eva der Schlaf des Adam
sehr wahr ausgedrückt, die Eva sehr hübsch. Dabei sind die Formen öfter von überraschender Fülle, z. B. an den Kindern bei Er-
tränkung der Erstgeburt in Aegypten. Die Falten der Gewänder
sind von ungewöhnlicher Breite. In der Darstellung der Geburt
Christi kündigt sich schon die realistische Auffassung an, worin die
Niederländer allen andern Nationen vorangehen sollten.

Von Wandgemälden hat sich aus dieser Epoche wenigstens eins
in Belgien zu Gent in dem vormaligen Refectorium des alten Bi-
loque Hospital erhalten. Es stellt, in lebensgrossen Figuren, den
thronenden Christus dar, welcher der, gegen ihm über sitzenden,
die erhobenen Hände zusammenlegenden Maria den Segen ertheilt.
Hinter ihnen, in viel kleinerem Maassstabe, drei Engel, welche einen
Teppich halten. Das Ganze ist von einer Einfassung von einer
gothischen, sehr häufig gebrauchten Form umschlossen. Nach der
schon ganz ausgebildeten Kunstweise unserer Epoche möchte die
Ausführung nicht früher als gegen das Jahr 1300 fallen. Sowohl

---

[1] Ausführliches darüber in einem Aufsatz von mir im Deutschen Kunstbl. von
1852. No. 28.

durch die Grösse, als durch die entschiedenen Motive macht das
Bild eine namhafte Wirkung. Doch ist die Behandlung flüchtig,
die Füsse und Hände sehr schwach. Zu den Seiten dieses Bildes
befinden sich, nur in Umrissen, der nach Christus deutende Johannes
der Täufer mit dem Lamm, und der heilige Christoph mit dem Kinde.

Obwohl im nördlichen Deutschland in der Malerei ein gewisser
Einfluss aus den Niederlanden wahrnehmbar ist, so findet man doch
schon hier, noch mehr aber im südlichen Deutschland die Formen
plumper, die Umrisse derber und gröber. So sind auch die Köpfe
meist zu dick und stellen sich schon früh jene kurzen Nasen ein.

Ein Beispiel jenes Einflusses von den Niederlanden aus gewährt
das Manuscript eines Psalteriums in der Ambraser Sammlung zu
Wien, welches wahrscheinlich in einem Nonnenkloster in Westphalen nicht lange nach dem Jahr 1300 angefertigt worden ist.
Es enthält in 84 Runden ebensoviele Bilder von Erschaffung der
Welt bis zum jüngsten Gericht, deren Umrisse zwar mager, aber
in seltner Präcision mit der Feder gezeichnet sind.

In Köln befinden sich im Chor des Doms auf der Umfassungs-
mauer der Chorstühle eine Anzahl von Wandgemälden, von denen
die auf der Evangelienseite Vorgänge aus dem Leben des heiligen
Petrus und des Pabstes Sylvester, die auf der Epistelseite aus dem
Leben der Maria und aus der Legende der heiligen drei Könige
darstellen. Die Proportionen sind gut, die Motive sprechend und
lebendig, die Gewänder von gutem Geschmack, die Köpfe aber
noch sehr typisch und von wenig Ausdruck. Die Stufe der Ausbildung mit dicken, röthlichen Umrissen und sehr weniger Angabe von
Schatten ist sehr gering. Da diese Bilder wohl ohne Zweifel zur
Einweihung des Chors im Jahr 1322 fertig gewesen sind, und man
für den Chor, als den heiligsten Raum der Kathedrale, ohne Zweifel
die besten Maler gewählt haben wird, lässt sich daraus auf den
damaligen Zustand der Malerei in Köln, einem der Hauptmittel-
punkte Deutschlands, kein günstiger Schluss ziehen. Allerlei kleinere scherzhafte Darstellungen unter diesen Bildern sind zwar
manierirt, und in der Ausführung roh, doch geistreich in der Erfindung. Ebensowenig legen zwei Staffeleibilder im städtischen
Museum zu Köln, ein kleiner Altar mit einer Kreuzigung, und
die Apostel Paulus und Johannes, für diese Gattung von Malerei
ein günstiges Zeugniss ab.

In Niedersachsen kenne ich aus dieser Epoche nur ein Antependium in der Kirche des adeligen Fräuleinstiftes zu Lüne. Dasselbe stellt in der Mitte Christus am Kreuz in byzantinischer Auffassung, umher die Verkündigung, die Anbetung der Könige, die Darstellung, die Taufe, die Geisselung, die Kreuzigung, die Auferstehung und die Niederfahrt zur Hölle vor. Die ganze Kunstform der ziemlich rohen Malerei erinnert noch sehr an die, welche vor 1250 herrschend war.

Von Wandmalereien führe ich sonst nur noch die gegen das Ende dieser Epoche fallenden, in einem niedrigen Raum des vormaligen Ehingerhofs zu Ulm befindlichen an. Die zu zweien zusammensitzenden Männer dürften Propheten vorstellen. Recht lebendig ist ein Mann mit einem Hunde und eine Frau mit einem Affen an der Eingangsthür. Obwohl sie später nachgebessert worden, so lässt sich doch noch erkennen, dass sie ursprünglich auf einer niedrigen Stufe der Ausbildung gestanden und von sehr einfacher Behandlung gewesen sind.

Für die Anwendung der Malerei auf weltliche Gegenstände sind zwei Manuscripte interessant, welche die Gedichte der Minnesinger enthalten. An der Spitze der Gedichte eines jeden befindet sich derselbe meist in einer passenden Beschäftigung vorgestellt. Von einer portraitartigen Individualisirung findet sich keine Spur, sondern in allen herrscht der Typus dieser Epoche in ziemlich derber Form. Die schwarzen Umrisse sind breit und derb mit einer gewissen Handfertigkeit gemacht und ziemlich flüchtig und roh illuminirt. Es findet sich darin schon ganz die Zeichnungsweise, welche den Holzschnitten dieses und des nächsten Jahrhunderts zum Vorbilde diente. Das älteste, etwa um 1280 verfasste, vormals im Kloster Weingarten in Schwaben, befindet sich jetzt in der Privatbibliothek des Königs von Württemberg in Stuttgart. Es verräth einen nur geringen Künstler, doch sind, wie auch die Probe von zwei Liebenden, welche sich Treue schwören, beweist (Fig. 10), die Motive der Figuren oft recht sprechend und lebendig und deuten auf ein besseres Original, welches ohne Zweifel wegen der Uebereinstimmung in den Erfindungen, auch dem andern, unter dem Namen des Manessischen Codexes so bekannten, etwa um das Jahr 1300 geschriebenen Manuscript in der kaiserlichen Bibliothek in Paris zum Grunde liegt. Die Bilder in diesem Codex von grossem Quart sind von ansehnlichem Umfang und zeugen auch von einem besseren

Fig. 10. Miniaturbild aus dem Weingartner Codex der Minnelieder.

Künstler. [1] Ruhige Zustände sind oft sehr glücklich ausgedrückt,
so das Nachsinnen in Walther von der Vogelweide und in Heinrich

---

[1] Professor Hagen hat nach Durchzeichnungen eine Auswahl derselben unter
dem Titel Bildersaal altdeutscher Dichter im J. 1856 bei Stargardt herausgegeben.

von Veldeck, von welchem letzteren eine Abbildung in jener Schrift von van der Hagen. Der Ausdruck von Feier und Würde aber führt auch zu sehr eckigen und unwahren Stellungen, wie in den Armen des thronenden Kaisers Heinrich VI. in derselben Schrift. Lebhafte Bewegungen fallen vollends sehr verzerrt aus, wie bei dem, nach dem Spiel von Reinmar dem Fiedler tanzenden Mädchen ebenda. Von seltenem Ungeschick sind besonders die Pferde.

Fig. 11.

Miniaturbild aus Wilhelm von Oranse.

Dagegen ist der Wurf der Gewänder in jenem gothischen Geschmack meist sehr glücklich. Der Grad der Ausführung ist sehr ungleich. Manche sind nur Umrisse, andere in lebhaften, aber grellen Guaschfarben kolorirt. Es lassen sich zwei Maler von verschiedenem Werth unterscheiden. Die Mehrzahl der Bilder rührt indess von der besseren Hand her.

Ein sehr ansprechendes Beispiel, wie Rittergedichte in dieser Epoche in Bildern behandelt worden, gewährt das im Jahr 1334 für den Landgrafen Heinrich von Hessen geschriebene Manuscript des Ritterromans Wilhelm von Oranse in der öffentlichen Bibliothek zu Cassel. Die kirchlichen Gegenstände, z. B. der thronende Christus, mit den Zeichen der vier Evangelisten in den Ecken, sind noch nach der Tradition von streng symmetrischer Anordnung, die profanen aber sehr dramatisch. Ausser den meist, wie die beifolgende Abbildung beweist (Fig. 11), sehr sprechenden Gebährden

Fig. 12.

finden sich auch einige glückliche Versuche in den Gesichtern geistige Affekte auszudrücken. Die technische Ausführung ist dabei ungleich sorgfältiger und feiner, als in dem mannessischen Codex. Indess lassen sich auch hier zwei Hände unterscheiden. Zu Ende sind die Bilder unfertig geblieben.

Ein Beispiel, wie auch gleichzeitige Begebenheiten behandelt worden sind, gewähren die Miniaturen in einem auf Trier bezüglichen, von dem Erzbischof Balduin (reg. von 1307—1354) veranlassten Urkundenbuch, welches jetzt im Archiv von Coblenz aufbewahrt wird. Diese befinden sich zu Anfang auf 37 Blättern, deren jede Seite zwei Vorstellungen übereinander enthält. Nur die letzte Seite wird von einem Bilde, dem todten Kaiser Heinrich VII., von drei Engeln umgeben, eingenommen. Auf den Römerzug dieses Kaisers, eines Bruders von Balduin, und nächstdem auf seine eigne Geschichte, beziehen sich die meisten Bilder, welche, bis auf zwei, in leicht angetuschten Zeichnungen bestehen. Jene zwei, in Guaschfarben ausgeführten Bilder stellen eine Schlacht und die Klage

Miniaturbild aus einem Antiphonarium in Coblenz.

über den todt ausgestreckten Kaiser Heinrich VII. vor. Einige Vorstellungen, z. B. ein Turnier auf Blatt 35, sind von einer ausserordentlichen Lebendigkeit. Da ausser der sehr sprechenden Handhabung der Gebährden sich schon öfter eine glückliche Individualisirung und Ausdruck in den Köpfen findet, wofür ich hier nur ein Profil in jener Klage um den Kaiser anführen will, und die Falten der Ge-

wänder schon viel von jener Weiche zeigen, welche erst vom Jahr
1350 vorherrschend wird, möchten diese Bilder wohl erst gegen
Ende der Regierung Balduins ausgeführt worden sein. In den
Randverzierungen kommen auch einige gute Vorstellungen scherzhaften Inhalts vor. Besonders ergötzlich sind einige dieser Art in

Fig. 13.

Scherzhafte Vorstellungen aus einer Bibel in Stuttgart.

einem, ebenda auf der Gymnasialbibliothek vorhandenen Antiphonarium, wovon hier ein Beispiel (Fig. 12). Von seltenem Humor und
sehr charakteristisch sind die Vorstellungen ähnlicher Art auf dem

Fig. 14.

Scherzhafte Vorstellung aus einer Bibel in Stuttgart.

unteren Rande der Seiten in einer Vulgata der öffentlichen Bibliothek in Stuttgart, worauf Kugler aufmerksam gemacht hat, dessen
kleinen Schriften die hier gegebenen Abbildungen entlehnt sind
(Fig. 13, 14, 15).

In Böhmen dürfte in dieser Epoche die Malerei die in Deutschland übertroffen haben. Hiefür legen die Miniaturen in einem für die Prinzessin Kunigunde, Schwester König Ottokars II. von Böhmen und Aebtissin des Klosters St. Georg zu Prag, im Jahr 1316 von dem Dominikaner Colda verfassten Passionale, welches sich in der Universitätsbibliothek zu Prag befindet, ein glänzendes Zeugniss ab. [1] Das Sprechende und Lebendige der Motive, der edle Geschmack in den, nach dem Vorbild gothischer Skulpturen geworfenen, breiten Falten der Gewänder, die gute Zeichnung, sind in Betracht der

Fig. 15.

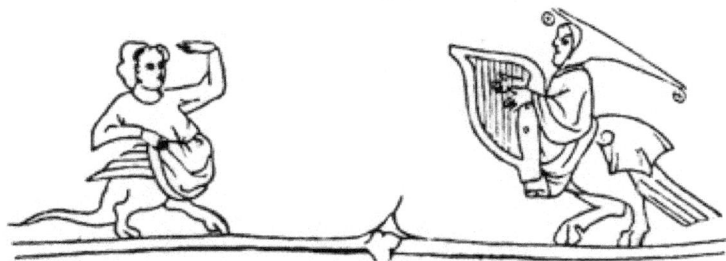

Scherzhafte Vorstellung aus einer Bibel in Stuttgart.

Zeit wahrhaft überraschend. Der schlafende Adam bei der Erschaffung der Eva kann sich in jedem Betracht mit den Figuren des gleichzeitigen Giotto messen. Verschiedene, sehr ansprechende Erfindungen sind als nationell-böhmisch zu bezeichnen. So die Vorstellung der Magdalena, welche der auf dem Bette ruhenden Maria in Gegenwart von Petrus und Johannes die Auferstehung Christi verkündigt, so die Innigkeit bei dem Wiedersehen Christi und der Maria nach der Auferstehung, wovon hier eine Abbildung (Fig. 16) nach der bei Wocel, so das Christkind, welches aus der Krippe der Maria, sie ansehend die Hand reicht, welches derselbe gibt. Ergreifend in Motiv und Ausdruck, grossartig in dem Wurf des Gewandes, ist die ebenfalls bei ihm abgebildete Mater dolorosa.

Sehr beachtenswerth sind die in der Burg zu Neuhaus in Böhmen befindlichen Wandmalereien aus der Legende des heiligen

---

[1] Näheres im Deutschen Kunstblatt 1850. S. 150 f. und noch ungleich ausführlicher und von einigen guten Abbildungen begleitet in einem Aufsatze von Wocel im Märzheft der Wiener Mittheilungen von 1860. S. 75 ff.

Georg, welche, da Alles in den Trachten und Waffen der Zeit des
Künstlers dargestellt ist, zugleich als ein Beispiel von der Auffas-

Fig. 16.

Miniaturbild aus einem Passionale in Prag.

sung des Ritterlebens jener Zeit gelten können. [1] Die Auffassung

---

Siehe die Abhandlung von Wocel, die Wandgemälde der St. Georgslegende,
Wien 1859. 4. mit vier Tafeln in Farbendruck. In Commission bei Carl Gerold's
Sohn. Auch im 10. Bande der Philosophisch-historischen Klasse der K. K. Aka-
demie der Wissenschaften.

Fig. 17.　Wandgemälde aus der Burg Neuhaus in Böhmen.

ist hier ungemein naiv und anmuthig. Besonders gehört die von
dem Heiligen vertheidigte Prinzessin, von welcher hier eine Abbildung (Fig. 17), zu den gelungensten, mir aus dieser Zeit bekannten
Figuren. Nach den schlanken Verhältnissen der Figuren, den
vollen und schönen Ovalen der Köpfe, der harmonischen Zusammenstellung der Farben, wenn man auch abrechnet, was sie in dieser
Beziehung durch das Verbleichen gewonnen haben, möchte ich die
Ausführung dieser Bilder nicht später, als um 1300 ansetzen. Das
Local-Böhmische tritt indess darin nicht hervor, wie denn auch die
durchgehend deutschen Beischriften auf einen deutschen Künstler
schliessen lassen.

Zweites Kapitel von 1350—1420.

Ausbildung der eigentlichen selbständigen Malerei.

Ungefähr von dem Jahr 1340 an kommt das malerische Gefühl,
welches sich schon seit dem Jahr 1300 ankündigte, mehr und mehr
zur Ausbildung. An die Stelle der mageren und harten schwarzen
Umrisse treten breitere und weichere, mit dem Pinsel gemachte und
mit der übrigen Malerei genauer verbundene. Die Uebergänge vom
Licht zum Schatten werden feiner und miteinander verschmolzen,
die harmonisch einander zugebrochenen Farben verdrängen die grell-
bunten und zeigen das Erwachen eines feineren Farbengefühls. Am
längsten halten sich noch das Blau und das Zinnoberroth in ihrer
Ganzheit. So wollte auch jener unschöne Typus dem Erwachen
eines Gefühls für Naturwahrheit und Schönheit nicht mehr genügen.
Es bildete sich ein neuer, auf eine glückliche Beobachtung der Natur begründeter, durch die Feinheit des Ovals, wie der übrigen
Theile, namentlich der Münder und der graden, nur bei Männern
etwas gekrümmten Nasen, sehr gefälliger Typus, in welchem man
das vorwaltend religiöse Gefühl der Zeit, geistige Reinheit, männliche Würde, mehr noch weibliche Milde, in einfacher, aber deutlicher Weise ausdrücken lernte. Bei profanen Personen zeigt sich
etwas mehr Mannichfaltigkeit aus der Natur entlehnter Formen und
ein oft recht lebendiger Ausdruck. Die Motive werden edler und
gemässigter, in den Gewändern tritt in den Falten ein feinerer,
mehr malerischer Geschmack und ein weicher Fluss ein. Die Zeich-

nung des Nackten bleibt zwar im Ganzen noch schwach, die Formen sind meist zu mager, die Füsse zu klein, indess die Hände oft
glücklich bewegt. Eine eigenthümliche, sehr verbreitete und zu
grossem Geschick ausgebildete Gattung der Malerei sind in dieser
Zeit die Grau in Grau ausgeführten Bilder. Die Goldgründe werden
immer mehr und mehr beschränkt, und die Räumlichkeit in Gebäuden, von theils romanischen, theils gothischen, in Bäumen und Bergen, von noch conventionellen Formen, in allerlei Hausgeräth wird
immer ausführlicher angegeben. Schon zu Anfang dieses Abschnitts
findet sich der Goldgrund öfter selbst in der Luft durch Angabe des
blauen Himmels verdrängt, ja es kommen schon gegen das Jahr
1380 landschaftliche Hintergründe von sehr achtbarer Ausbildung
vor. Wie, allem Anschein nach, diese ganze neue Kunstweise, so
ist namentlich diese Ausbildung der Räumlichkeit von den Niederlanden ausgegangen. In Ermanglung der, aus den in der Vorrede
angegebenen Ursachen mit wenigen Ausnahmen zerstörten Bilder
von grösserem Umfange, muss man die Zuflucht wieder fast ausschliesslich zu den Miniaturen nehmen, welche indess glücklicher
Weise eine reiche Ausbeute gewähren.

Ganz am Anfange dieser Epoche, und in vielen Theilen noch
mit der vorigen übereinstimmend, steht eine Bilderbibel in der Kaiserlichen Bibliothek zu Paris (Mss. français. No, 6829 bis.), welche,
in nicht weniger als 5124 kleinen angetuschten Federzeichnungen,
eine besonders ausführliche Entgegenstellung von Vorgängen aus
dem neuen, mit anderen aus dem alten Testament enthält, und in
jedem Betracht einen geistreichen Künstler verräth.[1] Sehr nahe
schliessen sich diesen die Miniaturen an, welche der Presbyter Lorenz von Antwerpen im Jahr 1366 zu Gent in einem in dem Westrenischen Museum im Haag befindlichen Messbuch ausgeführt hat.
Sie nehmen noch Manches aus der vorigen Epoche herüber, doch
sind die Umrisse schon weich und mit dem Pinsel gemacht, die
Formen der Körper schon von grösserer Naturwahrheit, die weichen
Falten der Gewänder schon zart vertrieben. In einigen Vorstellungen, z. B. der Geburt Christi, findet sich zwar noch die byzanti-
sche Auffassung, doch sind die einzelnen Motive nach Beobachtun-
gen nach der Natur ausgebildet.

Ein höchst wichtiges Denkmal für die Malerei der etwas späte-

---

[1] Näheres darüber Kunstwerke u. Künstler in Paris. S. 327. — [2] Näheres darüber im Deutschen Kunstblatt von 1852. No. 28.

ren Zeit dieser Epoche sind indess die Miniaturen in einem Manuscript der Reisebeschreibung des Marco Polo und sechs anderer, berühmter Reisender auf der Kaiserlichen Bibliothek zu Paris (Mss. français No. 8392), welches wohl gewiss für den in den Niederlanden von 1384–1405 herrschenden Philipp den Kühnen, Herzog von Burgund, geschrieben worden ist.[1] Hier ist die dieser Epoche eigenthümliche Kunstweise zur vollständigen Ausbildung gelangt. Besonders spricht sich in den lebhaften und harmonischen Farben der den Niederländern eigenthümliche Farbensinn sehr entschieden aus, dagegen ist die Zeichnung verhältnissmässig schwach. Die wunderbaren Erzählungen jener Reisenden haben hier ein reiches Feld für, der Sinnesweise jener Zeit so sehr zusagende, abenteuerliche Vorstellungen gegeben. So findet man Menschen mit dem Kopf auf der Brust etc. Diesem schliesst sich in der Zeit sehr eng das Gebetbuch der, 1389 mit dem Sohn Philipp des Kühnen, Johann, genannt „sans peur", vermählten Margaretha von Baiern im britischen Museum (Harleian. No. 2897) an. Die Mehrzahl der darin enthaltenen sehr schönen Miniaturen rühren von Niederländern her. Dahin gehören die auf David bezüglichen Bl. 28 b, Bl. 42 b, Bl. 72 b. Von einer, mehr dem Realistischen zugewandten Hand ist die Predigt des h. Ambrosius, Bl. 160 a, endlich von einer dritten, mehr in der idealistischen Weise dieser Epoche arbeitenden, rührt der ungläubige Thomas Bl. 164 a und das Hauptbild, die Himmelfahrt Christi, Bl. 188 b, her.[2]

Noch ungleich bedeutender ist ein im Jahr 1407, wie eine Inschrift besagt, beendigtes Gebetbuch, in der Bodleianischen Bibliothek zu Oxford (Douce. 144). Es ist durch den Reichthum und den Umfang einiger Compositionen, durch die grosse Ausbildung der Kunst, worin sich indess einige Hände unterscheiden lassen, ganz besonders geeignet die Spärlichkeit der grösseren Bilder zu ersetzen. Ich muss mich begnügen hier nur einige der vorzüglichsten Bilder herauszuheben. Die Beschäftigungen der Monate und die Zeichen des Thierkreises im Kalender, Maria, welcher ein Engel Brod und Wein bringt, Bl. 10 a, die Verkündigung Bl. 28 a, die Heimsuchung Bl. 52 a, zwei Prozessionen Bl. 105 a und 108 und 109. Hier findet sich schon eine feine Individualisirung und eine Lebendigkeit und Wahrheit, dass z. B. die singenden Chorknaben denen des Luca

della Robbia nichts nachgeben. Die Kreuzigung Bl. 111 a. Obwohl
der Christus hier zu lang, ist doch die ganze Auffassung sehr edel,
der Schmerz in der ohnmächtigen Maria ebenso tief als schön ausgedrückt. Endlich die das Kind nährende Maria, Bl. 123 a.[1]

In der Zeit nur um einige Jahre später, in der Kunst nicht geringer, sind die Miniaturen in einem anderen Gebetbuch im britischen Museum (Addit. No. 16997), welche von einem niederländischen Maler herrühren. Besonders ausgezeichnet sind: die Verkündigung, wobei vornehmlich drei singende Engel einen hohen Grad
von Ausbildung der Kunst zeigen, die Anbetung der Hirten, die
Ausgiessung des heiligen Geistes, alle Heiligen, die heil. Jungfrau
lesend, die vier Kirchenväter, die beiden Johannes, die Messe, ganz
besonders aber die Kreuzigung und die Himmelfahrt Mariä, welche
in der Anordnung, wie in der Art der Ausbildung einen grossen
Künstler verrathen.[2]

Ein anderes, ebenfalls im britischen Museum befindliches
Manuscript, die Gedichte der Christine von Pisan (Harleian. No. 4431),
enthält verschiedene, sehr gute Bilder von niederländischen Künstlern, welche als Beispiel der Auffassung weltlicher und der Mythologie der Alten entlehnten Gegenstände, sehr merkwürdig sind.
Solche sind ein hübsches junges Mädchen, welches vor einem Mann
knieet, die Hochzeit des Peleus, wo das Mahl an drei Tischen von
der Form der Zeit stattfindet.[3]

Glücklicherweise haben sich indess auch einige kirchliche Bilder
erhalten, welche, wenn sie auch mit Ausnahme des letzten, offenbar nicht auf der Höhe ihrer Zeit stehen, wenigstens eine Vorstellung
der Malerei in grösserem Maassstabe erwecken.

Das eine, ursprünglich für das Versammlungszimmer der Gerber
in Brügge gemalt, befindet sich jetzt in einem Nebenraum der Kathedrale daselbst. Es stellt in Figuren von etwa ²/₃ Lebensgrösse
die Kreuzigung dar. Christus, eine zwar lange und magere, doch
nicht schlecht gezeichnete Figur, ist bereits verschieden. Zur Rechten Johannes und die von zwei heiligen Frauen unterstützte ohnmächtige Maria, von sehr edler Bildung. Zur Linken von gewalt-
samem, doch etwas ungeschickten Motiv der Hauptmann in silberner
Rüstung, ein Kriegsknecht, ein Priester und ein Mönch. Ganz zu
den Seiten in Nischen die Heiligen Catharina und Barbara. Der

[1] Näheres darüber in d. Treasures u. s. w. Th. III. S. 75 ff. — [2] Näheres darüber in dems. Werk Th. I. S. 125. — [3] Näheres darüber ebenda S. 126 f.

Ausdruck in den Köpfen ist lebendig, die Fleischfarbe ziemlich schwach und die Modellirung gering. Der Grund ist golden mit einem Muster.

Das zweite, welches ebenfalls eine Kreuzigung, jedoch nur mit Maria und Johannes und dem knieenden Bildniss des Archidiaconus Heinrich van Rye von der Johanniskirche zu Utrecht, vorstellt, welcher 1363 gestorben, und dem zu Ehren das Bild an seiner Grabstätte in jener Kirche gestiftet worden, befindet sich jetzt im Museum zu Antwerpen. Der Christus ist ähnlich, wie in dem vorigen Bilde aufgefasst, doch ist der Künstler minder geschickt, wie denn auch in dem Bildniss noch keine Individualität angedeutet ist. Am besten ist in Geberde und Ausdruck der Trauer noch Johannes gelungen. Auch hier findet sich der gemusterte Goldgrund.

Das dritte und bedeutendste Denkmal sind die Bilder auf den Aussenseiten der Flügel eines grossen Altarschreines im Museum zu Dijon, welchen der schon vorher erwähnte Herzog Philipp der Kühne zwischen den Jahren 1392 und 1400 für die von ihm erbaute Carthause zu Dijon hat ausführen lassen. Sie rühren wahrscheinlich von dem, als sein Maler bekannten Melchior Broederlam her, und stellen die Verkündigung, die Heimsuchung, die Darstellung im Tempel und die Flucht nach Aegypten dar. Sie stehen schon auf der Grenze der Kunstweise dieser Epoche und der realistischen der nächstfolgenden. Die Formen der Köpfe sind zwar noch rundlich und weich, und bisweilen, wie in den Köpfen der Maria und des Simeon, auf der Darstellung, dem gelungensten Bilde, von einem feinen Schönheitsgefühl, doch sind letztere zugleich schon individuell, ja in dem Joseph auf der Flucht herrscht selbst ein sehr derber Realismus. Die Gewänder haben zwar noch durchaus jene weichen Falten, die Farben sind indess von einer Helligkeit und Kraft, welche an Buntheit grenzt. In den völligen Formen gewahrt man noch kein Naturstudium, ebenso sind die Hintergründe, Felsen, Bäume noch von conventioneller Form, die Lüfte golden.

In Deutschland ist die Kunstweise dieser Epoche am frühesten in Böhmen, welches schon in der vorigen sich so sehr auszeichnet, unter der Regierung des kunstliebenden Kaisers Karl IV. (reg. 1346 bis 1378), welcher Alles aufbot, um sein geliebtes Böhmen in jeder Beziehung empor zu bringen, zur völligen Ausbildung gelangt. Mehr noch als eine Anzahl meist sehr verdorbener Wand- und Tafelmalereien legen viele in Manuscripten vorhandene Miniaturen hiervon ein

sehr günstiges Zeugniss ab. Die Maler, welche der Kaiser besonders beschäftigte, sind: Theodorich von Prag, Nicolaus Wurmser von Strassburg und Kunze. Der Hauptplatz ihrer Thätigkeit
war die Burg Karlstein in der Nähe von Prag, der Lieblings-
aufenthalt des Kaisers. Was jedem von den daselbst in der Marienkirche, in der Katharinenkapelle und der Kirche zum heiligen Kreuz
oder Königskapelle noch vorhandenen Bildern beizumessen, ist
bei der Unbestimmtheit der Nachrichten und den verschiedenen Restaurationen, welche über dieselben ergangen, äusserst schwierig.
Den Ausgangspunkt müssen die Bilder, welche allgemein dem Theodorich von Prag beigemessen werden, gewähren. Dieses sind 125
halbe, überlebensgrosse Figuren von Heiligen, Kirchenlehrern und
Regenten, welche in Tempera auf Holztafeln ausgeführt, die Wände
der Kreuzkirche schmücken. Sie verrathen einen tüchtigen Meister
in den zu Eingang dieser Epoche angegebenen Kunstformen. In
den Köpfen der Männer, worin sich zwei Typen etwas einförmig
wiederholen, sieht man ein, meist von einem günstigen Erfolg ge-
kröntes Bestreben nach Ernst und Würde. Nur erscheinen die Formen etwas breit und plump und in den stark ausgeladenen Nasen
mit breitem Rücken erkennt man eine böhmische Localbildung. Die
weiblichen Köpfe sind dagegen von edler und feiner Bildung. Charakteristisch für diese böhmische Schule sind die weit geöffneten
Augen. Die Motive der Figuren sind meist gut, die Hände von völligen Formen, und gut bewegt, die Gewänder in dem bekannten
Geschmack von breiten, in gebrochenen Farben weich modellirten
Falten. In dem Colorit der Köpfe ist eine gewisse Abwechselung
wahrzunehmen. Einige sind zartröthlich, andere warm colorirt.
In den Halbtönen und Schatten waltet ein helles Grau vor. Das
Verschmolzene der Behandlung artet öfter in Verblasenheit aus.
In Nebensachen erkennt man häufig ein glückliches Streben nach
Naturwahrheit, so in dem Schreibepult, Büchergestelle und den Fe-
dern auf dem Bilde des h. Ambrosius, welches sich, zu derselben
Reihe gehörig, jetzt, mit dem h. Augustinus, in der Kaiserlichen
Gallerie zu Wien befindet, während zwei andere in die Universitätsbibliothek zu Prag gewandert sind. Mit diesen Bildern stimmt sehr
wohl überein ein Altarblatt in der ständischen Gallerie zu Prag,
aus der Probstei Raunitz an der Elbe, welches oben die Maria mit
dem Kinde von Kaiser Karl IV. und seinem Sohn Wenzel verehrt,
und die Heiligen Sigismund und Wenzel, unten die Patrone von

Böhmen, Procop, Adalbert, Veit und Ludmilla, sowie den Stifter des Bildes, Ozko von Wlassim, Erzbischof von Prag, vorstellt. Die Köpfe der heiligen Personen sind hier von besonders edler Bildung und reinem Ausdruck. Die Bildnisse überraschen für die Zeit des Bildes, 1375, durch die Ausbildung der Individualität. Eine Kreuzigung, mit Maria und Johannes zu den Seiten, ursprünglich ebenfalls auf dem Karlstein, jetzt in der Kaiserlichen Gallerie zu Wien, ist ein etwas schwächeres Werk von ihm, welches dort von van Mechel, dem bekannten Verfasser des Katalogs jener Sammlung unter Joseph II., ganz willkürlich dem Nicolaus Wurmser beigemessen worden. Ein Altarbild in der Kirche von Mühlhausen in der Nähe von Cannstatt in Schwaben, rührt sicher von einem ziemlich mässigen Nachfolger des Theodorich her. [1]

Sonst lassen sich in den Malereien auf dem Karlstein bestimmt noch vier Hände unterscheiden. Tommaso da Modena, die eine derselben, von welcher die Ueberreste eines Altarbildes in mehreren Stücken herrühren, geht uns, als der italienischen Schule angehörig, nur in so fern näher an, als sich ein sehr entschiedener Einfluss desselben auf zwei der anderen, sowohl in der Bildung der Köpfe, als auch sonst wahrnehmen lässt. Von der zweiten Hand rühren folgende Malereien her. In der Marienkirche Vorgänge aus der Apocalypse. Maria, als das geflügelte Weib mit dem Kinde, sehr grossartig und edel aufgefasst. Maria, noch feiner und schöner, von dem trefflich erfundenen siebenköpfigen Drachen verfolgt. Eine andere grosse, mir nicht deutliche Vorstellung, wohl die Verehrung des Antichrists. In der Kreuzkirche. Aus der Apocalypse. Gott Vater in der Mandorla thronend von Chören von Engeln umgeben, in der einen Hand die sieben Sterne, in der anderen das Buch mit sieben Siegeln. Das Lamm, von den 24 Aeltesten verehrt. Die Verkündigung, die Heimsuchung, die Anbetung der heiligen drei Könige, Christus bei Martha und Maria, die Fusssalbung, Christus als Gärtner, die Erweckung des Lazarus. Diese meist sehr verdorbenen Bilder (ob von Wurmser?) zeigen einen Meister von reicher Erfindungskraft, feinem Gefühl für Composition und Schönheit und sehr geschickter Behandlung. Von der dritten Hand sind in der Marienkirche: Kaiser Karl IV. übergiebt seiner Gemahlin Blanka das Kreuz, welches er in Rom vom Pabst erhalten hatte. Derselbe,

---

[1] Näheres Kunstwerke und Künstler in Deutschland. II. S. 226.

welcher seinem Sohne, dem nachmaligen Kaiser Wenzel, einen Ring
übergiebt. Derselbe im Gebet vor einem Kreuz. Dieser Meister
(ob Kunze?) erscheint als ein recht geschickter Maler von Bildnissen. Besonders fallen die Hände durch Zierlichkeit der Formen,
Grazie der Motive, auf. Von der vierten Hand rühren die Bildnisse
Kaiser Karl IV. und seiner vierten Gemahlin, Anna von der Pfalz,
welche ein Kreuz halten, über dem Eingange zur Katharinenkapelle,
und innerhalb derselben die Maria, von ganz grotesker Gesichtsbildung, und darin den Einfluss des Tommaso da Modena verrathend,
her, welche der Kaiserin Anna, und das Kind, welches dem Kaiser
die Hand reicht. Am besten sind diesem die sehr individuellen und
ansprechenden Portraits, besonders das der Kaiserin, gerathen. Die
dieser Zeit und Schule angehörigen Wandmalereien in der Kapelle
des heiligen Wenzel in der Kathedrale zu Prag sind so übermalt,
dass sie kein Urtheil mehr zulassen. Von ungemeiner Schönheit der
Züge und grosser Milde des Ausdrucks ist eine Maria mit dem
Kinde auf einem Altar der weniger bekannten Kirche des h. Stephan
in Prag, welche dem Ende des 14. Jahrhunderts angehören möchte.
Die nackten Glieder des Kindes, das ein liebliches Köpfchen hat, sind
indess mager. [1]

Die Ausführung eines grossen Mosaikgemäldes an der Südseite
des Doms von St. Veit zu Prag ist wahrscheinlich von Kaiser Karl IV.
in dem Bestreben veranlasst worden, in seinem geliebten Böhmen
auch ein Werk aufweisen zu können, wie er deren so viele in Italien auf seiner Römerfahrt gesehen hatte. Es stellt, in seiner Gesammtheit, das jüngste Gericht dar, zu oberst in der Mitte Christus
in der Herrlichkeit von Engeln umgeben, darunter die sechs Schutzheiligen von Böhmen, noch tiefer, als Stifter, Kaiser Karl IV. und
seine Gemahlin. Zu den Seiten rechts Maria, links Johannes
den Täufer, beide mit Heiligen. Unten, rechts die zur Seligkeit,
links die zur Verdammniss Erstandenen. Die Arbeit ist roh, doch
das ganze als einziges Beispiel dieser Kunstart von so grossem Umfang in Deutschland merkwürdig.

Eine Anzahl von Manuscripten mit Miniaturen gewährt eine
reiche Ausbeute und diese zeigen erst recht die Eigenthümlichkeit
und grosse Bedeutung der böhmischen Schule in dieser Epoche.
Mehrere derselben stimmen zugleich in vielen Stücken so sehr mit

---

[1] Ich verdanke die Bekanntschaft mit diesem Bilde dem Hrn. Professor Wocel
während eines Besuchs von Prag im Jahr 1860.

den gleichzeitigen französischen und niederländischen Miniaturen
überein, dass sie keinen Zweifel übrig lassen, dass der Kaiser Karl,
welcher früher lange in Paris gelebt, entweder Miniaturmaler von
dort nach Prag berufen, oder böhmische Miniaturmaler nach Paris
gezogen hat. Ich begnüge mich hier, nur einige der vorzüglichsten
jener Manuscripte mit Miniaturen anzuführen. Zwei Gebetbücher
des 1350 gestorbenen Erzbischof Ernst von Prag, deren das eine
sich daselbst in der Bibliothek des Fürsten Lobkowitz, das andere
reichere, worin sich der Maler Sbinco de Trotina nennt, in der
Bibliothek der vaterländischen Sammlung befindet. Beide beweisen,
dass hier die dieser Epoche eigenthümliche Kunstweise schon vor
dem Jahr 1350, mithin sehr früh, zur vollen Ausbildung gelangt
war. Wie früh die Böhmen gewöhnliche Vorgänge aus dem Leben
mit Lebendigkeit, Geschmack und vielem Schönheitssinn behandelt
haben, zeigt das Manuscript einer im Jahr 1373 verfassten Lehre
der christlichen Wahrheit von Thomas Stitnij auf der Universitätsbibliothek zu Prag (XVII. A. 6). Besonders zeichnen sich ein
Jüngling und ein schönes Mädchen (Bl. 37 b), einige Jungfrauen,
welche sich zu Bräuten Christi weihen (Bl. 41 b), eine Frau im
Gebet (Bl. 47 b), und eine Trauung (Bl. 124 a) sehr vortheilhaft
aus.[1] Diesen schliessen sich die Miniaturen in der deutschen
Bibelübersetzung, welche Kaiser Wenzel (reg. 1378 — 1400) hat
machen lassen, in der Bibliothek zu Wien an. Dass die Schule
bis an's Ende der Epoche in derselben Weise noch stets im Fortschreiten begriffen war, beweisen die trefflichen Miniaturen in dem
Missale des 1402 zum Erzbischof von Prag ernannten, 1411 als
Erzbischof von Presburg gestorbenen Sbinko Hasen von Hasenburg,
in derselben Bibliothek (No. 1844). Als besonders ausgezeichnet
führe ich hier nur die Anbetung der Könige und die Taufe Christi an.

Ein anderes, für den Erzherzog von Oesterreich Albrecht II.,
beigenannt mit dem Zopf, von einem Geistlichen Johann von Trop-
pau geschriebenes und mit höchst ausgezeichneten Miniaturen ge-
schmücktes Evangeliarium der Bibliothek zu Wien beweist, dass
diese böhmische Schule auch in dem damals von Böhmen abhängigen Mähren Wurzel geschlagen hatte.[2] Dass dieses auch mit
dem, in jener Zeit in einem ähnlichen Verhältniss befindlichen
Schlesien der Fall war, beweisen zwei, aus einem schlesischen Klo-

---

[1] Näheres über diese drei Manuscripte im Deutschen Kunstblatt v. 1850. No. 37.
[2] Näheres über alle diese Manuscripte Deutsches Kunstblatt von 1850. No. 38.

58 II. Buch. 2. Kapitel.

ster stammende Bilder im Museum zu Berlin, deren das eine
(No. 1221) die Verspottung, das andere (No. 1219) die Kreuzigung
Christi darstellt. Beide verrathen einen recht geschickten, etwa
um 1400 arbeitenden Künstler.

Aber auch in Oesterreich selbst war diese Kunstweise zu einer
eigenthümlichen Ausbildung gelangt. Dieses wird in glänzender
Weise durch die Miniaturen in einem für denselben Herzog Albrecht II.
angefangenen und für seinen Neffen, den Erzherzog Wilhelm, beendeten Manuscript einer deutschen Uebersetzung von Durands Rationale
divinorum officiorum auf derselben kaiserlichen Bibliothek bewiesen.
Die sicher zwischen den Jahren 1384 — 1403 ausgeführten Miniaturen stehen auf der Kunsthöhe der besten böhmischen Malereien
dieser Epoche, unterscheiden sich aber von ihnen durch eine grössere Kraft der Farben und mehr Bestimmtheit in den Formen. Die
besten der Bilder vereinigen eine gute Anordnung und Zeichnung
mit feinen Köpfen und einen blühenden Fleischton. Besonders
zeichnen sich das Abendmahl und das jüngste Gericht aus. Die
an verschiedenen Stellen vorkommenden Bildnisse der obigen fürst-
lichen Herrschaften zeigen schon ein glückliches Streben nach Individualisirung. [1]

Die edelste Ausbildung erreichte die Kunstweise dieser Epoche
in Deutschland in den letzten Jahrzehnten des 14. und den ersten
des 15. Jahrhunderts in Köln. Der geistige Friede, die stille Seligkeit, die ungetrübte sittliche Reinheit, welche nur die Religion
gewähren kann, spricht sich in den Gebilden derselben in seltenem
Maasse aus. Hiermit in Uebereinstimmung sind die Farben meist
einander besonders harmonisch zugebrochen, die Farbe des Fleisches
zart, die Modellirung nur mässig, der Vortrag sehr weich und verschmolzen. Die schwache Seite dieser Schule, welcher kräftige
Charaktere und dramatische Gegenstände am wenigsten zusagten, ist
die Unkenntniss des Knochengerüstes des menschlichen Körpers.
Ueber die Meister, welchen die vorhandene Bilder beizumessen sind,
ist die Ungewissheit leider noch viel grösser, als in der böhmischen
Schule. Nach einer Stelle in der Limburger Chronik unter dem
Jahr 1380, worin es heisst: „In dieser Zeit war ein Maler zu Köln,
der hiess Wilhelm, der war der beste Maler in allen teutschen
Landen, als er ward geachtet von den Meistern. Er malet einen

[1] Ausführliches darüber in meiner Notiz im Deutsch. Kunstbl. v. 1850. S. 324.

jeglichen Menschen von aller Gestalt, als hätte er gelebt,"[1] hat
man sich gewöhnt die besten der in Köln und der Umgegend aus
dieser Epoche vorhanden Bilder von jenem Meister Wilhelm zu
halten. So viel Wahrscheinlichkeit nun dieses hat, so muss man
doch nicht vergessen, dass es von keinem einzigen Bilde gewiss ist.
Am wahrscheinlichsten rühren ohne Zweifel von ihm die Ueberreste
von neun lebensgrossen Gestalten in dem sogenannten Hansesaale
des Rathhauses zu Köln her, welche neuerdings unter der Tünche
entdeckt worden sind, indem der Archivar, Dr. Ennen, gefunden
hat, dass, zwischen den Jahren 1370 — 1380, zwölf Zahlungen für
Malereien geleistet worden, deren Urheber bei der ersten Magister
Wilhelmus genannt wird, während die blosse Benennung „pictor"
bei den übrigen voraussetzen lässt, dass damit derselbe gemeint ist.
Zwei noch gut erhaltene Köpfe sollen nach dem Urtheil Schnaases,
welcher auch Abbildungen derselben gibt (Geschichte der bildenden
Künste 6. Bd. S. 425 f.), die Hand eines vorzüglichen Meisters
zeigen und an die dem Meister Wilhelm beigemessenen Tafelge-
mälde erinnern. Das früheste unter den ihm früher beigemessenen
Bildern ist wohl das Wandgemälde in der St. Castorskirche zu
Coblenz in der spitzbogigen Nische über dem Sarkophag des im
Jahre 1388 verstorbenen Kuno von Falkenstein, Erzbischof von
Trier. Es stellt Christus am Kreuze, zu den Seiten Maria, Johannes, Petrus, den heiligen Castor und den knieenden Erzbischof
dar. Die Gestalten des Petrus und Castor erinnern in ihrer Haltung noch an die vorige Epoche. Maria und Johannes drücken
ihren Schmerz am meisten durch lebhafte Gebährden aus. Die Individualität in dem Bildniss des Kuno ist noch sehr mässig. Die
starken Restaurationen mindern den Werth dieses Bildes sehr und
erschweren das Urtheil über seinen ursprünglichen Charakter.

Ungleich würdiger des grossen Namens sind einige Theile des
an Bildern sehr reichen Flügelaltars aus der Kirche der heiligen
Clara, jetzt in der Johanneskapelle des Kölner Doms, namentlich
die Geburt, die Verkündigung der Hirten, das Bad des Kindes,
die Anbetung der Könige, die Darstellung im Tempel, die Flucht

---

[1] Die von de Noel, Merlo, Dr. Ennen und Schnaase vermuthete Identität eines
Malers Wilhelm von Herle in Köln mit obigem Meister Wilhelm scheint mir doch
sehr zweifelhaft, da schwerlich jene Chronik einen Maler als im Jahr 1380 als
lebend erwähnen würde, welcher urkundlich bereits im Jahr 1378 schon todt
war, möglicherweise aber schon im Jahr 1372 gestorben sein kann, indem er nach
dem Jahr 1372 nicht mehr vorkommt.

nach Aegypten, endlich die Passionsscenen der Mitteltafeln. [1] Die
übrigen Abtheilungen rühren von minder bedeutenden, dem Meister
Wilhelm nur zum Theil verwandten Malern her.

Diesen Tafeln schliesst sich ein Bild im Museum zu Berlin
(No. 1224) an, welches in 34 kleinen Abtheilungen Vorgänge aus
dem Leben Christi und der Maria, von der Verkündigung bis zum
jüngsten Gericht, in sehr lebendigen, öfter trefflichen Compositionen,
feinem Ton der Färbung und leichter, geistreicher, wenn schon
sehr ungleichen Behandlung darstellt.

Zunächst ist ein kleiner Flügelaltar des Museums in Köln zu
erwähnen. Der Kopf der Maria, welche vom Kinde geliebkost
wird, hat in vollem Maasse die Reinheit des Charakters, die Lieblichkeit des Ausdrucks, den weichen Schmelz und den zarten Ton
des Fleisches, welche dieser Schule eigenthümlich sind. Ebenso
haben die Figuren der heil. Katharina und Barbara die für dieselbe charakteristische Schmächtigkeit. Diesem steht sehr nahe ein
Altärchen im Museum zu Berlin (No. 1238, dessen Mitte die Maria
mit dem Kinde und vier weibliche Heilige (Fig. 18), die Flügel die
Heiligen Elisabeth von Ungarn und Agnes darstellen.

Ein besonders schönes Beispiel dieses Meisters ist die heilige
Veronika mit dem Schweisstuch in der Pinacothek zu München
(Kab. I. No. 13). Zu derselben Reinheit und Zartheit des Gefühls
kommt hier eine fleissigere Ausführung, eine wärmere Färbung.

Ich übergehe hier einige andere Bilder, welche mit mehr oder
minder Wahrscheinlichkeit dem Meister Wilhelm beigemessen werden, und bemerke nur im Allgemeinen, dass die Zahl der Gemälde,
welche offenbar nach seinem Vorbilde entstanden, in Köln und der
Umgegend, z. B in Aachen, in einer verschlossenen Kapelle des
Doms, sehr ansehnlich ist. In Köln finden sich die meisten im
dortigen Museum und in der Rathhauskapelle. Besonders ausgezeichnet ist eine kleine Kreuzigung in der Sammlung des verstorbenen Herrn Dietz. Andere sind von Köln mit der Boisserée'schen
Sammlung in die Pinacothek nach München und in die Moritzkapelle nach Nürnberg gelangt. Ein kleines, aber höchst anzie-
hendes Bildchen ist das Paradiesgärtlein der Prehn'schen Sammlung
in der Frankfurter Bibliothek. Der heitern, naiven und kindlichen
Auffassung entspricht die zarte Ausführung und die fröhlichen Far-

---

[1] Vergl. Hotho, die Malerschule Hubertus van Eyck Th. I. S. 240, mit dessen
Angabe ich hier übereinstimme.

ben. Höchst wahrscheinlich rührt eins oder das andere aller dieser
Bilder auch von jenem Wilhelm von Herle oder seinem Schüler
Wynrich von Wesel her, welcher, da er vom Jahr 1398 bis 1414
fünf Mal in den Rath gewählt worden, nothwendig ein Maler von
hohem Ansehen gewesen sein muss, wie Schnaase sehr richtig bemerkt. [1] Dass der Einfluss jenes Meisters sich selbst auf die am

Fig. 18.

Bild des Meister Wilhelm von Köln.

meisten benachbarte Provinz von Holland erstreckt hat, beweisen
die Miniaturen in einem holländischen Gebetbuch der Herzogin Maria
von Geldern vom Jahr 1415, auf der Königl. Bibliothek in Berlin.

---

[1] A. a. O. S. 424.

Das schönste Zeugniss dieser altniederrheinischen Kunst, welches
mir in England bekannt geworden, ist ein kleines Altärchen mit
Flügeln mit vielen Figuren, von sehr edlem Styl und zarter, miniaturartiger Ausbildung, im Besitz von Hrn. Beresford Hope zu London.[1]

Besonders deutlich zeigt sich aber eine der Kölner Schule eng-
verwandte Kunstform in Westphalen. Ich führe dafür hier nur die
aus Soest stammenden Bilder der heiligen Dorothea und Ottilie im
Stadtmuseum zu Münster an. Sie zeigen einen edlen, feinen, dem
Meister Wilhelm in der Kunstweise engverwandten, doch selbständi-
gen und in manchem Betracht mehr vorgeschrittenen Meister.

Ohne eine Abhängigkeit von der Schule von Köln zu zeigen,
beweist ein grosser, vormals in der Michaelskirche zu Lüneburg,
jetzt in der öffentlichen Sammlung zu Hannover befindlicher Flügelaltar mit vielen, theilweise recht werthvollen Bildern, etwa aus dem
Anfang des 15. Jahrhunderts, dass die Kunstweise dieser Epoche
auch in Niedersachsen verbreitet war.

Nächst Prag und Köln bildet schon in dieser Epoche Nürnberg
einen Mittelpunkt für die Malerei. Man findet, innerhalb des allgemeinen Charakters dieser Epoche, dort mehr Kenntniss und mehr
Beobachtung der Formen des menschlichen Körpers, als in der
böhmischen und kölnischen Schule, in demselben Bestreben ist auch
die Modellirung stärker, die Färbung kräftiger.[2] Leider fehlt es
aber hier an Namen der Künstler ganz und gewähren selbst für die
genaue Zeitbestimmung Jahreszahlen nur selten einen sicheren Anhalt.

Ein von einem Mitglied der edlen Familie Imhof gestifteter Altar, dessen Haupttheile sich auf der Empore der Lorenzkirche
befinden, dürfte den letzten Jahrzehnten des 14. Jahrhunderts angehören. Die Mitte der inneren Seite stellt die Krönung Mariä vor
(Fig. 19), die Flügel vier Apostel. Der Kopf der Maria mit gesenk-
tem Blick ist von ungemeiner Schönheit der Form, auch ihre Gestalt schlank und edel, die Falten des blauen Gewandes von sehr
reinem Geschmack. Die Auffassung des sie anblickenden Christus
mit der Krone ist ernst und würdig. Der Fleischton ist bei der
Maria zart, bei Christus warm-bräunlich mit weisslichen Lichtern.
Die Rückseite, deren Mitte, der Leichnam Christi von Maria und
Johannes gehalten, auf der Burg in Nürnberg befindlich, deren Flü-

[1] Näheres Treasures etc. Th. IV. S. 190. — [2] Näheres hierüber in meinen Kunstwerken und Künstlern in Deutschland Th. I. S. 165 ff. und 247 f. Hotho im angeführten Werk. Th. I. S. 291 ff. v. Rettberg, das Kunstleben Nürnbergs.

gel vier andere Apostel enthalten, kommt der Vorderseite an Verdienst fast gleich. Besonders edel ist der Ausdruck des überwunde-

Fig. 19.

Das Imhof'sche Altarbild zu Nürnberg.

nen Leidens in dem Kopfe Christi, die nackten Theile des Körpers
indess schwach. Die acht Apostel sind mannigfaltig und würdig
charakterisirt.

Nur um wenig später sind vier Flügelbilder eines Altars, welchen, nach urkundlicher Nachricht, die Familie Deichsler im Jahr 1400 in die jetzt abgetragene Katharinenkirche zu Nürnberg gestiftet, im Museum zu Berlin (No. 1207—1210). Sie stellen die, auch hier höchst fein gebildete, Maria mit dem mageren Kinde, den Petrus Martyr von grosser Energie des Charakters und kräftig warmer Farbe, die mild und fein gebildete h. Elisabeth von Thüringen, und Johannes den Täufer vor. In dem lebhaften Motiv des letzten erkennt man noch den gothischen Schwung, in dem Kopf mit der Adlernase von sehr warmem Ton einen glühenden Eifer von Dem zu zeugen, dessen Symbol, das übrigens sehr schwach gerathene Lamm, er auf dem Arm hat. In der Zeichnung, besonders der Hände und Füsse sind diese Gemälde weniger ausgebildet.

Dass von Nürnberg aus sich diese Kunstweise auch im übrigen Franken verbreitet hat, beweist ein Bild an dem Grabmal des 1365 gestorbenen Bertholds, Bischofs von Eichstädt, in der Kirche zu Heilsbronn. Die in Form und Ausdruck sehr schöne Maria steht dem Imhof'schen Altar sehr nahe und gehört, wenn auch nicht gleich nach dem Tode des Bischofs gemalt, doch sicher noch dem vierzehnten Jahrhundert an. Das Bildniss ist bei einer im Jahr 1497 gemachten Restauration ohne Zweifel etwas mehr individualisirt worden.

Auch in Schwaben ist die Kunstweise dieser Epoche zu einer sehr achtbaren Ausbildung gelangt. Dieses beweisen verschiedene, dem Ende derselben angehörige Bilder in der, neuerdings käuflich in den Besitz des Staats übergegangenen Sammlung des Obertribunal-Procurators Abel in der Königl. Sammlung zu Stuttgart. Zwei grosse Tafeln, deren eine die Evangelisten Marcus und Lucas und den Apostel Paulus, die andere die Heiligen Dorothea, Margaretha und den Evangelisten Johannes enthält, aus der Dorfkirche zu Almendingen, in der Nähe von Ehingen, sprechen für einen tüchtigen Meister. Dasselbe gilt von zwei grossen Tafeln aus dem Kloster Heiligkreuzthal in Oberschwaben, welche die Grablegung und den Zug der heiligen drei Könige darstellen.

Eine von allen obigen abweichende Richtung, welche mehr auf Zeichnung, Naturwahrheit und Charakteristik ausgeht, dafür aber von geringerer Ausbildung des Gefühls ist, findet sich in drei Bruchstücken von Bildern im Museum zu Berlin, die Vermählung der h. Katharina (No. 1232), zwei Engel, welche eine Monstranz halten

(No. 1231), und der heilige Petrus (No. 1220). Leider ist der Ort, woher sie stammen, nicht bekannt.

Die Glasmalerei findet erst in dieser Epoche mit der Verbreitung der gothischen Architektur ein ausserordentlich reiches Gebiet der Anwendung und bildet sich zu einer grossen Vollkommenheit aus, ohne indess ihren ursprünglichen Charakter einer architektonisch-ornamentalen Kunst, zu verlassen. Die Art der Verwendung ist eine doppelte. Entweder sie füllt die schönen, ihr von dem Maasswerk der Fenster und ganz besonders der Rosen gegebenen Muster mit Glas aus, woran das Gefühl für die harmonische Zusammenstellung der ganzen und kräftigen Farben fast noch mehr Bewunderung verdient, als die ausserordentliche Glut und Tiefe einer jeden einzelnen, unter denen das Purpurroth, das Goldgelb, das Smaragdgrün und das dunkle Blau die Hauptrollen spielen, oder sie benutzt die grösseren Flächen der Fenster zu figürlichen Darstellungen. In diesen waltet indess auch immer das architektonische Gesetz vor, sei es nun, dass einzelne kleine Bilder aus der heiligen Geschichte oder der Legende in symmetrisch angeordneten Feldern, in der den Eindruck eines Prachtteppichs, worin wieder jener Sinn für Harmonie zur Geltung kommt, machenden Gesammtfläche vertheilt sind, oder dass einzelne grosse Figuren der Gottheit, oder von Patriarchen, Propheten, Heiligen, in feierlicher und statuarischer Haltung, die Hauptmasse bilden. Bei diesen findet indess zwischen dem Inhalt und der Ausbildung ein grosser Unterschied statt. Die Gegenstände sind fast immer an sich bedeutend und stehen oft in sinnreichen Beziehungen zu einander, in der Kunstform folgen sie der, welche in den höheren Gattungen der Malerei, der Wand- oder Tafelmalerei, herrscht, in der Ausbildung aber bleiben sie auf einer geringen Stufe stehen. Dieselbe wird theils durch die schon oben erwähnte Unbehülflichkeit der Technik, theils durch das Bedürfniss nach Deutlichkeit bedingt, welche, bei der ansehnlichen Entfernung vom Auge, worin sich diese Glasmalereien meist befinden breite und starke Umrisse verlangt. Der Einfluss dieser Bedingungen auf die Glasgemälde ist indess ein sehr verschiedener. Wenn jene kleineren, historische Vorgänge darstellenden dadurch häufig etwas Ungeschlachtes und Undeutliches erhalten, so sind sie bei jenen grossen Gestalten oft durchaus nicht störend, so dass manche derselben zu den edelsten und würdigsten Denkmalen gehören, welche wir von

der Malerei dieser Epoche überhaupt übrig haben. Dessen ungeachtet
hat aber die Glasmalerei ihre Hauptbedeutung darin, dass sie ein
sehr wesentliches Moment von der so erhabenen und wunderbaren
Gesammtwirkung gothischer Kirchen ausmacht. Eine ausführliche
Behandlung der Geschichte derselben gehört daher mehr einer Ge-
schichte der gothischen Architektur, als einer Geschichte der Male-
rei an. Beispiele aus der früheren Zeit dieser Epoche sind in Deutsch-
land sehr selten. Zu denselben gehören die jetzt im Museum zu
Darmstadt aufbewahrten aus der Kirche Wimpfen im Thale.[1]
Für das 14. Jahrhundert sind besonders bedeutend die im Chor des
Doms zu Köln,[2] aus dem ersten Viertel, die im Strassburger
Münster, deren Mehrzahl von dem um 1348 blühenden Hans von
Kirchheim ausgeführt worden. Unter ihnen zeichnet sich besonders
die grosse Rose aus.

In den Niederlanden sind nur wenige Glasmalereien aus diesen
Epochen der Bilderstürmerei im 16. Jahrhundert und den Zerstörun-
gen in der Zeit der französischen Revolution entgangen.

---

[1] Abbildungen in dem Werk von F. H. Müller. Th. I. S. 18. — [2] Abbildungen
in dem Prachtwerk der Brüder Boisserée über diesen Dom.

DRITTES BUCH.

Der Germanische Styl.

Zweite Epoche von 1420—1530.

Vollständige Ausbildung des germanischen Kunstnaturells im Geiste des Mittelalters.

Erstes Kapitel.

Die Brüder van Eyck.

Die Niederländer, welche sich schon in den vorigen Epochen in der Malerei so sehr ausgezeichnet hatten, waren auch die ersten, welche in dieser Kunst die Eigenthümlichkeit des germanischen Kunstnaturells zur vollständigen Ausbildung brachten. Diese Eigenthümlichkeit besteht nun in dem Bestreben, den geistigen Gehalt ihrer Aufgaben, von deren Bedeutung sie auf das Innigste durchdrungen waren, vermittelst Formen, welche sie aus ihrer wirklichen Umgebung nahmen, mit der grössten Deutlichkeit und Treue in Form, Farbe, Perspektive, Beleuchtung, u. s. w. auszudrücken, und zugleich die jedesmalige Räumlichkeit mit allen Gegenständen der Natur, oder der Menschenhand, bis zu den kleinsten Einzeltheiten wiederzugeben. Die hohe Bedeutung dieses, auf solche Weise zur grössten Ausbildung gelangten Realismus in der Malerei, welche bisher nie gehörig anerkannt worden ist, besteht nun vornehmlich in Folgendem. Im Bereich der christlichen Kunstgeschichte gewährt uns dieser Realismus die Durchdringung des germanischen Kunstnaturells und der eigenthümlichen Art der germanischen Begeisterung für das Christenthum, auf der vollen

Höhe der Entwickelung in der grössten Reinheit. Bei den Italienern,
dem Hauptkunstvolk unter den romanischen Nationen, ist das Verhältniss zur Kunst, wie zum Christenthum, ein ganz verschiedenes.
Die Eigenthümlichkeit ihrer kirchlichen Malerei bildet sich nämlich
aus ganz anderen Grundbedingungen hervor, als bei den durchaus
germanischen Niederländern. Der Grundbestand der Bevölkerung
in Italien ist der antike. Die eingewanderten germanischen Völker-
schaften bilden nur einen Theil derselben, welcher nur allmälig mit
jenem zu einer Einheit verschmilzt. Sowohl das germanische Kunstnaturell, als die germanische Auffassung des Christenthums erfahr
daher von jener antiken Bevölkerung eine starke Modification. Ausserdem aber übten die zahlreichen, in dem Lande vorhandenen
Denkmäler antiker Kunst von Zeit zu Zeit einen entschiedenen Einfluss auf die Art der Ausbildung ihrer Kunst aus. Wenn nun diese
Bedingungen so glücklich zusammen wirkten, dass daraus in der
Malerei die höchsten Schöpfungen der ganzen christlichen Kunst
hervorgegangen, sind dieselben, doch, mit der antiken, namentlich
mit der griechischen Kunst verglichen, keineswegs so durchaus originell, als jene Malerei der alten Niederländer, sondern erscheinen
vielmehr als eine Art von glücklicher Mittelbildung der antiken und
der christlich-germanischen Kunst. Darin aber, dass uns in diesen,
von allen fremden Einflüssen freien Bildern der altniederländi-
schen Schule der Gegensatz des griechischen und germanischen
Kunstnaturel's, als das der beiden Hauptstämme der Kultur der antiken und modernen Welt, in einer Reinheit und einer Schärfe entgegentritt, wie sonst nirgend, liegt eine hohe Bedeutung dieser
Schule für die allgemeine Kunstgeschichte. Während es für das
Kunstnaturell der Griechen charakteristisch ist, nicht allein die Bil-
dungen der idealen Welt, sondern selbst die Portraits, durch Vereinfachung der Formen und Hervorheben der bedeutendsten Theile,
zu idealisiren, gewinnen bei den alten Niederländern selbst die ideal-
sten Gestalten der Maria, der Apostel, der Propheten und Heiligen,
ein portraitartiges Ansehen, werden aber bei Portraiten selbst die
kleinsten Zufälligkeiten wiedergegeben. Während die Griechen die
verschiedensten Gegenstände der Natur, Flüsse, Quellen, Berge,
Bäume u. s. w., durch die menschliche Gestalt darstellen, bestreben
sich die Niederländer alle diese bis zu den kleinsten Einzelheiten,
mit möglichster Treue so wiederzugeben, wie sie sie in der Wirklichkeit gesehen haben. Der idealistisch-antropomorphisirenden Kunst

der Griechen gegenüber, bildeten sie demnach eine realistisch-land-
schaftliche aus. In dieser stehen ihnen nun die anderen germanischen Nationen am nächsten, vor allen die Deutschen, zunächst die
Engländer.

Die Schulen der Malerei der beiden anderen Nationen, der
Franzosen und Spanier, erscheinen aber vollends, im Vergleich zu
denen der Italiener und Niederländer, als secundär, indem sie bald
von dem einen, bald von dem anderen dieser Völker einen starken
Einfluss empfangen haben, welcher sich bisweilen in glücklicher
Weise die Waage hält, von denen aber meist der eine oder der
andere das Uebergewicht hat.

Die hohe Ausbildung des Realismus, wie er uns zuerst in den
Bildern der beiden Brüder van Eyck entgegentritt, ist lange Zeit
als völlig räthselhaft erschienen. Dieses hat vornehmlich seinen
Grund darin, dass die Gemälde der Maler von der ihnen vorher-
gehenden Generation durch den Bildersturm in den Niederlanden im
16. Jahrhundert völlig zerstört worden sind. Um diese wunderbare
Erscheinung so viel wie möglich historisch zu erklären, habe ich
daher zu den Sculpturen und den Miniaturen, welche den van Eyck's
vorausgehen, meine Zuflucht genommen. Und dieses nicht ohne den
erwünschten Erfolg. Aus einer Anzahl von Grabdenkmälern mit
Reliefen, welche im Besitz des Hrn. Dumortier zu Tournay befindlich, geht nämlich hervor, dass die dort im Mittelalter vorhandene
Schule von Bildhauern schon sehr früh diese realistische Richtung
verfolgte und darin gegen die Mitte des 14. Jahrhunderts bereits
sehr weit vorgeschritten war. [1] Die im Jahr 1396 von Claes Sluter
für den Herzog Philipp den Kühnen von Burgund als Verzierung
des Brunnens der Carthause zu Dijon in Stein ausgeführten, reichlich lebensgrossen Statuen von Moses (wonach jetzt „Puits de Moyse"
genannt), David, Jeremias, Zacharias, Daniel und Jesaias, zeigen
aber eine Ausbildung der realistischen Richtung, eine Naturkennt-
niss, welche mit der auf den Gemälden der van Eyck vollkommen
auf derselben Höhe steht. [2] Es geht hieraus hervor, dass die Bild-

---

[1] Besonders wichtig ist das, mit 1341 bezeichnete, Denkmal des Doctors der
Rechte, Colard de Seclin, in dem nicht allein die Bildnisse schon angemein individualisirt sind, sondern auch die Züge des, im Einzelnen nach der Natur ausgebildeten Christuskindes etwas durchaus Porträtartiges haben. S. Näheres in meinem Aufsatz im Kunstblatt von 1848, No. 1 und 3. [2] Näheres darüber, so wie
über die 1404 beendigten Sculpturen desselben Claes Sluter am Grabmale Herzog
Philipp des Kühnen, jetzt im Museum zu Dijon, in meinem Aufsatz im deutschen
Kunstblatt von 1856, No. 27.

hauerei in den Niederlanden, wie in Italien, der Malerei in der
Ausbildung vorangegangen ist, und, wie wir von den italienischen
Malern historisch wissen, dass sie nach den berühmten bronzenen
Thüren des Baptisteriums zu Florenz von Lorenzo Ghiberti studirt
haben, so ist es nicht zu bezweifeln, dass ein Aehnliches auch in
den Niederlanden stattgefunden hat. Den frühsten Beweis hiefür
liefern verschiedene, im Jahr 1371 von einem Johann von Brügge,
Maler des Königs Karl V. von Frankreich, in einer französischen
Uebersetzung der Vulgata, welche sich in dem Westrenischen Museum im Haag befindet, ausgeführte Miniaturen. [1] An der Spitze
sieht man das ziemlich grosse Bildniss des Königs Karl V. im Profil
und des vor ihm knieenden, ebenfalls im Profil genommenen, Johann Vaudetar, welcher, zufolge einer in dem Manuscripte befindlichen Dedication in französischen Versen, dem Könige mit dieser
Bibel ein Geschenk gemacht hat. Beide Köpfe sind vollständig in-
dividualisirte, in einem zarten Fleischton ausgeführte Bildnisse. Einige historische Bildchen auf dem Bl. 467, die Geburt, die Anbetung
der Könige, der Kindermord und die Flucht nach Aegypten, geben
ausserdem Zeugniss, dass einzelne niederländische Künstler auch in
diesem Fach schon ein Menschenalter vor den van Eyck's sehr weit
vorgeschritten waren. Die sehr lebendigen und freien Motive, so
wie die wahren Formen sind hier offenbar nach der Natur genommen, und so ist auch in den Gewändern, in der Art der Modellirung, ein entschiedenes Bestreben nach Naturwahrheit zu erkennen.
Die ausdrückliche Benennung dieses Jean von Brügge als pictor,
während ein blosser Verfertiger von Miniaturen Illuminator genannt
wird, beweist aber mit Sicherheit, dass er auch Bilder im Grossen
ausgeführt hat. Da nun Hubert van Eyck, der, nach der gewöhnlichen Annahme im Jahr 1366, wahrscheinlich in Maaseyck, einem
Fleckchen unweit Mastricht, geborene Begründer der neuen Schule,
sicher schon früher als im Jahr 1412 in Brügge ansässig war, [2]
konnte es kaum fehlen, dass er Werke jenes trefflichen Meisters
gesehen hat und dadurch in seiner Richtung gefördert worden ist.
Ebenso dürfte es keinem Zweifel unterliegen, dass er die Sculpturen
in dem benachbarten Tournay aus eigner Anschauung gekannt und
auch daraus für seine künstlerische Bildung einen erheblichen Vor-

[1] Näheres darüber in meinem Aufsatz im Deutschen Kunstblatt v. 1856 S. 268 f.
— [2] Im Jahr 1412 wird er dort Mitglied der Brüderschaft der Maria mit den Strahlen. Carton. Les trois frères van Eyck. S. 93.

theil gezogen hat. Während er aber nun auf der einen Seite den
bei Meistern, wie jener Jean von Brügge, vorgefundenen Realismus
zu einer ausserordentlichen Höhe steigert, schliesst er sich doch
noch in sehr wesentlichen Theilen der mehr idealistischen Kunstweise der vorigen Epoche an, und bringt dieselbe, vermöge seiner
ungleich reicheren Mittel der Darstellung, zu einem deutlicheren,
naturgemässeren und vermannigfaltigteren Ausdruck. Es leuchtet
aus seinen Werken noch durchweg eine edle und höchst energische
Begeisterung für den geistigen Gehalt seiner streng kirchlichen Aufgaben hervor. Die Anordnung ist vorwaltend symmetrisch, und hält
so noch das alte, architektonische, für Kirchenbilder zeither ge-
bräuchliche Gesetz fest. Die neue Weise einer mehr freien, male-
risch dramatischen Anordnung macht sich nur daneben geltend. In
seinen Köpfen findet sich noch das Streben nach Schönheit und
Würde, wie in der vorigen Epoche, nur mit mehr Naturwahrheit
verbunden. Die Farben seiner Gewänder vereinigen mit dem reinen
Geschmack und der Weiche derselben, eine grössere Breite. Das
realistische Prinzip ist bei ihnen nur in der genaueren Ausbildung
des Einzelnen, welches eine feine Andeutung des Stoffartigen her-
beiführt, wahrzunehmen. Nackte Figuren sind mit grösster Treue
bis in's Einzelnste nach der Natur studirt. Auch sonst finden sich
unbekleidete Theile mit vieler Wahrheit wiedergegeben, besonders
die Hände. Nur die Füsse bleiben schwach. Fast die hervorra-
gendste Eigenschaft seiner Kunst ist aber die bis dahin unerhörte
Kraft, Tiefe, Klarheit und Harmonie der Färbung. Um diese zu
erreichen bediente er sich einer von ihm verbesserten Art der Oelmalerei, welche zwar schon seit langer Zeit und sehr häufig, aber
in wenig ausgebildeter Form und fast nur zu untergeordneten Zwecken
in Anwendung gekommen war. Nach den neuesten und gründlich-
sten Untersuchungen[1] bestanden die von ihm in Anwendung ge-
brachten Vortheile, zu denen er ohne Zweifel selbst erst sehr allmälig gelangt war, vornehmlich aus folgenden Stücken. Zuvörderst
beseitigte er ein Haupthinderniss für die bisherige Anwendung der
Oelmalerei für eigentliche Gemälde. Um das langsame Trocknen
der Oelfarben zu beschleunigen, war es schon nach früherer Erfahrung erforderlich, ihnen etwas Firniss zuzusetzen, welcher aus mit
einem Harz gekochten Oel bestand. Wegen der zu dunklen Farbe

[1] Sir Charles Eastlake. Materials for a history of oilpainting. London 1847. Longman Cap. VIII. — XI.

dieses Harzes, wozu man Bernstein, häufiger noch Sanderac nahm,
war dieses aber bisher nicht thunlich, weil er durch die dunkle
Farbe auf die meisten Farben zu verändernd einwirkte. Hubert van
Eyck gelang es nun den Firniss so farblos zu bereiten, dass er ihn,
ohne jenen Nachtheil, bei allen Farben anwenden konnte. Bei dem
eigentlichen Malen aber ging er folgendermassen zu Werke. Auf
einem so stark geleimten Kreidegrund, dass die Oelfarbe nicht in
dessen Oberfläche eindringen konnte, trug er den Umriss auf, dann
untermalte er das Bild leicht in Oel mit einer meist warmbräunlichen
Lasurfarbe, so dass durchaus die weisse Kreidefläche durchschim-
merte, und trug hierauf endlich die Lokalfarben, dünner in den
Lichtern, dicker in den Schatten, auf. In den letzteren benutzte er
öfter jene Untermalung als Folie. In allen übrigen Theilen bildete
er das Verhältniss der Deck- zu den Lasurfarben so aus, dass er
dadurch überall jene Vereinigung von Kraft und Klarheit erhielt.
In der Pinselführung erwarb er sich endlich die ganze Freiheit,
welche seine neue Technik ihm gewährte, indem er, wie der auszu-
drückende Stoff es erheischte, bald die Züge des Pinsels stehen liess,
bald sie zart verschmolz. Von drei Werken, welche ihm jetzt alle
wohl mit vollem Recht beigemessen werden, ist nur eins historisch
beglaubigt. Da indess die beiden anderen, wie aus dem historischen
Zusammenhange erhellt, demselben nothwendig in der Zeit vorausgehen, werde ich zuerst von diesen handeln. Das eine, jetzt im
Nationalmuseum in St. Trinidad zu Madrid befindliche, [1] stellt in
sehr reicher und ganz eigenthümlicher Weise einen schon sehr früh
von der christlichen Kunst behandelten Gegenstand, den Sieg des
neuen über den alten Bund, oder der christlichen Kirche über die
Synagoge durch den Opfertod Christi dar, und dürfte, da es sich
in der ganzen Kunstform dem, wahrscheinlich etwa um 1420 angefangenen Hauptwerk des Hubert van Eyck, [2] wovon später gehan-
delt werden wird, eng anschliesst, etwa in den Jahren von 1415

[1] Im Jahre 1786 noch in der Kapelle des heil. Hieronymus zu Palenzia, später
im Kloster del Parral zu Segovia. — [2] Obgleich ich dieses Bild nicht gesehen
habe, so trete ich doch dem Urtheil von Passavant, der es für ein Werk des Hubert van Eyck hält (S. die christl. Kunst in Spanien. Leipzig 1853 bei Rudolph Weigel. S. 126 ff.) mit um so grösserer Ueberzeugung bei, als ich seine Angabe, dass
es in allen Stücken mit jenem späteren Werk des Hubert, dem Genter Altar,
übereinstimmt, in einer trefflichen, auf dem Kupferstichkabinet zu Berlin befindlichen Durchzeichnung, für den Charakter der Köpfe, der Zeichnung der Hände,
dem Geschmack der Gewänder durchaus bestätigt fand. Cavalcaselle musst es dagegen in seinem Werk „the early Flemish painters" dem Jan van Eyck bei. Vgl.
S. 93. Ich kann indess hier die Mittheilung nicht unterdrücken, dass ein so feiner
Kenner, als Otto Mündler, darin nur die Hand eines Schülers erkennen will.

bis 1520 ausgeführt worden sein. Es athmet in allen Theilen den
Geist der kirchlichen Kunst des Mittelalters. Unterhalb einem prachtvollen gothischen Baldachin mit einem Spitzthürmchen thront, in
der Linken ein Scepter, mit der Rechten segnend, Gott Vater.[1] Zu
seinen Seiten, ebenso, rechts die lesende Maria, links der schreibende
Johannes der Evangelist. An den Wangen seines Throns die Zeichen der vier Evangelisten, zu seinen Füssen das makellose Lamm,
als das Symbol seines einigen Sohnes, welchen er gegeben hat,
durch seinen Opfertod zu sühnen die Sünden der Welt. Unterhalb
des Lamms strömt dieses Sühnopfer in Gestalt von Wasser, worin
Hostien schwimmen, hervor und ergiesst sich in ein Blumengärtchen,
worin sechs musicirende Engel den Segen Gottvaters auf verschiedenen Instrumenten begleiten. Diesen schliessen sich zu beiden
Seiten singende Engel unter gothischen Baldachinen an, welche ebenfalls in, nur minder hohen, Spitzthürmen endigen. Ein Spruchzettel
in der Hand des einen zur Linken giebt durch die Inschrift: „Can.
etc. fons ortorum puteus aquarum viventium" über die Bedeutung
jenes Wassers nähere Auskunft, es ist nämlich damit nach dieser
Stelle des hohen Liedes (Kap. IV. V. 15) „der Brunnen der Gär-
ten, der Born lebendiger Wasser gemeint." Dieser Born strömt
denn auch in einen gothischen Brunnen aus, welcher sich in
der Mitte des Vordergrundes erhebt, und in der bekannten Beziehung mit einem, seine Jungen mit seinem Blut fütternden Peli-
can geziert ist. Zur Rechten des Brunnens die dadurch beseligten Vertreter des siegreichen Christenthums. An der Spitze der
stehende Pabst, den hohen Kreuzesstab mit der Fahne in der Linken, mit der Rechten den verehrend knieenden Kaiser auf den Brunnen, als den Quell des Heils, weisend. Hinter beiden andere, geistliche und weltliche Herren. Links vornan, der stehende Hohepriester
die zerbrochene Siegesfahne in der Rechten, um den Augen
eine Binde, mit der Linken bemüht, einen knieenden Juden von der
Verehrung abzuhalten. Sonst noch acht Juden, welche in lebhaften
Bewegungen Abscheu und Verzweiflung ausdrücken. In den drei
oberen Figuren, wie in den Engeln, ist ein tiefes religiöses Gefühl
mit einem reinen Schönheitssinn gepaart. In den unteren findet
sich eine scharfe, bildnissartige Charakteristik. Besondere Bewunderung verdient das Augenblickliche und Dramatische in den Motiven

[1] Ich weiche hier von Passavant und Cavalcaselle ab, welche diese Figur für
Christus halten.

einiger Juden. Die Färbung in diesem, abgesehen von der oberen
Ausladung etwa 5' 6'' hohen Bilde ist harmonisch und klar, indess
von ungleich weniger Kraft und Tiefe, als in dem Genter Altar, die
höchst sorgfältige Ausführung von der grössten Meisterschaft.

Der im Museum zu Neapel befindliche heil. Hieronymus, welcher dem grossen, vor ihm auf den Hinterfüssen sitzenden Löwen
einen Dorn aus einer Vordertatze zieht. [1] Der Kopf des Heiligen
ist sehr würdig, sein braunes Gewand, von breiten Falten, in einem
reinen Geschmack, der röthlichbraune Fleischton von ausserordentlicher Kraft und Tiefe, die vielen Einzelheiten in dem Gemach, der
Kardinalshut, Bücher, von denen eins aufgeschlagen, Fläschchen
u. s. w., von überraschender Wahrheit. [2]

Das durch eine Inschrift auf dem Bilde sicher beglaubigte
Hauptwerk des Hubert van Eyck ist indess ein grosses, aus zwei
Reihen von einzelnen Tafeln bestehendes Altargemälde, welches von
dem Bürgermeister von Gent, Judocus Vyts, Herrn von Pamele, und
seiner, aus der sehr angesehenen Familie Burlut stammenden Frau
Elisabeth für ihre Begräbnisskapelle in der Kathedrale in Gent bestellt wurde. Der Künstler siedelte zur Ausführung desselben, wahrscheinlich im Jahr 1420 nach Gent über, wo er im Jahr 1422 Mitglied der Brüderschaft von unserer lieben Frau wurde. [3] Er hat
darin in sehr reicher Ausgestaltung den Hauptinhalt des Christenthums, die Lehre von der Erbsünde und der Versöhnung dargestellt.
Die erste tritt uns, wie aus der beigefügten Abbildung des Ganzen
(Fig. 20 u. 21, die Titelblätter beider Bände) erhellt, allein in den
beiden äussersten Flügeln, der oberen, nur lebensgrosse Figuren
enthaltenden, Reihe, in Adam und Eva entgegen. Nirgend spricht
sich der Realismus so entschieden aus, als in diesen beiden Figuren.
Sie sind offenbar nach zwei lebenden Modellen gemalt, und zwar so
im Einzelnen, dass z. B. selbst die kurzen Haare, welche sich häufig
an den Beinen und Armen des männlichen Körpers finden, sehr genau wiedergegeben sind. Auch in den Gesichtern sind augenscheinlich die Züge der Modelle beibehalten worden. Der Körper, wie die

---

[1] Dieses früher ganz willkürlich dem Colantonio del Fiore, dessen beglaubigte
Bilder in den conventionellen Schulformen des Giotto gemalt sind, beigemessene
Bild wurde zuerst von mir, bei meinem Aufenthalt in Neapel im Jahr 1841, für ein
Werk des Hubert van Eyck erkannt. Näheres darüber im Kunstblatt von 1847.
S. 162 f. — [2] Ein Umriss dieses Bildes bei d'Agincourt. Histoire des arts par les
monuments. Peinture Pl. 132. Die Herausgeber der neuen Ausgabe des Vasari
legen dieses Bild dem Jan van Eyck bei. — [3] S. Carton, les trois frères van Eyck.
S. 36.

Gesichtszüge der Eva sind keineswegs schön, und auch ihr Ausdruck ziemlich gleichgültig. Adam erscheint im Körper wie im Kopf als ein kräftiger Mann. Sowohl der Ausdruck, wie die erhöhte Röthe seines Gesichts geben seine geistige Erregtheit bei der Uebertretung des göttlichen Gebots zu erkennen. Besonders aber machen sich diese Figuren durch die erstaunliche Wahrheit und die meisterliche Modellirung in einem warmen, klaren und tiefen Ton geltend.[1] In dem kleinen Felde über dem Adam ist, grau in grau, das Opfer von Kain und Abel, in dem über der Eva, als erste, schreckliche Folge des Sündenfalls, der Todschlag des Kain vorgestellt. Der geistige Zusammenhang führt uns zunächst auf das mittlere Bild der unteren Reihe. Hier sehen wir in der Mitte das, nach der Offenbarung Johannis genommene, makellose Lamm, als das Symbol Christi, auf dem Altar, durch dessen, aus seiner Brust in einen, neben ihm stehenden goldenen, Kelch fliessende Blut die Erlösung des menschlichen Geschlechts von der Erbsünde bewirkt wird. Dieses Lamm bildet nun den Mittelpunkt, worauf sich alle anderen Figuren sämmtlicher Tafeln des Altarbildes näher oder ferner beziehen. Zunächst dem Altar sehen wir vierzehn knieende Engel, von denen die vier hintersten die vornehmsten Werkzeuge der Passion, das Kreuz, die Lanze, den Schwamm und die Martersäule halten, die acht folgenden anbeten, die beiden vordersten Rauchfässer schwingen. Im Vordergrunde, zu beiden Seiten des Brunnens des Lebens,[2] rechts zunächst die knieenden Propheten mit den aufgeschlagenen Büchern ihrer Weissagungen, links, ebenso knieend, die zwölf Apostel und wahrscheinlich der heil. Stephanus. Hinter ihnen der geistliche Stand, Päbste, Bischöfe, Aebte, Priester, und gleichsam von ihnen beschirmt, auch Männer aus dem Stande der Laien. Hinter den Propheten aber der Stand der Laien, unter ihnen Dichter, welche dem Lamm ihre errungenen Lorbeerzweige darbringen. Im Hintergrunde der blumenreichen Wiese, welche die Räumlichkeit bildet, worauf alles Erwähnte vorgeht, eine hüglichte Ferne mit Baumwuchs, hinter welchem das himmlische Jerusalem, als eine thurmreiche Stadt im Charakter des Mittelalters, hervorragt. Aus demselben sind rechts

---

[1] Letztere Eigenschaft ist jetzt nur noch aus den sehr getreuen Copien des Malers Schultz, welche sich im Besitz des Museums von Berlin befinden, zu erkennen. Die Originale, welche seit einer Reihe von Jahren in einer Polterkammer der Kirche St. Bavo aufbewahrt worden, sind glücklicherweise neuerdings ihrem Untergange durch Versetzung in das Museum von Brüssel entzogen worden.   [2] An dem Rande des Brunnens stehen die Worte: Hic est fons aquae vitae procedens de sede Dei agni.

die heiligen Märtyrer, links die heiligen Märtyrerinnen mit ihren
Palmen herausgetreten. Unter den erstern sind Stephan, als der
älteste von allen, und Lievin, als der Schutzheilige von Gent; unter
den letzteren Dorothea, Agnes, Barbara kenntlich. Ganz oben in
der Luft, über dem Lamm, der heilige Geist als Taube, von welchem Strahlen nach allen Seiten ausgehen. Die Mannigfaltigkeit
und Bedeutung der Charaktere und des Ausdrucks in den einzelnen
Figuren sind hier höchst bewunderungswürdig, das frische Grün der
Wiese, das lichte, leuchtende Blau des Himmels entspricht wunderbar der geistigen Stimmung der durch das Lamm errungenen Seligkeit. In den vier Flügeln dieser unteren Reihe schliessen sich sehr
sinnreich, auf der Seite des geistlichen Standes, die Einsiedler und
Pilger, als die Repräsentanten derjenigen an, welche die Kirche
Christi durch ein contemplatives, auf der Seite des Standes der Laien,
die Streiter Christi und die gerechten Richter, welche dieselbe durch
ein actives Leben gefördert haben. Langsam und feierlich bewegt
sich, aus einer Bergschlucht hervorkommend, der Zug der Einsiedler
heran. An der Spitze der älteste, Paulus, ihm zunächst, an seinem
Kreuze kenntlich, Antonius. Ganz am Ende Maria Magdalena und
die ägyptische Maria, als die beiden ersten Einsiedlerinnen. Von
den Bildern der unteren Reihe ist dieses das vorzüglichste. Bewunderungswürdig ist die Mannigfaltigkeit der Köpfe. Feurige Begeisterung, milde Andacht, an Wahnsinn grenzende Ueberspannung, Gefühl des unerbittlichen Grimms gegen Andersgläubige, wechseln
miteinander ab, zugleich sind die Fleischtheile von einer seltnen
Gluth, endlich die tiefe, düstere Haltung eben so sehr dem Gegenstand entsprechend, als vortrefflich abgewogen. Den Pilgern auf
dem nächsten Flügel bedeutet der in riesenhafter Gestalt rüstig voran-
schreitende heilige Christoph, dass sie sich dem Ziel ihrer Wanderung nähern. Sein grosser rother Mantel umgiebt ihn in breiten
und weichen Falten. In den Pilgern erkennt man wieder besonders
deutlich das Studium aus dem Leben. Ernste, würdige Köpfe wechseln mit gleichgültigen, überspannte mit fröhlich-lachenden, wie dieses der Künstler bei den damals so häufigen Wallfahrten gesehen
haben mochte. Der Ton des Fleisches hat hier nicht ganz die
Tiefe und Klarheit, wie auf dem vorigen Flügel. Von grosser Bedeutung ist indess die Landschaft. Die weite Ferne mit hineinfüh-
rendem Wege deutet glücklich an, dass die Pilger schon einen grossen Weg zurückgelegt haben. In einem klaren Flüsschen, worin

sich Bäume an dessen Rande spiegeln, in einer sonnenbeschienenen
Wiese dahinter, spricht sich indess schon das reine und tiefe Naturgefühl aus, welches erst 200 Jahre später in den Landschaften Ruys-
daels zu einem besonderen Fach und in grösster Vollkommenheit
ausgebildet wird. In dem Flügel auf der Seite des activen Wirkens
wird der Zug der Streiter Christi durch drei heldenmässige, lorbeer-
bekränzte Gestalten in Harnischen von glänzend geschliffenem Stahl
eröffnet. Nach den Zeichen in den Standarten, welche sie tragen,
stellen sie, wie zuerst de Bast bemerkt, die Heiligen Sebastian, Georg
und Michael, als die Schutzheiligen der drei alten flandrischen Ge-
nossenschaften des Bogens, der Armbrust und der Fechtkunst dar.
Drücken die beiden zu den Seiten Einfachheit, Tüchtigkeit und Treue
in ihren Zügen von ächtgermanischem Charakter aus, so ist es dem
Künstler in dem mittleren, in welchem man durch das rothe Kreuz
auf seinem silbernen Schilde den heiligen Georg erkennt, gelungen,
den innersten Kern des religiösen Ritterthums zur ergreifendsten
Anschauung zu bringen. Wir sehen hier nämlich eine gewaltige
Heldennatur, welche sich im Vollgefühl ihrer Kraft vor der Gottheit,
hier das Lamm, worauf er fest hinblickt, demüthigt. Der hochbe-
tagte Kaiser, welcher sich ihnen anschliesst, soll am wahrscheinlichsten Karl der Grosse sein, der, als Herr von Flandern, dasselbe noch
in spätem Alter besuchte, und auch als Heiliger hier die meiste An-
wartschaft hat. Unter den übrigen gekrönten Häuptern ist der
durch Adel der Züge und Ausdruck der Andacht ausgezeichnetste
wohl gewiss der im Mittelalter mit Recht so hoch gefeierte König
Ludwig der Heilige. Im geistigen Gehalt steht dieser Flügel auf
gleicher Höhe mit dem der Einsiedler. In der Landschaft steht er
dem mit den Pilgern kaum nach. Ueber der zerklüfteten Felsen-
wand unmittelbar hinter den Reitern sieht man zunächst grüne, mit
Bäumen besetzte Anhöhen, hinter welchen Thürme hervorragen. In
noch grösserer Ferne gewahrt man eine mit Felsenschlössern gekrönte Bergkette, hinter denen endlich schneebedeckte Gipfel den
Horizont abschliessen. Hier hat Jan van Eyck wohl ohne Zweifel
den frischen Eindruck der Pyrenäen wiedergegeben, welche er während seines Aufenthalts in Portugal im Jahr 1429, also vor der Be-
endung des Werks, gesehen hatte. Der sich anschliessende Flügel
der gerechten Richter steht zwar auf derselben Höhe der künstlerischen Ausbildung, die Charaktere der Köpfe entsprechen indess der
Aufgabe minder als die auf dem vorigen. Dagegen hat derselbe

das Interesse, dass sich darauf nach einer schon im 16. Jahrhundert
vorhandnen Tradition die Bildnisse der beiden van Eyck befinden.
Dem vorderen Reiter, in einem prächtigen Pelz von blauem Sammet,
hat Jan van Eyck, als der Hauptperson, ohne Zweifel als ein
Zeichen seiner Verehrung, die Züge seines Bruders und Lehrers
Hubert geliehen. Er erscheint als ein ältlicher Mann von gutem,
freundlichen Ausdruck. Sich selber hat er mehr rückwärts, eine
ungleich bescheidnere Rolle angewiesen. Er hat ein schwarzes Kleid
an und ein schwarzes Tuch um den Kopf. Seine viel jüngeren
Züge haben etwas Aufgewecktes. Um sich im Spiegel malen zu
können hat er angenommen, dass er sich, während sonst alle vor
sich schauen, umwendet, um zu seinem Nachbar zu sprechen. Die
Landschaft ist im Charakter der vorigen durchgeführt, nur fehlt
hier die weite Fernsicht. Sehr bemerkenswerth ist, dass sich auf
diesen beiden Flügeln die Individualisirung auch auf die Pferde erstreckt, in deren Köpfe man sehr deutlich sanfte und muthige, gut-
artige und böse, unterscheidet. Endlich gewähren sie uns noch,
in den glänzenden Harnischen, den reichen Trachten und dem
prächtigen Schmuck der Pferde in Zaumzeug und Satteldecken, das
anschaulichste Bild von dem Hof des grossen Gönners des Jan van
Eyck, Philipp des Guten, des prachtvollsten von Europa in jener
Zeit. Um auszusprechen, dass selbst die Verdammten das Lamm
verehren, befand sich ursprünglich unter dem Mittelbilde der unteren
Reihe, eine Staffel, worauf die Hölle mit ihren, die Kniee beugen-
den Bewohnern dargestellt war. In Wasserfarben ausgeführt wurde
es leider schon früh beim Reinigen von unwissenden Malern ver-
dorben.[1] In der Reihefolge der Gedanken in diesem grossen Werk
werden wir zunächst auf den Gott Vater geführt, welcher die Mitte
der oberen Reihe einnimmt. Der Künstler hat dieser thronenden
Figur, welche die Rechte zum Segnen der, dem makellosen Lamme
ihre Verehrung darbringenden, Gläubigen erhoben hat, und in der
Linken ein kristallnes, reich mit Edelsteinen besetztes Scepter hält,
im Wesentlichen die traditionellen Züge der Christusbilder benutzt,
indess den Bart verlängert, und den Ausdruck der Würde gesteigert. Die päbstliche Krone auf seinem Haupte ist wieder auf das
Prachtvollste mit Perlen und Edelsteinen geschmückt. Der Falten-
wurf des Mantels, von dem tiefsten, sattesten Roth, ist aber von

---

[1] Die älteste Nachricht hievon findet sich bei Vaernewyck historie van Belgis. Blatt 119 a, später auch bei van Mandor. Bl. 124 b.

einer Reinheit und Breite des Styls, und lässt die Form der Beine
so deutlich verfolgen, dass es nur wenig sitzend dargestellte Figuren
gibt, welche sich darin dieser vergleichen lassen. In der heiligen
Jungfrau zu seiner Rechten, welche im Gebet vertieft, leise ein
geheimnissvolles Wort auszusprechen scheint, herrscht nicht blos
der der deutsch-niederländischen Kunst so oft eigenthümliche Ausdruck jungfräulicher Einfalt und Reinheit, sondern auch in dem
edlen Oval, den grossen, gewölbten Augenliedern, der Nase, dem
feinen Munde, eine in dieser Schule höchst seltene Reinheit der
Form. Die reiche Krone, welche ihr Haupt als Himmelskönigin
bedeckt, prangt nicht blos mit Perlen und Edelsteinen, in symbo-
lischer Beziehung auf Reinheit und Liebe, sind Lilien, Rosen, Mai-
blumen und Rittersporn eingemischt. Ihr Gewand ist von dem
tiefsten, sattesten Blau, und steht in der Trefflichkeit des Wurfs,
dem des Gott Vaters sehr nahe. Einen entschiedenen Gegensatz
mit der Maria bildet Johannes der Täufer zur andern Seite desselben. Das mächtige Haar, welches sein Haupt von kräftigen
Zügen umwallt, ist dessen einziger Schmuck. Nach der alten Tradition, welche ihn gewöhnlich so darstellt, dass er auf die Gegenwart der Gottheit aufmerksam macht, deutet er auch hier, auf die
Versammlung der Gläubigen in der unteren Reihe herabblickend,
mit der Rechten auf Gott Vater. Der Prachtmantel, unter welchem
man sein härenes Kleid sieht, ist von schön grüner Farbe. Um
den feierlich-kirchlichen Eindruck dieser drei Figuren noch zu er-
höhen, heben sich ihre Köpfe noch vom Goldgrund ab, und wird
der sonstige Hintergrund nur von gemusterten Teppichen gebildet.
Es bleiben jetzt nur noch die Flügel mit den Engeln und der
heiligen Cäcilie zu betrachten übrig, welche den Segen des Gott
Vater mit ihrem Gesang und Spiel begleiten. Unter den singenden
Engeln neben der Maria gibt der vorderste, wie alle mit einem
prächtigen Mantel bekleidet, mit der erhobenen Rechten den Takt
an, während die Linke das bewegliche Notenpult regiert. Ihm und
dem zunächst hinter ihm sieht man an der Oeffnung des Mundes
an, dass sie Bass, so wie den am meisten zurück, dass sie Sopran
singen. Die grösste Wahrheit war hier der Hauptzweck des Künstlers, so dass er die Verzerrungen, welche bei den letzteren die hohen
Töne hervorbringen, und deren er ähnliche ohne Zweifel bei singenden Chorknaben beobachtete, nicht scheute. Er trifft hier durchaus
mit dem Luca della Robbia in seinen berühmten, in Marmor aus-

geführten Engeln im Museum von Florenz zusammen. Wie die
grossen italienischen Meister hat er ihrem Haupthaar durchweg eine
goldige Farbe gegeben, welche mit Recht schon an sich für schön
gehalten, zugleich mit dem Ton des Fleisches die glücklichste Harmonie bildet. Auf dem entsprechenden Flügel zieht vor allem die
die Orgel spielende heilige Cäcilie die Aufmerksamkeit auf sich.
Als Prinzessin in einem mit Hermelin verbrämten Mantel von schwarzem Goldbrocat gekleidet, ist sie ganz in ihrem Spiel versenkt.
Für die Instrumente, welche zwei Engel spielen, einem Violoncell
und einer Harfe, ist gerade eine Pause eingetreten. In den Köpfen
beider entspricht der Ausdruck des Aufmerkens, wenn sie wieder
einfallen müssen, unvergleichlich dem Abzählen der Takte mit den
Fingern. Ein Engel, von dem man indess nur wenig sehen kann,
ist beschäftigt, die Bälge der Orgel zu treten, welche im Holzwerk
wie in den Pfeifen von der seltensten Wahrheit und der grössten
und meisterlichsten Ausführung ist. Der Hintergrund dieser beiden
Flügel wird von einer hellblauen Luft gebildet. Ich gehe
jetzt zur Betrachtung der Vorstellungen auf den Aussenseiten der
Flügel über (siehe Figur 22). Die der oberen Reihe schliessen
in sinnreicher Weise den geistigen Inhalt des ganzen Werks ab.
Es ist darin die Prophezeilung und die Verkündigung Mariä, und
dieses Mysterium selbst, wodurch das Werk der Erlösung seinen
Anfang nahm, dargestellt. Wir sehen daher oben in zwei Halb-
runden, in halben Figuren die Propheten Micha und Zacharias.
Der erste, über der Maria befindliche, schauet in erhobener Begeisterung auf die Jungfrau herab. Sein Ausdruck entspricht ganz
den auf einem Spruchbande über ihm befindlichen Worten: „Ex
te egredietur, qui sit dominator in Israel." [1] Der Prophet Zacharia
deutet mit lebhafter Gebährde auf das aufgeschlagene Buch seiner
Weissagungen. Sein Kopf ist ungleich minder bedeutend. Dasselbe
gilt von den ganzen Figuren der erithreischen und cumaeischen
Sibylle, auf den entsprechenden Feldern der beiden andern Flügel,
welche bekanntlich im Mittelalter als die Verkündiger Christi unter
den Heiden angesehen wurden. In der Verkündigung drücken die
Gebährde, der auf der Brust gekreuzten Hände, sowie die feinen
Züge des Kopfes der Jungfrau, trefflich die in lateinischer Sprache
beigeschriebenen Worte der Demuth und Ergebung: „Siehe, ich

---

[1] „Aus Dir wird hervorgehen, welcher da wird sein der König in Israel."

bin die Magd des Herrn" aus. Die Falten des weissen Mantels breiten sich in vielen scharfen Brüchen von seltner Meisterschaft der Modellirung am Boden aus. Bei dem Engel Gabriel, welcher, den Lilienstengel in der Linken, mit der Rechten bedeutend nach Oben weist, ist in dem Munde das Sprechen sehr lebendig ausgedrückt. In den Schwingen, welche dem grünen, damals noch in Europa seltnen Papagei entlehnt sind, findet sich das durch das ganze Werk festgehaltene Prinzip wieder, die Personen der Gottheit und der Engel mit dem Seltensten und Kostbarsten auszustatten, was die Erde irgend bietet. Sein Gewand gleicht in Form, Farbe und Art des Faltenwurfs dem der Maria. Höchst beachtenswerth ist die treffliche perspectivische Ausbildung des Gemachs mit einer Aussicht auf einen Theil der Stadt Gent, und die mir aus so früher Zeit hier nur allein bekannten Wiedergabe des Schlagschattens der Figur und der Flügel des Engels an der Wand.

Die Aussenseite der unteren Reihe der Flügel, worauf ich jetzt schliesslich übergehe, enthalten in vier steinernen Nischen von gothischem Styl die Bildnisse der Stifter des Altars und ihrer Schutzheiligen. Es darf nicht Wunder nehmen, dass der von den van Eyck zu einer so hohen Meisterschaft ausgebildete Realismus, wo er sich auf seinem eigentlichsten Felde, der Bildnissmalerei bewegt, das Bewunderungswürdigste leistet. Setzt schon die Art, wie in dem Bildniss des Stifters, Judocus Vyts, Herrn von Pamele und Bürgermeister von Gent, allen Anforderungen der Kunst, der Zeichnung, der Verkürzung, der Modellirung und der Färbung, auf das Vollkommenste genügt ist, jeden, mit der Kunstgeschichte Vertrauten, in so früher Zeit (um 1432) in Erstaunen, so wird dieses noch ungemein erhöhet durch die tiefe und wahre Auffassung des Charakters, und durch das Festhalten des Ausdrucks einer inbrünstigen Andacht. Aber auch seine Gemahlin Lisbette Vyts, aus der in Gent hoch angesehenen Familie der Burlut, in deren Zügen sich die ehrenhafte Hausfrau ausspricht, steht in der künstlerischen Vollendung auf gleicher Höhe. Die Gestalten der beiden Johannes zeigen uns wieder eine neue Seite der den verschiedensten Aufgaben gewachsenen Kunst dieser Meister. Sie haben sich hier nämlich die Aufgabe gestellt, steinerne Statuen, wie sie zu ihrer Zeit an gothischen Kirchen vorhanden waren, möglichst treu nachzuahmen. Es sind daher nicht allein der Ton, die Lichter und

Schatten des Steins mit ihren Reflexen, mit seltenster Wahrheit
wiedergegeben, sondern auch in dem Haupthaar, im Felle des
Täufers, mit Aufgeben der ihnen so geläufigen Naturwahrheit, die
conventionelle Behandlung beobachtet, wie die Natur des Steins
sie erforderte. Dasselbe gilt von den scharfen und wulstigen, die
Bewegung der Gestalten so wenig wiedergebenden, Falten der Gewänder. Um die Wirkung der Statuen zu erreichen, ist auch der
Vortrag des Pinsels breiter. Nur in den Köpfen tritt die Eigenthümlichkeit der Künstler wieder in ihrer ganzen Grösse auf. Der
auf das Lamm in seiner Linken deutende Johannes der Täufer
vereinigt mit einem edlen und würdigen Charakter eine grosse for-
melle Schönheit, und das letzte gilt ebenso von den jugendlichen
Zügen des milden und sanften Johannes dem Evangelisten, welcher
ruhig auf das, unter der Kraft seines Segens sich ohnmächtig krüm-
mende, aus seinem Kelche emporsteigende Ungethüm herabblickt.

Leider war es dem Hubert van Eyck nicht vergönnt, dieses
grossartige Werk in allen Theilen selbst auszuführen. Den 16. September 1426 starb er und wurde in der Familiengruft der Vyts
unter ihrer Kapelle in der Kathedrale bestattet. Nur auf Bitten
des Bestellers, Judocus Vyts, entschloss sich sein viel jüngerer
Bruder und Schüler, Jan van Eyck, dasselbe in den noch fehlenden Theilen zu beendigen, womit er bis zum 6. Mai des Jahrs 1432
zu Stande kam. [1] Aus einer genauen Vergleichung aller Tafeln
dieses Altars mit den, als von Jan van Eyck allein herrührend,
sicher beglaubigten Bildern, ergibt sich, dass die folgenden
Theile in Zeichnung, Färbung, Art des Faltenwurfs der Gewänder
und Behandlung entschieden von ihm abweichen, mithin mit Sicherheit seinem Bruder Hubert beigemessen werden können. Von der
inneren Seite der oberen Reihe: Gott Vater, Maria, Johannes der

---

[1] Alles dieses erhellt aus folgender, auf den Rahmen der Aussenseiten der
vier unteren Flügel befindlichen, gleichzeitigen Inschrift:
Pictor Hubertus e Eyck, major quo nemo repertus,
Incepit, pondusque Johannes arte, secundus
Frater, perfecit, Judoci Vyd prece fretus
VersV seXta MaI Vos CoLLoCat aCta tVerJ.
Aus dem letzten Verse, einem Chronostichon, ergibt sich jene Jahrszahl 1432.
Diese höchst wichtige Inschrift wurde im Jahr 1823 unter einer Ueberstrei-
chung mit grüner Farbe entdeckt, die darin fehlenden, ersten anderthalb Worte
der dritten Zeile aber glücklich durch eine alte Abschrift, welche Louis de Bast
in Belgien aufgefunden hatte, ergänzt. Ueber eine Verschiedenheit der Interpunk-
tion in der zweiten Zelle, vergl. Carton, les trois frères van Eyck S. 57 ff. und
meine Anzeige dieser Schrift im Deutschen Kunstblatt von 1849 No. 16 und 17.
und Hotho, die Schule von Hubert van Eyck Th. 2, S. 82.

Täufer, die heilige Cäcilie mit den spielenden Engeln, Adam und
Eva. Von der inneren Seite der unteren Reihe: die Seite des
Mittelbildes, worauf sich die Apostel und die Heiligen befinden,
und die Flügelbilder mit den Eremiten und den Pilgern, bis auf die
Landschaften. Dagegen verrathen in den obigen Stücken die Hand
des Jan van Eyck, von der inneren Seite der oberen Reihe, der
Flügel mit den singenden Engeln, von der inneren Seite der unteren
Reihe, vom Mittelbilde, die Seite mit den Patriarchen, Propheten
u. s. w., so wie die ganze Landschaft, die Flügel mit den Streitern
Christi, den gerechten Richtern und auch die Landschaften auf den
Flügeln mit den Eremiten und den Pilgern, endlich sämmtliche
Aussenseiten der Flügel, also die Portraite der Stifter, die Ver-
kündigung und die beiden Johannes. Nur der Prophet Zacharias
und die beiden Sibyllen zeigen eine schwächere Hand. [1]

Jan van Eyck hat bis auf die neueste Zeit den Namen des
Hubert van Eyck fast völlig verdunkelt, denn, wiewohl der letztere
ohne Zweifel am frühsten diese neue Kunst- und Malweise ausgebildet hat, so breitete sich doch der Ruf derselben über die Grenzen der Niederlande, namentlich nach Italien, erst aus, als Hubert
schon gestorben war. Schon sehr früh wurde daher der gerechte
Ruhm, den sich diese ganze neue Kunst in Europa erwarb, auf den
Namen des Jan van Eyck übertragen. Bereits im Jahr 1455
schrieb der italienische Gelehrte Facius, dass Jan van Eyck für den
grössten Maler des Jahrhunderts erklärt werde, ohne Hubert auch
nur zu erwähnen. [2] So nennt auch Giovanni Santi in seinem bekannten Gedicht nur den „gran Jannes." Jan war es, zu dem An-
tonello da Messina nach Brügge ging, um sich diese neue Kunstweise anzueignen, und Jan wird auch allein von Vasari in seiner
ersten Ausgabe von 1550 genannt, Hubert aber erst in der zweiten
von 1568, und auch dort nur sehr beiläufig, erwähnt. Dem Vasari
aber schreiben wieder die meisten Schriftsteller nach, und dem

[1] Hotho beschränkt den Antheil des Jan van Eyck an diesem Altar in demselben Werk Th. 2, S. 89 ff. auf ein ungleich kleineres Maass. Da ein Handbuch
nicht der Ort für weitläufige Controversen ist, muss ich mich hier mit der allgemeinen Erklärung begnügen, dass mich seine Gründe nicht überzeugt haben.
Schon die Inschrift scheint mir mit einer solchen Annahme nicht verträglich.
Wenn Hubert das Ganze, bis auf ein Geringes, allein vollendet hätte, so würde
sein Antheil durch den Ausdruck „Incepit" sehr ungenügend ausgedrückt sein,
und auch wieder der Ausdruck „perfecit" für eine so geringe Theilnahme des
Jan zu viel sagen. — [2] De viris illustribus S. 46; „Johannes Gallicus nostri sae-
culi pictorum princeps judicatus est." Noch andere Zeugnisse der Art für Jan
van Eyck bei Cavalcaselle S. 47 f.

van Mander, der bereits im Jahre 1604 in seinem Malerbuch ausführlichere Kunde von Hubert van Eyck giebt, hat man erst neuerdings die gebührende Aufmerksamkeit geschenkt.   Obgleich man
über das Geburtsjahr des Jan van Eyck nichts mit Sicherheit weiss,
so ist es doch mit grosser Wahrscheinlichkeit etwa um das Jahr
1396 anzunehmen.   Auf jenem, oben, auf dem Flügel mit den gerechten Richtern angeführten Bildniss von sich, welches nicht wohl
früher als um 1430 gemalt sein kann, erscheint er nämlich als ein
Mann von höchstens 35 Jahren.   Hiezu kommt, dass neuerdings
unumstösslich erwiesen worden, dass er im Jahr 1441 gestorben
ist,[1] wonach er mithin ein Alter von 46 erreicht haben würde,
welches wieder ganz den sicheren Zeugnissen entspricht, dass er
verhältnissmässig früh gestorben sei.[2]   Dank den neueren Forschungen sind auch aus seinem Leben wenigstens einige Umstände
bekannt geworden.   Im Jahr 1420 zeigte er in der Malergilde zu
Antwerpen einen in Oel gemalten Kopf vor, welcher dort so viel
Aufsehen machte, dass, noch mehr als ein Jahrhundert später, der
Adel von Antwerpen der Anstalt einen Becher schenkte, worauf zum
Andenken jenes Ereignisses, dasselbe ciselirt war.[3]   Er befand sich
damals wahrscheinlich schon in dem Dienste des Johann von Baiern,
der von 1390—1418 als Bischof von Lüttich sich den Beinamen
„sans pitié" erwarb, nachmals aber durch Heirath Herzog von
Luxemburg wurde.[4]   Vier Monate nach dem am 6. Januar erfolgten
Tode dieses Fürsten trat er als Kammerdiener mit einem Gehalt
von 100 Livres jährlich in den Dienst von Philipp dem Guten,
Herzog von Burgund,[5] und verblieb auch darin bis an seinen Tod.
Er erwarb sich das Vertrauen des Herzogs in besonderem Grade,
so dass er ihn öfter mit geheimen Aufträgen auf Reisen schickte,
welche freilich seine Thätigkeit als Künstler gelegentlich auf längere
Zeit unterbrechen mussten.   So liessen ihn zwei Reisen dieser Art

---

[1] Herr de Stoop zu Brügge hat nämlich die Rechnung über die kirchlichen
Begräbnisskosten des Jan van Eyck in der Kirche des heiligen Donatian gefunden.
Vergl. über die nähere Bestimmung des Jahres Carton, les trois frères van Eyck
S. 42 ff. — [2] S. Marcus van Varnewyck. Historie van Belgis. Ausgabe von 1649
S. 119 und das Lobgedicht des Lucas de Heere, Lehrers des van Mander, wo es
heisst: „Van dezer wereldt vroegh dies edel bloeme schiedt." Noch andere Gründe,
seine Geburt etwa um 1396 anzusetzen, bei Carton S. 27 ff. — [3] Van Kerckhoff:
Notice sur l'Academie d'Anvers 1824. Vergl. Cavalcaselle S. 45. — [4] Der Um-
stand, dass Jan Eyck gerade bei diesem Herrn diente, unter dessen Herrschaft
Maaseyck stand, so wie der andere, dass sich seine Tochter nach dem Tode ihres
Vaters als Nonne in ein Kloster zu Maaseyck zurückzieht, spricht sehr dafür, dass
die Familie aus diesem Orte stammte. — [5] S. Leon de Laborde. Les ducs de
Bourgogne und die ganze Stelle abgedruckt bei Cavalcaselle S. 50.

im Jahr 1426 schwerlich dazu kommen, die grosse Arbeit an dem Altar seines Bruders wieder aufzunehmen, [1] und im Jahr 1428 wurde die Arbeit daran schon wieder auf längere Zeit durch eine Reise nach Portugal unterbrochen, worauf er die Gesandten seines Herrn, de Lannoy und de Roubaix, begleiten musste, um das Bildniss der Braut des Herzogs, Isabella von Portugal, zu malen. Erst als er am Ende des Jahrs 1429 nach Brügge zurückgekehrt war und dort im folgenden Jahr ein Haus gekauft hatte, [2] hat er wahrscheinlich ohne Unterbrechung die Arbeit an dem Altar beendigen können, so dass derselbe, wie schon oben bemerkt, am 6. Mai des Jahres 1432 zur Aufstellung gelangen konnte.

Glücklicherweise sind uns von Jan van Eyck noch verschiedene beglaubigte Werke aufbehalten, woraus seine künstlerische Eigenthümlichkeit ungleich deutlicher zu erkennen ist, als aus seinem Antheil an jenem Altar, worin er, ohne Zweifel sowohl in den Compositionen als in der ganzen Ausbildung, sich seinem Meister und Bruder mit aller Pietät möglichst nahe angeschlossen hat. Jene, seine eignen Werke aber zeigen eine von seinem Bruder sehr verschiedene Eigenthümlichkeit. Er hatte nicht jene Begeisterung für die bedeutungsreichen kirchlichen Aufgaben des Mittelalters, und auch nicht den Schönheitssinn Huberts, weder für die menschlichen Formen, noch für die Gewandung. Sein Sinn drängte ihn in allen Stücken auf die wahrste und treuste Auffassung der einzelnen Naturerscheinung. Mit Ausnahme des Kopfes Christi, wo er sich noch durch den altbyzantinischen Typus binden liess, haben daher fast alle seine Marien und Heiligen nicht allein ein durchaus portraitartiges Ansehen, sie sind sogar bisweilen hässlich in den Formen und ohne sonderliche Erhebung im Gefühl. So führte er den Realismus auch in allen sonstigen Stücken, der Behandlung der Stoffe in den Gewändern, der Ausbildung der Räumlichkeit, mit allen möglichen Nebensachen, mit einer bewunderungswürdigen Meisterschaft durch. Nur in dem Ueberladen seiner Gewänder bei Gestalten aus der idealen Welt mit scharfen und eckigen Brüchen, ist er offenbar dem Vorgange von Sculpturen gefolgt, seine Hände sind endlich häufig zu schmal. Wo es aber seine Aufgabe war Bildnisse zu malen, welches ganz mit seiner Richtung zusammenfiel, erreichte er eine Lebendigkeit der Auffassung, eine Wahrheit der Form und Färbung aller Theile bis zu den grössten

---

[1] S. dasselbe Werk Vol. I S. 225 und bei Cavalcaselle S. 56.   [2] Vergl. Carton, les trois frères van Eyck S. 39 und nach ihm Cavalcaselle S. 59.

Einzelheiten, wie kein anderer Künstler seiner Zeit, ja wie überhaupt die Kunst nur selten hervorgebracht hat. In Rücksicht seines Verhältnisses zu der verbesserten Weise der Oelmalerei, theile ich ganz die Ansicht Cavalcaselles, dass er wahrscheinlich seinen so viel älteren Bruder schon im Besitz der neuen Vortheile fand, dieselben aber im Gebrauch zu noch grösserer Vollkommenheit ausbildete. [1]

In der Handhabung des Pinsels herrscht bei ihm eine noch grössere Freiheit und setzt ihn in den Stand, das Stoffartige jedes Gegenstandes mit überraschender Wahrheit wiederzugeben. Bald, wie in den Fleischtheilen, sind die Töne zart verschmolzen, bald, wie bei freiwallendem Haar, leicht hingesetzt. In dem Bestreben abzurunden nähert er sich im Fleisch in den höchsten Lichtern dem Weiss, und geht in den Schatten in ein kräftiges, bisweilen etwas schweres Braun, welches gegen das Gelb gebrochen ist, während es bei Hubert mehr gegen das Röthliche zieht. Bei der Schärfe seines Auges und der erstaunlichen Präcision der Hand, hat er eine besondere Vorliebe für einen mässigen, bisweilen selbst sehr kleinen, Maassstab. Seine Freude am Wiedergeben jeder Naturerscheinung liess ihn gelegentlich aus dem kirchlichen Kreise herausgehen, wie denn der Fang einer Fischotter [2] und eine Badstube [3] schon früh als besonders ausgezeichnete Gemälde angeführt werden, welche indess jetzt verschollen sind. ·Endlich fand er so viel Gefallen daran, Landschaften mit weiten Aussichten zu malen, dass er dergleichen nicht allein gern in den Hintergründen seiner historischen Bilder anbrachte, sondern auch ein Beispiel bekannt ist, dass eine solche Landschaft den ausschliesslichen Gegenstand eines Bildes ausgemacht hat. [4] Ausser den von ihm in Belgien befindlichen Bildern führe ich nur solche von ihm an, welche leicht zugänglich sind. Minderbedeutende übergehe ich mit Stillschweigen. Ich halte dabei, so viel wie möglich, die Zeitfolge fest. Das früheste, von ihm überhaupt vorhandene Bild ist das mit seinem Namen und 1421 bezeichnete, die Einweihung des Thomas von Becket zum Erzbischof von Canterbury, in der Sammlung des Herzogs von Devonshire zu Chatsworth.

---

[1] S. S. 44 und 46. Ein nach der Aufschrift im Jahr 1417 in Oel gemaltes Bild von Pieter Christophsen im Museum zu Frankfurt beweist, dass um diese Zeit diese neue Art der Oelmalerei schon im Gebrauch war. Damals aber war Jan van Eyck schwerlich älter als zwanzig Jahr. — [2] S. den Anonymus des Morelli S. 14. — [3] S. Facius a. a. O. — [4] Die Vorstellung der Welt, welche er nach Facius, an derselben Stelle, für Philipp den Guten ausgeführt hat, ist wesentlich nichts anderes gewesen, da es besonders wegen der Angabe verschiedener Ortschaften und der perspectivischen Täuschung berühmt war.

Obwohl es einige schöne Köpfe enthält und von grosser Kraft der Farbe ist, so zeigt das geringere Verständniss und die mindere Meisterschaft doch, dass es eine Jugendarbeit des Meisters ist. [1]

Der heilige Franziskus, welcher vor einer Felsmasse knieend, die Stigmata erhält. Vor ihm, das Gesicht mit der Hand bedeckt, der Laienbruder. In der felsigen Landschaft noch kleinere Figuren. Dieses kleine, bei dem Lord Heytesbury auf seinem Sitz H e y t e s b u r y in Wiltshire befindliche Bild zeichnet sich gleichsehr durch seine pastose und feine Ausführung, als die Sattigkeit und Tiefe des warmen Tons aus. Der Umstand, dass der Lord es von seinem Arzt in Lissabon gekauft hat, macht es wahrscheinlich, dass der Meister es während seines Aufenthalts in Portugal in den Jahren 1428 und 1429 ausgeführt hat. [2]

Zunächst folgen in der Zeit die jetzt im Museum zu B e r l i n befindlichen Flügel des Genter Altars, deren Ausführung von ihm herrührt. Dass er auch die Landschaften auf den, übrigens von Hubert gemalten, Flügeln der Einsiedler und Pilger ausgeführt hat, glaube ich deshalb, weil darauf nur in südlichen Gegenden vorkommende Bäume, als Orangen, Pinien, Cypressen und Palmen mit grosser Naturtreue gemalt sind, aber nur Jan auf seiner Reise nach Portugal Gelegenheit gehabt hatte, dergleichen in der Wirklichkeit zu sehen.

Maria mit dem Kinde unter einem Schirmdach sitzend. Bezeichnet „Completum anno Domini MCCCCXXXII per Johannem de Eyck Brugis" und seinem Motto: „Als ich chan", d. h. So gut ich es vermag, [3] zu I n c e in der Nähe von Liverpool. Der Kopf der Maria in diesem Bildchen ist ungewöhnlich edel, die Falten des Gewandes aber scharf und eckig.

Das Bildniss eines Mannes in der Nationalgallerie zu L o n d o n (Nr. 222). Bezeichnet: Johés de Eycks me fecit anno MCCCC. 33. Oct. 21, und seinem obigen Motto. Von seltenster Wahrheit und Lebendigkeit, und wunderbarer Präcision und Meisterschaft der Ausführung. Ebendaselbst (Nr. 186) das Bildniss von Jan van Eyck und seiner, wahrscheinlich im Jahr 1430 mit ihm verheiratheten Frau, welche sich im festlichen Anzuge, in einem kleinen Zimmer mit vielen Einzelheiten, stehend, die Hände geben. Zu ihren Füssen ein

---

[1] Näheres darüber Treasures of art Th. III. S. 349. — [2] Näheres darüber in dem vierten Bande desselben Werks S. 389. — [3] Nach Carton, les trois frères van Eyck S. 73, ist es eigentlich die erste Hälfte des holländischen Sprichworts: „Als ik kan, niet als ik wil."

langhaariger Dachshund. Bezeichnet: „Johannes de Eyck fuit hie
1434.“ In keinem anderen Bilde erscheint dieser Meister so auf der
vollen Höhe seiner Kunst. Ausser allen oben an ihm gepriesenen
Eigenschaften, welche es im seltensten Maasse besitzt, findet sich hier
eine Ausbildung der allgemeinen Haltung, des Helldunkels, wie jene
ganze Zeit kein zweites Beispiel aufweisen kann. Es darf nicht
Wunder nehmen, dass die kunstliebende Maria, Schwester Karl V.
und Statthalterin der Niederlande, für dieses Bild einem Barbier
einen Posten gab, welcher ihm jährlich 100 Gulden einbrachte, wie
uns van Mander erzählt. [1]

Maria mit dem Kinde auf dem Arm, welchem die heilige Barbara, den Stifter, einen Geistlichen in weisser Amtstracht, darstellt.
Der Hintergrund Landschaft und Architektur. Dieses kleine, in der
Sammlung zu Burleighhouse bei dem Marquis von Exeter befindliche, sehr ausgezeichnete Bild ist eine feine Miniatur in Oel, welche
sicher in der Zeit dem vorigen Bilde sehr nahe steht.

Engverwandt ist diesem in jedem Betracht die von einem Engel
gekrönte Maria mit dem Kinde auf dem Schoosse, welches von dem
ihr gegenüber knienden Kanzler Philipp des Guten, Rollin, als
Stifter, verehrt wird, im Louvre (Nr. 162). [2] Die Maria ist zwar
von hübschen Zügen, aber wenig heilig im Charakter, das Kind für
Jan van Eyck ungewöhnlich zierlich, der Engel sehr schön, das
Bildniss des Kanzlers aber von erstaunlicher Energie und Lebendigkeit. Auch hier finden sich in dem Mantel der Maria die vielen
scharfen Brüche. Die Landschaft des Hintergrundes mit einem Fluss,
woran eine Stadt liegt, und fernen Schneegebirgen ist die reichste
und in unzähligen Einzelheiten ausgeführteste, welche wir von diesem Meister besitzen.

Diesem schliesst sich ein mit dem Jahr 1436 bezeichnetes Bild
in der Sammlung der Akademie zu Brügge an, welches in den verschiedenen Theilen von sehr ungleichem Werth ist. Die unter
einem Thronhimmel sitzende Maria ist von seltner Hässlichkeit, und
das, mit einem Papagei spielende, Kind hat die Züge eines alten
Männchens. Auch der Kopf des zur Linken der Jungfrau stehen-

---

[1] Siehe denselben Blatt 126. Dass dieser sagt, jene beiden Leute würden
durch die Fides zusammengegeben, beweist nicht, dass dieses ein anderes Bild ist,
denn er spricht augenscheinlich von dem Bilde nur nach Hörensagen. — [2] Dieses
geht aus einer Stelle in Courtépées Descript. Hist. et Topogr. du Duché de Bourgogne hervor, welche Cavalcaselle hat abdrucken lassen S. 97. Hienach befand
sich das Bild vordem in der Sacristei der Kirche Notre Dame in Autun.

den, heiligen Georg, hat durchaus keinen heiligen Charakter. Ungleich würdiger, wenn schon auch von bildnissartigem Ansehen, ist
der ihm gegenüberstehende heilige Donatian. Weit am Vorzüglichsten ist aber das Bildniss des knieenden, und von ihm empfohlenen
Stifters, des Canonicus Georg de Pala. Die Bestimmtheit seiner
höchst individuellen Züge grenzt an Härte. Dieses Bild, auf dem
die Figuren etwa ²₃ lebensgross sind, ist unter den uns übrigen
Bildern dieses Meisters das grösste. [1]

Das mit demselben Jahr bezeichnete Bildniss des Jan de Leeuw
in der Gallerie des Belvedere zu Wien, hat dieselbe Bestimmtheit
der Formen, wie das des de Pala, dabei aber ungewöhnlich graue
Schatten.

Diesem sehr verwandt ist ein anderes Bildniss in derselben
Gallerie, welches dort, indess meines Erachtens irrig, für das Bildniss des Judocus Vyts in höheren Jahren ausgegeben wird.

Die vor einem reichen, gothischen Thurm, ihrem Attribut,
sitzende heilige Ursula vom Jahr 1437 im Museum zu Antwerpen,
ist vornehmlich interessant, weil wir daraus sehen, wie Jan van Eyck
ein Gemälde grau in grau behandelte. Obwohl mit der Pinselspitze
ausgeführt, macht es den Eindruck einer fleissigen Federzeichnung.

Der Kopf Christi, als salvator mundi, vom Jahr 1438 im Museum
zu Berlin, ist desshalb wichtig, weil wir sehen, wie genau er sich
hier in den Hauptformen an den alten, aus dem Orient stammenden,
bärtigen Typus gehalten, und seine Eigenthümlichkeit nur in der
meisterlichen Ausbildung der Einzelheiten, z. B. des Barts und der
warmen und kräftigen Färbung, geltend gemacht hat.

Von bewunderungswürdiger Feinheit und Bestimmtheit in der
Durchbildung ist das im Jahr 1439 ausgeführte Bildniss seiner, übrigens keineswegs in der Gesichtsbildung anziehenden Frau in der
Akademie zu Brügge. Es ist zugleich in der Färbung wahrer, aber
minder warm, als seine sonstigen Bildnisse. [2]

Dieser späteren Zeit gehört die nach ihrem früheren Besitzer,
dem Herzog von Lucca, benannte Maria, Nr. 64, im Städelschen
Institut in Frankfurt, an. Die thronende Maria ist zwar sehr lieb-

----

[1] Eine Abbildung, worin indess auf den Charakter der Köpfe keine Rücksicht
genommen worden, in Cartons Schrift „les trois frères van Eyck S. 72, wo auch
die ausführlichen Inschriften auf dem Rahmen vollständig wiedergegeben worden
sind. — [2] Am oberen Rande dieses Bildes liest man: „Conjux meus Johannes me
complevit 1439, 11. Junii." Am unteren Rande: „Etas mea triginta tria annorum.
ALS IXH XAN."

lich und freundlich, entbehrt jedoch des Charakters der Heiligkeit.
Das Kind, von starkem Leibe, ist ebenfalls im Kopfe durchaus portraitartig. Die zahlreichen, scharfbrüchigen Falten ihres Gewandes
sind zwar vom trefflichsten Machwerk, lassen aber von den Formen
des Körpers nichts mehr erkennen.

Ein wahres Wunder für die Haltung und die Ausführung im
Kleinen ist endlich ein kleines Altärchen in der Gallerie zu Dresden,
dessen Mitte die, mit dem Kinde in einer Kapelle von reicher, romanischer Bauart, thronende Maria, die inneren Seiten der Flügel die
heilige Katharina und den, den Stifter empfehlenden, heiligen Georg,
die Aussenseiten aber, grau in grau, die Verkündigung darstellen.
Durch starkes Lasiren des rothen Gewandes der Maria hat leider
die feine Harmonie des Bildes sehr gelitten.

Die Brüder van Eyck hatten eine Schwester, Namens Margaretha, welche eine geschickte Malerin gewesen sein soll, von der
sich indess nichts mit Sicherheit nachweisen lässt. Sie starb ebenfalls schon vor ihrem Bruder Jan und wurde, sowie ihr Bruder Hubert, in der Cathedrale von Gent begraben.

Erst seit zehn Jahren hat man die Entdeckung gemacht, dass
die beiden van Eyck auch noch einen dritten Bruder, Namens
Lambert van Eyck gehabt haben. In dem Kirchenbuch der Cathedrale von Brügge findet sich nämlich unter dem 21. März 1442 die
Notiz, dass auf Bitten des Lambert van Eyck, Bruders des verstorbenen Jan van Eyck, hochberühmten Malers, die Herren des Domkapitels es gestattet hätten, dass der bisher in dem äusseren Um-
gang der Kirche begrabene Körper desselben, mit Einwilligung des
Bischofs, innerhalb der Kirche in der Nähe des Taufsteins beige-
setzt werde. [1] Dieses wäre nun ziemlich gleichgültig, wenn es nicht
aus einer Stelle im Archive zu Lille hervorginge, dass auch er
Maler gewesen ist. [2] Wenn dieses aber der Fall, so rührt wahrscheinlich von ihm ein unfertiges Bild her, welches nach einer fast

---

[1] Ueber Obiges, wie über alles Sonstige, was den Lambert van Eyck betrifft,
siehe die schon öfter angezogene Schrift von Carton, les trois frères van Eyck
S. 54 ff. — [2] In einem Rechnungsbuch vom Jahr 1431 über die Ausgaben Herzog
Philipp des Guten heisst es: „A Lambert de Heck, frère de Johannes de Heck,
peintre de monseigneur, pour avoir été a plusieurs fois devers mon dit seigneur,
pour aucunes besognes que mon dit seigneur voulait faire faire." Da in demselben Rechnungsbuche ganz dieselben Ausdrücke von dem als Maler bekannten Hue de Boulogne gebraucht werden, so ist es wohl gewiss, dass unter
diesen „besognes" Malereien von geringerem Belang zu verstehen sind. Diese
Ansicht theile ich mit Carton und dem Grafen Leon de Laborde. Hotho ignorirt
in seiner Polemik gegen diese Thatsache diese Uebereinstimmung.

gleichzeitigen Nachricht von Jan van Eyck für den Abt und Probst des Klosters St. Martin zu Ypern, Nicolas van Maelbecke, im Jahr 1445 ausgeführt, in der Kirche jenes Klosters am Grabe des 1447 gestorbenen Bestellers, aufgestellt, bei dem Einfall der Franzosen gegen Ende des vorigen Jahrhunderts von dem letzten Bischof von Ypern in seinen Palast genommen, und jetzt, nachdem es lange bei dem Buchhändler Bogaert in Brügge aufbewahrt worden, käuflich in den Besitz der Familie van der Schrieck in Löwen übergegangen ist.[1] Es ist ein Altarbild mit Flügeln von oben halbrunder Form. Das 5 Fuss 6 Zoll hohe Mittelbild stellt unter einem Bau von kreisförmigen Bögen, die, in einem prächtigen rothen Gewande dastehende, Maria mit dem, bis auf einen Schleier, nackten Kinde auf den Armen, und den knieend verehrenden Stifter in reichen Kirchengewändern und mit dem Hirtenstab dar. Zwischen den Bögen sieht man eine hügliche Landschaft mit einer grossen Anzahl von Einzelheiten. Auf den inneren Seiten der Flügel sind die vier bekannten emblematischen Vorstellungen enthalten, und zwar auf dem rechten, oben Gott Vater, in dem brennenden Busch, unten Gideon mit dem Felle und dem ihm erscheinenden Engel, auf dem linken, oben die verschlossene Pforte des Hesekiel, unten Aaron mit dem blühenden Stabe. Von diesen Bildern sind nur das erste und dritte theilweise ausgeführt, die beiden anderen nur aufgezeichnet. Die Aussenseiten enthalten, grau in grau, die von drei Engeln überschwebte Sibylle, welche dem Kaiser Augustus die über ihm befindliche Maria mit dem Kinde zeigt.

Die Hauptsachen, Maria und der Stifter, sind in der Zeichnung und Ausführung der Fleischtheile für Jan van Eyck viel zu schwach, auch könnte er schon deshalb keinen Antheil daran haben, weil er urkundlich schon im Jahr 1441 gestorben ist. Dagegen steht das Bild in allen Nebendingen, dem Haar und der Krone der Maria, vor allem aber in der reichen Landschaft den Bildern des Jan van Eyck an Gediegenheit des Machwerks so nahe, dass es nothwendig von einem gleichzeitigen Meister derselben Werkstatt herrühren muss. Die alte Nachricht, welche Jan van Eyck, als den Urheber, nennt, spricht aber sehr für Lambert van Eyck, denn es lag sehr

[1] Passavant erklärt dieses Bild für eine Copie, doch Dr. de Meyseman, ein gründlicher Forscher zu Brügge, hat bewiesen, dass es dasselbe Exemplar ist, welches sich früher in der Kirche zu Ypern befand. (S. Carton in der angef. Schrift S. 62 ff.) Es ist schon an sich unwahrscheinlich, dass man von diesem, in vielen Theilen nur aufgelegten Bilde eine Kopie gemacht hat.

nahe, dass man etwas später an die Stelle des so wenig bekannten
Lambert den ungleich berühmteren Vornamen des Jan setzte. [1]

Mehrere der kleineren Figuren zeigen eine so auffallende Uebereinstimmung mit den beiden Sibyllen und den Propheten Zacharias
auf dem Altargemälde von Gent, dass ich diese schwächeren Theile
ebenfalls von der Hand des Lambert van Eyck halten möchte.
Ebenso rührt wahrscheinlich auch von ihm die, in jedem Betracht
dem Original so nahe stehende, Wiederholung des grossen Bildes
in der Academie zu Brügge mit dem Bildniss des Canonicus de
Pala her, welches sich unter No. 11 in dem Museum zu Antwerpen befindet.

Sowohl der Umstand, dass die den van Eycks vorausgehenden
Maler, z. B. jener oben erwähnte Jan van Brügge, sich auch in der
Miniaturmalerei versucht, als ihre eigne, auf die sorgfältigste Ausbildung des Einzelnen gerichtete Kunstweise, lassen mit Gewissheit
voraussetzen, dass auch sie gelegentlich in Miniatur gemalt haben
und in der That findet sich in der Kaiserl. Bibliothek zu Paris ein
Manuscript, dessen Miniaturen in der Mehrzahl nicht allein durchaus von dem Geiste ihrer Kunst durchdrungen sind, sondern deren
freie und breite Behandlung auch auf Maler deutet, welche gewöhnt
waren, in einem grösseren Maassstabe zu arbeiten. Es ist dieses
das berühmte, wahrscheinlich im Jahr 1424 beendigte, Brevier des
mit einer Schwester des Herzogs Philipp des Guten vermählten Herzogs von Bedford, Regenten von Frankreich. [2] In den 45 grösseren
und der sehr grossen Zahl von kleineren Bildern, deren immer vier
die Seitenränder jeder Seite schmücken, lassen sich nun mindestens
drei verschiedene Hände unterscheiden. Nach der grossen Verwandtschaft von mehreren mit den Theilen des Genter Altars, welche
man mit Sicherheit dem Hubert van Eyck beimessen kann, möchten
diese von seiner Hand herrühren. Eines der vorzüglichsten derselben
ist gleich das erste Bild, welches oben, in einem Rund, die heilige
Dreieinigkeit, von Engelchören umgeben, unten, in Verehrung, Abraham, Isaac, Jacob, Moses, David und den Propheten Malachias darstellt. Nach der Uebereinstimmung mit den Bildern des Jan van
Eyck mit anderen, z. B. mit der Himmelfahrt Christi, welcher von
den Altvätern und Engeln erwartet wird, möchten diese ihm beizumessen sein. Ausser diesen zeichnen sich noch vor allen das Leben

---

[1] Vergl. über Dieses meinen Aufsatz im Kunstblatt von 1849. No. 16 und 17.
— [2] Näheres hierüber s. Kunstwerke und Künstler in Paris S. 351 ff.

Johannes des Täufers, und die Messe und Predigt in einer Kirche,
aus. Andere Bilder, welche eine etwas minder gute Hand zeigen,
sind vielleicht von der Margaretha van Eyck ausgeführt.

Zweites Kapitel.

Die Schule der Brüder van Eyck bis gegen Ende des 15. Jahrhunderts.

Der Einfluss dieser, zu so grosser Vollendung ausgebildeten,
realistischen Kunstweise, so wie dieser neuen und vortrefflichen Art
von Oelmalerei, erstreckte sich auf alle Länder Europa's, wo die
Malerei mit einigem Erfolg ausgeübt wurde. Natürlich war dieses
am meisten mit den Niederlanden und zunächst mit Deutschland der
Fall. Aber auch in Frankreich, England, Italien, Spanien und Portugal lässt sich dieser Einfluss nachweisen. Wir können hier indess
nur die beiden ersten Länder in nähere Betrachtung ziehen.

Unter den Schülern und Nachfolgern der van Eyck in den
Niederlanden, von denen Kunde zu uns gelangt ist, befinden sich
einige von höchst ausgezeichneter Begabung, keiner reicht indess an
die Grösse von Hubert und Jan van Eyck heran. Obgleich die
Anzahl der von denselben noch in den verschiedenen Ländern Euro-
pa's vorhandenen Bilder ziemlich ansehnlich ist, sind diese doch, im
Vergleich zu dem einst vorhandenen Reichthum, nur als kärgliche
Ueberreste zu betrachten. Noch ungleich spärlicher aber sind die
Nachrichten, welche wir über die Lebenszeit, wie über die Lebensverhältnisse dieser Meister besitzen, wiewohl sie in den letzten zehn
Jahren durch archivalische Forschungen um einige Zeitbestimmungen
und Thatsachen vermehrt worden sind. [1]

Die folgenden drei Maler sind als Mitschüler des Jan van Eyck
bei seinem Bruder Hubert zu betrachten.

Pieter Christophsen, [2] das heisst, der Sohn des Christoph, muss,

---

[1] Besonders haben sich hier der Graf Leon de Laborde in Paris, der Archivar
Wauters in Brüssel, der Abbé Carton in Brügge hervorgethan. Aber auch viele
andere Männer in Belgien, deren Namen man in der Einleitung des, in Betreff der
historischen Nachrichten, musterhaften Catalogs des Museums von Antwerpen vom
Jahr 1857 S. 11 f. findet, haben sich in dieser Beziehung Verdienste erworben. —
[2] So genannt nach der Aufschrift Petrus XPR. auf zwei Bildern. Von Vasari in
Pietro Crista verstümmelt, in den Acten des Domkapitels von Cambray (Graf Laborde im angef. Werk Introduction S. CXXV f.) Petrus Cristus von Brügge genannt.

wie aus einem mit 1417 bezeichneten Bilde (Nr. 402) im Städelschen
Museum zu Frankfurt am Main, die Maria mit dem Kinde auf
dem Thron, mit den heiligen Hieronymus und Franciscus zu den
Seiten, hervorgeht, spätestens im letzten Jahrzehnt des 14. Jahrhunderts geboren, und, nach diesem frühen Datum, nothwendig
ein Schüler des Hubert van Eyck gewesen sein. In dem breiten
und schönen Wurf der Gewänder, wie in der Art der Färbung erkennt man auch in diesem Bilde den Einfluss jenes Meisters. Aber
schon hier verräth der Kopf der Maria, noch mehr des Kindes, ein
ungleich geringeres Schönheitsgefühl. Aus dieser, seiner früheren
Zeit rühren auch vier, mir unbekannte, kleine Tafeln im Museum
zu Madrid (No. 454) her, welche die Verkündigung, die Heimsuchung, die Geburt und die Anbetung der Könige darstellen, und
auf den sie einfassenden gothischen Portalen mit Vorstellungen,
grau in grau, verziert sind.[1] In seinen späteren Bildern erscheint
er in einigen Stücken um etwas minder zu seinem Vortheil. Manchem seiner Köpfe fehlt es an einem tieferen, religiösen Gefühl, in
der Zeichnung, besonders der Füsse, ist er schwach, in dem Vortrag mager. Der Art sind: sein, mit 1449 bezeichnetes Bild des
heiligen Eligius, welcher einem Brautpaar einen Ring verkauft, aus
der Zunftstube der Goldschmiede in Antwerpen, jetzt bei dem
Banquier Oppenheim in Köln, so wie zwei, früher die Flügel eines
Altars zu Burgos, später zu Segovia bildende, jetzt im Museum
zu Berlin (No. 529 A u. B) befindliche, mit 1452 bezeichnete
Bilder, deren eins die Verkündigung (Fig. 23) und die Geburt
Christi, das andere das jüngste Gericht darstellt.[2]) Immer bleiben
diese indess durch die erstaunliche Kraft und Frische der Farbe
und die höchst fleissige Ausführung sehr ansprechend. Sehr nahe
steht diesen eine Maria mit dem Kinde, welchem die heilige Anna
eine Birne reicht, in der Gallerie zu Dresden (No. 1613) unter
dem Namen Schule des van Eyck. Günstiger erscheint der Meister
in dem Bildniss einer Nichte des berühmten Talbot im Museum zu
Berlin (No. 532)[3] von sehr lebendiger Auffassung.

Justus von Gent, welcher schon von Vasari als einer der
ersten Oelmaler der Schule der van Eyck angeführt wird,[4] war

[1] S. Passavant, die christliche Kunst in Spanien S. 129 und Cavalcaselle S. 119.
— [2] Näheres darüber in einer Notiz von mir im deutschen Kunstblatt von 1854 S. 65.
— [3] Auf einem gleichzeitigen, jetzt verlorenen Rahmen, war der Name derselben, so wie der des Meisters angegeben. — [4] Ausgabe von Siena I. S. 177 u. XI.
S. 64, wo er Giusto da Guant genannt wird.

nach einer alten, handschriftlichen Nachricht in flämischer Sprache
ein Schüler des Hubert van Eyck. [1] Weder über sein früheres
Leben, noch wo und wann er geboren worden, ist indess irgend
etwas bekannt. Als ein Schüler des 1426 gestorbenen Hubert van
Eyck kann indessen seine Geburt nicht wohl später als bald nach
1400 fallen. Aus dem ebenfalls schon von Vasari erwähnten,

Fig. 23.

Die Verkündigung von Pieter Christophsen aus dem königl. Museum in Berlin.

ausserdem aber auch urkundlich beglaubigten Umstand, [2] dass er
im Jahr 1474 in Urbino für den Hochaltar der Kirche der geistlichen Brüderschaft Corpus Christi ein grosses Bild ausgeführt, er-

[1] L. de Baat Messagér des sciences, Gand 1824 S. 133. Obgleich er dort
Judocus genannt wird, bin ich doch überzeugt, dass damit dieselbe Person gemeint ist. — [2] Pungileoni Elogiostorico di Giovanni Santi S. 64 ff. Urbino 1822.

sehen wir zuförderst, dass er damals noch am Leben, und dass
sein Werth als Künstler dort volle Anerkennung gefunden hatte.
Das noch in jener Kirche vorhandene, leider aber durch die hohe
Stelle und den vernachlässigten Zustand nur sehr unvollständig zu
beurtheilende Bild zeigt auch, dass er eine solche in einem gewissen
Grade verdient hat. Die Composition, wie Christus den, theils um
ihn knieenden, theils, wie er, stehenden Aposteln im Begriff ist
den Kelch zu reichen, ist mit vieler künstlerischer Einsicht angeordnet. Bis auf den, in der stark ausschreitenden Bewegung und
dem Kopf nicht gelungenen Christus, sind die Motive frei und
sprechend, und zeigen die strengen und würdigen Charaktere eine
gewisse Verwandtschaft zu den Aposteln und Einsiedlern des Hubert van Eyck auf dem Genter Altar. Dasselbe gilt von der Form
der wohlgezeichneten Hände, denen auch die übrigen Theile der
etwa ¾ lebensgrossen Figuren entsprechen. Endlich stimmt auch
der bräunliche, obwohl weniger tiefe und klare Ton des Fleisches
mit seinem Meister überein. Die darauf vorhandenen Bildnisse des
Grafen Federigo von Montefeltre, des Catherino Zeno, Gesandten
der Republik Venedig, und eines betagten Mannes, wahrscheinlich
des Malers selbst, sind sehr wahr und lebendig. Die Altarstaffel,
welche sinnbildliche Vorstellungen des Sakraments enthielt, ist nicht
mehr vorhanden. So ist auch eine, in jener oben angeführten Notiz
in flämischer Sprache sehr gepriesene Enthauptung des Johannes,
in der Kathedrale von Gent von den Bilderstürmern zerstört worden,
und zwei noch im Jahr 1763 in der Jakobskirche derselben Stadt
vorhandene Bilder, die Kreuzigung Petri und die Enthauptung
Pauli, seitdem verschollen. [1]

Eine sehr bedeutende Stellung unter der ersten Generation der
Schüler der van Eyck nimmt Dierick oder Dirk Stuerbont ein.
Dieser, ungefähr um das Jahr 1391 zu Haarlem geboren, [2] und
daher schon von Vasari [3] und später von van Mander [4] Dierick
van Haarlem genannte Künstler, dürfte den frühsten Unterricht
von seinem Vater, der, wie er, Dierick Stuerbont hiess, welcher
Name aber öfter in Bont abgekürzt wurde, erhalten haben. Da
dieser, welcher sich besonders durch die höchst sorgfältige Aus-

[1] Cavalcaselle S. 157. — [2] Dieses erhellt daraus, dass er bei einer gericht-
lichen Verhandlung vom 9. December 1467 zu Brüssel, wo er als Zeuge vernom-
men wurde, sein Alter auf ungefähr 76 Jahr angegeben hat. S. eine Notiz von
Wouters in der Chronik der historischen Gesellschaft von Utrecht. II. Serie,
VI. Jahr S. 268   [3] B. XI. S. 63 derselben Ausgabe. — [4] Bl. 129 b.

bildung seiner landschaftlichen Hintergründe auszeichnete,[1] bereits
im Jahr 1400 gestorben sein soll,[2] so muss der Sohn sich früh
nach einem anderen Unterricht umgethan haben. Die erste Schule in
den Niederlanden war aber damals ohne Zweifel die des Hubert
van Eyck. Da nun die Bilder keines anderen Künstlers der alt-
niederländischen Schule, sowohl in den Charakteren der Köpfe, als
in der Art der Färbung, eine so nahe Verwandtschaft zu den
Theilen des Genter Altars, welche sicher von Hubert van Eyck
herrühren, zeigen, als die des Dierick Stuerbout,[3] so möchte es
kaum einem Zweifel unterliegen, dass er seine eigentliche Ausbildung der Schule desselben verdankt. Dass er auch als Meister
einige Zeit in seiner Vaterstadt Haarlem gelebt, geht daraus hervor, dass van Mander noch das Haus daselbst bezeichnet, welches
er bewohnt hat.[4] Später hat er sich nach Löwen übersiedelt.
Wann dieses geschehen, ist nicht mit Gewissheit zu bestimmen, da
aber ein als Maler minder bedeutender Bruder von ihm, Namens
Hubert, schon im Jahr 1438 in Löwen ansässig war,[5] wo er, zufolge desselben Molanus, im Jahr 1454 eine Anstellung als Maler
der Stadt[6] erhielt, ist es höchst wahrscheinlich, dass auch Dierick
schon um diese Zeit dort wohnhaft gewesen. Zuverlässig aber gehörte er jener Stadt vom Jahr 1461 ab an. Denn in diesem Jahre
wurde auch er zum Maler der Stadt Löwen, doch, wie der Ausdruck Portraitour besagt, in einer höheren Stellung als sein Bruder,
ernannt, und im Jahr 1462 führte er dort ein Bild aus.[7] In den

---

[1] Hiefür haben wir das Zeugniss des Johannes Molanus, eines im Jahr 1585
gestorbenen, geachteten Schriftstellers in seiner, im Jahr 1455 in der Bibliothek
der alten Herzoge von Burgund aufgefundenen, handschriftlichen Geschichte von
Löwen, deren Druck bevorsteht. Die Landschaft, als ein besonderes Fach, gehört erst dem 16. Jahrhundert an. Dass aber in historischen Bildern in Holland
schon sehr früh die Figuren klein gehalten und die ganze Räumlichkeit sehr
ausgebildet worden, so dass die Bilder eher Landschaften, als historische
Bilder zu nennen sind, geht aus altholländischen Miniaturen hervor. S. Kunstwerke und Künstler in Paris S. 249 ff.   [2] Derselbe Molanus an derselben Stelle.
— [3] Diese Aehnlichkeit ist so gross, dass ich verschiedene, jetzt urkundlich als
Werke des Dierick Stuerbout beglaubigte Bilder früher dem, wie oben bemerkt,
als Schüler des Hubert van Eyck bekannten Justus von Gent zugesprochen habe.
S. das Kunstblatt von 1847 S. 178 f.   [4] Dass er daselbst viele Jahre zugebracht,
wie Cavalcaselle S. 311 sagt, steht nicht im van Mander.   [5] Siehe hierüber, so
wie über alle, den Dirk Stuerbout betreffenden Umstände, die lehrreiche Bro-
schüre des Edward van Even „Nederlandsche Kunstenaers, Amsterdam 1850."
— [6] Diese Anstellung bezog sich indess nach Edward van Even, S. 17 im angeführten Werk, nur auf die Ausführung von Ornamenten. Ein anderer Bruder,
Namens Albert, war ebenfalls in Löwen ansässig.   [7] Dieses geht aus einer lateinischen, uns indess nur in einer holländischen Uebersetzung bei van Mander
erhaltenen Inschrift auf einem, zu seiner Zeit in Haarlem befindlichen Bilde hervor, welches, in lebensgrossen Figuren, in der Mitte Christus, auf den Flügeln

folgenden Jahren liess die Brüderschaft des heiligen Sakraments in
der Peterskirche für die zwei, ihr seit dem Jahr 1433 darin über-
lassenen. Kapellen, zwei Bilder von ihm malen. Für die kleinere
ein Altarbild mit Flügeln, dessen Mitte das Martyrium des heiligen
Erasmus, die Flügel die heiligen Hieronymus und Bernhard, für die
grössere aber gleichfalls ein Flügelbild, dessen Mitte das Abendmahl, die Flügel aber in zwei Abtheilungen übereinander, vier, von
sehr alter Zeit her sinnbildlich auf das Abendmahl bezogene Vorstellungen aus dem alten Testament enthalten. Der letzte Altar,
woran er einige Jahre arbeitete, und daher dann und wann kleine
Abschlagszahlungen erhielt, wurde im Jahr 1467 fertig. [1] Schon
im nächsten Jahr beendigte er zwei, von der Stadtbehörde für den
Sitzungssaal, des 1460 im Bau vollendeten, berühmten Rathhauses
bestellte Bilder mit fast lebensgrossen Figuren, deren Gegenstände
darauf berechnet waren, die darin tagenden Richter auf die strenge
Ansübung ihres Amts hinzuweisen. Es wurden hierzu die, in der,
im 12. Jahrhundert verfassten, Chronik des Gottfried von Viterbo
enthaltene, Legende gewählt, wie der Kaiser Otto III. einen zu
seinem Hofe gehörigen Grafen, auf die falsche Anklage seiner, in
denselben verliebten Gemahlin, dass er ihr etwas Ungebührliches
zugemuthet, habe hinrichten, als aber dessen Gemahlin durch
die Feuerprobe die Unschuld des Grafen erwiesen, die Kaiserin den
Flammentod habe sterben lassen. [2] Die für jene Zeit sehr ansehnliche Summe von 230 Kronen, welche der Künstler dafür erhielt,
beweist, wie hoch seine Werke geschätzt wurden. Wie sehr der
Stadtrath davon befriedigt sein musste, beweist überdem der Umstand, dass dem Künstler sogleich die Ausführung von zwei anderen Werken aufgetragen wurde. Das eine, ein Flügelaltar von

---

Petrus und Paulus enthielt. Dieselbe lautet: „Duysent vier hondert en twee et
taertich Jaer nae Christus gheboort, heeft Dirk, de te Haarlem is gheboorten, my
te Lowen ghemaeckt. de euwighge rust moet hem gheworden."
  [1] Dass diese beiden Altäre, welche bisher in der Kirche für Werke des Memling, von mir aber des Justus von Gent, gehalten wurden, von D. Stuerhoont herrühren, erhellte schon aus der folgenden Stelle im angeführten Werk des Molanus:
„Theodorici filii opus sunt in ecclesia D. Petri duo altaria Venerabilis Sacramenti,
quae multum ex arte commendantur." wobei nur insofern die Angabe ungenau ist,
als er beide auf das Abendmahl bezieht. Die volle Bestätigung hat aber ganz
neuerdings Herr Edward van Even aus den Rechnungen jener Brüderschaft des
Sacraments gegeben. Ja für das letzte Bild hat sich die, unter dem Jahr 1467
ausgestellte Originalquittung des Künstlers gefunden. Dieselbe lautet: „Ic Dieric
Bouts kenne mi vermacht (sic) en wel betaelt als van den Werc dat ic ghemaekt hebbe
den heiligen Sacrament." — [2] Dieses geht aus einer, in handschriftlichen Annalen
zu Löwen enthaltenen, zuerst im Messager des sciences etc. vom Jahr 1832 S. 18,
und daraus bei Cavalcaselle S. 290 abgedruckten Notiz hervor.

sechs Fuss Höhe und vier Fuss Breite, das jüngste Gericht vorstellend, war für den Versammlungssaal der Schöffen bestimmt, und wurde im Jahr 1472 beendigt. Das andere, für eine Sammlung von Bildern, welche das städtische Regiment im Rathhause anlegen wollte, bestellt, bestand aus vier Stücken, welche, bei einer Höhe von zwölf Fuss, zusammen die Länge von 26 Fuss haben sollten, mithin das umfangreichste Werk dieser Schule geworden sein würde, wovon wir überhaupt Kunde haben. Beide Bilder waren zu 500 Kronen bedungen. Noch bevor er das zweite Stück jenes grossen Werks beendigt hatte, wurde er indess im Jahr 1475 in dem hohen Alter von 87 Jahren durch den Tod abgerufen. [1]

Da diese urkundlich beglaubigten Bilder, bis auf die beiden letzten, noch vorhanden, so sind wir nicht allein im Stande, uns über die Kunstweise des Meisters ein gründliches Urtheil zu bilden, sondern auch, nach der Uebereinstimmung mit denselben, andere Bilder, als von ihm herrührend, mit Sicherheit zu bestimmen.

In den Gemälden von ihm, welche religiöse Gegenstände behandeln, ist die der ganzen Schule eigenthümliche Andacht des Gefühls von einer Stille, einer Feier, einem leisen Anklang, einer edlen Melancholie begleitet, welche einen ganz eigenen Zauber ausüben. In der Anordnung waltet bei ihm das malerische über das architektonische Gesetz vor, und sie macht daher öfter den Eindruck des Zufälligen und Zerstreuten. Die einzelnen Motive haben dabei häufig etwas Eckiges, Steifes und Ungelenkes, besonders in den Beinen. Die Verhältnisse sind öfter zu lang, die Formen, namentlich der Beine, zu mager. Dagegen sind die Charaktere der Köpfe mannigfaltig, mit vieler Lebendigkeit individualisirt, häufig aber bedeutend, bisweilen selbst von feinem Schönheitsgefühl. Die Zeichnung ist sehr tüchtig, besonders in den immer gut bewegten Händen. In der Gewandung steht keiner aus dieser Schule dem reineren Geschmack des Hubert van Eyck so nahe, und lässt die scharfen, dem Jan van Eyck eigenthümlichen, Brüche so wenig zu, wie dieser. Seine eigenthümlichsten Verdienste bestehen indess in der Färbung, den landschaftlichen Hintergründen, und der Art der Ausführung. An Tiefe, Kraft und Sättigung der, meist warmen Färbung kommt ihm kein anderer der ganzen Schule gleich. Die Fleischtheile haben

---

[1] S. hierüber, so wie über die Abschätzung jenes unvollendeten Werks durch Hugo van der Goes, von dem bald die Rede sein wird, van Even am obigen Werk S. 14.

einen warmen Lokalton, die Schatten eine bräunliche Farbe von
seltener Klarheit. Namentlich aber sind seine rothen und grünen
Gewänder von einem Schmelz, einer Klarheit, welche sich der Wirkung der Granaten und Smaragde nähert. Diese Art des tiefen
und saftigen Grüns erstreckt sich auch auf die Bäume und Kräuter
seiner landschaftlichen Hintergründe, worin er es ebenfalls a l l e n
anderen Malern dieser Schule zuvorthut. Sie haben namentlich eine
grössere Weiche und Tiefe des Tons, und eine etwas mehr ausgebildete Luftperspektive. Offenbar hat hier das Vorbild seines, in
derselben Richtung so ausgezeichneten, Vaters fördernd auf ihn eingewirkt. Wir haben sichere Kunde von einem noch im Jahre 1609
im Besitz eines Herrn T. Blin in Haarlem befindlichen, Vorgänge aus
dem Leben des heiligen Bavo vorstellenden Bildes von ihm, worauf
die Umgebungen jener Stadt s o im Einzelnen wiedergegeben waren,
dass sich darauf ein in jener Zeit dort berühmter hohler Baum befand. [1] In der Behandlung aller Theile endlich hat er eine Weiche
und Breite, wogegen der seines grossen, ihm in anderen Beziehungen
allerdings überlegenen, Schulgenossen Rogiers van der Weyden des
älteren, in manchen Theilen, z. B. in der Behandlung kostbarer
Kleiderstoffe, etwas spitz und mager erscheint.

Von der nicht unbedeutenden Anzahl von Bildern, welche von
Stuerbout herrühren möchten, kann ich nach dem Plane dieses
Werks nur solche anführen, welche besonders charakteristisch und
dabei leicht zugänglich sind.

Sein frühstes, mir bekanntes Werk möchten zwei kleine Flügel
mit acht Vorgängen aus der Legende der heiligen Ursula in der
Kapelle des Hospitals der s o c u r s n o i r e s zu B r ü g g e sein, welche
dort irrig dem Memling beigemessen werden. Diese schönen Bildchen von grosser Feinheit dürften vielleicht vor seiner, wahrscheinlich erst nach dem, im Jahr 1426 eingetretenen, Tode des Hubert
van Eyck erfolgten, Rückkehr nach Haarlem ausgeführt worden sein.
Auch die Rückseiten, welche, grau in grau, die vier Evangelisten,
die vier Kirchenväter und die Verkündigung Mariä enthalten, verdienen, als vortrefflich, eine nähere Betrachtung.

Diesen Bildchen möchten sich in der Zeit zwei zu einem grös-

---

[1] Die Beschreibung dieses Bildes befindet sich in einer Anmerkung der, im
Jahre 1609 zu Amsterdam erschienenen, französischen Uebersetzung von Guicciar-
dinis Beschreibung der Niederlande, von Pieter van den Berge. S. E. van Even
im angef. Werk S. 29 f.

seren Altar gehörige Bilder anschliessen. Das eine in der Pinakothek zu München (No. 58 Cabinets) befindliche, stellt in einer
reichen, lebhaft bewegten Composition die Gefangennehmung Christi
dar. Die Magerkeit der Formen, das sehr eckige mancher Motive,
eine gewisse Härte der Umrisse, sprechen für die frühere Zeit des
Meisters. Indess finden sich hier schon in vollem Maasse die treffliche Charakteristik der Köpfe, die Mannigfaltigkeit der Fleischtöne, und die Kraft und die Tiefe der warmen Färbung. Das
andere, die Auferstehung Christi, in der Moritzkapelle zu Nürnberg (No. 23), dort irrig dem Memling beigemessen, spricht zwar
in dem würdigen Kopfe Christi noch sehr an, ist aber sonst zu
stark restaurirt.

Sehr nahe steht diesem ein, in der Sammlung der K. K. Akademie der Künste zu Wien, unter dem irrigen Namen des H. Memling, befindliches, Bild. Unter einem Bau von spätgothischer Form
wird die heilige Jungfrau von dem thronenden Gottvater und Christus als Himmelskönigin gekrönt. Hinter ihnen ein Teppich von
grünem Goldbrokat. Zu jeder Seite drei singende Engel. Ein Bild
von ausgezeichneter Schönheit!

Minder warm colorirt, aber schärfer in der Angabe der Formen,
und individueller in den Gesichtszügen ist die feierliche Bestattung
eines heiligen Bischofs in dem Presbiterium einer Kirche in der
Sammlung des Sir Charles Eastlake, Präsidenten der Akademie der
Künste in London. In der kunstvollen Anordnung der reichen Composition, der Mannigfaltigkeit der Charakteristik der Köpfe, der Gediegenheit der Ausführung, gehört dieses etwa 3¼ Fuss hohe und
breite Bild zu den ausgezeichnetsten Werken dieses Meisters. Dass
diese Kirche, gleich der Cathedrale zu Löwen, dem heiligen
Petrus geweiht ist, dürfte auf eine nähere Beziehung der Vorstellung zu dieser Stadt deuten.

Diesen möchte ich zunächst einen kleinen Altar in der Cathedrale zu Brügge folgen lassen, dessen Mitte das Martyrium des,
von vier Pferden zerrissenen, Hippolyt, die Flügel, den, den Tod
des Heiligen befehlenden, König mit vier Figuren und die jetzt ver-
waschenen Bildnisse der Stifter, Mann und Frau, darstellen. Der
Ausdruck des Schmerzes in dem Heiligen ist sehr edel, sein Körper
in einem bräunlichen Ton fein modellirt. Besonders überraschen
aber die Pferde durch ihre, für jene Zeit, gute Form und die
Lebendigkeit der Motive. Der landschaftliche Hintergrund hat hier

schon ganz die oben gerühmten Eigenschaften. Leider wird das
Mittelbild durch manche Retouchen entstellt.

Sehr nahe steht diesem das schon erwähnte, wahrscheinlich im
Jahr 1463 oder 1464 ausgeführte Altärchen mit dem Martyrium des
heiligen Erasmus in der Peterskirche zu Löwen. Die Zeichnung
im Körper des Heiligen zeigt hier gegen das vorige Bild einen offenbaren Fortschritt. Das Widerstrebende des Herauswindens der Ein-
geweide ist durch Vermeidung von Verzerrung des Kopfs und von
Blut, wiewohl etwas auf Kosten der, bei ähnlichen Vorgängen von
dieser Schule nur zu streng beobachteten, Wahrheit, sehr gemässigt.
Einige Köpfe sind im Ton minder warm und klar, als gewöhnlich,
die Modellirung aber durchweg vortrefflich. Das Gewand des Hieronymus auf dem einen Flügel gehört im Wurf, wie in der Farbe
und Ausbildung, zu den Schönsten der ganzen Schule. Die Landschaft des Hintergrundes ist endlich eine der ausgezeichnetsten
des Meisters.

Diesem folgt unmittelbar der, in derselben Kirche befindliche,
grössere, im Jahr 1467 beendigte, Altar, dessen Mitte das Abend-
mahl vorstellt. In diesem Werk sehen wir den Meister in jedem
Betracht auf der vollen Höhe seiner Kunst. In Christus und den
Jüngern, welche mit vieler künstlerischen Einsicht um einen Tisch
von quadratischer Form vertheilt sind, findet sich in den Motiven,
den Charakteren und dem Ausdruck eine bewunderungswürdige
Mannigfaltigkeit. Der edle Kopf Christi bildet einen schlagenden
Gegensatz mit dem des Judas mit pechschwarzem Haar, in dessen
Zügen sich Bosheit und Tücke malen. Unter einigen Nebenfiguren
glaubte ich schon früher in einem Kopf das Bildniss des Künstlers
zu erkennen. Herr van Even, welcher dieselbe Ansicht theilt, hat
in dem angeführten Werk von diesem Kopf, einem alten Mann von
edlen Zügen, aber sehr ernstem Ausdruck, eine Durchzeichnung in
einem Umrisse wiedergegeben. Das ganze Bild ist von einer erstaunlichen Kraft und Tiefe der sehr harmonischen Wirkung. Nicht
minder schön sind aber die dazu gehörigen Flügel, von denen zwei,
Abraham und Melchisedech, und die Mannahsammlung, jetzt in der
Pinakothek (No. 44 und 45 Cabinette), der Prophet Elias in der
Wüste von einem Engel gespeist und die erste Feier des Passah-
festes jetzt im Museum zu Berlin (No. 533 und 539) befindlich sind.
Leider hat das zweite in München durch Aufschminken viel von
seinem ursprünglichen Charakter eingebüsst, zeichnet sich aber, so

wie das auch sonst trefflich erhaltene erste, noch immer durch die sehr schöne Landschaft aus.

Obwohl im Umfang die grössten, so wie in der Zeit (1468) die spätesten uns von Stuerbout aufbehaltenen Bilder, sind doch die beiden aus der Legende von Kaiser Otto's Gerechtigkeit, deren das eine die Hinrichtung des Grafen, das andere die Feuerprobe von dessen Gemahlin, und in der Ferne den Feuertod der Kaiserin darstellt, keineswegs die am meisten befriedigenden. Die schwächeren Seiten des Künstlers, die ungelenken Motive, die langen Verhältnisse, die mageren Glieder, fallen in den fast lebensgrossen Figuren viel unangenehmer auf, als in den Bildern, wo die Verhältnisse derselben kleiner sind. Die Lebendigkeit der Köpfe, die warme und kräftige, allerdings hie und da durch Verwaschen geschwächte, Färbung, die gediegene Ausführung, verleihen ihnen indess immer einen höchst bedeutenden Kunstwerth. Diese Bilder, welche bis zum Jahr 1827 im Rathhause zu Löwen blieben, wurden um diese Zeit für 10,000 niederländische Gulden an den König der Niederlande, Wilhelm I. verkauft, und befanden sich bis zum Jahr 1850 in der Bildersammlung König Wilhelms II. In der Versteigerung von der Königin Wittwe erstanden, sind sie seitdem von dem bekannten Kunsthändler Herrn C. J. Niewenhuys gekauft worden.

Obwohl der Einfluss, welchen dieser grosse Maler auf andere Künstler seiner Zeit ausgeübt hat, minder allgemein ist, als der des älteren Rogier van der Weyden, von dem wir zunächst zu handeln haben, so muss er doch ebenfalls bedeutend gewesen sein, wiewohl es jetzt schwer hält, denselben im Einzelnen nachzuweisen.[1] Unverkennbar aber hat er auf Hans Memling stattgefunden. Von ihm hat derselbe sich sowohl die Tiefe und Klarheit der Färbung, als den eigenthümlichen Schmelz und die Weiche des Vortrags angeeignet, welche er vor seinem eigentlichen Meister, dem Rogier van der Weyden dem älteren, voraus hat. Aus diesem Grunde sind daher auch die meisten Bilder des Stuerbout so oft dem Hans Memling beigemessen worden. Dass er auch auf die Holzschnitte in den Niederlanden mit vielem Erfolg eingewirkt hat, ist neuerdings von Ernst Hartzen[2] höchst wahrscheinlich gemacht worden. Nach der Uebereinstimmung in Composition, Zeichnung und Gefühl mit seinen

---

[1] Seine Brüder, wie mehrere Söhne, welche sämmtlich Maler waren, scheinen in der Kunst nur untergeordnete Stellungen eingenommen zu haben. — S. R. Naumann, Archiv für die zeichnenden Künste, Leipzig 1855 S. 3 und 1856 S. 1.

Bildern dürften die in Löwen, in der dortigen Genossenschaft der
Brüder vom gemeinsamen Leben herausgegebenen, trefflichen, xylo-
graphischen Werke, der Armenbibel, des Hohenliedes, und die
48 ersten Vorstellungen des Heilsspiegels, nach Zeichnungen des
D. Stuerbout ausgeführt worden sein.

Unter allen Schülern der van Eyck ist Rogier van der Weyden
der ältere bei weitem der berühmteste. Bis zum Jahr 1846 war er
indess nur unter dem Namen Rogier von Brügge bekannt. Erst in
diesem Jahr bewies der Archivar von Brüssel, Herr Wauters, dass
sein Name Rogier van der Weyden und dass er zu Brüssel geboren
worden. [1] Wahrscheinlich ist dieses im letzten Jahrzehnt des 14ten,
keinenfalls aber wohl später, als zu Anfang des 15ten Jahrhunderts
geschehen, indem er schon vor dem Jahr 1430 ein so berühmter
Meister war, dass der, im Jahr 1431 gestorbene, Pabst Martin V.
dem Könige von Spanien, Juan II., ein jetzt im Museum von Berlin
befindliches, Altärchen von ihm, schenkte, [2] welches einen Meister
von höchster Ausbildung zeigt. In seiner früheren Zeit, da er noch
als Schüler des Jan van Eyck in Brügge lebte, führte er eine grosse
Zahl von Bildern mit lebensgrossen Figuren in Leimfarben aus. [3]
Aber schon im Jahr 1436 bekleidete er die ehrenvolle Stelle eines
amtlichen Malers der Stadt Brüssel. Das Hauptwerk, welches er in
dieser Stellung ausgeführt, war ein Altar mit Flügeln für den Saal
des Rathhauses der Stadt, wo Recht gesprochen wurde. Nach der
Sitte der Zeit enthielt es Beispiele strenger Rechtspflege, um die
Richter, wie schon oben bemerkt, durch das Anschauen derselben
anzuhalten, ein Gleiches zu thun. Das Hauptbild stellte dar, wie
Herkenbald, nach der Tradition ein Richter des 11ten Jahrhunderts
in Brüssel, seinen Neffen, weil er ein Mädchen entehrt, mit eigner
Hand umbringt, und ihm eine Hostie, welche ihm der Priester
wegen dieser That, als einem Mörder, versagt, durch ein Wunder
zu Theil wird. Die Flügel enthielten eine That der Gerechtigkeit
des Kaisers Trajan. Diese allgemein bewunderten Bilder, welche
auch Dürer auf seiner Reise in den Niederlanden besuchte, [4] befanden sich noch im 17. Jahrhundert an Ort und Stelle. Sie sind
wahrscheinlich bei dem Brande des Rathhauses, während der Be-

[1] S. das erste Quartalheft der in Brüssel erscheinenden Zeitschrift Messager
des sciences historiques. — [2] S. Passavants Aufsatz im Kunstblatt des Jahrs 1843,
welcher darin zuerst diesen Meister als Urheber erkannte, und danach andere
Bilder bestimmte, und meinen Aufsatz im deutschen Kunstblatt von 1854 S. 57. —
[3] S. van Mander Bl. 126 b. — [4] Reliquien von Albrecht Dürer. Nürnberg 1828 S. 81.

lagerung von Brüssel durch die Franzosen im Jahr 1695, zu Grunde gegangen. Aber auch für angesehene Privatpersonen führte er namhafte Werke aus. So für Nicolaus Rollin, den Kanzler Philipp des Guten, wohl sicher zwischen den Jahren 1440—1447, ein grosses Altargemälde für die Kapelle des, von diesem gestifteten Hospitals zu Beaune in der Bourgogne, welches sich noch jetzt in einem Zimmer daselbst befindet.[1] Im Jahr 1449 ging er nach Italien, wo ein Altarbild von ihm, dessen Mitte die Abnahme vom Kreuz, ein Flügel aber die Vertreibung von Adam und Eva aus dem Paradiese darstellte, bei dem Lionello von Este, Herrn von Ferrara, die grösste Bewunderung fand.[2] Im folgenden Jahr 1450 war er zum Jubiläum in Rom gegenwärtig.[3] Dass er auch Florenz auf dieser Reise besucht hat und dort mit den Medici in Berührung gekommen ist, beweist ein Bild im Museum zu Frankfurt, dessen Beschreibung weiter unten folgen wird. Nach seiner Rückkehr nach Brüssel führte er ein Altarblatt für Peter Bladolin, den Aufseher der Finanzen Philipps des Guten, aus, womit dieser den Altar der Kirche der von ihm gegründeten und im Jahr 1450 im Bau beendeten Stadt Middelburg zierte,[4] welcher sich jetzt im Museum zu Berlin befindet. Ein anderes, grösseres Werk, welches er in den Jahren 1454—1459 für den Bischof Johann von Cambray malte,[5] ist leider verschollen. Am 16. Juni des Jahrs 1464 starb er und wurde in der Kathedrale von Brüssel begraben.[6]

Obgleich es durch viele Zeugnisse feststeht, dass Rogier ein Schüler des Jan van Eyck gewesen, so erkennt man doch in seinen Werken auch einen so entschiedenen Einfluss des Hubert van Eyck dem er in der geistigen Richtung ungleich verwandter war, als dem Jan, und den er nothwendig noch längere Zeit gekannt haben muss, da dieser erst im Jahr 1426 starb, dass man ihn mit hoher Wahrscheinlichkeit als seinen ersten Meister betrachten kann. Wie dieser behandelte er mit der grössten Begeisterung die Aufgaben, welche die kirchliche Symbolik des Mittelalters athmen. Auch in dem reineren Geschmack der Gewänder steht er dem Hubert van Eyck näher, als dem Jan. Mit letzteren theilt er indess den in

[1] S. Passavant am angef. Ort No. 59 und meinen Aufsatz im Deutschen Kunstblatt vom Jahr 1856 S. 239. — [2] S. Coluces, Antichita Picene. T. XV. S. 143. Er wird dort von Cyriacus von Ancona „Pictorum decus" genannt — [3] Facius im angeführten Werk S. 45. — [4] S. Messager des sciences et des arts en Belgique 1835 S. 333 — 348. — [5] De Laborde, les Ducs de Bourgogne Tom. 1. Introduc. S. 59. — [6] Swertius Monumenta sepulcralia Brabantiae S. 284 und Wauters Registre des sculptures. Messager de sciences hist. 1845 S. 145.

allen Theilen mit der grössten Meisterschaft durchgeführten Realismus, und den geringeren Schönheitssinn. Ja das einseitige Streben
nach Wahrheit führte ihn gelegentlich zum Geschmacklosen und
Widerstrebenden. So ist er in den nackten Formen mager, und
sind seine Finger zugleich zu lang, die Füsse, besonders in der
früheren Zeit, schwach. In der Färbung kommt er zwar an Tiefe
und Wärme seinem Meister nicht gleich, doch sind seine Farben
von einer erstaunlichen Lebhaftigkeit und Kraft, sein Fleischton, in
der früheren Zeit goldig, wird nur in der späteren etwas kühler.
Von seinen noch vorhandenen Bildern spreche ich nur von den
vorzüglichsten und zwar in der Ordnung, in welcher sie gemalt
sein möchten.

Das Altärchen, ein Triptychon, welches der Papst Martin V. dem
König Juan II. von Spanien geschenkt hat,[1] jetzt im Museum zu
Berlin (No. 534 A), stellt die Geburt Christi, den todten, auf dem
Schooss der Mutter von ihr beweinten Christus, und Christus,
welcher seiner Mutter nach der Auferstehung erscheint, dar. Ge-
malte Einfassungen enthalten, grau in grau, wie an gothischen
Portalen, noch viele Vorstellungen aus dem Leben Mariä und der
Passion. Dieses Werk ist vom tiefsten Gefühl, aber mager in den
Gliedern, von grosser Kraft der Färbung und miniaturartiger
Ausführung.[2]

Ein Altarbild mit drei Vorgängen aus dem Leben Johannes
des Täufers (im Museum zu Berlin No. 534 B), seiner Geburt,
der Taufe Christi und seiner Enthauptung. Diese, vormals in Spanien[3] befindlichen Bilder sind in ähnlicher Weise mit Einfassungen
umgeben, wie das vorige Bild und stehen diesem in der ganzen
Art der Ausführung sehr nahe.

Ein Altarbild mit Flügeln in der kaiserl. Gallerie zu Wien
als Martin Schongauer aufgestellt, dürfte dieser früheren Zeit des
Meisters angehören, ist aber jedenfalls eines seiner schönsten Werke.
Die Mitte stellt Christus am Kreuze vor, an dessen Stamm die
kniende Schmerzensmutter sich schmiegt. Daneben einerseits Johannes, welcher die Maria unterstützt, andrerseits die knienden

---

[1] Es wurde früher irrig für das Reisealtärchen der Kaisers Karl V. ausgegeben.
S. darüber Passavant, die christliche Kunst in Spanien S. 130. — [2] Dieses Bild
ist um so wichtiger, als es, gleichzeitig beglaubigt, wie schon bemerkt,
Passavant als Ausgangspunkt für die Bestimmung anderer Werke dieses Meisters
gedient hat. — [3] Meine Gründe, wesshalb ich sie nicht für die Bilder aus der
Carthause von Miraflores halte, wie Passavant und Cavalcaselle, und eine nähere
Beschreibung im Deutschen Kunstblatt von 1854 S. 58.

Stifter, Mann und Frau in Verehrung. Die Maria hat in Form,
Farbe und Ausdruck eine sehr grosse Uebereinstimmung mit der
auf dem vorhererwähnten Triptychon, welches Juan II. von Spanien
besessen. Die Magdalena auf dem rechten Flügel gehört zu den
edelsten Gestalten des Künstlers, auch die Veronica auf dem linken
ist höchst vorzüglich. In der Luft vier dunkelblaue Engel. Die
Landschaft und die Luft haben durch Uebermalung viel von ihrem
ursprünglichen Charakter eingebüsst.

Ein Triptychon in der Sammlung des Marquis von Westminster
in London, mit halben Figuren und ohne Zweifel einst als Epitaphium gemalt. Darauf, durchweg in halben Figuren, in der
Mitte der segnende Christus, auf der Linken den Erdglobus, von
sehr strengem, fast finsteren Charakter, und, was ungewöhnlich,
mit schwarzem Haar. Zu seiner Rechten, ihn verehrend, Maria,
ein sehr edler Kopf, zu seiner Linken Johannes der Evangelist, ein
schöner Kopf, von grosser Tiefe der Farbe, in der Linken den
Kelch. Auf dem rechten Flügel Johannes der Täufer, von sehr
ernstem Charakter, mit der Rechten auf Christus deutend, auf dem
linken Magdalena, in würdigem Ausdruck der Reue, mit der Salben-
büchse. Dieses bedeutendste Werk, welches England von diesem
Meister besitzt, steht an Wärme und Tiefe der Farbe den vorigen
Bildern sehr nahe. [1]

Das jüngste Gericht im Hospital zu Beaune. Dieses ist das
umfangreichste von den uns von diesem Meister aufbehaltenen
Werken. Er hat sich in der Composition ganz an die Tradition
gehalten, indess ist die Strenge der symmetrischen Anordnung in
dem oberen Theile durch die Abwechslung, die Freiheit und Lebendigkeit der Motive gemässigt. Auch sind die Köpfe, zumal der
Johannes des Täufers und einiger Apostel, für ihn von ungewöhn-
lichem Adel, und der Ausdruck der Theilnahme höchst ergreifend.
Der Pabst, hinter den Aposteln auf dem rechten Flügel, ist Euge-
nius IV., der Gekrönte, neben ihm, Philipp der Gute, die gekrönte
Frau, ihm gegenüber, auf dem Flügel links, wahrscheinlich seine
zweite Gemahlin, Isabelle von Portugal. In dem unteren, durch
eine Wolkenschicht von dem oberen getrennten Theil, ist der Kopf
des etwas zu langen Engel Michael zwar sehr schön, im Ganzen erscheint dieser Theil aber gegen den oberen etwas leer und dürftig und

---

[1] Eine nähere Beschreibung in meinen Treasures of art Vol. II. S. 161 f. Es
wird in der Gallerie irrig dem Memling beigemessen.

wird überdem durch Uebermalungen entstellt. Auf den Aussenseiten sind die knieenden Bildnissfiguren, des Stifters Rollin und
seiner Gemahlin Guigonne de Salin von grosser Vortrefflichkeit.
Die grau in grau als Statuen behandelten Heiligen Sebastian und
Antonius, so wie die ähnlich gehaltene Verkündigung, rühren von
einem Gehülfen her.

Diesem Werke schliesst sich in der Zeit am nächsten das wohl
ohne Zweifel für Petrus und Johannes von Medici im Jahr 1450
ausgeführte Bild an, welches diese Heiligen, als ihre Patrone, so
wie die Patrone des medicäischen Hauses Cosmas und Damianus,
um die Maria mit dem Kinde versammelt darstellt, und sich jetzt
im Museum zu Frankfurt befindet. In der Ausführung auf das
Zarteste vollendet, zeigt es, im Vergleich zu den Vorigen, einen
Fortschritt in der Zeichnung.

Auf dem, irrig dem Jan van Eyck beigemessenen, heiligen
Lucas, welcher die Maria malt, in der Pinakothek zu München
(Cabinette No. 42), hat die Maria ganz bildnissartige und wenig
schöne Züge und ist das Kind besonders mager, steif und unangenehm. Dagegen ist der gleichfalls portraitartige Kopf des Heiligen
höchst lebendig und ansprechend, die Landschaft von seltenster
Klarheit, die Färbung von erstaunlicher Kraft.

Das für Bladolin ausgeführte Altarbild mit Flügeln im Museum
zu Berlin (No. 535) stellt in der Mitte die Geburt Christi dar
(Fig. 24). In der Ruine eines steinernen, nur nothdürftig mit einem
Strohdache versehenen Gebäudes, womit der Künstler nach der
alten Tradition einen antiken Tempel hat darstellen wollen, verehren Maria und drei Engel das am Boden liegende Kind. Hinter
der Maria der heilige Joseph mit einem noch brennenden Stümpf-
chen Licht. Ihm gegenüber, in schwarzem Pelz, der knieende Stifter
Bladolin. Im Hintergrunde links die Stadt Bethlehem, rechts, auf
einer vom Morgenlicht hell beschienenen Wiese, die Verkündigung
der Hirten. Auf dem rechten Flügel die Erscheinung Christi dem
Occident verkündet, indem die tiburtinische Sibylle dem, kniend das
Rauchfass schwingenden, Kaiser Augustus die, in der Luft erscheinende,
thronende Maria mit dem Christuskinde auf dem Schoosse zeigt.
Auf dem linken Flügel Christus dem Orient offenbart, indem die
heiligen drei Könige kniend den Stern verehren, in welchem sich
hier das Christuskind befindet. Die Ausführung des Altars ist von
der ganzen Gediegenheit des Meisters, der Ton des Fleisches indess

etwas kühler als in seinen früheren Bildern. Unter allen Bildern des Meisters ist dieses eins der vorzüglichsten und erhaltensten.

Die Anbetung der Könige mit der Verkündigung und Darstellung im Tempel auf den Flügeln in der Pinakothek zu Mün-

Fig. 24.

Die Geburt Christi von Rogier van der Weyden.

chen (Cabinette 35, 36, 37) und dort irrig für Jan van Eyck gegeben. Wahrscheinlich für die Kirche St. Columba in Köln

gemalt, wo das Bild sich früher befand, später in der Boisserée-
schen Sammlung. Dieses ist eins der grössten und schönsten Werke
des Meisters. Namentlich ist die Maria auf der Darstellung im
Tempel, eine höchst edle Figur, wohl die gelungenste Auffassung
derselben, welche wir von Rogier besitzen. Leider ist das Fleisch,
wie die Gewänder, durch starke Lassuren, welche die Boisserées
gemacht haben, jetzt sehr schreiend bunt.

Die Abnahme vom Kreuz in der königl. Sammlung im Haag
(No. 55 irrig Memling genannt), eine reiche Composition von ergreifendem Ausdruck der Köpfe und vortrefflicher Durchführung,
indess im Fleischton etwas kühler.

Die sieben Sakramente, vormals auf dem Altar einer Kirche
zu Dijon, jetzt eine der Zierden des Museums zu Antwerpen
(No. 30). Auf der mittleren, viel höheren Tafel, als die beiden
Seitenbilder, als Vergegenwärtigung der Bedeutung des Abendmahls
in einer gothischen Kirche, die Kreuzigung Christi. Auf dem
rechten Flügel die Taufe, die Einsegnung und die Beichte, auf dem
linken die Priesterweihe, die Ehe und die letzte Oelung. Sehr
sprechend und lebendig in den Motiven, wie in den Köpfen, doch
in der Färbung kühler, in den Schatten minder klar als sonst.

Zu den spätesten Arbeiten des Meisters aber dürften folgende
Bilder gehören. Drei schmale Flügelbilder mit fast lebensgrossen
Figuren, vormals in der belgischen Abtei Flemalle, jetzt im Museum zu Frankfurt No. 72—74. [1] Dieselben stellen vor: Maria,
welche das Kind säugt. Vortrefflich im Ausdruck des Mütterlichen!
Das weisse Gewand ist meisterlich modellirt. Die heilige Veronica,
hier als Matrone aufgefasst, mit dem Schweisstuch, worauf das
schwarze, aber sehr edle Antlitz Christi. Die Dreieinigkeit, Gott
Vater hält den todten, steifen und mageren Christus. Letzteres
meisterlich grau in grau ausgeführt. Dass Rogier, gleich seinem
Meister Jan van Eyck, auch in Miniatur gemalt hat, beweist das
Blatt an der Spitze einer Chronik des Hennegau von Jacques de
Guise, in der Bibliothek der alten Herzoge von Burgund zu Brüs-
sel, welches darstellt, wie er dieses Manuscript dem, von seinem
Sohn Karl dem Kühnen und den Grossen seines Hofes umgebenen
Herzog, Philipp dem Guten, kniend überreicht. Dieses Bild ge-
hört in der Lebendigkeit und Individualisirung der Köpfe, in der

---

[1] Passavant giebt diese Bilder als Werke von Rogier van der Weyden dem
jüngeren.

Haltung, der Kraft der Färbung, der Freiheit der Behandlung zu den schönsten Miniaturen, welche diese Schule in Belgien hervorgebracht hat.[1] Kein Meister dieser Schule, selbst die van Eycks nicht ausgenommen, hat einen so grossen und weitgreifenden Einfluss ausgeübt, als Rogier van der Weyden der ältere. Nicht allein war der grösste Meister der nächsten Generation in Belgien, Hans Memling, so wie ein, ebenfalls als Maler sehr bedeutender, Sohn von ihm, welcher gleichfalls Rogier hiess, seine Schüler, sondern auch in einer Unzahl in seinem Vaterlande hervorgebrachten Kunstwerken von anderen Gattungen, in Miniaturen, in alten Holzschnitten, endlich in alten Kupferstichen, erkennt man seine Kunstform wieder. Und diese war es ebenfalls, worin sich die realistische Richtung der van Eyck in ganz Deutschland ausbreitete. Es ist auch sehr begreiflich, dass der Ruf derselben erst nach dem Tode des Jan van Eyck allgemeiner durchgedrungen und das hohe Ansehen, in welchem Rogier in ganz Europa stand, musste die deutschen Maler bewegen vor allen seine Werkstatt in Brüssel zu besuchen. Von dem grössten deutschen Meister des 15. Jahrhunderts, Martin Schongauer, ist es historisch erwiesen, dass er ein Schüler des Rogier war. Dass Friedrich Herlen von Nördlingen in den Niederlanden gewesen, steht ebenso historisch fest und seine Bilder thun dar, dass er dort ebenfalls bei Rogier in der Lehre gewesen. In Betreff anderer deutscher Künstler wird weiter unten sein Einfluss an ihren Werken nachgewiesen werden. Zunächst sind noch einige Mitschüler dieses Meisters zu betrachten.

Hugo van der Goes, ein in Gent geborener und auch dort ansässiger Maler,[2] wird schon von Vasari unter dem Namen „Hugo d'Anversa" als ein Schüler des Jan van Eyck aufgeführt. Er malte indess auch in Brügge, wahrscheinlich als er dort noch als Schüler des Jan van Eyck lebte, viele grosse Bilder in Leimfarben,[3] womit nach einer damals herrschenden Sitte die Wände der Zimmer geschmückt wurden. Auch bei der Einführung Karl des Kühnen als Landesfürst im Jahr 1467 und bei seiner Vermählung mit Margaretha von York wurde er in ähnlicher Weise beschäftigt.[4] Von seinen Oelgemälden ist nur ein von Vasari[5] erwähntes, historisch

[1] Zuerst von mir als von diesem Meister erkannt. Vergl. Kunstblatt von 1847 S. 177. Der Graf Leon de Laborde und Passavant sind später dieser Bestimmung beigetreten. Sie ist abgebildet im Messager etc. vom Jahr 1875. [2] Schayes, Archives de Louvain. [3] Vaernewyck histoire van Belgis Bl. 132 b ... [4] Vergl. Cavalcaselle S. 128. [5] Vasari Th. III. S. 268 der Ausgabe von Siena.

beglaubigt. Tomaso Portinari, Agent des Hauses Medici in Brügge, bestellte dasselbe für den Hochaltar der Kirche des von seinem Vorfahren Folco Portinari gegründeten Hospitals St. Maria Nuova zu Florenz. Das jetzt an der Seitenwand des Chors jener Kirche links hängende Mittelbild stellt die Anbetung der Hirten in beinahe lebensgrossen Figuren dar. In der Mitte kniet die fast von vorn genommene Maria und legt die Spitzen ihrer Finger zusammen. Rechts Joseph und, ihm gegenüber, drei verehrende Hirten. Ausserdem viele Engel. In der Landschaft noch andere Hirten und die Verkündigung derselben. Auf den Flügeln, welche jetzt dem Mittelbilde gegenüber hängen, Tomaso Portinari und zwei kleine Söhne, von ihren Patronen, dem Apostel Matthias und dem heiligen Antonius, dem Abt, und die Frau des Stifters mit einer Tochter und ihren Schutzheiligen, Margaretha und Magdalena, begleitet. In den Charakteren der portraitartigen Köpfe spricht sich Ernst und Strenge, aber zugleich ein Mangel an Schönheitsgefühl aus, so sind auch die Falten der Gewänder nicht allein von scharfen Brüchen, sondern auch in den Hauptmotiven besonders steif und hart. Die Farbenstimmung ist zwar sehr klar, aber von allen Schülern der van Eycks am kühlsten. Der Lokalton des Fleisches ist theils blass, theils röthlich kühl, die Schatten sind grau. Er ist der älteste Meister dieser Schule, bei dem die blauen Gewänder gegen das Grün gebrochen sind, und nicht zum Vortheil der Harmonie ein Orange damit in Verbindung gesetzt wird. Uebrigens steht van der Goes auf der vollen Höhe der Schule. Seine Bildnisse sind sehr wahr und lebendig, und zugleich ist er ein tüchtiger Zeichner, welcher sich in allen Stücken genaue Rechenschaft ablegt, in der Ausführung ist er endlich höchst gediegen und sorgfältig.

Im Palast Pitti befindet sich von ihm, in kleinem Maassstabe, noch ein Bildniss desselben Tomaso Portinari.

Von den Bildern, welche sonst für Werke dieses Meisters gelten, stimmen durchaus mit jenem Hauptwerk in Florenz überein, eine Verkündigung im Museum zu Berlin, No. 539, und eine andere in der Pinakothek in München, No. 43 Cabinette. Der rothe Ton des Fleisches in der letzten rührt von einer modernen Lasur her. Alle übrigen, ihm beigemessenen Bilder weichen mehr oder minder von obigem ab. [1]

<hr/>

[1] Von einigen der bedeutendsten ihm irrig beigemessenen Bildern wird unter anderen Meistern Rechenschaft gegeben werden.

Verschiedene namhafte Werke, welche er in den Niederlanden ausführte, sind theils von den Bilderstürmern vernichtet worden, theils später verschollen. Er machte auch gelegentlich Cartons zu Glasgemälden, von denen eins in der Jakobskirche zu Gent so vorzüglich war, dass van Mander versucht war, den Entwurf dem Jan van Eyck beizumessen. [1]

Hugo van der Goes starb im Jahr 1478 in Roodenkloster in der Nähe von Brüssel, wohin er sich in der späteren Zeit seines Lebens zurückgezogen hatte. [2]

Gerard van der Meire, das Mitglied einer Familie in Gent, welche mehrere Maler aufzuweisen hat, [3] wird zwar in einer Chronik aus dem Ende des 15. Jahrhunderts ein Schüler des Hubert van Eyck genannt, [4] da ,er indess sicher erst im Jahr 1452 als Mitglied in die Brüderschaft des heiligen Lucas zu Gent, mithin erst 26 Jahr nach dem Tode des Hubert, aufgenommen wurde, so erscheint dieses nicht als wahrscheinlich. [5] Auch spricht das einzige, durch eine alte Tradition beglaubigte Bild keineswegs dafür. Dieses ist ein grosses Altargemälde in einer Kapelle der Kathedrale von Gent, dessen Mitte in einer Composition von 31 Figuren die Kreuzigung Christi, der eine Flügel, mit 17 Figuren, die Errichtung der ehernen Schlange, der andere, mit 26 Figuren, Moses der Wasser aus dem Felsen schlägt, vorstellt. Die Compositionen zeigen wenig Geschick, die Motive sind steif und lahm, die Köpfe meist einförmig und von wenig Modell, die Falten der Gewänder von sehr scharfen Brüchen, die Verhältnisse zu lang, die Formen, zumal bei dem Christus und den Schächern, sehr mager. Einzelne Köpfe, wie der der Maria und des gläubigen Hauptmanns, sind indess von edlem Ausdruck, die felsigte Landschaft mit fernen Schneegebirgen sogar schön. Die helle und etwas bunte Gesammtwirkung ist durch Verwaschen entstanden. Einige noch erhaltene Theile, wie der Moses und zwei hinter ihm befindliche Männer, zeugen von grosser Kraft und Tiefe der ursprünglichen Färbung. Nach der ganzen Kunstform ist dieser Meister ungleich mehr dem Jan van Eyck gefolgt und dieses Bild schwerlich vor dem Jahr 1480 ausgeführt worden. Auch wird der Künstler urkundlich noch im Jahr 1474

[1] Van Mander Bl. 127 b. — [2] Sweertius, Monum. Sepulcral. S. 323. — [3] S. den Catalog des Museums von Antwerpen von 1857 S. 24 f. [4] Messager des sciences et des Arts. Gand 1824 S. 132. — [5] S. denselben Catalog an demselben Ort.

als Geschworener erwähnt. Bei der Bestimmung anderer Bilder
als Werke dieses Meisters, bildet die Vergleichung mit diesem Gemälde den einzigen sicheren Anhaltspunkt. Hienach hält die Benennung der ihm sonst beigemessenen Bilder nicht Stich. Keinenfalls rühren die, von jenem in jedem Betracht ganz verschiedenen
Gemälde von ihm her, welche im Museum von Antwerpen seinen
Namen tragen.

Gleichzeitig mit den älteren Schülern der van Eyck blühte in
Haarlem, aber wie es scheint, unabhängiger von letzteren, Albert van Ouwater, und gründete dort eine eigenthümliche hollän-
dische Schule. Van Mander [1] rühmt ihn als einen trefflichen
Meister, der besonders Hände und Füsse gut gezeichnet, und die
Gewänder und Landschaften vortrefflich ausgeführt habe. Dass er
sich in den letzten besonders ausgezeichnet und wohl ohne Zweifel
einer der ersten Meister, der, wie wir schon bei dem älteren Stuerbout gesehen, sehr früh in Holland ausgebildeten landschaftlichen
Hintergründe, in Haarlem gewesen, geht auch daraus hervor, dass
mehrere Landschaften von ihm im 16. Jahrhundert im Hause des
Kardinals Grimani vorhanden waren. [2] Leider lässt sich mit Sicherheit kein Bild von ihm nachweisen. Eine Beweinung des Leichnams Christi in der kaiserlichen Gallerie zu Wien, [3] welche Passavant demselben beimisst, [4] ist wenigstens sicher ein ausgezeichnetes Bild der altholländischen Schule. Die Composition ist styllos,
die meisten Köpfe hässlich, indess von tiefer Beseelung und innigem Ausdruck, die Verhältnisse lang, die Formen mager, die Ausführung aber von der grössten Gediegenheit.

Ein Schüler von ihm, Geertgen von St. Jans, so genannt von
einem Kloster der Johanniter zu Haarlem, wo er wohnte, war
nach dem Zeugniss des van Mander ein sehr ausgezeichneter Maler,
dessen Talent auch von A. Dürer bei seinem Besuch von Haarlem
bewundert wurde. Er starb indess leider schon mit 28 Jahren. [5]
Die einzigen beglaubigten Gemälde von ihm sind zwei Flügel eines,
von van Mander erwähnten, Altarbildes in der kaiserlichen Gallerie
zu Wien, [6] deren das eine die Beweinung Christi, das andere drei,

---

[1] Bl. 225 b. — [2] Siehe den Anonymus des Morelli S. 76 und 220 f. — [3] Dort
für Jan van Eyck ausgegeben. Cat. S. 224, No. 40. — [4] Kunstblatt von 1841 S. 39.
— [5] Van Mander Bl. 129. — [6] Nach einem Zettel auf der Rückseite des zweiten
Bildes sind sie im Jahr 1635 von den Generalstaaten dem König von England
Karl I. geschenkt und wahrscheinlich, gleich anderen Bildern, bei der Versteigerung
von dessen Sammlung vom Erzherzog Leopold gekauft worden. Auch giebt es von
der Beweinung Christi einen Kupferstich von F. Matham mit Angabe des Meisters.

auf die Gebeine Johannes des Täufers bezügliche Begebenheiten darstellt, nämlich die Bestattung derselben in der Gegenwart Christi, die Verbrennung durch den Kaiser Julianus Apostata, endlich die Uebertragung einiger Ueberreste derselben nach dem Hauptsitze der Johanniter, St. Jean d'Acre, im Jahr 1252. Die Köpfe haben ein durchaus portraitartiges Ansehen, und sind zwar höchst lebendig doch, bis auf einige Johanniterritter, welche von edler Bildung, hässlich in den Formen. Die, im Verhältniss zu den Landschaften, kleineren Figuren, als in den meisten Bildern der Schüler der van Eyck, sind überschlank und mager in den Formen, aber von sehr tüchtiger Zeichnung. In dem Fleischton waltet ein etwas schweres Braun vor. Das Nachdunkeln der, übrigens meisterlich modellirten, Gewänder macht die Wirkung etwas schwer und fleckig. Die Ausführung des Einzelnen, welche sich gleichmässig auf alle Nebensachen erstreckt, ist bewunderungswürdig. Auf die Ausbildung der Landschaft ist ein grosses Gewicht gelegt. Nach der ganzen Kunstform dürfte die Ausführung dieser Bilder etwa von 1460—70 fallen. Wegen der grossen Uebereinstimmung mit diesen Bildern halte ich zwei Flügel in der Ständischen Gallerie zu Prag, einen Mann und eine Frau, mit ihren Schutzheiligen, den geharnischten Julian und Adrian, mit Bestimmtheit von diesem Meister.

Ich gehe jetzt zur Betrachtung der nächsten Generation der van Eyck'schen Schule über.

Der grösste von allen diesen ist ohne Zweifel Hans Memling, der Hauptschüler von Rogier van der Weyden dem älteren.[2] Alles was mit historischer Gewissheit von ihm bekannt ist, besteht darin, dass er in den Jahren 1477 und 1478 in sehr dürftigen,[3] bis zum Jahr 1487 vielleicht in etwas besseren Umständen in Brügge

[1] Auch irrig Hemling genannt. Die von mir schon früher, aber schliesslich im Deutschen Kunstblatt von 1854. S. 177, für die Lesart Memling zusammengestellten Gründe haben durch eine von dem Canonicus Carton in Brügge bekannt gemachte Urkunde, worin gesagt wird, dass im Jahr 1483 Meister Jan van Memmelinghe, als Schüler einen Passeier van der Meersch aufgenommen, sowie durch das Vorkommen desselben Namens in einem Verzeichniss zu Brügge gestorbener Maler, ihre schliessliche Bestätigung gefunden. Katalog des Museums von Antwerpen vom Jahr 1857. S. 37. — [2] Der Ausso, oder Havesse, beides eine italienische Entstellung des Namens Hans, den Vasari (Ausgabe von Siena I. S. 177. III. S. 312. XI. S. 631 als Schüler des Rogier van Brügge nennt, ist ohne Zweifel Hans Memling. Dasselbe bezeugt auch die auffallende Verwandtschaft der Werke beider. — [3] S. Carton. Annales de la Société d' Emulation de Bruges. Tom. V. 2e Serie. No. 34. S. 331 f. Die zuerst von dem oberflächlichen und unzuverlässigen Schriftsteller Descamps veröffentlichte Sage, dass Memling sich als kranker Soldat im Jahr 1777 nach der Schlacht von Nancy im Hospital des heiligen Johannes in Brügge eingefunden, verdient keinen Glauben.

besonders fleissig für das Hospital des heiligen Johannes daselbst
gearbeitet hat und vor dem Jahr 1499 gestorben ist. [1] In ihm erreicht die Schule die grösste Feinheit der künstlerischen Ausbildung, und mehr, wie irgend einer seit Hubert van Eyck, ist er
zugleich mit dem Sinn für Schönheit und Grazie begabt. Verglichen
mit den Werken seines Meisters sind seine Figuren von besserer
Proportion und nicht so mager in den Formen, seine Hände und Füsse
naturwahrer, die Köpfe seiner Frauen lieblicher, die der Männer
minder streng, ja öfter von sanfter Melancholie. Ausserdem sind
seine Umrisse weicher, in der Modellirung der Fleischtheile finden
sich mehr feine Halbtöne, die Farben sind noch leuchtender und
klarer. Auch in Betreff der Luftperspective und des Helldunkels
findet sich ein Fortschritt. Dagegen steht er ihm in der Grossartigkeit der Auffassung, in der Gediegenheit der Ausführung des
Einzelnen, z. B. von Kleiderstoffen, und im Wiedergeben des Goldes
in seinem Glanze, wieder entschieden nach. In der früheren Zeit,
wo er gelegentlich an einem Bilde mit dem Meister arbeitete, [2]
sind die Gemälde beider öfter schwer von einander zu unterscheiden.
Von keinem Maler dieser Schule haben sich so viele ausgezeichnete
Werke erhalten, als von Memling. Diejenigen, welche ich aus
eigner Anschauung kenne, führe ich in der Ordnung an, in welcher
sie meines Erachtens ungefähr gemalt worden sind.

Ein Altärchen in der Pinakothek zu München (Cabinetts
No. 48, 49, 54). Die Anbetung der Könige, das Mittelbild, hat
entschieden den Charakter des Meisters, die Flügel, Johannes der
Täufer und Christoph, zeigen in den langen Proportionen, in den
härteren Umrissen, mehr die Kunstweise des Rogier van der Weyden.
Letztere haben indess ihren ursprünglichen Charakter durch Verwaschen und starkes Lasiren der Boisserées eingebüsst.

Die Kreuzigung, ein grosses Altarbild in dem ersten Zimmer
des Justizpalastes in Paris. Zur Rechten des Kreuzes die ohnmächtige, von einer Frau gehaltene Jungfrau, eine andere heilige
Frau, Johannes der Täufer und der heilige Ludwig; zur Linken
Johannes der Evangelist, Dionysius und Karl der Grosse. Das

---

[1] In einem Verzeichniss der Besitzthümer der Gesellschaft der „libraricrs" in
Brügge, vom Jahr 1499, heisst es von einem Altarbilde: „ghemaeet by der hand
van weylen (d. h. weyland) Meestre Hans." S. Carton, an derselben Stelle. -
[2] So besass Margaretha von Oesterreich ein Altärchen, dessen Mitte von Rogier,
die Flügel von Memling waren. S.S. 24 des „Inventaire des tableaux etc." dieser
Fürstin von de Laborde.

Gebäude des alten Louvre und der Thurm von Nesle in der Landschaft beweisen, dass der Künstler dieses Bild in Paris ausgeführt hat. Die noch etwas schwache Zeichnung der Füsse und selbst der Hände spricht für die frühe Zeit des Meisters. Die Köpfe sind indess meisterlich und theilweise von tiefem Gefühl. [1]

Ein kleines Diptychon, dessen eine Seite die Kreuzigung, eine reiche Composition, die andere die Stifterin, Jeanne de France, Frau von Johann II., Herzog von Bourbon, mit ihrem Schutzheiligen, dem heiligen Johannes dem Täufer, und Maria mit dem Kinde in der Luft, vorstellt. Ein Bild von miniaturartiger Feinheit. Im Besitz des Predigers John Fuller Russell in Greenhithe, in der Grafschaft Kent. [2]

Der Sündenfall in der Ambraser Sammlung in Wien, wobei die Schlange als eine bunte Eidechse aufgefasst ist. Ein Diptychon von der feinsten, miniaturartigen Durchführung und erstaunlicher Kraft der Farbe. Die etwas langen Proportionen, die mageren Glieder, deuten auf die frühere Zeit des Meisters. Die Landschaft des Hintergrundes ist die feinste, so ich von ihm kenne. So gehört auch die, grau in grau ausgeführte Genovefa auf der äusseren Seite in Schönheit des Kopfs, Adel der Gestalt, Reinheit im Geschmack der Gewandfalten zu seinem Trefflichsten.

Das jüngste Gericht in der Marienkirche zu Danzig, ein grosses Altarbild. [3] Die Composition ist ungleich reicher und kunstvoller in der Anordnung, als auf dem früher besprochenen Gemälde desselben Gegenstandes von seinem Meister, dessen Einfluss übrigens hier noch sehr sichtbar ist. In dem thronenden Christus ist der gewöhnliche Typus ungemein edel aufgefasst und der Ausdruck dem Moment gemäss, von ergreifender Lebendigkeit, auch die Gebährde des Segnens der Gebenedeiten, des ruhigen Abweisens der Verdammten, trefflich, und gewiss mehr im Geist des Christenthums als im jüngsten Gericht des Michel Angelo, wo der Heiland sich in sehr leidenschaftlicher Bewegung nur den Verdammten zuwendet. Der Ausdruck des Mitleids in den edlen Zügen der Maria zur Rechten Christi ist höchst würdig. Auch die Charakteristik und die Theilnahme von Johannes dem Täufer, der Maria gegenüber, so wie der zwölf Apostel hinter ihnen, ist ebenso mannigfaltig als

---

[1] Näheres in meiner Notiz im Kunstblatt von 1847. S. 186. — [2] Näheres im 4. Bande der Treasures S. 285. — [3] Dieses ist zuerst von Professor Hotho richtig bestimmt worden.

trefflich. In dem unteren Theile des Bildes zieht zunächst die
kolossale Gestalt des, mit einem goldnen Harnisch, wie er in der
Zeit des Malers üblich gewesen, angethanen Erzengel Michael die Aufmerksamkeit auf sich. Der Ausdruck seiner Züge ist würdig und
von tiefem Gefühl. Alles Obige ist indess in den Hauptsachen tra-
ditionell. Der Reichthum der Erfindungskraft des Künstlers kommt
erst in vollem Maasse in der Mannigfaltigkeit und Wahrheit der
Motive und des Ausdrucks der Beseligten und Verdammten, wie
der Engel und Teufel, sowohl hier, als auf den Flügeln zur
Geltung. Die feste Zuversicht der ersten wirkt ebenso beruhigend
und wohlthuend auf den Beschauer, als der Ausdruck des Schre-
ckens, der Reue, der Angst, der Verzweiflung der Verdammten
ihn tief erschüttert. Der heilige Petrus, welcher die Beseligten im
Vordergrunde des rechten Flügels empfängt, gehört in Ausdruck,
Motiv, Gestalt und Gewandung zu den schönsten Figuren des
Ganzen. In echt deutscher Weise ist die Himmelspforte als ein
prachtvolles, gothisches Portal dargestellt, welches reich mit schönen,
auf das alte und neue Testament bezüglichen Skulpturen geschmückt
ist. Die Reinheit und Freudigkeit in den Engeln, welche die Gebenedeiten empfangen und bekleiden, ist nicht minder gelungen
ausgedrückt, als die Bosheit, die Tücke, die Schadenfreude in den,
übrigens in menschlicher Gestalt ausgebildeten, Teufeln. Aus der
auf dem Leichenstein einer Frau befindlichen Jahrszahl LXVII geht
mit grosser Wahrscheinlichkeit hervor, dass die Beendigung dieses
Werks in das Jahr 1467 fällt. Jedenfalls spricht die zu grosse
Länge und die Magerkeit der nackten, übrigens mit bewunderungswürdiger Meisterschaft gezeichneten, verkürzten und modellirten
Figuren für eine etwas frühere Zeit des Meisters, indem auf seinen,
nach den Jahreszahlen einer späteren Zeit angehörigen Bildern,
solche Uebelstände nicht mehr vorkommen. Dagegen steht dieses
Bild in Rücksicht der Kraft und Klarheit der Färbung, worin hier
besonders ein Einfluss des Dirk Stuerbout deutlich ist, der sich
gleichmässig über alle Theile erstreckenden Gewissenhaftigkeit und
Meisterschaft der Ausführung auf der vollsten Höhe des Meisters.
Die Aussenseiten der Flügel, worauf, grau in grau, die stehende
Maria mit dem bekleideten Kinde auf dem Arme, welches einen
in ihrer Rechten befindlichen Vogel anfasst, und den Engel Michael
im Kampf mit zwei Teufeln dargestellt sind, haben leider stark gelitten. Auch hat der Engel in seinem Motiv etwas von dem Con-

ventionellen gothischer Skulpturen. Es ist nicht allein unter allen Werken des Memling, welche uns aufbehalten sind, das bedeutendste, sondern überhaupt, nächst dem Altar der Anbetung des Lamms der Brüder van Eyck, das wichtigste Werk der ganzen Schule.

König David und Bathseba in dem Museum zu Stuttgart. Die Bathseba ist, als die einzige nackte Figur in Lebensgrösse von Memling, sehr merkwürdig, und in Zeichnung und Modellirung für die Zeit sehr wohl gelungen. [1]

Ein Altärchen im Hospital des heiligen Johannes zu Brügge (No. 6), dessen Mitte die Beweinung des todten Christus, die inneren Seiten der Flügel, den Stifter Adriaen Reims, Bruders des Klosters, und seinen Patron, den heiligen Adriaen, so wie die heilige Barbara, die äusseren, die heilige Helena und die aegyptische Maria darstellen. Die Verhältnisse sind noch zu lang, aber die Köpfe sehr zart und von tiefer Empfindung. Dieses Werk hat leider durch Verwaschen sehr an Kraft der Farbe verloren.

Ein Altärchen an demselben Ort (No. 3), dessen Mitte die Anbetung der Könige, worauf sich das Bildniss des Stifters Jan Floryns, eines Bruders des Hospitals, befindet, die Flügel die Geburt Christi und die Darstellung im Tempel (Fig. 25), die Aussenseiten Johannes den Täufer und die heilige Veronica enthalten. Dieses Bild ist das einzige, welches, ausser der Jahrszahl 1479, den vollen Namen des Künstlers trägt. Man sieht hier in der Anordnung den grossen Einfluss des oben erwähnten Bildes seines Meisters in der Pinakothek zu München. Die Köpfe sind hier zarter und lieblicher, aber minder ernst und grossartig, die Ausführung freier, aber minder gediegen, als in jenem. Leider hat dieses Kleinod theilweise durch Verwaschen sehr verloren. [2]

Die Verkündigung Mariä bei dem Fürsten Wilhelm Radzivil in Berlin mit 1482 bezeichnet. Ein Bild von sehr eigenthümlicher Auffassung und ungemeiner Zartheit. Die heilige Jungfrau ist nämlich von dem Grusse des Engels so sehr ergriffen, dass sie umsinken würde, wenn nicht zwei Engel sie unterstützten. Die ungewöhnliche Blässe des Fleischtons rührt zum Theil von zu starkem Putzen her.

Ein grösserer Altar in der Sammlung der Akademie zu Brügge (No. 9), dessen Mitte, als Hauptfigur, den heiligen Christoph, zu

---

[1] Früher habe ich dieses Bild irrig von der Hand des älteren Rogier van der Weyden gehalten. Hieron giebt es eine treffliche Photographie von Fierlants.

Fig. 25.

Die Darstellung im Tempel von Hans Memling aus dem Johannishospital in Brügge.

den Seiten die heiligen Aegidius und Benedikt, dessen Flügel auf
den inneren Seiten den heiligen Wilhelm mit dem Stifter und seinen

Söhnen, so wie die heilige Barbara mit der Stifterin und ihren Töchtern, auf den äusseren, grau in grau, die heiligen Johannes den Täufer und Georg darstellt. Mit dem Jahr 1484 bezeichnet. Sehr naturwahr in allen Köpfen. In dem des Christoph ist zugleich der Moment der inneren Erleuchtung vortrefflich ausgedrückt. Das Christuskind ist minder befriedigend. Von den Heiligen sind Aegidius, Benedikt, Barbara von feinem Kopfe und mildem Ausdruck, vor allen aber ist Johannes gelungen. Am schwächsten ist der heilige Georg ausgefallen und wahrscheinlich die Arbeit eines Gehülfen. In diesem Bilde ist seltner Weise die ursprüngliche, treffliche Modellirung noch gut erhalten. [1]

Ein kleines Altarbild zu Chiswick, Landsitz des Herzogs von Devonshire unweit London. Maria mit dem Kinde wird von Lord Clifford, Lady Clifford und ihren Kindern, unter dem Schutze der heiligen Agnes und der heiligen Barbara verehrt. Auf den Flügeln die beiden Johannes. Dieses, von Walpole als Jan van Eyck erwähnte Gemälde, gehört in jedem Betracht zu den schönsten Bildern des Meisters.

Der heilige Christoph in der Sammlung des Herzogs von Devonshire zu Holkerhall in Lancasshire. Dem auf dem Flügelbilde zu München sehr ähnlich, doch ungleich feiner ausgebildet und trefflich erhalten. Irrig Albrecht Dürer genannt.

Das Bildniss eines bejahrten Canonicus vom Orden des heiligen Norbert. Im Museum zu Antwerpen (No. 35). In dem Ausdruck einer schlichten, innigen Andacht macht dieses trefflich ausgeführte Bild ganz den Eindruck eines historischen Gemäldes. [2]

Das Bildniss eines Mitgliedes der Familie Croy, ebenda (No. 36). Von ungemeiner Wahrheit und meisterlich in einem etwas kühlen Ton ausgeführt.

Ein kleines Altarbild in der Sammlung des Predigers Heath, Vikars von Enfield, unweit London. In der Mitte der todte Christus von Maria, Johannes und Magdalena beweint. Auf den Flügeln Jakob der grössere und der heilige Christoph. Der Körper Christi ist sehr mager, der Ausdruck des Schmerzes in den Traurenden schön und innig, die Klarheit und Kraft der Färbung sehr gross. [3]

Ein Altarblatt mit Flügeln, gleichfalls in dem Hospital des heiligen Johannes zu Brügge. In der Mitte des Hauptbildes hält die,

---

[1] Eine ausgezeichnete Photographie hievon hat Fierlants gegeben. — [2] Eine Photographie von Fierlants. — [3] Näheres im 4. Bande der Treasures S. 313 f.

vor einem Prachtteppich thronende Maria, von zwei, eine Krone
haltenden Engeln überschwebt, das Kind, welches in der Linken
in Beziehung auf die Erbsünde einen Apfel hat, mit der Rechten
aber der knieenden, heiligen Katharina einen Ring ansteckt, auf
dem Schoosse. Der Ausdruck der Keuschheit und Reinheit in dem
Kopf der Heiligen ist von wunderbarer Schönheit. Hinter ihr ein,
die Handorgel spielender Engel von einer Art der Lieblichkeit,
welche für Memling besonders charakteristisch ist. Ihr gegenüber
die andächtig lesende, heilige Barbara, von einem Engel begleitet,
welcher der Maria ein Gebetbuch hinhält, worin sie blättert. Etwas
mehr zurück, stehend, zur Rechten, Johannes der Täufer, zur Linken
Johannes der Evangelist, von edlem und mildem Charakter. In
der Landschaft des Hintergrundes Vorgänge aus dem Leben dieser
Heiligen. Auf dem rechten Flügel, im Vorgrunde, die das Haupt
Johannis empfangende Tochter der Herodias, in deren Zügen ein
leises Grauen meisterlich ausgedrückt ist; in der Landschaft des
Hintergrundes wieder Vorgänge aus seinem Leben. Auf dem linken
Flügel Johannes der Evangelist auf Patmos zu den Visionen der
Apokalypse emporblickend, welche sich im Hintergrunde ausbreiten,
und sie aufzuzeichnen bereit. Hier erscheint Gott Vater auf dem
Thron, das Lamm und die verehrenden vierundzwanzig Aeltesten,
der siebenhäuptige Drache, welcher die Jungfrau verfolgt, der
Kampf des Engels Michael mit demselben, die vier Reiter, an denen
die treffliche Bewegung der Pferde auffällt u. s. w. Der Ausdruck
des demüthigen Erstaunens in dem Kopf des Johannes ist von
wunderbarer Feinheit. Durch das ganze Werk weht der Athem
der reinsten religiösen Poesie. Auf den Aussenseiten der Flügel
die Stifter des Bildes, zwei Brüder des Hospitals mit ihren Schutzheiligen Jakobus und Antonius von Padua, und zwei Schwestern
des Hospitals, mit den Heiligen Agnes und Clara. Letztere beide
gehören wieder, nicht bloss wegen der Reinheit und Andacht des
Ausdrucks, sondern auch wegen der Schönheit der Züge, zu den
herrlichsten Köpfen des Meisters. Nächst dem jüngsten Gericht
möchte dieses das bedeutendste, von Memling vorhandene Werk
sein. Leider haben diese Rückseiten in manchen Theilen stark
gelitten. [1] Dieses Bild steht dem Altar mit dem Christoph in
der Akademie sehr nahe. Die bessere Zeichnung, namentlich der

---

[1] Von diesem Altar giebt es eine treffliche Photographie von Fierlants.

Füsse, beweist indess, dass es etwas später, wahrscheinlich 1486 gemalt ist. [1]

Ein Votivgemälde, etwas grösser als das Hauptbild des vorigen, im Besitz des Grafen Duchatel in Paris. Der Kopf der, in der Mitte mit dem Kinde thronenden Maria stimmt sehr genau mit dem auf dem letzten überein. Rechts die Männer und Knaben, unter dem Schutz Johannes des Täufers, links die Frauen und Mädchen unter dem Schutz eines anderen Heiligen, beide in ansehnlicher Zahl, knieend. Es ist unendlich zu beklagen, dass die Fleischtheile der Maria, des Kindes und sämmtlicher weiblichen Gestalten in diesem schönen Bilde, welches sich der Vermählung der Katharina eng anschliesst, erst in neuerer Zeit durch Verputzen bleich geworden sind. Die Architektur des Hintergrundes ist meisterlich behandelt. Dieses gehört zu den vielen Bildern, welche aus der Schule der van Eyck nach Spanien gewandert waren. Es ist dort von demselben General Armaguac erworben worden, welcher das oben beschriebene Altärchen des älteren Rogier van der Weyden besessen hat.

Auch folgende Bilder schliessen sich in jedem Betracht auf das Engste jener Vermählung der heil. Katharina an.

Ein Flügelaltärchen in der Gallerie zu Wien, welches dort dem Hugo van der Goes beigemessen wird. Die Mitte stellt die unter einem reichen Thronhimmel sitzende Maria dar. Dem Kinde auf ihrem Schoosse reicht ein Engel, in der einen Hand eine Geige, mit der anderen einen Apfel dar. Auf der anderen Seite der Stifter in schwarzer Kleidung. Der halbkreisförmige Bogen, welcher die Gruppe umgiebt, ist mit einem sehr reichen Gesimse und einem prächtigen Fruchtgehänge geschmückt. Die inneren Seiten der Flügel stellen die beiden Johannes, den Täufer und den Evangelisten, die Aussenseiten, die sehr fleissig, offenbar nach den lebenden Modellen ausgeführten Adam und Eva vor.

Die thronende Maria hält mit dem Kinde zusammen einen Apfel. Auf zwei Kapitälen der, als Einfassung dienenden, Architektur ist höchst meisterlich, grau in grau, die Anbetung der Könige und die Darstellung im Tempel ausgeführt. Leider hat dieses schöne, in der Färbung besonders warme und kräftige Bildchen, welches in der Gallerie Lichtenstein in Wien, wo es sich befindet,

[1] Die Ueberschrift und die Jahreszahl 1477 sind apokryphisch. Vergl. darüber meinen Aufsatz im Deutschen Kunstblatt von 1854. S. 174.

irrig dem Lukas Cranach beigemessen wird, im Kopfe der Maria
ziemlich stark gelitten.

Maria mit dem Kinde von Nevenhoven, dem Stifter, einem noch
jungen Manne, verehrt. Mit 1487 bezeichnet. In dem obigen Hospital zu Brügge. Die Maria hat hier etwas Portraitartiges, das
Bildniss ist von seltenster Lebendigkeit, die Formen sehr bestimmt,
die Farbe minder leuchtend.

Maria mit dem Kinde, in der Sammlung Sr. Königl. Hoheit
des Prinzen Gemahl, in Kensington unweit London, stimmt so
durchaus mit dem vorigen Bilde überein, dass es in demselben Jahr
gemalt sein muss.

Ein kleines Bildchen bei dem Bildhauer und Medailleur Herrn
Gatteau in Paris. Die in einer heiteren, gebirgigten Landschaft
mit dem Kinde sitzende Maria steckt der, ganz mit der auf dem
Bilde in Brügge übereinstimmenden, Katharina den Ring an. Neben
ihr die heiligen Agnes und Cäcilie, gegenüber Ursula, Margaretha
und Lucia. In der Luft drei auf der Flöte spielende Engel. In
Schönheit der Köpfchen, Zartheit des Gefühls, Feinheit der Ausführung, Klarheit des goldigen Tons, ein wahres Wunderwerk von
der seltensten Erhaltung.

Derselben Zeit gehört auch ein Bildchen in der Gallerie der
Uffizien in Florenz an, die Maria, das Kind und zwei musicirende
Engel. Es ist sehr lieblich in den Köpfen und von grosser Gluth
der Färbung.

Den beiden vorigen Bildern eng verwandt, und wahrscheinlich
um 1488 ausgeführt, ist der berühmte hölzerne Reliquienkasten der
heiligen Ursula in der Form einer gothischen Kapelle, in dem öfter
erwähnten Hospital des heiligen Johannes zu Brügge. An den
langen Seiten befinden sich, in sechs Bildern, die Hauptvorgänge
aus ihrer Legende, nach welcher sie, die Tochter eines Königs von
England, mit ihrem frommen Bräutigam, dem Prinzen Conan, und
einem Gefolge von 11,000 Jungfrauen, eine Pilgerfahrt nach Rom
macht. Die einzelnen Bilder stellen vor: 1) Ihre Ankunft in Köln,
wo sie von den heiligen Jungfrauen empfangen wird (Fig. 26). Im
Hintergrunde erkennt man den Kölner Dom. 2) Die Landung in
Basel. 3) Die Ankunft in Rom, wo sie unter dem Portal einer
Kirche von dem Pabst Cyriacus empfangen wird. Im Inneren der
Kirche Taufe, Beichte und Abendmahl. Eins der in der Composi-
tion reichsten und glücklichsten Bilder, und voll der wahrsten und

schönsten Köpfe. 4) Zweite Ankunft in Basel und neue Einschiffung. Der Pabst mit zwei Kardinälen, der Heiligen und einigen Jung-

Fig. 26.

Vom Ursulakasten H. Memling's in Brügge.

frauen ist wieder von seltener Schönheit. 5) Das Martyrium des Gefolges der Heiligen durch das Heer des Kaisers Maximin, an den

Ufern des Rheins. Mit frommer Ergebung sehen die Jungfrauen
ihrem Tod durch die Pfeile, welche einige schon getroffen haben,
entgegen. 6) Die in Köln gelandete Ursula ist im Begriff, von
einem Pfeil durchbohrt zu werden. In ihrem schönen Kopfe ist
vortrefflich die Ueberwindung der Todesfurcht durch die Ergebung
in den Willen des Herrn ausgedrückt. Auch sonst ist dieses Bild
reich an charakteristischen Köpfen. Auf dem einen der Giebelfelder
des Kastens ist Maria mit dem Kinde auf dem Arm und zwei
knieende Schwestern des Hospitals, von seltenster Wahrheit, wahrscheinlich die Stifterinnen des Kastens, auf dem anderen die heilige
Ursula mit dem Pfeil, und die viel kleiner gehaltenen Jungfrauen,
welche von ihrem Mantel schützend umgeben werden, dargestellt.
Zeichnung, Feinheit des Gefühls, Kraft und Klarheit der Färbung,
Meisterschaft der Ausführung ist auf allen diesen Bildern völlig wie
auf dem Bildchen des Herrn Gatteau. Die Bilder auf den beiden
Dachflächen, je drei Runde, von denen die beiden grösseren in
der Mitte, einerseits die Krönung der Maria, andererseits die heilige
Ursula von ihren Jungfrauen umgeben und hinten einige Bischöfe
und andere Männer, die vier kleinen je einen musicirenden Engel
enthalten, sind zwar an sich ebenfalls werthvoll, zeigen aber in
der schwächeren Zeichnung, der kälteren Färbung, dem härteren
Vortrag, die Hand eines Gehülfen. [1]

Diesem schönen Werke schliesst sich eng ein Bild von langer
Form in der Pinakothek zu München an (Cabinette No. 63),
welches, in einer weitläuftigen Landschaft eine grosse Anzahl von
Vorgängen aus dem Leben der Maria und namentlich diejenigen,
welche unter dem Namen der sieben Freuden Mariä bekannt sind,
vereinigt. Die drei Darstellungen im Vorgrunde sind rechts die Geburt Christi, in der Mitte die Anbetung der Könige, besonders reich
und schön! links die Ausgiessung des heiligen Geistes. [2]

Endlich bemerke ich, nicht wegen der Bedeutung des Bildes,
sondern um eine irrige Benennung zu berichtigen, dass ein in derselben Pinakothek befindliches, Johannes den Täufer in der Wüste
darstellendes Bildchen, welches wegen einer darauf befindlichen
Aufschrift dem Hugo van der Goes beigemessen wird, nach Gefühl,

---

[1] Der ganze Reliquienkasten, wie die einzelnen Bilder in der Grösse der
Originale sind in Photographien von seltenster Schönheit von Fierlants veröffentlicht worden. — [2] Steindrücke von diesen dreien in dem bekannten Boisserée'-
schen Werke.

Zeichnung, Färbung und Malerei dem Memling angehört. Die Aufschrift ist sicher apokryphisch, wie schon die moderne Form der Vier in der Jahrszahl 1472 beweist, indem um diese Zeit in Belgien diese Zahl durchweg die alterthümliche Form einer nach unten offenen 8 hat.

Ein Bild von ähnlicher Grösse und ähnlicher feiner Kunst, wie das der sieben Freuden der Maria, worauf in einer ansehnlichen Zahl von einzelnen Gruppen die ganze Passion von dem Palmsonntag, bis zu dem Erkennen Christi zu Emmaus, dargestellt ist, befindet sich in der königlichen Sammlung zu Turin. Es ist wahrscheinlich dasselbe, welches, nach dem Zeugniss des Vasari, von der Familie Portinari in die Kirche St. Maria Nuova gestiftet, nachmals in den Besitz von Cosmus I., Herzog von Toskana, gelangt war.

In der Kathedrale zu Lübeck. Ein grosser Altar mit Doppelflügeln. Auf den Aussenseiten des ersten Flügelpaars die Verkündigung, grau in grau. Zwei edle schlanke Figuren, von feinen lieblichen Köpfen, trefflich im Geschmack der Gewänder und sehr sorgfältiger Modellirung. Werden diese Flügel geöffnet, so sieht man die heiligen Blasius und Aegidius, und auf den Aussenseiten des zweiten Flügelpaars Johannes den Täufer und den heiligen Hieronymus. Diese vier Gestalten gehören zu dem Vorzüglichsten, was der Meister hervorgebracht hat. Die inneren Seiten dieses zweiten Flügelpaars schliessen sich in den Gegenständen dem Mittelbilde an. Der rechte Flügel enthält, vom Hintergrunde ausgehend und im Vorgrunde endend, Vorgänge aus der Passion von Christus am Oelberge, bis zu seiner Kreuztragung. Das Mittelbild stellt in einer Composition von 35 Figuren Christus und die Schächer am Kreuz dar. Es ist die bedeutendste Darstellung dieses Gegenstandes, welche wir aus dieser ganzen Schule besitzen, voll eigenthümlicher Motive und der trefflichsten Durchführung. Auf dem linken Flügel befindet sich im Vorgrunde die Grablegung, im Mittel- und Hintergrunde die späteren Vorgänge bis zur Himmelfahrt. Die auf diesem Bilde befindliche Jahrszahl 1491 ist die späteste auf einem Werke des Memling vorkommende. [1]

In welche Zeit der Reisealtar Kaiser Karl V. in Madrid, welchen Passavant als ein besonders schönes Werk des Memling anführt, gehört, kann ich nicht bestimmen, da ich es nicht gesehen

---

[1] S. meine Notiz im Kunstblatt von 1846. No. 28.

habe. Die Mitte stellt die Anbetung der Könige, die Flügel die
Geburt und die Darstellung im Tempel vor. Die Figuren sind
etwa ½ lebensgross. [1]

Obgleich es höchst wahrscheinlich ist, dass ein Künstler, welcher
in so kleinem Maassstabe so Ausgezeichnetes in der Oelmalerei
geleistet, gleich seinem Meister auch in Miniatur gemalt hat, so
ist doch sein, bisher von allen Kunstforschern als unzweifelhaft an-
genommener, Antheil an den Miniaturen in dem berühmten Missale,
welches als Vermächtniss des Kardinals Grimani im 16. Jahrhundert
in die Bibliothek des heiligen Markus zu Venedig gelangt ist,
neuerdings in einem Aufsatze von Ernst Harzen [2] mit so guten
Gründen bestritten worden, dass derselbe mehr als zweifelhaft erscheint.

Rogier van der Weyden der jüngere war der Sohn und Schüler
des älteren Rogier. [3] Sonst wissen wir nichts von ihm, als dass er
mit seiner Kunst viel erworben, sehr mildthätig gewesen und im
Jahr 1529 in hohem Alter an dem sogenannten englischen Schweiss
in Brüssel gestorben ist. [4] Er folgte durchaus der Kunstweise
seines Vaters, dem er in seinen früheren Werken noch sehr nahe
steht, in den späteren aber sind die Proportionen nicht so lang, die
Formen völliger und feiner gezeichnet. Dieses gilt besonders von
den Händen und Füssen. Dagegen hat er weniger Schönheitssinn
als der Vater und sind sowohl seine Motive gelegentlich unschön,
als seine Köpfe öfter von einer mit weniger Geschmack gewählten
Portraitartigkeit. Die Umrisse sind weicher, der Fleischton heller
und mehr gebrochen, in den Lichtern kühl röthlich, in den Schatten
heller, die Behandlung endlich ist breiter und keineswegs so in das
Einzelne gehend. Er scheint sich vorzugsweise in dem engen Kreis
der Darstellung des Leidens Christi und der Trauer darüber bewegt
zu haben, indem fast alle Bilder, welche man ihm mit Wahrscheinlichkeit beimessen kann, demselben angehören. Seine Auffassung
muss dem religiösen Gefühl seiner Zeitgenossen in hohem Grade
zugesagt haben, indem alte Kopien nach denselben sehr zahlreich sind.

[1] S. Passavant, die christliche Kunst in Spanien S..130. Cavalcaselle findet
einige Theile dieses Altars zu schwach für Memling und hält sie von einem
Schüler. S. 269. — [2] In Naumann's Archiv für die zeichnenden Künste vom Jahr
1858. S. 3 ff. Einiges Nähere über diesen Aufsatz etwas später. — [3] So bezeugt
ausdrücklich Sandrart. Teutsche Academie S. 66 in seinem Bericht über die Oelmalerei. — [4] S. van Mander Bl. 129 b f. Weil van Mander ihn in einigen Stücken
mit seinem Vater verwechselt, leugnet Wauters, dem auch Cavalcaselle folgt,
seine ganze Existenz. Diesem kann ich indess nicht beistimmen. S. meine Gründe
im Kunstblatt von 1847. S. 170 f. Meine Ansicht wird auch von Passavant (im
angef. Werk S. 134 ff.) und Hotho getheilt.

Sein Hauptwerk ist eine, ursprünglich für die Kirche Maria darbuyten in Löwen ausgeführte, jetzt in der Sacristei der Laurenzkirche des Escorials befindliche Kreuzabnahme von zehn lebensgrossen Figuren.[1] Maria ist über den nahen Anblick des so eben vom Kreuz abgenommenen und von Nikodemus und Joseph von Arimathia gehaltenen Leichnams Christi ohnmächtig geworden und wird von Johannes und einer der Marien unterstützt. Zu den Füssen Christi, in leidenschaftlichster, doch unschöner Gebährde die klagende Magdalena. Hinter der Gruppe der Maria eine andere, heftig weinende, ihr Gesicht mit einem Tuche bedeckende Frau. Die Lebendigkeit und das auf das Höchste gesteigerte Pathos, die sorgfältige Zeichnung aller Theile, besonders des Körpers Christi, wie aller Hände, haben diesem Bilde von jeher grosse Bewunderung zugezogen. Von den gleichzeitigen Wiederholungen rühren zwei von dem Meister selbst her, deren eine sich im Museum zu Madrid (No. 1046),[2] die andere, mit dem Jahr 1488 bezeichnete, im Museum zu Berlin (No. 531) befindet.

Von den übrigen Bildern, welche ihm Passavant[3] in Spanien beimisst, führe ich hier nur als am zugänglichsten Orte, eine kleine Kreuzigung im Museum zu Madrid (No. 466) mit dem falschen Monogramm A. Dürers, an.

Die Abnahme vom Kreuz, ein kleiner Altar mit Flügeln in der Liverpool-Institution (No. 42).[4] Aus der früheren Zeit des Meisters, noch hart in den Umrissen, doch von ergreifendem Pathos.

Die Abnahme vom Kreuz, in der Sammlung des Prinzen Gemahl zu Kensington (No. 36). Die grössere Wärme der Farbe, die strengere Durchführung, sprechen für die frühere Zeit des Meisters.

Ein Eccehomo und eine Mater dolorosa, ebenda, halbe Figuren. Die Maria von edler und tiefer Empfindung.[5]

Ein Eccehomo in der Sammlung des Herrn Green zu Hadley in der Nähe von Barnet unweit London, jenem sehr ähnlich.

Die Grablegung, in der Sammlung des Sir Culling Eardley, zu

---

[1] Da ich dieses Bild nicht selbst gesehen, folge ich der Angabe von Passavant a. a. O., obwohl ich früher aus historischen Gründen geneigt war, Wauters beizustimmen, welcher es für ein Werk des älteren Rogier van der Weyden hält (a. a. O. S. 171). Auch Cavalcaselle theilt letztere Ansicht (S. 185 f.), nach ihm ist aber das Exemplar im Museum von Madrid das Original. — [2] Passavant im angef. Werk S. 134. — [3] Ebenda S. 137. — [4] Näheres Treasures Th. III. S. 235. — [5] S. Treasures Th. IV. S. 226 f.

Belvedere unweit Gravesend. Aus der früheren Zeit. Von grosser Energie in Gefühl und Farbe. [1]

Christus am Kreuz mit Maria, Johannes und Magdalena in der Gallerie zu Dresden (No. 1617). Dieses Bild ist, bis auf die Magdalena, eine fleissige Copie im Kleinen nach dem schönen Bilde seines Vaters in der Wiener Gallerie. Die Magdalena hat er dagegen seiner obenerwähnten Kreuzabnahme entnommen. Für ein Bild des Vaters, welchem es in Dresden beigemessen wird, ist es zu schwach. Die Kreuzabnahme im königl. Museum zu Neapel, eine sehr reiche und schöne Composition, erst vor etwa 20 Jahren angekauft.

Der Kopf einer weinenden Frau im Museum zu Brüssel. Von sehr wahrem und innigem Ausdruck.

Da es wichtig ist auch die Art und Weise der Auffassung der Schule der van Eyck in der Behandlung weltlicher Gegenstände kennen zu lernen, dergleichen aber in Oelgemälden fast gar nicht vorhanden sind, scheint es mir angemessen hiefür auf einige Manuscripte aufmerksam zu machen, worin solche Vorgänge in Miniaturen behandelt worden sind, welche im Kunstwerth auf der vollen Höhe der Schule stehen.

Ich gedenke zuerst eines Bandes einer französischen Uebersetzung des Livius in Grossfolio, welcher die dritte Decade seines Werkes enthält, auf der Bibliothek des Arsenals zu Paris. Die neun darin enthaltenen Bilder stellen die Vorgänge aus der römischen Geschichte, in Waffen, Trachten, Sichgebaren, durchaus in der Weise der Zeit des Malers, etwa 1430—1450 vor. Die Compositionen, die bequemen, öfter selbst graziösen Motive, die feine Individualisirung und der Ausdruck der Köpfe, die gute Zeichnung, die warme, gesättigte und dabei harmonische Färbung, die ebenso geistreiche, als sorgfältige Behandlung in den feinsten Guaschfarben verrathen einen vortrefflichen Künstler. Für eine gewisse Flüchtigkeit in Behandlung der landschaftlichen Hintergründe im Verhältniss zu anderen Miniaturen dieser Zeit und Schule entschädigt er durch die Wahrheit und Lebendigkeit seiner Pferde, welche häufig, auf sonst sehr ausgezeichneten Miniaturen derselben Zeit und Schule, von auffallender Schwäche sind. Nur die Köpfe lassen auch bei ihm zu wünschen übrig. Ich hebe einige der vorzüglichsten Bilder hervor. Der als Consul unter einem grünen Traghimmel sitzende Cato der ältere vertheidigt sein Gesetz gegen die Frauen, zu den Seiten stehen

---

[1] S. Treasures Th. IV. S. 278.

acht Senatoren, deren einige Schriftrollen halten. Dieses Bild trägt
in allen Stücken das Gepräge der feinsten Eyckischen Schule. Scipio
besiegt die Lusitanier. Ein Reitergefecht im Vorgrunde ist durch
die Deutlichkeit der Anordnung, die Lebendigkeit der einzelnen
Motive, sehr ausgezeichnet. Die hellgehaltenen, stählernen Rüstungen
machen eine vortreffliche Wirkung.

Ich erwähne zunächst die Geschichte des Königreichs Jerusalem
bis zum Jahr 1210, eines Bilderbuchs mit ganz kurzem erklärenden
Text (No. 2533), der kaiserl. Bibliothek zu Wien. Dieses, nur
siebzehn Blätter in sehr schmalem Folio enthaltende, wie die Wappen und der Wahlspruch beweisen, für den Herzog Philipp den
Guten, ausgeführte Manuscript, gehört in den Miniaturen, welche
offenbar nicht von Miniaturmalern, sondern von mindestens drei sehr
ausgezeichneten Ma l e r n der Eyck'schen Schule ausgeführt worden
sind, in jedem Betracht zu dem Schönsten, was wir aus derselben
besitzen. Die Erfindungen sind fast durchweg höchst eigenthümlich,
lebendig und geistreich, die künstlerische Ausbildung derselben vortrefflich, die meisterliche Behandlung breit, ja hie und da für Miniaturen fast flüchtig. Mir ist kein anderes Denkmal bekannt, worin
der ritterliche Geist des Mittelalters durch die Kunst so veranschaulicht und verherrlicht wird, als hier. Es finden sich verschiedene
Anklänge an dem Genter Altar und bald glaubt man die Hand des
älteren Rogier van der Weyden, bald die des Memling zu erkennen.
Indem ich eine ausführlichere Würdigung dieses Manuscripts einer
anderen Stelle vorbehalte, gebe ich hier nur von einigen, besonders
ausgezeichneten Vorstellungen eine nähere Nachricht.

Auf der ersten, zwei Bilder enthaltenden, Seite sieht man auf
dem einen Gottfried von Bouillon, als ersten König, und Danubert,
Erzbischof von Pisa, als Patriarchen von Jerusalem, vor einem
gothischen Bau, womit wahrscheinlich die Kapelle zum heiligen
Grabe gemeint ist, knieend neben ihnen andere weltliche und
geistliche Herrn. Die Anordnung ist höchst kunstreich, die Köpfe
trefflich individualisirt. Auf der Rückseite desselben Blatts zeigt ein
Bild mit den Eltern des Gottfried von Bouillon eine andere Hand
von noch feinerer Ausbildung. Auf der ersten Seite des zweiten
Blatts gehört die Einschiffung des Gottfried von Bouillon und seiner
Gefährten zum ersten Kreuzzuge von der ersten Hand, sowohl in
Rücksicht der Charakteristik der Figuren, als der Poesie und Wahrheit der Landschaft zu dem Schönsten, was mir der Art bekannt

geworden. Dasselbe gilt auch von der Krönung des Johann von
Brienne zum König von Jerusalem auf der ersten Seite von Blatt 17,
welches, auch abgesehen von den sonstigen trefflichen Eigenschaften, ein
wahres Muster in der Anordnung einer figurenreichen Composition ist.

In Betreff der Miniaturen unter dem Einflusse des vorigen ent-
standen, und ihm sehr nahe verwandt ist ein Manuscript derselben
Bibliothek, No. 2549, welches die französische Uebersetzung der
Thaten des Grafen Gerard von Roussillon aus dem Lateinischen
enthält, so Johann Wauquelin auf Befehl Philipp des Guten am 16.
Juni des Jahres 1447 beendigt hat. Da es feststeht, dass solche
Manuscripte, nachdem die Arbeit des Schreibens fortschritt, den
Miniaturmalern lagenweise zur Ausschmückung übergeben wurden,
so möchte die Beendigung der Miniaturen nur um wenig später
fallen. In den, jedesmal die Hälfte der Seite einnehmenden, Miniaturen an der Spitze der 52 Kapitel, wozu in der Regel noch vier
kleinere Vorstellungen auf den entsprechenden Rändern kommen,
lassen sich deutlich vier Hände unterscheiden, von denen zwei wieder
zu den vorzüglichsten gehören, welche wir aus dieser Schule besitzen. Kämpfe und sonstige bewegte Handlungen von einer der
anderen Hände haben dagegen meist etwas Lahmes und Aermliches
in der Erfindung. Auch hier muss ich mich mit einer näheren Besprechung von einigen der ausgezeichnetsten Bilder begnügen.
Hierzu gehört unbedingt das Titelblatt, welches den in einem
schwarzen Pelz unter einem prachtvollen, purpurfarbnen Traghimmel
thronenden Philipp den Guten vorstellt, wie er aus den Händen des
vor ihm knieenden Jan Wauquelin die Uebersetzung in Empfang
nimmt. Durch die Gegenwart von vornehmen Geistlichen und Hofbeamten einerseits, und mehrerer Ritter des goldnen Vliesses, womit
auch der Herzog geschmückt ist, andrerseits, erhält die Handlung
etwas sehr Feierliches. Die Art der trefflichen Individualisirung
aller Theile, die Färbung, die mageren Glieder der etwas zu langen
Gestalten, erinnern am meisten an den älteren Rogier van der
Weyden. — Die Vermählung des Grafen von Roussillon, dessen Geschichte zur Zeit Kaiser Karl des Kahlen spielt, Bl. 9 b. zeigt in
feiner und meisterlicher Ausbildung die volle Pracht der Anzüge,
worin derlei Handlungen am Hofe Philipps vor sich gehen mochten.
Der landschaftliche Hintergrund trägt durchaus den Charakter derjenigen auf dem Genter Altar der Brüder van Eyck. — Der Graf
kehrt mit seiner Gemahlin und drei anderen Reitern in sein Land

zurück. Dieses schöne Bild, an welchem noch die höchst zarte
Durchführung des architektonischen Hintergrundes zu bemerken, ist
offenbar einer ähnlichen Vorstellung in dem vorigen Manuscript
nachgebildet. — Das Begräbniss der Gräfin Bertha von Roussillon
Bl. 174 a. Sehr fein in den Köpfen der Leidtragenden, sehr wahr
in den singenden Priestern und Chorknaben, trefflich in der Landschaft mit leuchtendem Horizont, endlich höchst zart in der kühlen
Gesammthaltung. — Das Begräbniss von ihm zu Poitiers Bl. 181 a.
Von ähnlichen Verdiensten nur noch reicher und vorzüglicher in
der Composition.

Die schönste künstlerische Darstellung der richterlichen Zweikämpfe des Mittelalters gewährt ein Manuscript der kaiserl. Bibliothek
in Paris in Octav (Mss. français No. 8024), welches in zehn Miniaturen, von der feinsten Eyck'schen Kunst, die verschiedenen Momente,
von der Gesetzgebung für solche Zweikämpfe, bis zur Ueberwindung des Herausgeforderten enthält.

Als ein Beispiel der zur Zeit Philipp des Guten sehr beliebten
und zu grosser Vollendung ausgebildeten Miniaturmalerei, grau in
grau, führe ich ein ebenfalls für diesen Herrn geschriebenes Gebetbuch in 4° in der königl. Bibliothek in Haag an. Unter den zahlreichen, in jener Weise ausgeführten Vignetten sind die meisten
von ausserordentlicher Schönheit und erinnern in der ganzen Kunstform lebhaft an Hans Memling, in dessen früherer Weise. Auf
diese Zeit, etwa von 1455—1465, weist auf das höhere Alter des
öfter kniend vorkommenden Bildnisses jenes Herzogs. Manche der
Bildchen verrathen indess eine geringere Hand.

Bei der grossen Spärlichkeit von Tafelbildern aus der altholländischen Schule erscheint es mir als geeignet ein Gebetbuch in der
kaiserl. Bibliothek zu Paris, Suppl. latin. No. 701, zu besprechen,
dessen zahlreiche, etwa aus der Mitte des 15. Jahrhunderts herrührende, Miniaturen, als von einem geistreichen und sehr eigenthümlichen Künstler, wohl geeignet sind, von dem Charakter jener Schule
zu dieser Zeit eine Vorstellung zu geben. Obwohl dieselben im
Allgemeinen in der realistischen Auffassung mit den belgischen
Schülern der van Eyck übereinstimmen, weichen sie doch in vielem
Betracht von denselben ab. In der Zeichnung der Figuren sind sie
schwächer, ebenso stehen sie jenen auch im Sinn für Schönheit der
Form, für Anmuth der Bewegung nach, die Figuren der, übrigens
sehr guten und lebendigen Compositionen sind viel kleiner zum

Raum gehalten, und dadurch der Landschaft ein grösserer Spiel-
raum gegeben. Dem entsprechend sind denn auch diese, sowie
vorkommende Baulichkeiten, in der Ausbildung des Einzelnen sehr
vollendet. In den Figuren machen die grellen Farben der, übrigens
höchst ausgeführten, Gewänder, mennigroth, blau, einen unangenehmen Gegensatz mit dem blassen Fleisch. Die künstlerische Ausstattung ist so reich, dass nicht allein jede Seite des Kalenders vier
Vorstellungen in Runden enthält,[1] sondern, ausser den grösseren
Bildern auch viele grössere und kleinere Initialen mit Bildchen geschmückt sind, ja die einzelnen Heiligen gegen das Ende öfter von
sechs kleinen Vorstellungen aus ihrer Legende begleitet werden.
Ein verschiedentlich vorkommendes, von zwei Löwen gehaltenes
Wappen, welches sich ohne Zweifel auf den Besteller des Buchs
bezieht, ist leider durchweg ausgekratzt.

Einen merkwürdigen Beleg, in welchem Grade auch die Kunst-
stickerei in der Form der Schule der Brüder van Eyck in dem 15.
Jahrhundert in den Niederlanden ausgebildet worden ist, gewähren
die, in der kaiserl. Schatzkammer zu Wien aufbewahrten, Kirchen-
ornate, welche, wie angenommen wird,[2] bei den solennen Hochäm-
tern des, bekanntlich vom Herzog Philipp dem Guten gestifteten
Ordens vom goldnen Vliesse, gebraucht worden sind. Dieselben
bestehen aus einer vollständigen Kapelle, der Casula, drei Chorkappen (Pluviales), den beiden Levitenkleidern (Dalmatica und Tu-
nicella), für den Diacon und Subdiacon und zwei Hängeteppichen,
welche entweder zur Verkleidung des Altars, oder von Chorstühlen
gedient haben mögen.

Ausser der hohen Kunst, welche diese Gewänder zeigen, verdient die Art und Weise, womit das kostbarste, für den burgun-
dischen Hof jener Zeit so charakteristische Material von Gold,
Seide und Perlen hier zur vollsten und geschmackvollsten künst-

[1] Für minder Kundige muss ich bemerken, dass das Titelblatt nur hineinge-
klebt, und dem Manuscript ganz fremd ist. Es rührt wahrscheinlich von Atta-
vante, einem berühmten, florentinischen Miniaturmaler und Schüler des Domenico
Ghirlandajo her, welcher in den letzten Jahrzehnten des 15. Jahrhunderts blühte.
— [2] Herr Freiherr von Sacken bemerkt mit Recht in seinem Aufsatze über diese
Gewänder im Maiheft der Mittheilungen der Centralcommission vom Jahr 1858,
welchem ich hier in der Angabe der Gegenstände gefolgt bin, dass der Umstand,
dass darauf irgend eins der gewöhnlichen Abzeichen jenes Ordens vorkommt, gegen
diese Annahme spricht. Indess ist dieser Punkt überhaupt nur von untergeordneter
Bedeutung. Uebrigens sind diese Gewänder, da sie sich in keinem früheren In-
ventar der Kaiserl. Schatzkammer verzeichnet finden, wahrscheinlich erst in Folge
des Verlusts der Niederlande in der französischen Revolution von Brüssel nach
Wien gebracht worden.

8

lerischen Geltung gebracht worden ist, die grösste Bewunderung.
Obgleich diese Gewänder ganz mit Figuren bedeckt sind, wie sich
denn an der Casula 39, an jeder Chorkappe 41, an jedem Leviten-
kleide 44, an jedem der Teppiche 39 befinden, so dass die Zahl
sämmtlicher Figuren sich auf 278 beläuft, sind dieselben doch nach
einem architektonischen Gesetz in einer Weise angeordnet, dass sie
keineswegs den Eindruck des Verworrenen, oder auch nur Ueber-
ladenen, sondern zwar des sehr Reichen, aber zugleich des höchst
Stylgemässen hervorbringen. Die Streifen, welche die einzelnen
Felder, worin sich grössere Vorstellungen, oder einzelne Figuren
befinden, umrahmen, bilden unter sich ein geschmackvolles Muster,
welches an Stellen, wo sie sich kreuzen, mit vielem Stylgefühl benutzt ist, um Bouquets von Perlen anzubringen. Wenn mit Recht
an den Bildern der van Eyck und ihrer Schule die ausserordentliche
Meisterschaft bewundert wird, womit sie Goldstoff und verschiedene,
bekanntlich aus Seide und Gold gewirkte purpurrothe, violette, blaue
und grüne Brokate mit Farben wieder geben, so ist hier durch
Verwendung dieser Stoffe selbst mit dem feinsten künstlerischen
Gefühl und dem seltensten technischen Geschick eine Schönheit und
eine Pracht der Wirkung hervorgebracht, wie mir kein anderes
Beispiel bekannt ist. Ueber das hierbei beobachtete technische
Verfahren bemerkt der Freiherr von Sacken „der Quere nach sind
Goldfäden gezogen, welche paarweise mit Flockseide überstickt sind.
Die Goldfäden bilden so den Grund, während die farbige Seide die
Zeichnung und Schattirung giebt. Indem die Schattenparthieen dichter überstickt sind, die Lichter nur sparsam, werden letztere durch
das Gold gebildet, was einen eignen Lustre hervorbringt." Was
aber bei weitem die höchste Bewunderung verdient, sind die Fleischtheile, welche, wie derselbe Schriftsteller bemerkt, ausgespart und
mit offener Seide im Plattstich gestickt sind. Hier finden sich nicht
nur die verschiedensten Charaktere, sondern auch die verschiedensten geistigen Affecte, der mannigfaltigste Ausdruck, in einer Deutlichkeit und Feinheit mit der Nadel wiedergegeben, wie ich dieses
bisher nicht für möglich gehalten habe. Obgleich nun die Stickereien
von allen Stücken, den sechs Gewändern und den zwei Teppichen,
in vollem Maasse das Gepräge der van Eyck'schen Schule in ihrer
früheren Form verrathen, so lehrt doch ein genauer Vergleich, dass
die zur Ausführung nothwendigen, farbigen Cartons von mehreren
Händen herrühren. Schon bei einem Besuche von Wien im Jahr

1839 fiel mir, obwohl es mir nur vergönnt war die eine Seite der
Casula in einem sehr ungünstigen Lichte zu sehen, die grosse
Uebereinstimmung der darauf befindlichen Taufe Christi mit den
Bildern des Jan van Eyck auf, und äusserte ich schon damals einigen Kunstfreunden die Vermuthung, dass der Carton hierzu vielleicht
von diesem, von Philipp dem Guten so hoch begünstigten, Künstler
herrühren könne.[1] Seitdem ich aber im Jahre 1860 nicht allein
diese, sondern auch die sehr reiche und schöne Darstellung der
Verklärung Christi auf der anderen Seite genau gesehen habe, bin
ich in dieser Vermuthung nur noch bestärkt worden. Die Darstellungen auf den drei Chorkappen entsprechen dagegen, sowohl in
den Erfindungen, als in dem Charakter der Köpfe, und den Händen
mit den etwas mageren und langen Fingern, auffallend den Gemälden Rogier van der Weyden des älteren. Auf der einen bildet die
thronende Maria, auf den anderen Christus und Johannes der Täufer
die Hauptvorstellung. Die erste zeichnet sich nicht nur durch den
wunderbaren Ausdruck der Reinheit und Demuth in der heiligen
Jungfrau, sondern auch durch die Schönheit der Engel und der
weiblichen Heiligen, welche sie in drei Reihen umgeben, vor den
übrigen aus.[2] Die Heiligen und Engel, welche die beiden Leviten-
kleider schmücken, sind ebenfalls von grosser Schönheit, deuten
aber auf eine dritte Hand. Einen vierten und höchst ausgezeichneten Meister zeigen endlich die Figuren der beiden Teppiche. Auf
dem einen bildet die heilige Dreieinigkeit, in der bekannten Art
aufgefasst, dass Gott Vater den todten Christus vor sich hält und
zwischen beiden sich der heilige Geist als Taube befindet, die Hauptvorstellung, auf dem anderen die Vermählung der heiligen Katharina
mit dem Christuskinde. Diesen schliessen sich auf beiden Teppichen
in zwei Reihen sechs Propheten und sechs Apostel an.[3]

---

[1] Vergl. eine kurze Notiz von mir hierüber im Kunstblatt vom Jahr 1847.
S. 104. — [2] S. die ausführliche Beschreibung in dem angeführten Aufsatze, mit
einer Abbildung der Maria in einem Holzschnitt. Die Heilige mit dem abge-
hauenen Arm, deren Namen nicht angegeben worden, ist die heilige Notburga. —
[3] Höchst beklagenswerth ist es, dass dadurch, dass diese Gewänder in einem,
zwischen zwei Fenstern befindlichen, Glasschrank übereinanderhängen, die Anschauung derselben verhindert wird, und dass selbst die Veröffentlichung derselben
in unscharfartigen Steindruck nach, zufolge des Zeugnisses des F. von Sacken vortrefflichen, Zeichnungen, aus Mangel an Unterstützung nicht zu Stande kommt.

Drittes Kapitel.

Die Schule der van Eyck bis zu ihrem Ausgange.
Von 1490—1530.

In dieser Zeit treten uns sehr verschiedenartige Bestrebungen entgegen. In einzelnen Fällen wird noch sehr spät in den strengen Formen der unmittelbaren Schüler des Jan van Eyck fortgemalt. Ein merkwürdiges Beispiel hiefür bietet Goswin van der Weyden dar,[1] der 1465 geboren, nach seinem Vorkommen in dem Gildebuch der Maler von Antwerpen, derselben als Meister vom Jahr 1503 bis 1530 angehörte[2] und urkundlich noch im Jahr 1536 für die Kirche zu Tongerloo ein, den Tod der Maria darstellendes Altarbild malte,[3] welches sich jetzt im Museum zu Brüssel befindet (No. 593). Die Köpfe darauf sind wenig ansprechend in den Charakteren, doch theilweise gut im Ausdruck, die Fleischfarbe ist etwas schwer und grau, und ein Gleiches gilt auch von dem Gesammteindruck, mit Ausnahme der klaren Landschaft. Die Durchführung der Einzelheiten, namentlich der reichen Gewänder ist indess an Sorgfalt und Meisterschaft noch durchaus der alten Schule würdig. Leider hat der obere Theil des Bildes sehr gelitten. Das Bildniss des Stifters, des Abts Arnold Streyters und anderer Mitglieder seiner Familie, auf den Flügeln, sind von Verdienst. Nach diesem Bilde rührt sicher auch ein anderes, in derselben Gallerie (No. 397), welches denselben Gegenstand behandelt, sowie noch einige, minder bedeutende von ihm her. Auch ein drittes, denselben Gegenstand darstellendes, Bild in der Sammlung des Prinzen Gemahl in Kensington (No. 34) dürfte meines Erachtens von seiner Hand sein.

Auf viele Maler übte Hans Memling einen ähnlichen Einfluss aus, wie in der früheren Zeit Rogier van der Weyden der ältere. Sie trachteten danach, und zwar meistens mit gutem Erfolg, der religiösen Gefühlsweise der Zeit einen würdigen Ausdruck zu geben. Derselbe ist weit mehr fein und zart, öfter mit der Beimischung

---

[1] Näheres in meiner Notiz im Kunstblatt von 1847. S. 171. — [2] Catalog des Museums von Antwerpen vom Jahr 1847. S. 30. — [3] Eine Inschrift darauf in lateinischer Sprache, welche van Hasselt (Recherches sur trois peintres flamands Anvers 1849) giebt, besagt, dass, auf Bestellung des Arnold Streyter, Abts der Kirche zu Tongerloo, Goswin van der Weyden, im Alter von 70 Jahren, in Nachahmung der Kunst seines, mit dem Beinamen Apelles begabten, Vorfahren Rogier im Jahr des Heils 1535 dieses Bild gemalt, und darauf auch sein Bildniss angebracht hat.

eines Anklanges von Wehmuth, als energisch. Die Züge sind häufig
selbst schön, aber in den weiblichen Köpfen etwas einförmig. Die
Gesammtstimmung der Färbung wird lichter und kühler, und im
Fleisch öfter violettlich, die Luftperspective ist mit mehr Feinheit
ausgebildet, der Vortrag weicher, aber noch sehr in das Einzelne
gehend, besonders in Ausbildung landschaftlicher Hintergründe,
worauf noch mehr Gewicht gelegt wird, als bisher. Die namhaftesten Meister dieser Richtung sind:

Gerhart Horebout,[1] wahrscheinlich um 1475 geboren, wird
schon von van Mander als ein ausgezeichneter Maler erwähnt, und
einige Bilder von ihm angeführt, welche indess leider jetzt verschollen sind. Er war aber zugleich von einer ausserordentlichen
Thätigkeit als Miniaturmaler. Das früheste Denkmal dieser Art sind
mehrere Miniaturen in einem, im britischen Museum befindlichen,
Gebetbuch, welches von einem Fr. de Rojas der Königin Isabella
von Castilien verehrt wurde, und zwischen den Jahren 1496 und
1504 ausgeführt worden sein muss. Bis zum Jahr 1521 schmückte
er verschiedene Bücher mit Miniaturen für Margaretha von Oesterreich, Statthalterin der Niederlande und Tante Karl V. Das früheste
derselben, etwa von 1510, in der Bibliothek der alten Herzoge von
Burgund zu Brüssel „Album de Marguerite" genannt, mit Ge-
dichten von dieser Fürstin, enthält dieselbe in Verehrung vor
der Maria als Himmelskönigin. Ausserdem aber erhellt aus den
neuerdings von dem Archivar Pinchard bekannt gemachten Rechnungen, dass er noch zwei Gebetbücher (Horarien) für dieselbe
Fürstin mit Miniaturen verziert hat: Eins derselben, sagt Harzen,
lässt sich auf das berühmte Gebetbuch Karl V. beziehen, das unter
den Cimelien der k. k. Hofbibliothek zu Wien aufbewahrt wird,
ein Bändchen in schmal Duodez, mit trefflichen Miniaturen von
vollendetster Ausführung, welches etwa um 1517 fallen muss. Wegen
der grossen Uebereinstimmung dieser Miniaturen mit denen in dem
berühmten Brevier Grimani in der Bibliothek des heiligen Marcus
zu Venedig, ist nun Harzen zu der Ueberzeugung gelangt, dass
Gerard Horebout als Haupturheber derselben zu betrachten, und
dass er unter dem Gerhart von Gent zu verstehen sei, welcher als

---

[1] Ich folge hier in Allem, was die Lebensumstände und die Thätigkeit dieses
Künstlers als Miniaturmaler betrifft, dem schon oben angeführten, trefflichen
Aufsatz von Ernst Harzen, wo auch die Beweise für die einzelnen Thatsachen mit
der Sachkenntniss und dem feinen Urtheil gegeben sind, welchen man in allen
Schriften desselben begegnet.

einer der drei Urheber der Miniaturen in demselben von dem Anonymus des Morelli angegeben wird.[1] Da das Brevier sich schon im Jahr 1521 im Besitz des Kardinal Grimani befand, zu der Ausführung der Bilder, auch bei der unzweifelhaften Theilnahme verschiedener Hände, mehrere Jahre erforderlich sein mussten, dürfte die Ausführung wohl nicht später als etwa vom Jahr 1510 an, in Angriff genommen worden sein. In jenen anderen Händen vermuthet Harzen mit grosser Wahrscheinlichkeit mehrere Schüler des Horebout, zunächst eine Tochter, von welcher Dürer in dem Tagebuch seiner Reise in den Niederlanden sagt: „Meister Gerhart der Illuminist hat eine Tochter, bei 18 Jahr alt, die haist Susanne, die hat ein Plätlein illuminirt, ein Salvator, dafür hab ich geben ein Gulden, ist ein gross Wunder, das ein Weibsbild also viel machen soll."[2] Dann zwei Söhne, welche in jenen von Pinchard veröffentlichten Rechnungen, ausdrücklich als Maler erwähnt werden, endlich einen Schüler, Namens Simon Bening, der als Miniaturmaler zu grossem Ruhm gelangte. Ich gestehe freilich, dass mir, nachdem ich jenes Gebetbuch Karls V. im Herbst des Jahrs 1869 in Wien gesehen, dasselbe, als Ausgangspunkt für die Beweisführung Harzens die Miniaturen in jenem Brevier dem Horebout beizumessen, doch bedenklich erscheint. Ich kann nämlich in die grosse Bewunderung der darin enthaltenen Miniaturen nicht einstimmen. Die Mehrzahl derselben muss ich vielmehr für mittelmässig halten, selbst die besten aber stehen noch weit unter den schönsten Miniaturen jenes Breviers, obwohl eine gewisse Aehnlichkeit nicht zu verkennen ist. Dagegen trete ich ihm ganz bei, dass die, in einem Manuscript des hortulus animae (Denis I. No. 3186) derselben Bibliothek befindlichen Miniaturen, in welchen er ebenfalls die Hand des Horebout erkennt, nicht blos in der Weise, sondern auch im Kunstwerth, mit denen in jenem Brevier durchaus übereinstimmen. Dasselbe soll nach ihm auch mit einem Psalterium und Offizium in drei Foliobänden in der vaticanischen Bibliothek der Fall sein.

[1] Die Theilnahme des als zweiten Mitarbeiter an den Miniaturen in jenem Brevier von dem Anonymus genannten Liewin von Antwerpen, in welchem Harzen gewiss richtig mit Passavant den ziemlich späten Liewin de Witte erkennt, dürfte, nach Harzen, sich auf die in Braun und Gold ausgeführten Umrahmungen beschränken, da Liewin, nach van Mander, besonders geschickt in der Architektur war. Die Nennung Memlings an jener Stelle, als dritten Mitarbeiter, möchte, nach Harzens Ansicht, von dem Verkäufer des Missals an den Kardinal Grimani geschehen sein, um dasselbe ihm ansehnlicher zu machen, da er, wie aus dem Umstande hervorgeht, dass er mehrere Bilder des Memling besass, ein grosser Bewunderer von ihm war. [2] S. Reliquien von Albrecht Dürer S. 117.

Ausserdem führte Horebout auch gelegentlich Cartons für Glasgemälde aus. Später, wahrscheinlich nicht lange nach dem Jahr
1521, trat er als Hofmaler in die Dienste des Königs Heinrich VIII.
von England,[1] wo er im Jahre 1538 sicher noch am Leben war.
Von diesem Meister, dem muthmasslichen Horebout, als Miniaturmaler sagt van Harzen sehr richtig: „Seine Compositionen, frei und
ungezwungen, zeigen, wie der Künstler mit Leichtigkeit den Stoff
beherrscht; sie zeichnen sich aus durch vorzügliche Köpfe, männlichen, mit Charakter, weiblichen, mit Anmuth begabt, und bei
ernsterem Vorwürfen, wie in der Feier der Todtenmesse, in der
bussfertigen Magdalena, der schmerzensreichen Mutter Gottes, erhebt
er sich mit gesteigertem Ausdruck zum Hochpoetischen und Erhabenen. Zieht man noch seine Profandarstellungen in Betracht,
wie etwa die Monatsfolge des Breviars, wo er die Mühen des Land-
manns, die bürgerliche Haushaltung, das Jagd- und Festleben der
höheren Stände so geistreich und lebendig schildert, so erstaunt
man über die Vielseitigkeit seines Talents, wie über seine unerschöpfliche Erfindungsgabe. Unermessliche Landschaften, reich und
mannigfaltig, rollt er vor den Augen auf, folgend den Gesetzen
der Luftperspective.“

Alle diese Eigenschaften besitzen nun auch verschiedene, mit
den in jenem hortulus animae und jenem Brevier befindlichen Miniaturen in allen Stücken so sehr übereinstimmende Oelgemälde, dass ich
nicht anstehen kann, sie demselben Künstler beizumessen. Nur bemerke ich, dass er in der Zeichnung des Nackten, bei grösseren Verhältnissen, minder zu seinem Vortheil erscheint, und dass er, in den
augenscheinlich früheren dieser Gemälde, seinem offenbaren Vorbilde,
Hans Memling, in einem kräftig bräunlichen Ton, noch näher steht,
später aber mehr zu einem kühlen und in den Farben gebrochenen
Ton übergeht, welchen Harzen auch als charakteristisch, und als
ihn von Memling unterscheidend, an seinen Miniaturen hervorhebt.

Eins der frühsten, so wie der vorzüglichsten dieser Bilder ist
ein kleiner Altar mit Flügeln im Besitz des Kunsthändlers Artaria
zu Wien. Die Mitte enthält den Erzengel Michael im weissen
Untergewande und sehr weitem, purpurrothem Mantel mit saftgrü-
nem Futter, in der Linken ein silbernes Schild, in der Rechten ein
Kreuz mit langer Stange, womit er sieben Teufel in den Abgrund

---

[1] S. hierüber van Mander Bl. 128 a, und H. Walpole, Anecdotes u. s. w. 1762.
Th. I. S. 56.

stürzt. Sein Kopf ist eben so schön in den Formen, als edel und
ruhig im Ausdruck. In der Luft sieht man den sogneaden Gott
Vater und drei Engel, welche ebenfalls mit Kreuzen Teufel herab-
stürzen. Auf dem rechten Flügel der heil. Hieronymus als Kardinal,
welcher ein Kreuz von ähnlicher Form hält, auf dem linken der
heil. Antonius von Padua mit einem einfachen Kreuz von Holz, und
einem Buche, worauf das Christuskind knieet. Den Hintergrund
bildet durchweg eine felsigte Landschaft. Diesem ganzen Inneren
scheint die Idee der Verherrlichung des Kreuzes zum Grunde zu
liegen. Auf den Aussenseiten der Flügel ein Heiliger in der Rüstung
mit einem grossen Bogen und einem Pfeil, und eine Heilige mit
einem Kinde an der Hand, welches zwei Nägel hält, und einem
aufgeschlagenen Buche. Hintergrund beider eine viereckige Nische.
Alle Köpfe zeigen ein lebhaftes Gefühl für Schönheit, die Gestalten
sind schlank und edel, die Falten der Gewänder von sehr reinem
Geschmack, die Hände sehr gut gezeichnet und bewegt, die Behandlung fleissig, aber frei. Man gewahrt durchweg einen starken Einfluss des Memling, indess ist der, übrigens kräftigbräunliche, Fleischton
bei den Figuren des Inneren violettlicher, als bei jenem.

Ein ansehnliches Altarbild im Museum zu Rouen. Die thronende
Maria mit dem Kinde von vielen weiblichen Heiligen, und vier
musicirenden Engeln, von grosser Schönheit, umgeben. Vorn das
vortreffliche Bildniss des Stifters und die Bildnisse mehrerer Frauen.
Von grosser Wärme und Kraft des Tons, und sehr fleissiger Ausführung.[1] — Die Abnahme vom Kreuz, vormals das Bild des Mabuse
in der Sammlung des Königs der Niederlande, jetzt in der des
Herrn Dingwall in London. Die Taufe Christi im Museum von
Brügge (No. 10) irrig Memling genannt. Auf den inneren Seiten
der Flügel der Stifter und seine Familie mit zwei Schutzheiligen,
auf den äusseren Maria mit dem Kinde und eine kniende Frau
mit ihrer Tochter, in Verehrung. Durch die edlen Köpfe, die höchst
ausgebildete Landschaft sehr anziehend.[2] Leider theilweise stark
verwaschen! Die Kreuzigung im Museum zu Berlin (No. 573), bisher
irrig Mabuse genannt. Von wahrem und tiefem Schmerz in den

[1] Ich trete hier der Ansicht von Cavalcaselle bei, S. d. a. W. S. 276 f. —
[2] Schon in meinem Aufsatz von 1847 im Kunstblatt hielt ich dieses und die meisten anderen der hier aufgeführten Bilder von der Hand eines der Maler des
Breviers Grimani. S. No. 53. S. 211. Wie nahe übrigens Horebout dem Memling
steht, geht daraus hervor, dass selbst ein Kenner wie Passavant jene Taufe für
Memling hält. Eine treffliche Photographie von diesem Bilde von Firmin.

Frauen; in der reichen Landschaft von feinem, kühlen Ton
und ungewöhnlich ausgebildeter Luftperspective. — Die Anbetung
der Könige in der Pinakothek zu München, No. 45, dort irrig
Jan van Eyck genannt. Ein schönes, leider in einigen Theilen durch
Retouchen entstelltes Bild. — Derselbe Gegenstand, doch kleiner
und in der vereinfachteren Composition mit dem Bilde in jenem
Brevier stimmend.[1] Das Gegenstück, eine Beweinung Christi. Beide
im Besitz des Herrn Green zu Hadley in der Nähe von Barnet in
England, und beide von grosser Zartheit in den Köpfen und einem
feinen, kühlen Ton. Die Wurzel Jesse in der Sammlung des Sir
Culling Eardley.[2] Unten die thronende Anna von zwei Engeln
umgeben, welche musiciren; zu ihren Füssen Maria mit dem Kinde.
Zu den Seiten der Stifter mit Aaron, und die Stifterin mit David.
Darüber auf Goldgrund der Stamm Jesse. Sehr fein in den Köpfen,
edel im Gefühl, zart in kühlem Silberton.

Von einer ganz anderen Seite zeigt sich dieser Meister in zwei
Bildern der Sammlung der Akademie in Brügge,[3] (No. 20 u. 21),
deren eines den König Cambyses darstellt, wie er den bestechlichen
Richter verdammt, das andere, wie dieser die Strafe des Schindens
erleidet. Beide befanden sich früher im Rathhause zu Brügge.
Das erste ist mit dem Jahr 1498 bezeichnet. Ein genauer, ganz
in der Nähe angestellter Vergleich mit der obigen Taufe Christi
lässt hier denselben Charakter der Köpfe, der Landschaft und der
Pinselführung erkennen, wie verschieden auch bei der gewöhnlichen
Betrachtung aus der Ferne jene Bilder von einander erscheinen.[4]
Der ungleich kräftigere Farbenton derselben rührt daher, dass sie
der etwas früheren Zeit des Meisters angehören und nicht verwaschen
sind. In der Art wie hier jene Strafe mit der grössten Wahrheit
ganz im Einzelnen ausgeführt ist, erscheint der Realismus schon in
einer sehr widrigen Ausartung.

Jan Mostaert, geboren zu Haarlem 1474, gestorben ebenda 1555

---

[1] Passavant hielt dieses Bild wegen der darauf befindlichen Buchstaben A. W.
für Liewin de Witte (Kunstblatt von 1841. S. 39), wobei mir indess immer das A
einen Anstoss gab. S. a. a. O. Schon früher (Treasures IV. S. 279) hielt ich dieses
Bild von der Hand des Meisters der Taufe Christi, wohin sich auch Cavalcaselle
neigt, und ausser Liewin de Witte auch Horebout als einen Meister nennt, von
dem es vielleicht herrühren könnte. S. S. 362 ff. Vergl. auch S. 276. — [2] Näheres
Treasures Tom. IV. S. 279 f. Von diesem Bilde giebt es, wie Harzen bemerkt,
einen alten Stich, den Bartsch Th. VI. S. 58, No. 13 unter dem Monogramm 328 beschreibt. — [3] Im Catalog jener Sammlung vom Jahr 1845 werden diese Bilder dem
Anton Claeyssens beigemessen, welcher erst im Jahr 1613 starb. — [4] Nachforschungen im Archiv des Rathhauses dürften vielleicht zur Ermittlung des Meisters
führen.

oder 1550, schliesst sich in der Gefühlsweise, wie in dem grossen
Gewicht, welches er auf die Ausbildung der Landschaft legt, dem
vorigen Meister eng an. Ausser den Bildern religiösen Inhalts,
worin er sich in so später Zeit ein edles und reines Gefühl erhielt,
war er nach dem Zeugniss des van Mander auch ein sehr beliebter
Bildnissmaler. Die einzigen beglaubigten Gemälde von ihm sind
auch zwei Bildnisse in dem Museum zu Antwerpen, welche sich
durch einen warmen und klaren Ton und eine gewisse Weiche in
der fleissigen Behandlung auszeichnen.[1] Ein anderes Bild desselben
ebenda (No. 89), welches die Maria mit dem Kinde von vier Engeln
umgeben, drei Propheten und zwei Sibyllen mit Spruchbändern,
worauf ihre Weissagungen von der Maria als Gottesgebärerin stehen,
darstellt, spricht sich ein gewisser Sinn für gefällige, wenn gleich
meist portraitartige Züge, aus. Für das bedeutendste Werk dieses
Meisters halte ich eine Maria als Schmerzensmutter in der Kirche
Notre Dame zu Brügge.[2] Der Ausdruck des Schmerzes in den
edlen Zügen ist von grosser Tiefe. Die Compositionen der sieben
Schmerzen der Maria in kleinen Bildern umher sind theilweise sehr
schön. Das umfangreichste Werk von ihm ist indess wohl ein
grosses Altarbild mit Flügeln in der Marienkirche zu Lübeck,
dessen Mitte die Anbetung der Könige, das Innere der Flügel die
Geburt und die Flucht nach Aegypten darstellen. Maria hat hier
immer die schönen Züge und den Ausdruck reiner Frömmigkeit,
welcher die weiblichen Köpfe des Mostaert so anziehend macht.
Zwei der Könige sind dagegen offenbar Bildnisse der Stifter. Besonders reich und fleissig sind die landschaftlichen Hintergründe
ausgebildet.[3] Von den von ihm in England befindlichen Bildern,
führe ich hier nur die Grablegung bei dem Prediger Heath zu Enfield unweit London an.[4]

Jan Gossaert, genannt Jan von Mabuse von seiner Vaterstadt
Maubeuge, wo er wahrscheinlich, etwa um 1470 geboren worden
ist, kommt für die Kunstweise der späteren Eyck'schen Schule nur
in den vor seiner, wahrscheinlich in das Jahr 1513 fallenden, Reise
nach Italien, ausgeführten Bildern, in Betracht. Bis dahin ist er

[1] Nach daran befindlichen Wappen wurden sie früher irrig für die der Jac-
queline von Baiern (stirbt 1436) und ihres Gemahls F. van Borselen (stirbt 1470)
ausgegeben. — [2] Von dieser hat Fierlants eine besonders gelungene Photographie
gemacht. Nachrichten über sonstige Werke dieses Meisters in meiner Notiz im
Kunstblatt von 1847, No. 55. — [3] Näheres darüber im Kunstblatt von 1846, No. 29.
— [4] Näheres darüber Treasures Th. IV. S. 313. In demselben Werk habe ich
auch von anderen Bildern dieses Künstlers in England Rechenschaft gegeben.

unbedingt einer der ausgezeichnetsten Maler in derselben. Er componirt mit vieler Einsicht, ist ein tüchtiger Zeichner, ein warmer
Colorist, von einer seltnen Meisterschaft der Malerei, und einer Gediegenheit in der Durchbildung aller Theile, welche von wenigen
seiner Zeitgenossen erreicht wird. Nur fehlt es ihm an einer gewissen Wärme des religiösen Gefühls. Weit sein Hauptwerk aus
dieser Epoche ist eine, mit seinem Namen bezeichnete, Anbetung
der Könige in Castle Howard, dem Landsitze des Grafen von
Carlisle im nördlichen England, eine reiche Composition von grossem
Umfange und trefflich erhalten.[1] Nächstdem ist ein Bild mit der
Legende des Grafen von Toulouse, der als Pilger nach Jerusalem
wallfahrtete, bei Sir John Nelthorbe auf dessen Landsitz Scawby
in Lincolnshire, wegen der grossen Wahrheit, wie der Vorgang dargestellt ist, hervorzuheben.[2] Auch zwei Bilder im Museum von
Antwerpen, Maria trauernd mit Johannes und anderen Frauen,
und die gerechten Richter, eine Gruppe von Reitern (No. 55 u. 56),
endlich die Bildnisse der Kinder Heinrich VII. zu Hamtoncourt[3]
verdienen erwähnt zu werden.

Gegen das Ende des 15. Jahrhunderts wird Antwerpen, in Folge
des Handels, welcher sich von Brügge dorthin gezogen hatte, für
lange Zeit der Hauptmittelpunkt der Kunst und namentlich der Malerei in den Niederlanden. Gleich jetzt begegnen wir hier dem
grössten belgischen Maler seiner Zeit, Quentin Messys, oder
richtiger Massys.[4] Er wurde aus einer in Antwerpen schon
länger ansässigen Malerfamilie, wahrscheinlich um 1460, geboren,
betrieb aber, bevor er Maler wurde, das Handwerk eines Schmieds,
und starb im Jahr 1530 oder 1531. Er bezeichnet recht eigentlich
den Schluss dieser, und den Anfang der nächsten Epoche. In einer
Anzahl von Bildern, welche heilige Gegenstände darstellen, findet
sich, bei wenig Sinn für eigentliche Schönheit der Formen, eine
Feinheit der Gesichtszüge, eine Schönheit und Innigkeit des Gefühls,
eine Zartheit und Klarheit der Farbe, eine Meisterschaft der sorgfältigen Vollendung, welche die religiöse Stimmung des Mittelalters
am Ende desselben noch einmal in würdigster Weise anklingen
lässt. Auch in seinen Gewändern herrscht ein zartgebrochener, nur

---

[1] S. Treasures T. III. S. 320 f. Eine gute Photographie hievon hat Colnaghi
in London herausgegeben. — [2] S. Treasures T. IV. S. 307. — [3] S. Treasures
T. II. S. 364. — [4] S. über alle obige historische Nachrichten von diesem Meister
den Catalog des Museums von Antwerpen von 1857, S. 42 ff. und meine Notiz im
Kunstblatt von 1847. S. 202.

ihm eigenthümlicher Ton von wunderbarem Reiz. In den Hintergründen, meist bergigte Landschaften, findet sich eine zarte Beobachtung der Luftperspektive in einem bläulichen Ton vor. Dagegen gefällt er sich schon in Bildern dieser Art in Nebenfiguren, z. B. in Henkersknechten, sehr derbe und geschmacklose Karrikaturen hervorzubringen; er malt aber vollends bisweilen mit sichtbarem Behagen und grossem Erfolg Gegenstände, welche lediglich dem gemeinen Leben entnommen sind, besonders Geldwechsler, gelegentlich auch ein liebendes Paar, oder eine scheussliche Alte. Von den meisten anderen niederländischen Malern seiner Schule unterscheiden sich die Bilder seiner späteren Zeit noch dadurch, dass seine Figuren dreiviertel, oder auch völlig lebensgross sind.

In seinen früheren Bildern sind seine Fleischtöne warm röthlich, die Farben seiner Gewänder ebenfalls ungemein tief und kräftig. Erst in den späteren tritt ein heller, klarer und fein gebrochener Ton ein, und liebt er auch in den Gewändern zartgebrochene Schillerstoffe. Endlich ist darin auch das Helldunkel sehr ausgebildet, die Modellirung höchst vollendet.

Die echten Bilder von ihm sind überhaupt äusserst selten. Aus seiner früheren Zeit ist mir sogar kein einziges beglaubigtes Werk bekannt. Wegen der Verwandtschaft im Gefühl, in den Charakteren und in der Behandlung mit den ganz sicheren, späteren Gemälden, bin ich indess zu der Ueberzeugung gelangt, dass folgende Bilder aus dieser früheren Zeit von ihm herrühren.[1]

Eine Maria mit dem Kinde von drei Engeln umgeben mit der Durchsicht in eine Landschaft. Von erstaunlicher Gluth und Tiefe der Farbe, im Museum zu Antwerpen, No. 107.

Ein kleines Altarbild mit Flügeln, früher in der bekannten Sammlung des Herrn Aders in England, jetzt ebendort im Besitz des Herrn Green zu Hadley bei Barnet, unweit London, dessen Mitte Maria mit dem Kinde von vier weiblichen Heiligen umgeben, die Flügel die beiden Johannes enthalten. Im Hintergrunde eine Landschaft, worin eine Kirche. Obwohl in diesem Bilde die Köpfe meist von hässlichen Formen, herrscht darin doch eine Reinheit des religiösen Gefühls, eine Poesie, und ist die sorgfältigste Ausführung so meisterhaft, dass es in einem hohen Grade anspricht.[2] —

[1] Vergl. auch meine Notizen im Kunstblatt von 1847 S. 202. [2] Näheres in meinen Treasures Th. II. S. 460.

Waagen, Handb. d. Malerei. I 10

Eine Maria mit dem Kinde in einem weissen Hemdchen, welches mit
einem Rosenkranz spielt, in der Königl. Gallerie zu Brüssel, No 377.

Aus der mittleren Zeit dürfte die Maria und das Kind, welche
sich küssen, im Museum zu Berlin (No. 561) sein. Die Empfindung ist hier von grosser Kindlichkeit und Reinheit, die Zeichnung
und die Modellirung, in einem schon helleren, doch immer noch
warmen Ton, höchst meisterhaft, die Luftperspektive des landschaftlichen Hintergrundes sehr zart.

Diesem steht in manchem Betracht sehr nahe ein Altarblatt,
welches ursprünglich in der Kathedrale von Brügge, nachmals in
der Sammlung des Königs der Niederlande Wilhelm II., jetzt in
der Kaiserlichen Sammlung in St. Petersburg befindlich ist, und
Maria mit dem Kinde in der Herrlichkeit auf dem Halbmonde darstellt, wie sie von zwei Sibyllen, deren eine den Kaiser Augustus
empfiehlt, von Propheten und dem König David verehrt wird. Oben
erscheint Gott Vater von vier Engeln umgeben. Die Composition
hat etwas Zerstreutes, doch die Köpfe der Frauen, besonders der
einen Sibylle, sind sehr lieblich. Unter den Männern ist der Kaiser
Augustus ein herrlicher Kopf vom edelsten Ausdruck.

Zunächst ist das grosse und schöne Altarblatt mit Flügeln in
der Kathedrale von Löwen zu nennen. Das Hauptbild, eine reiche
Composition, stellt in der Mitte die heiligen Anna und Maria mit
dem Kinde, umher die anderen Verwandten der heiligen Familie,
vier Männer, drei Frauen und sieben Kinder dar, welche, wie das
Christkind, sämmtlich bekleidet sind. Den Hintergrund bildet eine
schöne bergigte Landschaft, welche auch auf den rechten Flügel
übergeht, worauf Joachim dargestellt ist, wie ihm bei den Hirten
der Engel erscheint und ihm die Geburt eines Kindes verheisst.
Der linke Flügel enthält den Tod der heiligen Anna, welche von
Maria und einer anderen Frau, von Joachim und Joseph umgeben,
von Christus eingesegnet wird. Auf der Aussenseite des rechten
Flügels übergiebt die heilige Anna, von Joachim begleitet, dem
Priester einen Kasten, auf der des linken, Joachim, wegen der Un-
fruchtbarkeit seiner Ehe vom Priester aus dem Tempel gewiesen.
In diesem herrlichen Werk ist die feine und edle Eigenthümlichkeit
des Meisters bereits völlig ausgebildet. Die Köpfe sind von zartem
und innigem Gefühl, der Gesammtton licht, die Farben der Gewänder, worin besonders ein feines Grau vorwaltet, mit grosser
Meisterschaft gebrochen und modellirt. Keins der anderen grösseren

Bilder des Meisters steht dem folgenden so nahe. Indess beweist die etwas mindere Luftperspektive in der Landschaft, die etwas geringere Modellirung der Köpfe, dass es um etwas früher fällt.

Das noch vorhandene Hauptwerk aus der Zeit seiner vollen Kunsthöhe ist ein, im Jahr 1508 von der Gilde der Tischler bei ihm bestelltes, Altarbild mit Flügeln, vordem im Dom zu Antwerpen, jetzt im dortigen Museum (No. 46—56). Das Mittelbild stellt die Beweinung des Leichnams Christi dar. In der Mitte die knieende Mutter Maria, welche, von Johannes unterstützt, im tiefsten Schmerz ihren, von Nicodemus und Joseph von Arimathia gehaltenen, todten Sohn betrachtet, während Magdalena, Maria Salome und Maria Alphaei, schmerzbewegt, sich anschicken, den heiligen Leib mit Schwämmen zu waschen und zu salben. Ein anderer Mann mit einem Turban hält die Dornenkrone. In der reichen Landschaft des Hintergrundes sieht man Jerusalem, Golgatha und das heilige Grab. In der Mannigfaltigkeit der Abstufung eines gottergebenen Schmerzes in den Köpfen ist dieses Werk ebenso wunderbar, als in der feinen Haltung des Ganzen und der gleichmässigen und hohen Vollendung aller einzelnen Theile. Auf dem rechten Flügel sieht man Herodes mit der Herodias beim Gastmahl und ihre Tochter Salome, welche das Haupt des Johannes in einer Schüssel herbeigebracht hat, und im Hintergrunde dieselbe, wie sie vom Henker dieses Haupt empfängt, auf dem linken Flügel Johannes den Evangelisten in dem Kessel mit siedendem Oel, dessen Feuer von den Henkersknechten geschürt wird. Im Hintergrunde der Kaiser Domitian zu Pferde und einige Soldaten. Das geistige Interesse dieser Flügel ist ungleich geringer, als das des Mittelbildes, die Gemeinheit und Verworfenheit der Henker geht selbst in eine widrige Gemeinheit und Roheit über. Auf den Rückseiten, grau in grau, Johannes der Täufer mit dem Lamme und Johannes der Evangelist mit dem Becher, woraus die Schlange emporsteigt.

Derselben Zeit der grössten Vollendung, wie die beiden letzten Bilder, gehören auch zwei Darstellungen der Magdalena in halber Figur, mit landschaftlichem Hintergrunde an, von denen die eine sich ebenfalls im Museum von Antwerpen (No. 41), die andere, vormals in Corshamhouse, dem Sitz der Familie Methuen in England, jetzt in der gewählten Sammlung des Baron James Rothschild in Paris befindet.

Von Quentin Massys rührt auch ursprünglich ein heiliger Hieronymus her, welcher in seinem, reich mit Büchern und sonstigen Hausrath ausgestatteten, Zimmer auf einen Todtenkopf weist, und als Memento mori von mehr oder minder geschickten Malern sehr häufig wiederholt worden ist. Das ursprüngliche und unzweifelhafte Original aller dieser Bilder von Q. Massys befindet sich in der gewählten Sammlung des Grafen d'Arrache zu Turin.

Das einzige mir bekannte, Beispiel, dass dieser Meister auch einen geschichtlichen Gegenstand behandelt hat, ist eine, irrig dem älteren Lucas Cranach beigemessene, Lucretia in der Gallerie zu Wien. Das tiefe Gefühl im Kopfe, die Transparenz in den Schatten, die ausserordentliche Gluth in dem rothen Mantel, die zarte Vollendung, sprechen hier für ein Werk aus seiner besten Zeit.

Zu seinen eigenthümlichsten und anziehendsten Bildern gehören aber halbe Figuren von Christus und Maria, welche schon in seiner Zeit sehr angesprochen haben müssen, indem er sie verschiedentlich wiederholt hat. Zwei Köpfe der Art von wunderbarer Zartheit in Gefühl, Farbe und Ausführung befinden sich im Museum zu Antwerpen (No. 42 und 43), zwei andere, von gleicher Schönheit, nur dass der Christus etwas schwerer im Ton ist, aus der Sammlung des Königs der Niederlande, in der Nationalgallerie zu London.

Von seinen Genrebildern ist das, unter dem Namen „die beiden Geizhälse“ bekannte, in Windsorcastle das berühmteste (Fig. 27). Weder dieses, noch die anderen, mir bekannten Exemplare dieser Composition kann ich indess für das, wahrscheinlich verlorene, Original, sondern nur für Wiederholungen, in der Mehrzahl von seinem Sohn Jan Massys halten. [1] Ein echtes und bezeichnetes Bild dieser Art ist ein Geldwechsler, welcher Gold wiegt, von einer ungemeinen Feinheit im Louvre (No. 279). [2]

Cornelius Engelbrechtsen, geboren zu Leyden 1468, gestorben 1533, weicht in dem einzigen beglaubigten Werke von ihm, einem Altarbilde im Rathhause zu Leyden, dessen Mittelbild die Kreuzigung, die Flügel in der bekannten symbolischen Beziehung, das Opfer des Abraham und die Errichtung der ehrnen Schlange, die Altarstaffel den durch Christi Tod wiederzubelebenden todten Adam vorstellt, sehr von den obigen Meistern ab. In den Köpfen der Frauen von länglichen Ovalen und geraden spitzen Nasen, herrscht ein gefälli-

---

[1] Eine genaue Prüfung auf der Ausstellung in Manchester im Jahr 1857 hat mich hievon überzeugt. — [2] Ich habe mich später, gegen mein früheres Urtheil (Kunstwerke und Künstler in Paris S. 541), von der Echtheit überzeugt.

ger, doch einförmiger Typus, die Fleischfarbe ist warmbraun, aber schwer, die Umrisse hart, die Wirkung bunt, die Zeichnung mässig.

In Brüggo wird jene religiöse Gefühlsweise in der vaterländischen Kunstform von einzelnen Meistern noch bis an das Ende des 16. Jahr-

Fig. 27.

Die beiden Geizhälse von Quentin Massys

hunderts, wenn gleich mit ungleich weniger Geist und Geschick, festgehalten. Der namhafteste Maler in dieser Kunstrichtung ist Peter Claeissens, von dem ein grosses, mit dem Jahr 1608 bezeichnetes Bild, Maria, das Kind, Gott Vater, Engel und die Stifter, sich im Hospital der Potterie in Brüggo befindet.

Hieronymus Agnen, gewöhnlich nach seinem Geburtsort Herzogenbusch, Hieronymus Bosch genannt, gestorben 1518, verzerrte das phantastische, in der Schule befindliche Element, zum Gespensterhaften und Diabolischen, und wurde mit vielem Talent der Schöpfer dieser Gattung, welche, wie wir sehen werden, noch andere Meister fortsetzten. Ein grosses jüngstes Gericht von ihm befindet sich in der Sammlung der kaiserlichen Akademie der Künste in Wien, ein anderes in vielen Theilen damit übereinstimmendes, im Museum zu Berlin (No. 563), eine Versuchung des heiligen Antonius im Museum zu Antwerpen (No. 41). Die Technik ist bei ihm noch die alte, die Ausführung scharf und fleissig.

Eine ganz verschiedene Richtung schlug der folgende Künstler ein.

Luc Jacobsz, genannt Lucas van Leyden, geboren 1494, gestorben 1533, der Schüler des Engelbrechtsen, ein Künstler von sehr vielseitigen Fähigkeiten, und sehr früher Entwicklung, welcher trefflich in Oel, in Leimfarben und auf Glas malte, zeichnete, und in Kupfer stach, führte die, in so edler Weise von Hubert van Eyck eingeschlagene Richtung des Realismus in Behandlung heiliger Gegenstände, auf das Wiedergeben derselben durch die gewöhnlichsten Gesichtsbildungen, so wie der Art von Umgebung, welche man genrehaft nennt, herab und sank somit tief von jener grossen Höhe herunter. Uebordem sind seine Köpfe meist noch von sehr hässlichen und einförmigen Zügen mit langen trocknen Nasen und geschwollenen Oberlippen, seine Motive gewaltsam und manierirt, die Falten seiner Gewänder lahm und lappig, der Ausdruck seiner Köpfe meist gleichgültig und reizlos. Indess sagte seine Kunstform dem Sinne der Zeit zu, und fand, durch die ausserordentliche Meisterschaft, womit sie, besonders in seinen Kupferstichen, ausgebildet ist, bei den Künstlern eine sehr zahlreiche Nachfolge. In Vorgängen aus dem gemeinen Leben ist er oft voll Wahrheit und Feinheit der Naturbeobachtung und zeigt gelegentlich auch einen derben Humor. Nichts war dagegen seinem Kunstnaturell fremder, als das Gebiet der Allegorie. Wenn sich hiezu noch die Nachahmung italienischer Kunst gesellt, wie bei seinen, im Jahr 1530 gestochenen, Eigenschaften, des Glaubens, der Hoffnung, der Liebe u. s. w. (No. 127 bis 133 seiner Kupferstiche bei Bartsch), so ist der Eindruck, durch die gemeinen Köpfe, die kurzen Proportionen, die dicken und plumpen Formen der nackten Körper vollends in einem hohen Grade widerstrebend.

Die echten Bilder dieses Meisters sind ebenso selten, als die unechten, welche meistens von anderen Künstlern nach seinen Kupferstichen ausgeführt worden, zahlreich. Die kurze Lebensdauer, die Kränklichkeit seiner letzten Jahre, die grosse Zahl seiner Kupferstiche und der nach seinen Zeichnungen ausgeführten Holzschnitte erklären auch diese Seltenheit hinlänglich.

Das früheste, mir bekannte Werk von ihm befindet sich unter
No. 101—103, als unbekannt, im Museum zu Antwerpen. Es ist
ein Altärchen mit Flügeln, dessen Mittelbild die Maria mit dem
Kinde auf einem Thron und vier Engel, von denen zwei musiciren,
die Flügel, den Kampf des heiligen Georg mit dem Drachen und
den heiligen Christoph darstellen. Hier finden sich schon die eckigen, zu gewaltsamen Verkürzungen neigenden Motive, welche zuerst
bei ihm in der niederländischen Schule vorkommen. In dem sehr
braunen Fleischton sieht man indess noch den Einfluss seines Meisters, C. Engelbrechtsen.

Schon später ist eine Kreuzigung in der Gallerie Lichtenstein zu
Wien (dort irrig Hans von Culmbach genannt). Es ist ein geistreiches
Werk von etwas röthlichem Fleischton, und jener zarten Beobachtung
der Luftperspective, welche seine Kupferstiche so sehr auszeichnet.

Ungefähr aus derselben Zeit ist ein Bild in derselben Gallerie,
welches die Einsiedler Paulus und Antonius in der Wüste vorstellt,
denen ein Rabe ein Brod bringt. Die Landschaft ist hier sehr
durchgebildet. Das jüngste Gericht im Zimmer des Bürgermeisters
auf dem Rathhause zu Leyden. Dieses liefert einen schlagenden
Beweis, wie wenig dieser Künstler Aufgaben solcher Art gewachsen
war, und wie tief die Kunst für die Auffassung von dergleichen
seit der Zeit des Memling gesunken war. Die grosse Fläche erscheint nicht allein äusserst leer, die Composition styllos, sondern
auch die Köpfe haben etwas sehr Nüchternes und Dürftiges. Die
sorgfältige Zeichnung kann hiefür nicht entschädigen. Die ursprünglich kräftig bräunliche Fleischfarbe hat sich nur noch in einigen
Theilen der inneren Seiten der Flügel, am meisten aber in dem
Petrus und Paulus erhalten,[1] welche auf den Aussenseiten der
Flügel sitzend mit einem landschaftlichen Hintergrunde dargestellt
sind. Der Paulus ist zugleich würdig im Motiv, wie im Charakter
aufgefasst, während der Petrus ein portraitartiges und ziemlich
gemeines Ansehen hat.

Bei weitem das bedeutendste, mir von ihm bekannte Werk, ist
ein Flügelaltar von ziemlicher Grösse im Besitz des Kunsthändlers
Laneuville zu Paris, worauf die Errichtung der ehernen Schlange
dargestellt ist. Die sehr reiche Composition zerfällt in viele Gruppen

---

[1] Das bleiche Ansehen des Mittelbildes rührt wahrscheinlich von zu starkem
Putzen gelegentlich einer Restauration her, welche im Jahr 1807, als durch die
bekannte Pulverexplosion ein Stück Farbe abgefallen war, vorgenommen werden
musste.

von einer ausserordentlichen Lebendigkeit, und trefflicher Zeichnung,
die Färbung ist von seltner Kraft und Klarheit, die sehr ins Einzelne gehende Ausführung von bewunderungswürdiger Meisterschaft.
Kein anderes Bild rechtfertigt so sehr den grossen Ruf, welchen
dieser Künstler in seiner Zeit genoss, als dieses.

    Unter den vollständig beglaubigten Bildern von ihm nimmt eine
Maria mit dem Kinde, welchem der Stifter von der Magdalena dargestellt wird, in der Pinakothek zu München, Cabinette No. 151,
eine der ersten Stellen ein. Wie van Mander berichtet,[1] ursprünglich ein Diptychon und früher im Besitz von Frans Hooghstraet bei
Leyden, wurde es zu seiner Zeit von Kaiser Rudolph II. erworben.
Jetzt ist es zu einer Tafel umgestaltet, auf deren Rückseite sich
indess noch immer die, früher auf der Aussenseite des Diptychons
vorhandene, Verkündigung Mariä findet. Die Figuren sind, bis auf
das recht lebendige Bildniss des Stifters, von ziemlich gleichgültigem
Ausdruck. Das Fleisch ist von etwas schwachem, die übrigen Farben, besonders das Roth, von kräftigem Ton, die Ausführung fleissig.
Es ist mit dem gewöhnlichen L und dem Jahr 1522 bezeichnet.

    Das bedeutendste, von diesem Meister in einer Gallerie befind-
liche Gemälde ist die Heilung des Blinden in der Eremitage zu
St. Petersburg, eine reiche Composition in bergigter Landschaft,
von warmem Ton und gediegener Ausführung.

    Das vielleicht einzige, noch vorhandene Beispiel seiner, in Leim-
farben auf Leinwand gemalten Bildern, deren er nach dem Bericht
des van Mander, verschiedene ausgeführt, ist in der Sammlung der
kaiserl. Akademie der Künste zu Wien befindlich, und stellt, ziemlich gross, die Sibylle vor, welche dem Kaiser Augustus in der Luft
die heilige Jungfrau mit dem Christuskinde zeigt. Die Composition
ist schön, die Köpfe geistreich, die Verhältnisse der Figuren etwas
lang, die Farben indessen jetzt verblichen.

    Zwei mir von ihm bekannte Bilder aus dem Gebiet der Genre-
malerei beweisen, dass dergleichen der Sphäre seines Talents eigentlich am meisten zusagten. Das eine, Männer und Frauen um einen
Spieltisch, befindet sich in England zu Wiltonhouse, dem Sitz
des Grafen Pembroke, das andere, eine Schachpartie zwischen einem
Mann und einer Frau, von zehn anderen Figuren umgeben, besitzt der
kgl. preussische Gesandte in Wien, Baron v. Werther. Beide Bilder

---

[1] Bl. 136 a.

ziehen durch die lebendigen Köpfe und die meisterliche Ausführung, letzteres auch durch die warme, kräftige Färbung, ungemein an.

Die Geistesart dieses Künstlers und was er vermocht, ist indess ungleich mehr aus seinen zahlreichen, und theilweise mit seltener Meisterschaft ausgeführten Kupferstichen abzunehmen, deren Bartsch 174 aufführt.[1] Zu den ausgezeichnetsten dieser Blätter gehören Esther und Ahasverus (Bartsch No. 31), die Anbetung der Könige (B. No. 37), Christus dem Volk gezeigt (B. No. 71), die Kreuzigung (B. No. 74); bei den beiden letzteren ist die Auffassung schon ganz landschaftlich. Die Rückkehr des verlorenen Sohns (B. No. 78), der Tanz der Magdalena (B. No. 122), und das Milchmädchen (B. No. 158). Der Eulenspiegel B. No. 159) ist mehr durch seine sehr grosse Seltenheit, als durch seinen künstlerischen Werth berühmt geworden. Die Versuchung des heiligen Antonius, B. No. 117 (Fig. 25) ist sehr merkwürdig als das Werk eines fünfzehnjährigen Knaben. Dasselbe gilt auch von der 1509 ausgeführten Passion in neun runden Blättern (B. No. 57—65). Die Kreuzigung ist sogar ungleich besser als meist componirt, besonders die ohnmächtige Maria edel im Motiv, in den Zügen und im Ausdruck. Dagegen ist die Kreuztragung sehr manierirt in den Motiven, der Christus vor Pilatus aber höchst widrig. Die Technik in diesen Blättern verdient indess durchgehends Bewunderung. In jedem Betracht am meisten befriedigend ist endlich sein im Jahr 1520 gestochenes Bildniss des Kaisers Maximilian I. (B. No. 172).

Joachim Patenier, oder richtiger de Paténir, aus Dinant, welcher im Jahr 1515 als Meister in die Malergilde zu Antwerpen aufgenommen, und angeblich 1490 geboren, 1545 gestorben ist, malte in seiner früheren Zeit noch historische Bilder im Geschmack der van Eyck'schen Schule, in der späteren aber in dem des Lucas van Leyden. Dadurch, dass er häufig die Figuren im Verhältniss zu dem landschaftlichen Hintergrunde so verkleinerte, dass jene Nebensache, dieser die Hauptsache, wurde er in den Niederlanden der Urheber der Landschaftsmalerei, als eines besonderen Faches. In seinen früheren Bildern ist er von einem warmen, in seinen späteren von einem kühlen Ton. Seine älteren Landschaften sind meist von phantastischer Erfindung, überladen mit Einzelheiten, hart und bunt und von sehr mangelhafter Perspektive. In seinen späteren herrscht

dagegen nicht nur eine naturgemässere Wiedergabe der Einzelheiten,
sondern auch mehr Gefühl für die Gesammthaltung und damit verbunden eine bessere Beobachtung der Luftperspektive.

Fig. 28.

Die Versuchung Christi, nach einem Kupferstich des Lucas van Leyden.

Als Beispiel seiner früheren Weise als Historienmaler führe ich
hier seine Maria der sieben Schmerzen, welche den sehr mageren
und steifen Leichnam Christi auf dem Schooss hat, in dem Museum
zu Brüssel, an. Mehr als Landschaftsmaler erscheint er in der
Flucht nach Aegypten im Museum zu Antwerpen (No. 75), und

in seiner spätesten Zeit in der Kreuzigung in der Sammlung des
Prinzen Gemahl zu Kensington, unweit London.

Von einer ihm ähnlichen Kunstthätigkeit war Herri de Bles,
der, 1480 zu Bouvignes geboren, wahrscheinlich 1550 zu Lüttich
gestorben ist. Im Ganzen aber ist er in der Form seiner Kunst
etwas moderner, in der Färbung kühler. In seiner früheren Zeit
erscheint er indess in der Farbe noch dem Patinier verwandter, in
der späteren wird er sehr lang in den Verhältnissen, manierirt in
den Motiven, dunkel und kalt in der Färbung. Der Umstand, dass
er sich als Monogramm einer Eule bediente, erwarb ihm in Italien
den Beinamen „Civetta." Aus seiner früheren Zeit ist ein männliches Bildniss mit landschaftlichem Hintergrunde im Museum zu
Berlin (No. 624). Ein besonders gutes Werk seiner mittleren Zeit
ist die Kreuzigung in der Sammlung des Prinzen Gemahl zu Kensington. Dasselbe gilt auch von einer Maria mit dem Kinde unter
einem Baldachin, zu deren Rechten der heil. Joseph, zu der Linken
zwei Engel, von denen einer die Laute spielt, als unbekannt in der
Gallerie Liechtenstein zu Wien befindlich. Der spätesten Zeit gehört eine, mit dem Namen des Künstlers bezeichnete Anbetung der
Könige in der Pinakothek zu München (Cabinette 917 an.

Alle diese Meister, von Quentin Massys an, gehören zwar
sämmtlich in der Art der Färbung und Technik, theilweise auch in
der Auffassung, noch den Ausgängen der Schule der van Eyck an,
sie bilden aber zugleich in manchem Betracht schon den Uebergang
zu den Meistern der folgenden Epoche.

Viertes Kapitel.

Die deutschen Schulen in ihrem Uebergange von der Kunstweise der vorigen Epoche zum Realismus, bis zum Jahr 1460.

Während in den Niederlanden durch die Brüder van Eyck die
Malerei in der realistischen Richtung zu einer so hohen Ausbildung
gelangte, hielten die Deutschen in den wesentlichsten Stücken noch
an der Kunstweise der vorigen Epoche fest, und liessen den Einfluss der neuen Richtung vornehmlich nur insofern zu, als sie dazu
diente, jene zu grösserer Vollkommenheit auszubilden. In den

Köpfen der Maria und mancher Heiligen wurde jener edle Typus,
und jenes Gefühl jungfräulicher Seelenreinheit beibehalten, aber zu
völligeren und naturgemässeren Formen ausgebildet. In manchen
Köpfen trat sogar eine mehr portraitartige und durch dicke und
starke Nasen keineswegs schöne und sich oft wiederholende Gesichtsbildung ein. Die meist zu langen Verhältnisse des Körpers
wurden naturwahrer, die einzelnen Formen richtiger und völliger,
die Motive freier. In den Gewändern wurde die Wiedergabe des
Stoffartigen, als Goldstoff, Sammet u. s. w., zwar aufgenommen,
dagegen die scharfen, eckigen Brüche der Falten nur ausnahmsweise zugelassen. Waffen, Kronen und sonstiges Geräth wurde
mehr individualisirt. In der Färbung wurde weder die Kraft, noch
die Naturwahrheit der van Eyck, in der Ausführung weder die
Modellirung, noch die Wiedergabe aller Dinge bis zur kleinsten
Einzelheit bestrebt. Indess sind die Farben, bei vielem Gefühl für
harmonische Zusammenwirkung, kräftiger, die Modellirung stärker,
der Vortrag weicher, als in der vorigen Epoche. Am wenigsten
folgte man den Niederländern in der genauen Ausbildung der ganzen
Räumlichkeit, sondern begnügte sich mit einer sehr allgemeinen
Andeutung, ja für die Luft wurde meist der Goldgrund beibehalten.

Vor Allem that sich in dieser Zeit in Deutschland die Schule
von Köln hervor und erreichte in Stephan Lochner[1] aus Konstanz,
dessen spätere Blüthe von 1442—1451, seinem Todesjahr, fällt, die
schönste Ausbildung ihrer Eigenthümlichkeit. Wenn es auch nicht
zu erweisen, dass er ein Schüler des Meister Wilhelm ist, so hat er
sich doch offenbar nach ihm gebildet. Dieses erhellt besonders aus
seiner Maria im Rosenhag, ein kleines Bild im Stadtmuseum zu
Köln, welches ich mit Hotho[2] für das früheste der von ihm auf uns
gekommenen Werke halte. Man findet hier noch sehr viel von
Meister Wilhelms Kunstform, so wie von dessen Gefühlsweise, nur
ist Alles lebendiger und naturgemässer, und gerade in dieser Verbindung liegt der eigenthümliche Reiz dieses Bildchens, auf dem
einige liebliche Engel dem Kinde Früchte reichen, andere musiciren,
und das Ganze von wunderbarer Heiterkeit und Helle ist.

Diesem möchte zunächst eine weit überlebensgrosse Maria

---

[1] So, und nicht Lothener, wie Merlo gelesen, heisst dieser Maler nach den
urkundlichen Untersuchungen des Hrn. Dr. Ennen in Köln. S. das Kölner Domblatt im December des Jahres 1857 und folgende Nrn. — [2] Die Malerschule
Huberts van Eyck. Th. I. S. 398.

mit dem Kinde folgen, welche erst in den letzten Jahren aufgefunden, und in der Sammlung des Erzbischofs von Köln aufgestellt ist. Sie hat eine seltne Vereinigung von Grossartigkeit und Milde. — Das allein beglaubigte und zugleich das Hauptwerk des Stephan Lochner ist aber das berühmte Kölner Dombild,[1] welches ursprünglich für die im Jahr 1426 erbaute Kapelle des Rathhauses gemalt,[2] schon seit einer Reihe von Jahren in der, der heiligen Agnes geweihten Kapelle des Chors im Kölner Dom aufgestellt ist. Es besteht aus einem Mittelbilde, und zwei auf beiden Seiten bemalten Flügeln. In besonderer Beziehung auf Köln enthält das erstere die Anbetung der Könige, deren Gebeine ja, als die kostbarste Reliquie, im Kölner Dom aufbewahrt werden. In dem Kopf der heiligen Jungfrau, welcher leider, wie viele andere Theile des Bildes, durch eine starke Restauration viel von ihrem ursprünglichen Zustande eingebüsst hat, ist es, bei einer ungleich grösseren Individualisirung, als in den, dem Meister Wilhelm beigemessenen Werken, dem Meister gelungen, den Charakter fleckenloser Seelenreinheit und höchster Schlichtheit, den Ausdruck echter Frömmigkeit, welcher uns in jenen früheren Bildern anzieht, sich ungeschmälert zu erhalten. Noch weiter ist die Individualisirung in den beiden knieenden Königen vorgeschritten, und zugleich Bildung und Ausdruck, zumal in dem ältesten, höchst würdig. Auch in der Composition dieses Mittelbildes ist eine glückliche Mitte zwischen der Freiheit der Motive, und dem Abwägen der einzelnen Figuren, als sich entsprechend, getroffen. Nächstdem befriedigt der Flügel mit dem heiligen Gereon, einem der Schutzheiligen von Köln, und seiner Schaar, am meisten. Männliche Kraft und Treue sprechen sich in seinen Zügen trefflich aus. Die goldne Rüstung und der blau-stimme Wappenrock gehören seiner Zeit an. Diese, wie die in ähnlicher Weise gehaltenen Trachten der übrigen Figuren, zeigen deutlich den starken Einflus-

---

[1] Dass die Aeusserung A. Dürers in seinem Reisetagebuch, er habe zwei Weisspfennige gegeben für das Aufsperren der Tafel, die Meister Stefan von Köln gemacht, sich auf das Dombild bezieht, kann man für ausgemacht ansehen. Nun hat neuerdings J. J. Merlo (Die Meister der altkölnischen Schule, Köln 1852) in den alten Registern, namentlich unter den Jahren 1442 und 1448 jenen Maler Stephan Lochner aus Konstanz gefunden, der Hauseigenthümer in Köln war, und aus den Rathsprotokollen gezogen, dass er von seiner Zunft zweimal in den Rath gewählt worden, und während seiner letzten Amtsführung, im Jahr 1451, gestorben ist. Da nun aus letzterem Umstande hervorgeht, dass er ein zu seiner Zeit besonders angesehener Maler gewesen ist, so stimme ich ganz dem gründlichen Kunstforscher Sotzmann (Deutsches Kunstblatt 1852, No. 15) bei, dass dieser Künstler mit dem Stefan des Dürer eine Person, und mithin der Maler des Kölner Dombildes ist. — [2] Dieses geht aus einer von diesem Jahr vorhandenen Urkunde hervor.

der van Eyck'schen Schule aus den benachbarten Niederlanden.
Für denselben spricht auch die naturgemässe Ausbildung der Körper, die vollendetere Zeichnung, namentlich in der freien Bewegung
der trefflichen Hände, endlich die, in den noch erhaltenen Theilen,
sorgfältige Modellirung.   In dem Kopfe und den rundlichen Formen
des Kindes giebt sich wieder der reinere Schönheitssinn der altkölnischen Schule kund.   Von dem Flügel mit der heiligen Ursula,
welcher indess kunstloser in der Anordnung und einförmiger in den
Köpfen ist, erfolgt hier eine Abbildung (Fig. 29). Die gleichförmige
Blässe des Fleischtons ist eine Folge des zu starken Putzens, denn
alle erhaltenen Theile des Bildes zeigen eine eher warme, und wohl
zusammenstimmende Färbung.   Von besonderer Schönheit in Form
und Gefühl ist der noch wohl erhaltene Kopf der Maria auf der
Verkündigung der Aussenseite der Flügel. Die hier schon völlig
ausgebildeten, scharfen und eckigen Falten der Gewänder, von denen
das älteste Beispiel in einigen Theilen des, 1432 beendigten, Genter
Altars der Brüder van Eyck vorkommt, sprechen auch dafür, dass
dieses Bild erst gegen die Mitte des 15. Jahrhunderts ausgeführt
sein kann, und daher der spätesten und reifsten Zeit des Meisters
angehören muss.   Als einen Beweis hiefür möchte ich noch ganz
besonders ein Bild von ihm im Museum zu Darmstadt, die Darstellung im Tempel, geltend machen, welches, obwohl dem Dombilde
nahe verwandt, doch in dieser Kunstform minder ausgebildet ist,
und die Jahrzahl 1447 trägt.   Endlich kommt hier noch in Betracht,
dass das Dombild sicher in Oel gemalt ist, welche Weise bestimmt
erst gegen die Mitte des 15. Jahrhunderts in Deutschland Eingang
gefunden hat.   Auch England besitzt von diesem seltnen Meister
wenigstens ein Bild aus seiner etwas früheren Zeit. Es stellt die
Heiligen: Katharina, Matthäus und Johannes den Evangelisten dar
und befindet sich in der Sammlung des Prinzen Gemahl zu Kensington unter No. 22.

Ein schönes Beispiel, wie die Kunstform des Meisters Stephan
in einer in kindlicher Poesie mit den heiligsten Gegenständen spielenden Weise in Anwendung gekommen, bietet das, durch Vermächtniss in den Besitz der Stadtbibliothek gelangte Paradiesgärtlein der
Prehn'schen Sammlung in Frankfurt dar. Es ist eine Art von
Genrebild in den Formen einer kirchlichen Kunst. Während die
heilige Jungfrau neben einem Tische, worauf Früchte und ein Glas,
liest, spielt das in Blumen sitzende, bekleidete Kind auf einem, ihm

Fig. 29.   Die heilige Ursula mit ihren Jungfrauen vom Kölner Dombild.

von einer Heiligen dargereichten, Hackebrett. Eine andere Heilige
pflückt Kirschen, eine dritte schöpft Wasser. Aehnlich sind auch
einige männliche Heilige aufgefasst. So hockt neben dem ruhenden
Erzengel Michael ein Affe, und der kleine, getödtete Drache neben
Georg stört nicht die heitere Stimmung, welche auch durch Blumen
und Vöglein in dem von der Mauer umschlossenen Garten, durch
die fröhlich-bunte Farbengebung hervorgebracht wird. Die Ausführung ist dabei von miniaturartiger Sorgfalt.

Dass auch die gleichzeitigen Miniaturmaler sich die Kunstweise
des Meisters Stephan in sehr vollendeter Weise aneigneten, beweist
ein wunderschönes, aus Köln stammendes Gebetbuch in der grossherzoglichen Bibliothek zu Darmstadt, welches mit dem Datum
1453 versehen ist. Verschiedenes, besonders die heilige Ursula mit
ihren Jungfrauen, erinnert auffallend an das Kölner Dombild. Indem
ich für eine nähere Würdigung auf eine anderweitig von mir gegebene
Notiz verweise,[1] bemerke ich hier nur, dass besonders die Verdammten der Hölle und die 10,000 Märtyrer durch die Schönheit und
Freiheit der Motive, die Fülle der Formen, die Güte der Zeichnung
in Erstaunen setzen, und dass viele Köpfe der Heiligen von grosser
Lieblichkeit und, zumal die weiblichen, von sehr weichen Formen
sind. In manchen Stücken, namentlich der Schönheit der Farben
und der Behandlung, ist indess auch hier ein starker Einfluss von
Miniaturen der früheren Zeit der Eyck'schen Schule wahrnehmbar.

Unter der grossen Zahl von Bildern, welche theils neben Meister
Stephan Lochner, theils unter seinem Einfluss ausgeführt worden
sind, und welche sich jetzt vornehmlich im Stadtmuseum zu Köln,
in der Pinakothek zu München und in der Moritzkapelle zu Nürnberg befinden, zeichnen sich besonders die Tafeln von dem vormaligen Altar der Abtei Heisterbach bei Bonn aus. Die einzelnen
Heiligen (Pinakothek, Cabinette No. 1 und 2) stehen noch dem
Meister Wilhelm nahe, die Verkündigung, die Heimsuchung, die
Geburt und die Anbetung der Könige (ebenda No. 3, 6, 7, 8) zeigen
dagegen in den rundlicheren Formen der Köpfe, und auch in anderen
Stücken einen vorwaltenden Einfluss des Meisters Stephan. Dasselbe
gilt auch von zwei Bildern im Museum von Berlin, der Verehrung
des gefundenen Kreuzes, und der Anbetung der Könige (No. 1205
und 1206).

---

[1] Deutsches Kunstblatt vom Jahr 1854. S. 307 f.

Sehr bezeichnend für den Ausgang der kölnischen Malerschule dieser Epoche ist der Altar, dessen Mittelbild, das jüngste Gericht, sich im Stadtmuseum zu Köln befindet.[1] Obgleich hier in den idealen Figuren, Christus, Maria, Johannes dem Täufer, noch einigermaassen der Charakter des Meister Stephan festgehalten ist, fehlt doch, wie in den, übrigens trefflichen, Heiligen der Flügel in der Pinakothek (Cabinette No. 16 und 14) die alte Tiefe des religiösen Gefühls. In den Erstandenen, namentlich den Verdammten, so wie in den Nebensachen aber herrscht der entschiedenste Realismus. Neben überraschender Freiheit der Motive, und ungemeiner Wahrheit des Ausdrucks, finden sich widrige Uebertreibungen, und in Form, Ausdruck und Farbe grosse Roheiten. Nach dem Kostüm der sehr guten Bildnisse der Stifter möchte die Ausführung des Bildes zwischen 1450 und 1460 fallen.

Diesem Bilde schliesst sich in der Zeit und Art ein Christus am Kreuz, mit Maria und Johannes zu den Seiten, und dem Stifter in kleinerem Maassstabe, mit 1458 bezeichnet, an. In den Figuren, zumal in dem Christus, von mageren Formen, zeigt sich hier ein bestimmter Einfluss Rogier van der Weyden des älteren, dessen oben erwähntes Bild mit den heiligen drei Königen wahrscheinlich damals erst neuerdings in der St. Columbakirche aufgestellt sein mochte. Die allerdings realistischen Köpfe sind von edlem Gefühl. In den trefflich modellirten Falten der Gewänder der Maria finden sich noch die, in der älteren kölnischen Schule gewöhnlichen Farben, ein bläuliches Weiss und ein helles Violett. Der Grund ist schwarz.

Ebenfalls diesem Uebergange angehörig ist ein Christus, welcher der Magdalena erscheint, in der Moritzkapelle No. 11.

Schon in allen Theilen denselben Einfluss verrathend ist der Meister einer Himmelfahrt Mariä (No. 9 in der Moritzkapelle zu Nürnberg). Die Handlung, wie die mannigfaltigen Köpfe, sind sehr lebendig, die Färbung kräftig und warm, endlich die Composition in dem ungünstig schmalen Raum sehr geschickt. Auch zwei andere Bilder von derselben Hand ebenda (No. 59 und 49) verdienen Beachtung.

Von einem ähnlichen Verhältniss zur van Eyck'schen Schule, doch so, dass man darin deutlich den besonderen Einfluss des Hugo

[1] Ich kann mit J. Burckhardt und Hotho im angeführten Werk I. S. 413 dieses Bild nicht, wie andere, dem Meister Stephan Lochner selbst beimessen.

van der Goes erkennt, ist der Maler einer Verkündigung Mariä, ebenda (No. 18). Er zeigt sich in allen Theilen, auch in der Ausbildung des Hintergrundes, als ein sehr tüchtiger Meister.

Wie spät sich in einzelnen Fällen noch die frühere Richtung behauptet, beweist eine Kreuzigung im Stadtmuseum zu Köln mit der Jahrzahl 1438, und eine Maria mit dem Kinde, zwei Heiligen und der zahlreichen Familie des Stifters mit 1474 bezeichnet, ebenda, in der St. Andreas Kirche.

Nächst Köln scheint sich, nach den wenigen vorhandenen Ueberresten, in dieser Epoche Nürnberg am meisten hervorgethan zu haben, indess ist bis jetzt hier auch nicht ein Name eines Malers aufgefunden worden. Ich führe hier nur einige der ausgezeichnetsten Bilder an. An einem Pfeiler im Schiff der St. Sebalduskirche, Christus am Kreuz, mit Maria und Johannes zu den Seiten, auf den inneren Seiten der Flügel Barbara und Katharina, auf den äusseren, Christus am Oelberge und die Bildnisse der Stifter. Auf einem unbeweglichen Flügelpaar endlich der heilige Erasmus und ein anderer Bischof. — Der aus der Karthäuserkirche stammende Hochaltar in der Marienkirche, dessen Mitte die Kreuzigung, die Verkündigung und Auferstehung, dessen Flügel die Geburt und die Apostel Petrus und Paulus darstellen, dürfte ein etwas späteres Werk desselben sein. [1] Er hat schon manche, der Natur entlehnte, Züge und eine sorgfältige Modellirung. Auch der Meister eines mit 1430 bezeichneten Epitaphiums der Frau Waldburg Prünsterin, die Geburt Christi, in der Frauenkirche, verdient als tüchtig erwähnt zu werden. Zunächst kommt der, dem heiligen Theocarus geweihte Altar in der Lorenzkirche in Betracht, der die Verklärung Christi, den Fischzug Petri, und vier Vorgänge aus dem Leben der Heiligen enthält. Er zeigt, obwohl noch wesentlich in den Formen der vorigen Epoche, eine sehr achtbare Stufe der Ausbildung. Schliesslich ist eine Maria mit dem Kinde in der Sacristei der Lorenzkirche, sowohl wegen des Adels der Auffassung im Kopf der Maria, und der weitvorgeschrittenen Individualisirung der, 1449 gestorbenen, Margaretha Imhof und ihres Sohns, an derem Epitaph das Bild gestiftet worden, als wegen der guten Modellirung in einer klaren Farbe rühmlich zu erwähnen.

Dass auch um diese Zeit in Schwaben sich innerhalb der gei-

_____ __ _____

[1] S. Hotho im angef. Werk Th. I. S. 478 f.

stigen Auffassung der vorigen Epoche ein erfolgreiches Bestreben nach naturwahrerer Ausbildung des Einzelnen findet, beweist besonders der 1431 von Lucas Moser ausgeführte Magdalenenaltar zu Tiefenbronn. Die Flügel, welche Vorgänge aus der Legende jener Heiligen, sowie der Martha und des Lazarus, die Altarstaffel, welche Christus mit den fünf klugen und fünf thörigten Jungfrauen enthält. Die Modellirung der lieblichen Köpfe in warmer Färbung ist sehr fleissig, Hände und Füsse von auffallender Naturwahrheit. [1] Für das benachbarte Elsass weist einen ähnlichen Zustand der Malerei ein, 1428 beendigtes, Manuscript der Bibel mit Miniaturen in der Königl. Bibliothek zu München nach. Das Bildniss des Bischofs, für den der Codex geschrieben worden, ist schon sehr individuell. Ob ein Johann Freyberhk aus dem Kloster Königsbrück im Elsass, welcher sich am Ende des Codexes als Verfertiger nennt, auch an den Malereien Antheil hat, ist schwer zu entscheiden. [2] Ein Aehnliches beweist für Oesterreich ein für den Kaiser Friedrich III. in den Jahren 1447 und 1448 geschriebenes, grosses Missale in der Kaiserlichen Bibliothek zu Wien (No. 1767). [3]

Fünftes Kapitel.

Die deutschen Schulen in der realistischen Richtung der van Eyck'schen Schule von 1460—1500.

Vornehmlich in Folge des Umstandes, dass mehrere deutsche Maler die Werkstatt des älteren Rogier van der Weyden zu Brüssel besuchten, von denen uns Martin Schongauer und Friedrich Herlen namentlich bekannt sind, wurde, etwa vom Jahr 1460 ab, die ganze Kunstweise der van Eyck, einschliesslich ihrer Oelmalerei, in den verschiedenen Malerschulen Deutschlands in der Form eingeführt, zu welcher jener Rogier sie ausgebildet hatte. Indess machte sich dabei doch wieder die Eigenthümlichkeit der Deutschen sehr entschieden geltend. Im Ganzen findet sich bei ihnen auf dem Gebiete der kirchlichen Malerei ein ungleich grösserer Reichthum von Er-

---

[1] Siehe Näheres bei Hotho Th. I. S. 460 ff. — [2] Siehe Näheres in meiner Notiz im Deutschen Kunstblatt von 1856. S. 323. — [3] Näheres an demselben Ort S. 324.

findungen, so wie viel mehr Sinn für eine wohlabgewogene Ver-
theilung der Figuren in dem jedesmal gegebenen Raume, oder für
eine stylgemässe Composition. So sind sie auch den Niederländern
in der Zeichnung überlegen. In den Köpfen heiliger Personen
halten sie öfter noch aus der vorigen Epoche eine höhere und
ideellere Schönheit fest. Dafür verfallen sie aber auch bei Personen,
wo es die Darstellung geistiger Verworfenheit gilt, in ungleich rohere
und widrigere Karikaturen, als die Niederländer, und in grössere
Magerkeit der Glieder, besonders der Hände. In den Gewändern
findet die zuerst in den Bildern des Jan van Eyck vorkommende
Weise der scharfen und eckigen Brüche viele Nachfolge und eine
weitere Ausbildung. Entschieden aber stehen sie jenen in folgenden
Stücken nach. 1, In dem Gefühl für Anmuth der Bewegung. Die
Motive haben bei ihnen etwas Eckigeres und Ungeschickteres.
2) Im Farbensinn. Die Farben sind bei ihnen bald bunter, bald
trüber und schwerer. 3) Im Sinn für Helldunkel und Ausbildung
der Räumlichkeit. Ein Bild in der Wirkung des Lichts als Ganzes
zu behandeln, wie dieses schon bei Jan van Eyck vorkommt, stellen
sie sich erst sehr spät als Aufgabe. Lange wird noch der Goldgrund beibehalten, oder ist mindestens die Angabe der Räumlichkeit sehr einfach und allgemein. 4) In der Behandlung mit dem
Pinsel. Die Umrisse bleiben härter, die Ausführung geht lange
nicht so weit in der Wiedergabe des Einzelnen. Ueberhaupt wird
die Malerei häufig insofern mehr handwerksmässig betrieben, als
selbst grosse Meister, nach Maassgabe der Bestellung, dieselbe ganz
allein ausführen, oder sich dabei wenig, oder auch gar nicht be-
theiligen, sondern dieselben bald mehr bald minder begabten
Gehülfen überlassen. Daher erklärt sich die erstaunliche Ungleichheit der öfter mit dem Namen bezeichneten, oder sonst urkundlich
beglaubigten Bilder eines Meisters. Innerhalb dieser allgemeinen
Bestimmungen ist indess das Verhältniss der verschiedenen deutschen
Schulen zu der niederländischen wieder ein verschiedenes.

Die Schule von Köln und dem Niederrhein.

Die Meister dieser Schule stehen in der Kraft der Färbung und
der Gediegenheit des Machwerks der Schule der van Eyck oft sehr
nahe, haben aber an sich wenig Eigenthümliches.

In Köln tritt uns hier ein namenloser Maler entgegen, der nach
Aufschriften auf seinen Bildern von 1463 — 1480 geblüht hat, und
nach einem seiner, einst im Besitz des Herrn Lyversberg in Köln [1]
befindlichen Hauptwerke, einer Passion von acht Bildern, der Meister
der Lyversberg'schen Passion genannt wird.[2] In diesem Werke haben
die meisten Compositionen etwas Zufälliges, und die Farbenwirkung
ist hart, die Kriegsknechte von widriger Roheit. Dagegen ist das
Pathos in vielen Köpfen sehr stark, der Kopf Christi würdig. Ein
anderer Altar, in der Kirche in dem kleinen Orte Linz am Rhein,
mit 1462 bezeichnet, welcher Vorgänge aus dem Leben Mariä, der
Passion und den Canonicus Tilmann Joel, als Stifter, enthält, steht
auf einer höheren Stufe der Ausbildung. In einigen Bildern, wie
in der Krönung Mariä, ist eine bessere Gesammtwirkung erreicht,
und die Maria selbst von sehr edler Bildung. Auch in einem anderen Altarbilde, zu Sinzig am Rhein, dessen Mitte die Kreuzigung darstellt, erscheint er mehr zu seinem Vortheil. Am bedeutendsten ist indess, sowohl in der Composition, als in den schönen
und eigenthümlichen Motiven und den lebendigen und wahren Köpfen
von ergreifendem Ausdruck, eine Kreuzabnahme vom Jahre 1480
im städtischen Museum in Köln. (Die Flügelbilder sind erst später
hinzugekommen.) Unter den zahlreichen Bildern dieses Meisters in
der Pinakothek zu München zeichnen sich besonders aus, ein
Altar mit Flügeln, worauf einige Apostel und Johannes der
Täufer (Cabinette No. 18, 21, 22), die Vermählung und die Krönung Mariä, endlich Joachim und Anna an der goldnen Pforte
(No. 20, 31, 32). Auf dem letzten befindet sich das sehr lebendige
Bildniss des Stifters der ganzen Folge, eines Geistlichen, Namens
Johann de Mechlinn. Ein zu derselben Folge gehöriges und ebenfalls sehr gutes Bild befindet sich, unter No. 23, in der Sammlung
des Prinzen Gemahl zu Kensington.

Auf das Engste schliesst sich diesem Meister der Urheber einer
Beweinung Christi vom Jahr 1480 im Kölner Museum an. In
der Composition zeigt sich hier die Ueberlegenheit der deutschen,
über die altniederländische Schule, zugleich ist das Gefühl in den

---

[1] Jetzt im Besitz des Herrn Baumeister in Köln. — [2] Nach einer ganz willkührlichen Benennung der Herrn Boisserée tragen die Werke dieses Meisters in
der Pinakothek, und in der Moritzkapelle zu Nürnberg noch immer den irrigen
Namen Israel van Meckenen, während es urkundlich feststeht, dass es niemals
einen Maler, sondern nur einen Goldschmidt und Kupferstecher, dieses Namens
gegeben hat.

realistischen Köpfen höchst edel, die Modellirung sorgfältig, die
Färbung warm und klar. Die Flügel, welche die Stifter mit ihren
Schutzheiligen enthalten, sind etwas später (1499 und 1508), und
von einem etwas schwächeren Meister.

Von einem etwas geringeren Nachfolger des Meisters der Lyversberg'schen Passion rührt ein grosser Flügelaltar auf Goldgrund im
Kölner Museum her, auf welchem die Legende vom heiligen Sebastian
dargestellt ist. Die Gesammtwirkung ist bunt, der, übrigens klare,
Fleischton öfter zu kalt röthlich, die Umrisse hart, die Verhältnisse
der Figuren zu lang, manche Motive z. B. der Schergen manierirt,
doch sind andere Motive sehr gelungen, und verschiedene Köpfe,
vor allem der des Heiligen, edel und von schönem Ausdruck.

Ein späteres und reiferes Werk desselben Meisters ist ein Flügelaltar ebenda, welcher in der Mitte die Sippschaft Christi, auf den
inneren und äusseren Seiten der Flügel die Familie der Stifter mit
ihren Schutzheiligen darstellt. Die Auffassung der ersteren ist sehr
kindlich, die Bildnisse sehr wahr und lebendig. Hier ist der Hintergrund landschaftlich.

Unabhängig von dem Meister der Lyversberg'schen Passion,
wenn schon im Ganzen derselben Richtung folgend, ist ein etwas
späteres, jetzt in der vormaligen Rathhauskapelle aufgestelltes Bild,
welches, in Lebensgrösse, die unter einem Tabernakel stehende Maria
mit dem Kinde darstellt, denen von zwei knieenden Geistlichen, eine
grosse Zahl kleiner Mönche empfohlen werden. Der Ausdruck der
Andacht in den Köpfen ist hier von grosser Reinheit, der der Maria
überdem von seltner Schönheit der Form. In dem Ganzen herrscht
ein kühler Ton von grosser Feinheit.

Hier ist die geeignetste Stelle des Malers zu erwähnen, der
früher nur als Kupferstecher, unter dem Namen des Meisters mit
dem Weberschiffchen, bekannt, wahrscheinlich der Künstler ist,
welcher unter dem Namen Johann von Köln im Jahr 1478 als Maler und
Goldschmidt unter den Mitgliedern des Brüderhauses zum gemeinsamen Leben zu Agnetenberg, in der Nähe der holländischen Stadt
Zwoll erwähnt wird. [1] Die wenigen, von ihm bekannten, Bilder
zeigen einen bestimmten Einfluss der altholländischen Schule, wie

---

[1] S. Passavants Werk: „Le peintre graveur." Th. II. S. 178. Das auf seinen
Kupferstichen befindliche Wort Zwott, welches ich schon früher mit Sotzmann
Zwoll gelesen, ist nach ihm eine Abkürzung für Zwollensis. Das bisher ein
Weberschiffchen genannte Instrument hält er für einen Polirstahl, wie ihn die
Kupferstecher gebrauchen.

derselbe namentlich aus alten Miniaturen zu erkennen ist, indem, früher der Bildersturm, später die strenge Form, worin dort die Reformation zur Geltung kam, die Gemälde dieser Epoche in diesem Lande bis auf seltne Ausnahmen, zerstört hat. Seine Compositionen haben meist etwas Zufälliges und Zerstreutes, die Motive etwas Steifes und Ungeschicktes, in der Zeichnung nackter Körper erscheint er ziemlich schwach und geschmacklos. In den Bildern herrscht in dem Fleisch ein kühlröthlicher, in den übrigen Farben, durch den minderen Gebrauch von Lasurfarben, ein etwas schwerer Ton. Goldne Verzierungen sind nicht, wie bei den Niederländern, mit Farbe, sondern mit Gold gemacht. Die in den Formen sehr realistischen, und dabei häufig hässlichen Köpfe sind von grosser Wahrheit und öfter auch grosser Innigkeit des Ausdrucks. Das einzige sichere, und daher zum Anhaltpunkt für andere dienende, Bild von ihm ist eine Anbetung der Könige im Museum zu Berlin (No. 538).[1] Hienach halte ich jetzt mit Passavant eine Mannasammlung im Louvre von sehr zerstreuter und geschmackloser Composition für ein Werk von seiner Hand.[2] Das bedeutendste, mir von ihm bekannte Werk scheint mir indess ein, irrig Martin Schongauer genanntes, Altarbild auf der Burg zu Nürnberg, dessen Mittelbild ebenfalls die Anbetung der Könige, die beiden Flügel aber, in vier Abtheilungen, die Verkündigung Mariä, die Geburt, die Flucht nach Aegypten und den Kindermord darstellen. In diesen Bildern herrscht eine grosse Wahrheit des Ausdrucks, welcher in den unglücklichen Müttern, deren Kinder geschlachtet werden, sich bis zum Ergreifen steigert. Drei andere, wiewohl viel schwächere Bilder von ihm, die Flucht nach Aegypten, die Grablegung und die Krönung Maria, befinden sich in der schon öfter erwähnten Abel'schen Sammlung zu Stuttgart.[3] Endlich hat Passavant auch ein Bild von ihm, die Vermählung der Maria, in Madrid gefunden. In mehreren seiner Kupferstiche erscheint er hart und grimassenhaft, so in seiner Gefangennehmung Christi (B. No. 4). Von feinerer Ausbildung ist die Kreuzigung (B. No. 5) und die heilige Anna mit Maria und dem Christus-kinde

---

[1] Eine sorgfältige, offenbar als Studium zu jenem Bilde ausgeführte, Federzeichnung, welche von allen Kennern, wegen der grossen Uebereinstimmung mit seinen Kupferstichen, für jenen Meister anerkannt, aus der Verlassenschaft des Herrn F. von Rumohr für das Königl. Kupferstichkabinett in Berlin angekauft worden, liess mich jene Bestimmung machen. S. das Deutsche Kunstblatt von 1850. S. 395. — [2] Vor jener Entdeckung erschien es mir als ein Werk der altholländischen Schule. S. Kunstwerke und Künstler in Paris. S. 540 f. — [3] Siehe das Deutsche Kunstblatt a. a. O. und Kunstwerke u. s. w. II. S. 160. II. S. 214 f.

(B. No. 15). Originell und geistreich in der Erfindung und von
zarter Vollendung sind endlich der heilige Christoph mit dem Christuskinde zu Pferde B. No. 12), eine mir ganz neue Auffassung, und
der Kampf des heiligen Georg mit dem Drachen (B. No. 13), wobei
mir ebenfalls neu, dass dieser, von trefflicher Erfindung, aus der
Luft herabkommt. Den achtzehn Blättern, welche Bartsch von diesem Meister beschreibt, hat Passavant noch 59 hinzugefügt, von
denen allerdings 53 zu einer Folge von sehr kleinen Blättern gehören,
welche Vorgänge aus dem neuen Testament, die Messe des Papstes
Gregor, das jüngste Gericht und den Tod darstellen. Die Gesammt-
zahl seiner Blätter beläuft sich daher jetzt auf siebenundsiebenzig.

Vielleicht das edelste Naturell unter den kölnischen Meistern
dieser Zeit äussert sich in zwei Tafeln im Chor von St. Severin zu
den Seiten des Altars, welche die Heiligen Clemens mit Apollonia,
und Stephan mit Helena darstellen. Mit einem sehr ausgebildeten
Gefühl für die körperliche Form und tüchtiger Ausführung verbindet
sich hier in den Köpfen eine reine Anmuth und Würde, in der Gewandung ein hoher, edler Styl; die Färbung ist mässig und beinahe
kühl zu nennen.[1]

In den letzten Jahrzehnten lässt sich indess in Köln, wie am
ganzen Unterrhein, in manchen Bildern auch eine Einwirkung der
oberdeutschen Schule nachweisen. Von dieser Art ist eine aus
Köln stammende, mit 1481 bezeichnete Krönung Mariä im Museum
zu Berlin, welche sich besonders durch die Wahrheit der Bildnisse
von zwei Domherrn, von denen einer das Bild als Epitaphium gestiftet hat, auszeichnet.

Mehr abwärts den Rhein blühten gegen Ausgang des 15. Jahrhunderts zu Calcar einige Meister, welche die Kunstweise der Schule
der van Eyck in ihrer späteren Ausgestaltung treuer und mit mehr
Erfolg sich angeeignet haben, als die gleichzeitigen Maler von Köln.
Namentlich kommt der Meister der Flügelbilder des Hochaltars, dessen
Mitte von Schnitzwerk gebildet wird, in manchen Stücken dem Memling, wie namentlich dem trefflichen Meister der Taufe Christi in
der Akademie zu Brügge, sehr nahe. In der Composition braucht
er jenen durchaus nicht nachzustehen. In den meist sehr portraitartigen Köpfen, kommen, neben sehr edlen und feinen, allerdings

[1] Da mir meine Notizen über die Denkmäler in verschiedenen Kirchen Kölns
abhanden gekommen, entlehne ich obige Notiz Jakob Burckhardt in der zweiten
Ausgabe des Kugler'schen Handbuchs. B. II. S. 158.

auch gelegentlich etwas dorbe und gemeine vor. In der Zeichnung,
namentlich der Füsse, ist er schwächer, dagegen thut er es ihnen
in Sättigung und Feinheit der Färbung fast gleich. Auch die Ausführung ist sehr gediegen, nur die Behandlung des Haars und des
Goldstoffs viel breiter. Die ganze Stufe der Ausbildung, namentlich
der Luftperspektive der trefflichen landschaftlichen Hintergründe,
welche an Feinheit jenem zweiten Meister nur wenig nachgeben,
beweisen, dass diese Bilder kaum vor dem Jahr 1500 gemalt sein
möchten. Von den sechzehn Abtheilungen der inneren und äusseren
Seiten, hebe ich als besonders ausgezeichnet hervor: die Auferweckung des Lazarus, den Tod Mariä, die Anbetung der Könige,
die Taufe Christi. Auf den inneren Seiten eines Flügelpaars, welches
die in Holz geschnitzte Kreuzigung einschliesst, befinden sich die
alten Vorbilder derselben, das Opfer Isaaks und die Errichtung der
ehernen Schlange.

Auch der Meister eines Altarbildes in derselben Kirche, dessen
Mitte den Tod der Maria darstellt, ist von namhafter Bedeutung.
Der Ausdruck der Sterbenden ist höchst edel und würdig, die durch-
weg portraitartigen Apostel sehr lebendig, die Färbung in den meisten
Theilen kräftig, die Ausführung gediegen, nur die Zeichnung mager.
Auch dieses Bild dürfte um 1500 fallen.

Auch an verschiedenen anderen Orten am Rhein finden sich
noch bemerkenswerthe Bilder vor.

In Koblenz, in den Rückseiten der Chorwände der St. Castor-
kirche eingelassen, die Halbfiguren, Christi, Mariä, der zwölf Apostel,
der heiligen Ritza, und des heiligen Castor, tüchtige, charaktervolle
Arbeiten etwa um 1500, aber ohne besonderen Adel. — Ebenda in
der Spitalkirche, Christus am Kreuz mit vier Heiligen, und Flügel,
ebenfalls mit Heiligen. In Oberwesel, in der Stiftskirche folgende
Bilder, eine Stiftung des Canonicus Lutern, und von einem Maler
herrührend. Im südlichen Seitenschiff, ein grosses Altarbild mit
Flügeln, welches auf 15 Feldern die Ereignisse darstellt, so dem
jüngsten Tage vorangehen sollen, Scenen, welche von vieler Naivetät
und frischem Sinn für die natürliche Bewegung zeugen. Vorzüglich
ist das Entsetzen und die Bangigkeit in den Zuschauern jener gräu-
lichen Wunder gelungen. In dem Sündenfall und der Vertreibung
aus dem Paradiese ist die Behandlung des Nackten allerdings küm-
merlich. In demselben Seitenschiff, Christus bei Martha und Maria,
auf den (getrennten) Flügeln, Heilige. Im Ganzen ein sehr tüchtiges,

sinniges und ausdrucksvolles Werk. Im Chor des nördlichen Seiten-
schiffs, ein grosses Altarbild vom Jahr 1506, mit dem heiligen Nikolaus
und Ereignissen aus seiner Legende, auf den Flügeln andere Heilige;
die Köpfe von mildem, liebenswürdigem Ausdruck. [1]

Eine grosse Anzahl von Nachahmern des Meisters der Lyversberg'schen Passion ist so viel geringer und handwerksmässiger, dass
es als überflüssig erscheint von den zahlreichen, im Stadtmuseum
zu Köln und anderweitig von ihnen vorhandenen Bildern einzelne
hervorzuheben. Sie zeigen ein entschiedenes Sinken der Schule bis
zu Ausgang des 15. Jahrhunderts.

In dem benachbarten Westphalen bildete sich eine Kunstweise
aus, welche in manchen Stücken noch die Richtung der vorigen,
mehr idealistischen, mit der neuen, realistischen, zu vereinigen
wusste. Die ausgezeichnetsten Bilder dieser Art sind die Ueberreste
eines grossen Altars in dem vormaligen Kloster Liesborn bei Münster vom Jahr 1465, welche längere Zeit im Besitz des Regierungs-
raths Krüger in Minden, vor einigen Jahren an die Nationalgallerie
in London verkauft worden sind. Sie bestehen wesentlich in den
halben Figuren von sechs Heiligen, und der Verkündigung und
Darstellung im Tempel. Die Köpfe sprechen durch die grosse Reinheit und Milde des religiösen Gefühls, durch den Frieden, der in
ihnen wohnt, ungemein an; hiemit stimmt auch die helle und klare
Färbung wunderbar überein. In der naturgemässen Ausbildung
stehen sie indess im Vergleich zu den gleichzeitigen Niederländern,
auf einer ziemlich niedrigen Stufe.

In den Bildern eines Meisters von Soest, der sich auf einer
Beweinung des Leichnams Christi in der Sammlung des Grafen
Pembroke zu Wiltonhouse in England, Jarenus bezeichnet hat,
ist die Verschmelzung der Eigenschaften beider Schulen minder
glücklich. Besonders ist das Mittelbild eines grossen Altars von
diesem Meister im Musem zu Berlin (No. 1222), welches mehrere
Vorgänge aus der Leidensgeschichte enthält, sehr überladen und
verworren. Am gelungensten sind, in Composition, Färbung und
Ausführung, die vier Bilder des einen Flügels dieses Altars (No. 1233),
die Verkündigung, die Geburt, die Anbetung der Könige und die
Darstellung im Tempel.

---

[1] Die Notizen über diese, am Rhein befindlichen, Bilder, welche ich, mit
Ausnahme der in Coblenz, nicht selbst gesehen, habe ich ebenfalls einem so
sicheren Gewährsmann, wie J. Burckhardt, entlehnt.

Später bleibt die westphälische Schule gegen andere deutsche Schulen zurück. Belege hiefür liefert ein grosser Altar von den Brüdern Victor und Heinrich Dünwege in der Pfarrkirche zu Dortmund, dessen Mitte die Kreuzigung, die inneren Seiten der Flügel die Anbetung der Könige, Maria mit dem Kinde, die Mutter der Kinder Zebedäi, und andere Verwandten der Maria darstellt. Obwohl urkundlich 1523 gemalt, zeigt der Goldgrund, die harten, bunten Farben, die Art der Behandlung noch ganz die Kunstform des 15. Jahrhunderts. Doch sind manche Köpfe sehr lebendig und von warmer, kräftiger Farbe. Eine der obigen sehr verwandte Kreuzigung dieser Meister, nur dass darauf der Hintergrund landschaftlich, befindet sich im Museum zu Berlin (No. 1194).

Ein noch stärkeres Zurückbleiben hinter seiner Zeit verräth der Maler Johann Raphon von Eimbeck, von dem sich ein, 1508 bezeichneter, Altar im Chor des Doms von Halberstadt befindet, für Niedersachsen. Die Mitte desselben stellt, in etwas überfüllter Composition, die Kreuzigung, die Flügel die Verkündigung, die Anbetung der Hirten, die der Könige und die Darstellung im Tempel vor. Die Köpfe, von denen der der Maria auf der Kreuzigung ein Beispiel gewährt (Fig. 30), sind lebendig und mannigfaltig, haben aber etwas derbes im Charakter. Die Färbung des Fleisches ist von sehr unwahrem, schwerem und in den Lichtern kalten Ton.

Am Mittelrhein begegnen wir in Frankfurt am Main dem Conrad Fyoll, von dem die Nachrichten von 1461 bis 1476 reichen.[1] Er hat etwas Zartes und Mildes in seinen Köpfen, und im Fleisch einen feinen, silbernen, in der Gesammtwirkung etwas kühlen Ton. Ein Hauptbild von ihm ist ein grösserer Altar im Städel'schen Institut in Frankfurt, dessen Mitte die Familie der heiligen Anna, die Flügel die Geburt und den Tod der Maria darstellen. Ein kleinerer Altar in der Mitte die heilige Anna mit Maria und dem Kinde (No. 575), auf den Flügeln die heilige Barbara und Katharina und die Verkündigung (No. 575 a. b.) befindet sich im Museum zu Berlin.

Weit den grössten deutschen Künstler des 15. Jahrhunderts, Martin Schongauer, Martin Schön, genannt, finden wir am Oberrhein. Die über ihn vorhandenen Nachrichten sind leider höchst dürftig und unsicher. Seine Geburt fällt nach diesen etwa um das Jahr 1440.[2] Sicher ist es, dass er von einer angesehenen Augsburgischen

[1] Vergl. Passavant im Kunstblatt von 1841, No. 101. — [2] Die Gründe, welche Harzen für diese Zeit, gegen Passavants Annahme des Jahrs 1420, in dessen

Fig. 30.

Maria aus der Kreuzigung des Raphon in Halberstadt.

Peintre graveur B. II. S. 105, in seinem Aufsatz über D. Zeitblom im Naumann-
schen Archiv von 1860, S. 8 f. beibringt, haben auch mich überzeugt.

Familie abstammte [1] und entweder in Augsburg oder in Ulm geboren worden ist. [2] Ebenso steht fest, dass er für die Malerei die Schule Rogier van der Weyden des Älteren in Brüssel besucht hat, [3] sich in Colmar niedergelassen [4] und auch dort, in wohlhäbiger Lage, wie wir denn wissen, dass er mehrere Häuser besessen, ohne Zweifel zwischen den Jahren 1490 und 1492 [5] gestorben ist.

[1] Solches erhellt sowohl aus einem auf seinem zu München und Siena vorhandenem Bildnisse befindlichen Wappen, als aus der folgenden, auf einem auf der Rückseite des Münchner Exemplars geklebten Zettel, dessen, hier eingeklammerte, Lücken schon Bartsch, der ein Facsimile von demselben giebt, ergänzt hat.

Mayster Martin Schongawer Maler genannt Hipsch Martin von wegen seiner Kunst, geboren zu Kolmar Aber von seinen Ältern ein augspurger burger) des geschlechtz von Her(ren) geporn u ist (gesto)rben zu Kolma(r) anno 1488 .... auf S(t)e(n) ... Hornung(s). Dem got genad. (Und war) ich (wen) junger Hans ..rgkmair im Jar 1483.

Die ersten beiden undeutlichen Buchstaben des letzten Eigennamens sind nun von Bartsch so gelesen worden, dass er einen sonst ganz unbekannten Maler Largkmaier daraus erhält, während der Herr Dr. Ernst Förster den bekannten Maler Hans Burgmair darin erkennen will. Die Gründe, weshalb ich dieser letzten Ansicht nicht beistimmen kann, habe ich im Deutschen Kunstblatt vom Jahr 1851, S. 186 näher angegeben. — [2] Passavant macht für Ersteres u. a. O. geltend, dass der Bruder des Martin, Ludwig Schongauer, welcher ebenfalls Maler war, in Augsburg geboren worden ist. — [3] Hiefür haben wir das Zeugnis des bekannten Malers von Lüttich, Lambert Lombard, in einem Briefe an Vasari vom Jahr 1564, den Gaye in seinem Carteggio, III. S. 177, hat abdrucken lassen. Dasselbe lautet: „In Germania si trovò poi un Bel Martino tagliatore in rame, il quale non abbandonò la maniera di Rogiero, suo maestro, ma non arrivò però alla bontà del suo colorire, che haveva Rogiero, per esser più noto all' intaglio delle sue stampe, che parevano miraculose in quel tempo, et hogi (oggi) sono ancora in bona reputazione tra li nostri maestri artefici, perchè anchora che le cose sue siano secche, pero hanno qualche bon garbo." Hieraus erhellt, dass schon damals unser Meister vorzugsweise als Kupferstecher bekannt und geschätzt war. — [4] Dass dieses erst nach dem Jahr 1482 geschehen, wie Passavant u. a. O. aus dem Umstande schliessen will, dass in diesem Jahr der Maler Caspar Isenmann den Auftrag erhalten, für 500 Gulden rhein. die Bilder für den Hochaltar der Martins-kirche zu malen, der doch nach den hievon noch erhaltenen Theilen derselben ein so geringer Maler gewesen, dass dieses schwerlich geschehen wäre, wenn damals dort schon ein so ausgezeichneter Maler, wie M. Schongauer gewesen, ist mir nicht wahrscheinlich, da zu allen Zeiten und in allen Ländern sehr viele Fälle bekannt sind, dass, aus, der Kunst fremden, Rücksichten, wichtige Aufträge, mit Uebergehung trefflicher Künstler, unfähige zugetheilt worden sind. — [5] Dieses geht für mich aus dem Vergleich der folgenden zwei Zeugnisse hervor. Der Archivar Mogel zu Colmar hat, im Verzeichnis der Grundrenten der Collegiatkirche des heiligen Martin daselbst, die Notiz gefunden, dass Muntpur, ein öfter als Freund der Familie Schongauer vorkommender Mann, und Martin Schongauer im Jahr 1490 zu gleichen Theilen für ein Haus in der Schedelgasse 32 Schillinge bezahlt haben (s. Passavant im angef. W. S. 105). Hieraus erhellt, dass er noch um diese Zeit gelebt haben muss. Sodann bezeugt Christoph Scheurl, ein durchaus glaubwürdiger Schriftsteller und persönlicher Freund von A. Dürer in seiner schon 1516 gedruckten Schrift „de vita et obitu Ant. Kressi," wie Dürer ihm sowohl schriftlich, als auch öfter mündlich mitgetheilt habe, dass, als er im Jahr 1492 Colmar besucht, er dort zwar von den Brüdern des Martin Schongauer, den Goldschmieden Caspar und Paul, und dem Maler Ludwig, freundlich aufgenommen, ihn selbst aber, als schon früher verstorben, nicht gesehen habe. Die ganze Stelle ist in der Originalsprache schon im Leben des Schongauer bei Bartsch, so wie a. a. O. bei Passavant, abgedruckt. Letzterem Zeugnisse gegenüber hat die hiemit im Widerspruch stehende Angabe auf einem Zettel, von welchem weder die Zeit noch der Urheber mit Sicherheit zu bestimmen sind, dass Martin Schongauer erst 1499 gestorben sein soll, kein Gewicht. Ebensowenig kann

Seine Gemälde gehören jetzt zu den grössten Seltenheiten und
würden bei weitem nicht ausreichen die Eigenthümlichkeit dieses
Künstlers in ihrem ganzen Umfange kennen zu lernen. Glücklicherweise werden wir durch eine ansehnliche Zahl von ihm, nach seinen
eignen Erfindungen ausgeführten Kupferstichen [1] hiezu in den Stand
gesetzt. Aus denselben erscheint er als ein Künstler von einer sehr
reichen Erfindungsgabe auf dem Gebiete der kirchlichen Kunst, sowohl in der Darstellung einzelner Figuren, als grösserer, bisweilen
sehr bewegter, Compositionen. Hierin und in seinem höchst feinen
Sinn für Schönheit der Form in den Köpfen, für Reinheit und Ver-
klärtheit des Gefühls, worin er die Richtung der deutschen Malerei
in der vorigen Epoche zu völliger Individualisirung ausbildete, ist er
seinem grossen Meister Rogier überlegen. Durch seine Stiche, welche
auch in der Mehrzahl eine ausserordentliche technische Ausbildung
verrathen, erreichte er daher einen europäischen Ruf. In diesen
ist nun der Einfluss der Schule der van Eyck unverkennbar, wie
Passavant richtig bemerkt, und hiefür als besonders bezeichnend die
Maria mit dem Papagei (Bartsch No. 29) anführt. [2] Jene trefflichen
Eigenschaften besitzen in vorzüglichem Grade folgende Blätter: der
Tod Mariä (Bartsch No. 33), die Kreuztragung (B. No. 21), die Ver-
kündigung (B. No. 1 und 2), die Anbetung der Könige (B. No. 6),
die Flucht nach Aegypten (B. No. 7), die Taufe Christi (B. No. 8),
Christus am Kreuz (B. No. 23), Maria mit dem Kinde (B. No. 30),
Maria als Brustbild mit dem Kinde (B. No. 31, Fig. 31), der heilige
Laurentius (B. No. 56), die Krönung Maria (B. No. 72), der segnende
Christus (B. No. 70), die heilige Magdalena (B. Th. X. S. 29). die
Blätter der Passion (B. No. 9—20), hieraus die Kreuzigung (Fig. 32),
die fünf klugen und fünf thörichten Jungfrauen (B. No. 77—86).
Nur ausnahmsweise, aber dann mit grosser Energie, berührt er das
Gebiet des Phantastischen, wie in seiner Versuchung des heiligen
Antonius (B. Nr. 47), von welcher Vasari bezeugt, dass Michelangelo
sie in seiner Jugend mit der Feder kopirt habe. Gelegentlich zeigt
er auch eine gesunde Ader für Humor in Darstellungen aus dem

---

gegen ein Originalzeugniss, wie das oben nach Hugot angeführte, die spätere
Abschrift eines solchen, wie sie früher derselbe Hugot (s. das Kunstblatt 1841,
S. 59) gefunden und wonach M. Schongauer schon 1488 gestorben sein soll, in
Betracht kommen. Letzte Angabe durch Annahme eines Schreibfehlers mit der
Angabe auf jenem Zettel in Uebereinstimmung zu bringen, wie Passavant versucht,
um dadurch die Aussage von Scheurl zu entkräften, erscheint mir daher als
willkührlich.
   [1] Bartsch Vol. VI. S. 103 f. zählt 90 Blätter von ihm auf. — [2] Ebend. S. 107.

gewöhnlichen Leben, wie in seinem Eseltreiber (B. No. 89). In der
Zeichnung ist er sehr fest, wenn schon in seinen Gliedern, nament-

Fig. 51.

Maria und Kind nach Kupferstich des Martin Schongauer.

lich in den Händen, sehr mager. Die vortrefflichen Hauptmotive
seiner Gewänder werden mehr oder minder durch scharfe und eckige
Brüche gestört. In seinen Bildern hat er eine warme, kräftige und
klare Färbung. Sein Vortrag ist indess in den Umrissen mehr
zeichnend, als bei seinem Meister, und erreicht nicht die Wahrheit und den Schmelz desselben. Auf die Ausbildung des Hinter-

grundes legt er ungleich weniger Gewicht, als jener, ja er wendet
gelegentlich in der Luft noch den Goldgrund an. Von der ansehn-

Fig. 32.

Christus am Kreuze nach Martin Schongauer.

lichen Zahl von Bildern, welche in verschiedenen öffentlichen und
Privatsammlungen als von ihm ausgegeben werden, sind weit die
meisten von anderen Malern nach seinen Kupferstichen ausgeführt
worden. Nur folgende erscheinen mir als echt.

Für das früheste, und zugleich für das schönste auf uns gekom-
mene Gemälde von ihm halte ich den Tod Mariä, ein kleines Bild,
welches aus der Sammlung des Königs der Niederlande in den
Besitz des Herrn Beaucousin zu Paris, ganz neuerdings aber, mit

der ganzen, gewählten Sammlung desselben in die Nationalgallerie zu London gelangt ist. Es ist von seltener Vortrefflichkeit, und hat in der Auffassung, der Gluth der Färbung, der genauen Durchführung des Einzelnen noch sehr viel von dem älteren Roger van der Weyden, gehört daher einer Zeit an, in welcher der Eindruck desselben auf ihn noch ein frischer sein musste. Der ihm eigenthümliche Charakter der Köpfe und die wunderbare Innigkeit des Gefühls spricht sich indess schon sehr deutlich in denen der Maria und in dem Gottvater, der in der Luft erscheint, aus.

Das bedeutendste, und durch alte Tradition, wie durch seine Uebereinstimmung mit den Kupferstichen des Meisters, am meisten beglaubigte Bild von ihm ist indess seine Maria im Rosenhag vom Jahr 1473 in der Sakristei der St. Martinskirche zu Colmar. Die reichlich lebensgrosse, mit dem Kinde auf dem Schoosse auf einer Rasenbank sitzende, Maria ist von höchst edlen und reinen Zügen und macht in ihren tiefrothen Gewändern eine leuchtende Wirkung. So sind auch zwei Engelchen, welche eine Krone über ihrem Haupte halten, höchst anmuthig. Das Rosengehege mit den darin nistenden Vögeln vollendet den kindlich-heiteren Eindruck des Ganzen. Dabei ist der Ton der Fleischtheile klar und warm, die Ausführung sehr fleissig.

Diesem stehen zunächst an Bedeutung zwei Flügel aus dem Antoniterkloster zu Isenheim, jetzt auf der Stadtbibliothek zu Colmar, deren innere Seite die das Kind verehrende Maria und Antonius den Einsiedler mit dem Stifter, die äusseren, die Verkündigung Mariä, darstellen. Ausser dem idealischen, und in einem leisen Sehnen dem Perugino verwandten, Gefühl ist hier beidemal die Maria, mit gewölbten Augenlidern, auch von ungewöhnlicher, formeller Schönheit. In dem meisterlich modellirten Kinde, welches offenbar mit seltner Treue nach der Natur gemalt ist, macht sich dagegen der Realismus sehr schlagend geltend. Die warme Färbung steigert sich in dem sehr würdig aufgefassten Antonius zu einer grossen Tiefe. In der ziemlich breiten Behandlung tritt hier in der Angabe der Umrisse das mehr Zeichnende besonders deutlich hervor. Flüchtigere, aber dennoch geistreiche Arbeiten von ihm sind die Abnahme vom Kreuz und die Grablegung aus einer Folge der Passion an derselben Stelle, deren zwölf übrige Bilder, nach der oben angegebenen Art, theils von einem leidlich geschickten, theils von einem sehr handwerksmässigen Gesellen ausgeführt worden sind.

Ein echtes, wiewohl nicht bedeutendes, Werk ist der junge David mit dem Haupte des Goliath, welcher, von Kriegern begleitet, von den Jungfrauen mit Musik gefeiert wird, in der Pinakothek zu München, Cabinette No. 145.

England besitzt von diesem seltnen Meister in einer Maria, welche mit dem Kinde in einer Landschaft sitzt, in der Sammlung des Prinzen Gemahl in Kensington unter No. 30 ein kleines, aber ganz sicheres Bild.[1] Auch ein anderes Bild, Pilatus, welcher die Juden fragt, ob er ihnen Christus, oder den Barrabas losgeben soll, im Besitz des Herrn Green, zu Hadley, unfern Barnet, stimmt so sehr in allen Theilen mit seinen Stichen überein, dass ich, ungeachtet der für ihn sehr schwachen Farbe, noch immer geneigt bin es für ein Werk desselben zu halten.[2]

Obwohl der Einfluss dieses grossen Meisters auf die Maler ohne Zweifel ein sehr beträchtlicher gewesen, lässt er sich doch, da verhältnissmässig, besonders im Elsass, wo die französische Revolution gewüthet, so wenige Bilder aus dieser Zeit noch vorhanden sind, nicht so vollständig nachweisen, als sein Einfluss auf die Kupferstecher, deren sehr viele, theils in seiner Weise arbeiteten, theils ihm nachahmten.

Auf den Charakter der Malerei in Schwaben wirkte sehr entschieden Friedrich Herlen ein. Die gleichzeitige Nachricht vom Jahr 1467, dass er, weil er mit der niederländischen Arbeit umgehen kann, unentgeltlich zum Pfalbürger in Nördlingen aufgenommen worden,[3] und die auffallende Nachahmung bekannter Werke Rogier van der Weyden des älteren in seinen Bildern, lassen keinen Zweifel übrig, dass er seine Kunst bei jenem Meister gelernt hat. In dieser Vermittlung der Kunstweise der van Eyck'schen Schule für Oberdeutschland liegt aber auch seine grösste Bedeutung, denn er verräth weder eine bedeutende Eigenthümlichkeit, noch erreicht er in der gefühlten und gewissenhaften Ausbildung irgendwie sein Vorbild. Ich begnüge mich daher auch von ihm einige Hauptwerke anzuführen. Solche sind: die jetzt abgesondert aufgestellten Flügel eines Altars in der Hauptkirche zu Nördlingen, welche die Verkündigung, die Heimsuchung, die Anbetung der Hirten und der Könige, die Darstellung im Tempel, die Beschneidung, die Flucht nach Aegypten und Christus, zwölfjährig im Tempel lehrend, vom

---

[1] Näheres s. Treasures Th. IV. S. 225. — [2] Näheres s. Treasures Th. II. S. 459. — [3] Vergl. meine Kunstwerke und Künstler in Deutschland Th. I. S. 325.

Jahr 1462,[1] die Flügel des Hochaltars in der Kirche zu Rothen-
burg an der Tauber, grösstentheils mit denselben Darstellungen,
doch minder fein ausgebildet,[2] Pilatus, welcher Christus den Juden
zeigt, vom Jahr 1465 in jener Kirche zu Nördlingen,[3] und endlich
in derselben, und, ohne Zweifel eine Stiftung des Malers, die mit
dem Kinde thronende Maria, welchen der heilige Joseph den knieenden Herlen mit vier Söhnen, und die heilige Margaretha dessen
Frau mit fünf Töchtern empfiehlt. Dieses, mit 1488 bezeichnete,
Bild zeigt eine entschiedene Vergröberung seiner Kunst.[4] Er starb
im Jahr 1491.

Die Maler der schwäbischen Schule behielten von der neuen,
durch den F. Herlen überkommenen, Kunstweise in einem höheren
Grade, als die der übrigen deutschen Schulen, die realistische Auffassung in jener edleren Form, das Gefühl für eine warme Färbung
des Fleisches, für eine harmonische Ausbildung der übrigen Farben,
und die mehr verschmelzend malende, als zeichnende Weise des
Vortrags bei. Auch arteten die Falten ihrer Gewänder nicht in so
viele, willkürliche und scharfe Brüche aus, als dieses meist in
Deutschland der Fall ist. Sie unterscheiden sich aber wieder von
ihren niederländischen Vorbildern durch ein öfter grösseres Gefühl
für Schönheit bei den heiligen Personen, wie durch eine kühlere
Farbenstimmung, bei welcher in den Gewändern besonders ein kühles Braunroth und ein sattes Grün beliebt ist, endlich durch eine
minder genaue Ausbildung des Einzelnen.

Innerhalb der schwäbischen Schule lassen sich indess wieder
zwei Hauptzweige unterscheiden. Der eine, reichere, welcher seinen
Sitz in Augsburg hatte, nimmt schon früh eine entschieden realistische Richtung, während der andere, zu Ulm, sich ein reineres und
innigeres religiöses Gefühl bewahrt.

In Augsburg tritt uns vor allen die Familie Holbein in mehreren
Generationen entgegen.[5] Der älteste, Hans Holbein, der Grossvater,
zeigt sich nach der Bezeichnung Hans Holbein a. A. (d. h. civis
augustanus) 1459, auf einer lebensgrossen Maria, welche mit dem
Kinde auf einer Rasenbank sitzt, höchst auffallender Weise schon

[1] S. das angef. Werk S. 347 f. — [2] S. ebenda S. 324 f. — [3] S. ebenda S. 353
und das Deutsche Kunstblatt von 1854, S. 187. — [4] S. ebenda S. 352. — [5] Vergl.
Passavant, Kunstblatt 1846, Nr. 45. Hans Holbein

der Grossvater { Siegmund H., geb. 1456,
lebte noch in Bern 1540. } Bruno H.
Ambrosius H.
Hans H. der ältere, geb. } Hans H. der Jüngere 1498— 1554.
um 1460.

in so früher Zeit als ein Meister von hoher Ausbildung in jener
entschieden realistischen Richtung, die Köpfe haben ein durch-
aus portraitartiges Ansehen, ja der Körper des Kindes ist sicher-
lich, und zwar mit vieler Sorgfalt, nach der Natur gemalt.
Die Modellirung ist sogar sehr sorgfältig. Nur in den Falten der
Gewänder sieht man noch die weicheren Formen der früheren Zeit.
Dagegen ist die Landschaft schon sehr ausgebildet, und ein Dom-
pfaff, ein Stieglitz und ein Fink mit grosser Naturwahrheit gemalt. [1]
Dieses, ursprünglich im Auftrag der Familie Fugger für die St.
Annenkirche zu Augsburg, gemalte Bild, befindet sich jetzt zu
Mergenthau, dem vormaligen Sommeraufenthalt der Jesuiten in
der Nähe der Stadt, im Besitz des Herrn Samm. Ein anderes, mit
dem Namen und 1499 bezeichnetes Bild, in der königl. Gallerie zu
Augsburg, dem wichtigsten Ort für die Meister der Schule dieser
Stadt, welches in der Mitte der Krönung Mariä, zu den Seiten die
Geburt Christi und die Enthauptung der heiligen Dorothea darstellt,
hat, merkwürdigerweise, obwohl so viel später, als das vorige Bild,
in der Kunstform etwas Alterthümlicheres, und zeigt viel weniger
Naturstudium, ist übrigens aber von erheblichem Kunstwerth. [2]

Sein Sohn, Hans Holbein der Vater, ist wahrscheinlich etwa
1460 geboren und 1518 gestorben. Er ist der Hauptvertreter der
entschieden realistischen Richtung in dieser Schule, welche er in
der Wahrheit der Auffassung, in der Wärme und Klarheit der Färbung, in der Weiche und dem Schmelz der Malerei, zu ungemeiner
Meisterschaft ausgebildet hat. Man trifft bei ihm die entschiedensten Gegensätze an. In den Köpfen Christi, der Maria und mancher
Heiligen findet sich die glücklichste Verbindung von Schönheit der
Form, Hoheit und Reinheit des Charakters, Innigkeit des Ausdrucks.
Unmittelbar neben diesen hat er die naivsten und lebendigsten
Bildnisse und, namentlich bei den Kriegsknechten der Passion, die
tollsten Zerrbilder. Letztere unterscheiden sich indess dadurch zu
ihrem Vortheil von so vielen anderen der Art bei den deutschen Malern
dieser Epoche, dass ihnen ein gewisser Humor inne wohnt. Die
grosse Anzahl seiner noch vorhandenen Bilder beweist, dass es
ihm rasch von der Hand ging, und die grosse Ungleichheit, dass er,
nach Maassgabe der Bestellung, gewissenhafter, oder, auch abgesehen
von der Theilnahme seiner Gehülfen, flüchtiger arbeitete. Wie be-

---

[1] Näheres im Deutschen Kunstblatt von 1854. S. 192. — [2] Näheres in meinen
Kunstwerken und Künstlern in Deutschland Th. II. S. 16 f.

rühmt er indess zu seiner Zeit im südlichen Deutschland war, beweist der Umstand, dass er, sowohl in Frankfurt, als auch schon vor seiner, wahrscheinlich im Jahr 1516 erfolgten Uebersiedelung, in Basel, Gemälde ausgeführt hat.

Das älteste, von ihm bekannte, im Jahr 1495 bei ihm bestellte Bild befindet sich in der Sammlung zu Augsburg. Es enthält in verschiedenen Abtheilungen Vorgänge aus der Passion, darüber die gekrönte Maria, darunter die Bildnisse der Stifterinnen. Von den, in den Jahren 1500 und 1501 in Frankfurt für die Dominikaner-kirche ausgeführten, Bildern, acht grossen Tafeln aus der Leidens-geschichte, zwei Stammbäumen der Maria und der Dominikaner, deren der eine „Hans Hollbeyn de Augusta 1501" bezeichnet ist, sind nur noch die beiden letzten übrig. Ein Abendmahl, jetzt in der Leonhardskirche dort, die Vertreibung der Verkäufer aus dem Tempel und Christi Einzug, Flügel desselben im Städel'schen Institut (No. 100 und 101), gehören zu seinen geringeren Arbeiten. Ungleich bedeutender ist das 1502 ausgeführte Bild in der Augsburger Sammlung, welches als Hauptvorstellung, die Verklärung Christi, zu den Seiten, die Speisung der 4000 Mann, und Christus, welcher einen Teufel austreibt, zu beiden Seiten die männlichen und weib-lichen Mitglieder der Stifter enthält. Der Christus ist sehr würdig, die Jünger in den Motiven übertrieben und geschmacklos, die Bild-nisse durchweg höchst naiv und lebendig, die Ausführung überall von grosser Sorgfalt. In demselben Jahr hat er auch, nach der Bezeichnung, eine Reihefolge von sechzehn Bildern für den Abt des Klosters zu Kaisersheim beendigt, welche sich jetzt in der Pinakothek befinden. Diese sind von sehr verschiedenem Werthe, denn während einige, z. B. die Beschneidung, No. 14, und vor allen die Darstellung im Tempel, No. 60, zu seinen vorzüglichsten Werken gehören, fallen andere aus der Passion, wie die Verspot-tung Christi, No. 15, durch die Ueberladung und Verzerrung sehr unangenehm auf. Zu seinen flüchtigen, ja zum Theil rohen, Bildern gehört eine Folge der Martyrien von neun Aposteln, welche sich jetzt in Nürnberg, theils in der Moritzkapelle, theils im Landauer Brüderhause, befinden.

Sein Hauptwerk ist ein grosses, im Jahr 1504 ausgeführtes Bild, worauf viele Vorgänge aus der Legende des heiligen Paulus, und oben die Dornenkrönung Christi dargestellt ist, in der Gallerie zu Augsburg. Der Kopf des Heiligen ist immer höchst edel,

Unter den Vorgängen spricht besonders seine Predigt an. Wo
Paulus getauft wird, hat der Maler auch sich und seine beiden
Söhne, Ambrosius und, den nachmals so berühmten, Hans, ange-
bracht, der hier als ein Knabe von etwa sechs Jahren erscheint.
In keinem anderen Bilde kann man diesen Meister so sehr in seinen
Vorzügen kennen lernen, als in diesem, wenn schon die hier theil-
weise in den weissen und blauen Mustern des bairischen Wappens
gekleideten Kriegsknechte, ein Zeichen der damaligen Stimmung von
Augsburg gegen Baiern, in arge Zerrbilder ausarten. [1]

Zu seinen vorzüglichsten Bildern gehören ferner zwei grau in
grau gemalte, mit seinem Namen bezeichnete Altarflügel in der
Sammlung der Stände zu Prag. Den edlen Gesichtern entsprechen
die schlanken Gestalten. Die Falten der Gewänder sind von ungewöhnlich reinem Geschmack, die Modellirung durchweg sehr sorgfältig. Die inneren Seiten enthalten zwei Abtheilungen. In den
oberen, einerseits, die Heiligen Willibald, Lucia und Katharina,
andererseits, Barbara, Apollonia und Rochus. In den unteren,
einerseits, der Tod Mariä, andererseits, die Legende der Heiligen,
durch deren Gebet ein König aus den Flammen befreit wird. Auf
den Aussenseiten die Heiligen Thomas, Augustinus, Ambrosius und
Margaretha. Dass dieser Meister gelegentlich im Kleinen sehr gute
Bilder gemalt, lehrt seine, mit dem Namen bezeichnete Maria mit
dem Kinde in der Moritzkapelle zu Nürnberg (No. 126), [2] welche
zugleich in besonderer Deutlichkeit den Einfluss des Friedrich Herlen
verräth. Zu seinen spätesten, zwar in der Erfindung noch immer
geistreichen, doch in der Färbung schwachen und schweren, in der
Behandlung flüchtigen Bildern gehören einige Vorgänge aus der
Passion im Museum zu Basel.

Auch Sigmund Holbein, der Bruder Hans Holbeins des Vaters,
ist nach einem kleinen, in der Sammlung des Landauer Brüderhauses zu Nürnberg befindlichen, Bilde, Maria mit dem Kinde
(No. 184), welches seinen Namen trägt, ein sehr ausgezeichneter,
seinem Bruder in der ganzen Kunstweise engverwandter Maler
gewesen. [3]

Nächst der Familie Holbein spielt die der Burgkmair zu Augsburg in der Malerei die wichtigste Rolle. Für diese Epoche kommt

---

[1] Vergl. hierüber das vorige Werk Th. II. S. 19 ff. und Passavant im Kunstblatt von 1846, S. 143. — [2] S. Kunstwerke und Künstler in Deutschland Th. I.
S. 196. — [3] S. dasselbe Werk Th. I. S. 217.

hier der im Jahr 1489 in öffentlichen Urkunden verzeichnete Thoman Burgkmaier in Betracht. Obwohl von einer gewissen Tüchtigkeit und Energie, steht er doch den Holbeins weit nach. Seine Figuren sind kurz, sein Fleischton schwerbraun, seine Umrisse hart. Im Dom zu Augsburg finden sich zwei, im Jahr 1480 gestiftete, Bilder an den Pfeilern dem Chor gegenüber, deren eins, Christus im Gespräch mit dem heiligen Ulrich, das andere, die Maria mit der heiligen Elisabeth von Thüringen und die Frau des Stifters, des Bürgermeisters Walther darstellt. Das dortige Museum enthält ein grosses Bild mit dem Martyrtode des heiligen Stephan, dem heiligen Laurentius und Vorgänge aus der Passion.[1]

Zu Ulm, dem Sitz des anderen Hauptzweiges der schwäbischen Schule, ist der älteste Meister von Bedeutung, welchem wir dort in dieser Epoche begegnen, Hans Schülein. Nach dem Vorkommen seines Namens in Ulms Registern fällt seine Blüthe zwischen den Jahren 1468 und 1502, in welchem letzteren er wahrscheinlich gestorben ist. Er nahm in Ulm eine sehr geachtete Stellung ein. Von beglaubigten Werken von ihm haben sich indess wenige erhalten. Am bedeutendsten sind die Malereien der Flügel und der Staffel eines Altarschreins zu Tiefenbronn, eines Walddorfs unweit Calw in Schwaben. Hinten am Rahmen befindet sich die Inschrift: „gemacht zu Ulm vo hannsse Schüelin maler MCCCCLXVIIIj Jare." Die, jetzt durch die Einwirkung des Sonnenlichts sehr verblassten, Aussenseiten stellen den englischen Gruss, die Heimsuchung, die Geburt und die Anbetung der Könige, die besser erhaltenen Innenseiten, Pilatus, der die Hände wäscht, die Kreuzigung, die Grablegung und die Auferstehung, dar. Die Figuren sind fast lebensgross. Die Staffel enthält, in halben Figuren, Christus inmitten der Apostel. Die Luft ist Goldgrund. Nach Harzen[2] erkennt man in diesen Bildern unbedingt einen ausgezeichneten Schüler Rogier van der Weyden des älteren, und findet darin Compositionen von malerischer Anordnung, correcter Zeichnung, edlen und ausdrucksvollen Köpfen, landschaftlichen Hintergründen voll Abwechslung, ein lebhaftes, glänzendes Colorit, wenn auch minder gesättigt, als bei dem zunächst zu betrachtenden Zeitblom, wohl-

---

[1] Vergl. Passavant am angef. Orte S. 186 und mein obiges Werk Th. II, S. 53 f. — [2] Da ich diese Bilder nicht selbst gesehen, folge ich hier diesem trefflichen Gewährsmann in seinem Aufsatze: „Ueber Bartholomäus Zeitblom, Maler von Ulm, als Kupferstecher" in Naumann's Archiv für die zeichnenden Künste 1860, S. 27 ff.

verstandene Perspective, endlich eine sorgfältige Ausführung. Nach
der Uebereinstimmung mit diesen Bildern hält Harzen eilf, zur
Genealogie der heil. Anna und zu einem Altar, aber jetzt an verschiedenen Orten zerstreute kleine Bilder, ebenfalls von Schülein.[1]
Ebenso dürften nach seiner Schilderung zwei Flügelbilder in der
Sammlung Seiner Hoheit, des Fürsten von Hohenzollern Sigmaringen,
auf dem gleichnamigen Schloss, welche ich unter dem Namen
Schülein dort gesehen habe, diesen Namen mit Recht tragen. Sie
enthalten in acht Abtheilungen, Joachim und Anna an der goldnen
Pforte, die Geburt Mariä, ihre Darstellung im Tempel, die Vermählung, die Verkündigung, die Geburt Christi, die Anbetung der
Könige, die Beschneidung. Harzen ist nach dem Geist, welcher
sich in verschiedenen Blättern, namentlich in den, mit historischen
Darstellungen gezierten 73 Initialen der sogenannten, vierten deutschen Bibel (gedruckt zu Ulm 1470—1473?) ausspricht, der Ansicht,
dass Schülein zu vielen derselben die Zeichnungen geliefert, die
vorzüglicheren sogar selber geschnitten haben möge.

Als der Hauptmeister dieses Zweiges der Schwäbischen Schule
in dieser Epoche giebt sich aber durch eine Reihe noch vorhan-
dener, kirchlicher Gemälde von hohem Kunstwerth Bartholomäus
Zeitblom kund. Dieser, wahrscheinlich etwa um 1440 zu Ulm
geborene Künstler dürfte sich, nach den neuesten Forschungen von
Harzen,[2] in seiner Jugend unter seinem berühmten Landsmann,
Martin Schongauer zu Colmar, zuerst als Kupferstecher ausgebildet,
und als solcher die Blätter ausgeführt haben, welche bis jetzt unter
dem ganz willkürlichen Namen Barthel Schongauer bekannt sind.[3]
Zu den frühsten derselben möchten die Kopieen nach den zwölf
Blättern der Passion des Martin Schongauer gehören. Die Mehr-
zahl der übrigen behandelt in einer lebendigen und geistreichen
Weise grösstentheils Vorgänge aus dem gewöhnlichen Leben, doch

---

[1] In der Pinakothek No. 11, 13 und 34, Cabinette, in der Moritzkapelle zu
Nürnberg No. 59, 62, 63, 66, 111, 115. In der Gallerie zu Augsburg zwei. Auch
ein Bild in zwei Abtheilungen in der Gallerie zu Wien, in deren einer die heilige
Familie, in der anderen die Maria, welche dem Christus lesen lehrt, und Johannes
der Evangelist, als Kind, ist sicher von demselben Meister. Die Aufschrift „Johannes Aquila" auf dem Kleidersaum des letzten, ist zuverlässig nicht der Name
des Malers, wie dort im Katalog angenommen wird, sondern bezieht sich auf den
Johannes und sein Zeichen, den Adler. — [2] Da die, diesem Handbuch gesteckten
Grenzen es nicht gestatten, die Beweise für die obigen Thatsachen im Einzelnen
beizubringen, muss ich dafür auf jenen, schon bei Schülein angeführten Aufsatz
verweisen. — [3] S. Bartsch Th. VI. S. 68 ff. Passavant Th. II. S. 118 ff. Das
Monogramm b◁S bedeutet daher nach Harzen Bartholomäus Stecher.

kommen auch vier Bildnisse, Verzierungen und Wappen vor. Unter
den letzteren ist das der Frankfurter Patrizierfamilien, Rohrbach
und Holzhausen, gelegentlich einer, zwischen denselben im Jahre
1466 geschlossenen, Heirath, für die Zeitbestimmung der Blätter
des Künstlers besonders wichtig.[1] Später scheint er diese Kunst,
worin er eine gewisse Sprödigkeit und Härte nicht überwinden
konnte, verlassen und sich zunächst auf die Ausführung von Zeichnungen für Holzschnitte gelegt zu haben, mit welchen bald nach
1470 verschiedene der ältesten, in Ulm gedruckten, Bücher ausgestattet wurden, von denen Harzen unter anderen besonders die
sogenannte fünfte deutsche Bibel (1473—75) hervorhebt. Diesen
schliesst sich nach demselben eine grosse Zahl meisterhafter Federzeichnungen in einem, in der Kupferstichsammlung des Fürsten
Waldburg Truchsess zu Wolfsegg bei Ravensburg in Schwaben,
befindlichen Foliobande an, von denen viele Darstellungen weltlichen
Inhalts mit jenen Kupferstichen, andere, von kirchlichen Gegenständen, mit seinen Bildern, welche ausschliesslich diesem angehören,
entlehnt sind, eine grosse Uebereinstimmung zeigen. Viele in demselben Bande vorhandene, Bergbau, Geschütz und Maschinenwesen
betreffende, Risse, lassen Harzen vermuthen, dass er sich, gleich
dem Leonardo da Vinci, vorübergehend auch mit solchen Dingen,
als Berufsgeschäft, befasst hat. Unter allen Umständen scheint es,
dass er die Malerei erst ziemlich spät zum Hauptberuf seines Lebens
gemacht hat. Er trat zu diesem Behuf in die Schule des Hanns
Schülein, dessen Tochter er nachmals im Jahr 1483 heirathete.
Auf dem Flügel eines, noch in der Kirche zu Münster, einem,
einige Meilen von Augsburg entfernten, Dorfe, befindlichen Altarschreins, wird er ausdrücklich als Gehülfe von Schülein genannt.[2]
Die schwächere Färbung, die zaghafte Behandlung, sprechen, nach
Harzens Urtheil, für eine frühe Zeit des Meisters als Maler. Als
solcher hat er in der edlen, geistigen Richtung, ebenfalls einen
starken Einfluss des Martin Schongauer erfahren. Muss er diesem
an Schönheitssinn nachstehen, so zieht er doch, wie wenige, durch
die ungemeine Schlichtheit, Reinheit und Wahrheit seines religiösen
Gefühls an. In diesem Betracht kann man ihn den deutschesten
aller Maler nennen. In einzelnen Fällen erhebt er sich bis zum

[1] Von der noch in der Familie Holzhausen befindlichen Platte mit einem
männlichen und weiblichen Schildhalter im Kostüm der Zeit ist neuerdings eine
kleine Zahl von Abdrücken gemacht worden. ... von hans Schülein v. B.
Zeitblom zu Ulm mitgemacht 14...

Grossartigen. Allerdings sind bei ihm die Glieder noch meist mager
und wenig gelenk, auch kehrt in den Köpfen eine Lieblingsbildung
zu häufig wieder, indess sind dieselben von sehr sorgfältiger Durchführung, von einer Klarheit, Wärme und später von einer Feinheit
des Tons, welche mit dem Quintyn Massys wetteifert, endlich hat
er in seinen, in breiten und nicht knittrigen Falten geworfenen,
Gewändern sehr eigenthümliche und harmonische Farbenaccorde.
Zu seinen früheren Bildern gehören zwei Flügel eines Altars, welche
die Heiligen Georg, Florian, Johannes den Täufer und Margaretha
enthalten, in der vormals Abel'schen Sammlung zu Stuttgart.
Die Köpfe sind schon sehr wahr und fleissig und von ungemein
warmem Ton. Eine noch grössere Reife zeigen die Bilder der Flügel
eines Altarschreins mit trefflichem Schnitzwerk vom älteren Syrlin
in der Mitte vom Jahr 1488, aus dem Orte Hamen bei Ulm, jetzt
im Besitze des Professor Hassler in Ulm, mit den Heiligen Nicolaus und Franciscus auf den inneren, Christus am Oelberge auf den
äusseren Seiten. Vor Allem zeichnet sich der Christus durch Feinheit und Würde des Kopfs, Adel des Motivs, und reinem Geschmack
in dem meisterlich durchgeführten Gewande aus. Diesen schliessen
sich würdig die vier Kirchenväter einer Altarstaffel vom Jahr 1490
aus Eschach an. Aus demselben Jahr rühren auch wahrscheinlich die zwölf Vorgänge aus dem Leben Johannes des Täufers auf
den inneren Seiten des grossen Altars in der Kirche zu Blaubeuren
her, ein durch die vielen eigenthümlichen Compositionen besonders
wichtiges Werk. Von den Aussenseiten dürften ihm nur die Kreuztragung und die Kreuzigung angehören. Besonders grossartig erscheint der Meister in der mit 1490 bezeichneten, kolossalen
Gestalt Johannes des Täufers an der Aussenseite der Kirche, welcher, wie Harzen bemerkt, sich darin auch als tüchtiger Fresco-
maler bewährt. Auf seiner vollen Höhe aber sehen wir Zeitblom
in den, ebenfalls in der Abel'schen Sammlung befindlichen Flügeln
des grossen Altars der Pfarrkirche zu Eschach vom Jahr 1495.
Die inneren Seiten stellen die Verkündigung und die Darstellung
im Tempel, die äusseren, überlebensgrossen Figuren, die beiden
Johannes dar. Letztere gehören in der Würde der Charaktere, in
der Milde des Gefühls, in der fein abgewogenen Harmonie der
warmen und klaren Färbung, zu den bedeutendsten Werken, welche
die deutsche Malerei überhaupt in dieser Epoche hervorgebracht
hat. Ein Theil der Staffel desselben Altars bildete einst ein, von

zwei Engeln gehaltenes, Schweisstuch von ungemeiner Grossartigkeit, jetzt im Museum zu Berlin, No. 606 A. (Fig. 33). — Auf
derselben hohen Stufe der Ausbildung stehen zwei grosse Bilder
mit Vorgängen aus der Legende des heiligen Valentinian in der
Königl. Gallerie zu Augsburg. Aus dieser, seiner reifsten, Zeit,
sind ebenfalls die 1497 ausgeführten Flügel des Altars in der Kirche

Fig. 33.

Das Schweisstuch der Veronika von B. Zeitblom.

auf dem Heerberge, einem kleinen Ort in Schwaben, aus dem
Leben der Maria, von denen hier die Geburt gegeben ist (Fig. 34). [1]
Noch freier in den Motiven und ungemein vollendet sind endlich
acht Bilder auf zwei Flügeln, welche ähnliche Gegenstände darstellen, auf dem Schlosse zu Sigmaringen. Auch ein Kopf der
heiligen Anna, ein Fragment eines grösseren Bildes, im Museum
zu Berlin, No. 561 B. von feiner Auffassung und sehr warmer
und klarer Färbung, gehört dieser Zeit des Künstlers an.

Zwei vortreffliche Portraite von ihm (Mann und Frau) befinden
sich unter dem irrigen Namen von Holbein in der Gallerie Lichtenstein zu Wien. Der Mann, in braunem Pelz und Mütze, segnet
mit der Rechten, während die Linke eine Papierrolle hält. Hinter
ihm ein rother Vorhang und eine bergigte Landschaft. Die Frau,
in einem schwarzen Kleide, ein weisses Tuch um den Kopf, hält
ebenfalls eine Rolle Papier in der Rechten. Der Hintergrund ist

---

[1] Steindrücke hiervon sind im Jahr 1845 vom Verein für Kunst und Alterthum
in Ulm und Oberschwaben veröffentlicht worden.

Fig. 34.   Die Geburt Christi nach Zeitblom.

ähnlich. Er ist sehr warm und kräftig, sie blass aber klar und zart in der Färbung.

Gleichzeitig mit seiner Thätigkeit als Maler führte Zeitblom, nach Harzens Ansicht, auch eine Anzahl von Blättern mit der kalten Nadel, oder in der geritzten Weise, aus, welche, wegen der grossen Uebereinstimmung mit den oben besprochenen Kupferstichen, ihm von jenem Forscher beigemessen werden. Während er in seinen Gemälden sich im ausschliesslichen Dienst der Kirche hielt, hat er in diesen Blättern seinem, ihm schon so früh eignen Sinn für eine lebendige und öfter humoristische Auffassung von gewöhnlichen Vorgängen, unter denen karikirte Gruppen von Bauern und Vagabunden besonders häufig sind, Genüge gethan. Die grosse Seltenheit dieser geritzten Blätter, von denen sich nur im Museum zu Amsterdam eine ganze Reihe befindet, erklärt Harzen dadurch, dass er solche lediglich zu seinem Vergnügen gemacht und daher nur eine geringe Anzahl von Abdrücken abgezogen haben möchte. Ueber das Todesjahr dieses grossen Künstlers ist nichts mit Sicherheit ermittelt, indess dürfte derselbe wohl zwischen 1517 und 1520 fallen, indem um diese Zeit alle Nachrichten von ihm in den Steuerregistern von Ulm versiegen.

In Oesterreich blühte in dieser Epoche der treffliche Maler **Pacher von Brunecken**, von dem sich die Flügel eines, mit seinem Namen und 1481 bezeichneten, sehr grossen Altars, dessen Mitte von einem höchst ausgezeichneten, die Krönung Mariä darstellenden Schnitzwerk gebildet wird, zu St. Wolfgang, einem Orte in der Nähe von Ischl, befinden. In der Art seiner realistischen Auffassung, in der Zusammenstellung, und in der kühlen Gesammtstimmung der Farben, erkennt man, dass er sich in der schwäbischen Schule und insbesondere in der von Augsburg gebildet hat. Die sechszehn auf den, auf beiden Seiten bemalten Flügeln befindlichen Bilder sind von so ansehnlichem Umfang, dass die Figuren eine Grösse von etwa zwei Drittel der Natur haben. Die Vorgänge aus dem Leben der Maria und Christi, welche sie enthalten, sind mit Einsicht componirt, die öfter noch etwas unbehülflichen Motive wahr, die bisweilen hübschen, und, in Betracht der Zeit, sehr individualisirten Köpfe, von edlem Gefühl, die Zeichnung gut, besonders die Hände geschickt bewegt, die Gewänder mit deutlicher Angabe der Stoffe, Brocat u. s. w., zwar von scharfen Brüchen, aber guten Hauptmotiven, die architektonische Räumlich-

keit von ausführlicher Angabe. Mit dem für die Zeit sehr ausgebildeten Helldunkel macht der Goldgrund der Luft einen auffallenden
Gegensatz, das Fleisch ist im Ganzen von kühlem Ton, die Ausführung fleissig, aber doch von vieler Freiheit. Uebrigens verrathen
einige Bilder die Hand eines geringeren Gehülfen. Besonders ausgezeichnete Bilder sind: die Beschneidung Christi, der Tod Maria
und die, auf einer von zwei kleineren Tafeln befindliche, Flucht
nach Aegypten. [1]

Die Fränkische Schule, deren Mittelpunkt, wie schon in der
vorigen Epoche, Nürnberg bildet, überkam mit der Oelmalerei
allerdings auch die realistische Auffassung der Niederländer, und
auch hier lässt sich in manchen Compositionen der Einfluss Rogiers
van der Weyden des älteren wahrnehmen. Im Verhältniss zur
schwäbischen Schule blieb sie indess in der Auffassung kirchlicher
Gegenstände der Tradition getreuer, auch sind die Compositionen
stylgemässer. Zugleich aber waltet hier in den Bildern die zeichnende Manier ungleich mehr vor. Die Umrisse werden nicht, wie
in Schwaben, mit den Formen verschmolzen, so sind auch die
einzelnen Farben zwar lebhafter, aber ungleich weniger harmonisch
zu einander gestimmt, so dass die Bilder meist einen bunten Eindruck machen. Auch die Motive sind unschöner, eckiger, die Falten
der Gewänder schärfer und willkürlicher in den Brüchen, und wenn
manche Köpfe heiliger Personen auch hier das Bestreben nach
ideeller Schönheit aus der vorigen Epoche glücklich bewahren, so
wird man dagegen noch ungleich mehr als in der schwäbischen
Schule, durch die Gemeinheit und Roheit der Zerrbilder, besonders
in den Kriegsknechten verletzt.

Ganz dem Anfang unserer Epoche gehören die 1453 ausgeführten
Bilder der Flügel des Altars in der Kapelle der edlen Familie von
Löffelholz in der St. Sebaldskirche zu Nürnberg an. Die inneren
Seiten enthalten Vorgänge aus der Legende des Kaiser Heinrich II.
und seiner Gemahlin Kunigunde, die äusseren die Anbetung der
heiligen drei Könige und den heiligen Georg, welcher den Drachen
tödtet. Auf der Altarstaffel sind inwendig Christus und Heilige,
auswendig die Bildnisse der zahlreichen Familie Löffelholz enthalten.
Die Motive sind hier theilweise sehr gelungen. Ueber die Ausführung lässt eine rohe Uebersudelung der meisten Theile nur ein

---

[1] Dieser Altar befand sich zu der sehr glücklich vorschreitenden Restauration
im Herbst 1860 in den Händen des Kaiserl. Galleriedirektors Engert zu Wien.

bedingtes Urtheil zu. In den Köpfen, welche nicht von jener betroffen werden, erkennt man indess ein tüchtiges Studium nach der Natur im Sinne der van Eyck'schen Schule, eine gute warme Färbung und eine gewissenhafte Ausführung. [1]

Der Hauptmeister dieser Epoche in Franken aber ist der 1434 geborene, 1519 gestorbene Michael Wohlgemuth. Allen seinen Bildern ist eine grosse Kraft und Klarheit der Farben gemein. Uebrigens aber sind wenige Meister von so ungleichem Werthe in ihren Werken, als er. Und dieses rührt nicht bloss davon her, dass er, als ein weit und breit gesuchter, Unternehmer grosser Altarschreine, wobei er auch die Besorgung der bemalten Standbilder, oder Reliefs in Holz übernahm, die Ausführung derselben zum grossen Theile seinen, oft sehr rohen, Gesellen überliess, sondern weil er selbst sein eignes Kunstvermögen bald in einem höheren, bald in einem geringeren Maasse in Anwendung brachte. Ich begnüge mich hier einige Werke aus seinen verschiedenen Epochen anzuführen. Die frühsten, mir bekannten Malereien von ihm dürften die Vorgänge aus dem Leben der Maria und der Leidensgeschichte an dem Haller'schen Stiftungsaltar in dem Kirchlein zum heiligen Kreuz in Nürnberg sein. Die Compositionen sind theilweise sehr überladen, der Ausdruck öfter wahr, die Färbung sehr kräftig, die Ausführung indess etwas handwerksmässig. Wahrscheinlich nur um wenig später sind vier Bilder, welche die Hauptvorgänge der Passion darstellen und, vermuthlich ursprünglich für die Dreifaltigkeitskirche zu Hof in Franken von dem Meister ausgeführt, in neuerer Zeit in die Pinakothek zu München versetzt worden sind, wo sie sich unter No. 22, 27, 34 und 39 befinden. Wiewohl im Ganzen von etwas derber Ausführung und harten Umrissen, ist der Ausdruck in manchen Köpfen von ergreifendem Gefühl, und die Färbung klar und kräftig. In einigen Tafeln recht ausgezeichnet ist der, im Jahr 1479 ausgeführte, grosse Altar in Zwickau, vor Allem in den vier Darstellungen aus dem Leben der Maria, [2] wovon hier die Verkündigung (Fig. 35). Am vortheilhaftesten aber erscheint Wohlgemuth in einzelnen Heiligen in Lebensgrösse, Theile eines, im Jahr 1487 für die Augustinerkirche ausgeführten, Altars in der Moritzkapelle zu Nürnberg, No. 45,

---

[1] Vergl. Kunstwerke und Künstler in Deutschland Th. I. S. 237 f. — [2] S. v. Quandt, die Gemälde des M. Wohlgemuth in der Frauenkirche zu Zwickau, nebst Lithographieen und Text, und Kunstwerke und Künstler in Deutschland Th. I. S. 56.

53, 74, 80. [1] Unter den männlichen Heiligen Georg, Sebald, Johannes dem Täufer und Nikolaus zeichnet sich besonders der letzte
durch Würde des Charakters und Weiche der Behandlung aus.

Fig. 35.

Die Verkündigung nach Michael Wohlgemuth.

Noch anziehender durch zarte Jungfräulichkeit, Feinheit der Züge
und den Ausdruck echter Andacht sind die weiblichen Heiligen,
Barbara, Katharina, Margaretha und Rosalie Durch die allgemeine
Helligkeit und Klarheit des Tons, die reichen Untergewänder von
Brokat, die goldnen Mäntel, machen sie einen eigenthümlich hei-
teren und festlichen Eindruck. Auf einige Theile der Rückseiten,

---

[1] Näheres ebenda S. 184, 190.

z. B. Lucas, welcher die Maria malt, und Christus, welcher vom Kreuz herab den heiligen Bernhard umarmt, gehören zu seinen besten Arbeiten.

Auf dem, in den Jahren von 1506—1508 ausgeführten grossen Altar in der Kirche zu Schwabach, unweit Nürnberg, rühren wohl nur die stattlichen Figuren von Johannes dem Täufer und dem heiligen Martin von seiner Hand her. [1] Für sein schönstes Werk halte ich die Malereien an einem Altar in der Kirche von Heilsbronn, ebenfalls in derselben Gegend von Franken. Sie stellen Vorgänge aus dem Leben Christi, die Messe des Papstes Gregor und die Bildnisse des Stifters, des Markgrafen Friedrich IV. von Hohenzollern und seiner Familie, dar. Die Köpfe der heiligen Personen sind hier edler und mannigfaltiger, die Bildnisse lebendiger als sonst. [2] Wohlgemuth hat auch die Zeichnungen zu einer Reihe von Holzschnitten in der jetzt seltenen Schedel'schen Chronik von Nürnberg gemacht.

In Nürnberg und in anderen Städten von Franken befinden sich viele Bilder, welche offenbar aus der Schule des Wohlgemuth hervorgegangen sind, aber sämmtlich die Kunsthöhe seiner besten Bilder nicht erreichen. Es erhellt daraus, dass er, ausser dem grossen Albrecht Dürer, keinen anderen Schüler von einigem Belang gezogen haben möchte.

An verschiedenen Stellen in Nürnberg findet man indess Gemälde von unbekannten, aber sehr achtbaren Meistern, welche sich als vom Einflusse des M. Wohlgemuth unabhängig zeigen. So auf der Veste ein Temperabild mit verschiedenen Bischöfen und Mönchen, von edler, wenn gleich einförmiger Bildung, und guter Zeichnung. Der Einfluss niederländischer Kunst ist daran unverkennbar. Ebenda ein Altarbild mit Flügeln, worauf Vorgänge aus der Legende der heiligen Katharina. Die Begebenheiten aus der Legende des heiligen Rochus auf den Flügeln seines Altars in

---

[1] S. ebenda Vol. I. S. 291. — [2] S. ebenda Vol. I. S. 307 ff. Das dem M. Wohlgemuth beigemessene und mit 1511 bezeichnete Altarbild mit Flügeln in der Kaiserl. Gallerie zu Wien, worauf in der Mitte der heilige Hieronymus, viele andere Heilige und auch sonstige Vorgänge befindlich sind, weicht in der Auffassung, wie in der Behandlung von allen sicher beglaubigten Werken des Wohlgemuth so sehr ab, und ist so viel vorzüglicher, dass ich mich nicht davon überzeugen kann, dass er noch im 77. Jahre sich so verändert und ein Werk hervorgebracht haben sollte, welches alle Bilder seiner besten Jahre weit übertrifft.

der Lorenzkirche, welche diesem nahe verwandt sind. Endlich ein
mit 1476 bezeichnetes Epitaphium in derselben Kirche, mit einer
Anbetung der Könige von lieblichen Köpfen, völligen Formen und
weichen Falten der Gewänder.

Auch in Erfurt befinden sich in einer Kapelle der Kirche
der Ursulinerinnen vier Bilder eines Meisters von grosser Tüchtigkeit,
die Kreuzigung und je drei Heilige, Petrus, Paulus, Margaretha,
Hieronymus und zwei mir unbekannte Heilige, endlich Johannes,
Andreas und Barbara. Die Gestalten sind edel, die Köpfe würdig
in Charakter und Ausdruck, die Gewänder von reinem Geschmack,
die Ausführung in Oel fleissig, der Grund noch golden.

Ebenso verdient der Meister eines grossen Bildes in der Gam-
bertuskirche zu Anspach, sowohl wegen seines Werthes, als des,
öfter im 15. Jahrhundert vorkommenden Gegenstandes, Christus,
welcher die von Gott Vater gedrehte Kelter tritt, aus der Hostien
fallen, so der Pabst in Kelchen auffängt, erwähnt zu werden. Auch
hier findet sich noch der Goldgrund.

Einige baierische Maler, Gabriel Mächaelkircher, welcher um
1480 in München arbeitete, Ulrich Füterer, der in derselben Zeit
zu Landshut lebte, und der, gegen Ende des 15. Jahrhunderts
thätige Hans von Olmdorf bleiben, nach den in der Gallerie zu
Schleisheim vorhandenen Bildern, gegen die besseren Leistungen
dieser Zeit sehr zurück und haben etwas ungemein Rohes.

Sechstes Kapitel.

Die deutschen Schulen in der vollständigen Entwickelung ihrer Eigenthümlichkeit.   Von 1500—1550.

In dieser Epoche wurde in Deutschland der Realismus durch
die freiere, theilweise, z. B. für die Proportionen und die Perspective, wissenschaftlich begründete, Beherrschung der darstellenden
Mittel zur vollständigen Naturwahrheit ausgebildet, und zum Ausdruck einer sehr grossen Zahl geistreicher Erfindungen verwendet, welche sich nicht allein auf kirchliche Gegenstände beschränkten, sondern auch geschichtliche Begebenheiten,
Allegorien und Vorgänge aus dem gewöhnlichen Leben in ihren

Kreis zogen. In diesem Reichthum geistreicher Erfindungen, in der
Stylgemässheit der Composition, in der Meisterschaft der Zeichnung,
waren die deutschen den gleichzeitigen niederländischen Malern,
einem Quintyn Massys, einem Lucas van Leyden etc., entschieden
überlegen. Dagegen blieben sie auch in dieser Epoche in
der Ausbildung des Colorits, mit wenigen Ausnahmen, zurück, und herrscht auch in der Behandlung, sowohl in Angabe der
Umrisse, als in dem häufigen Schraffiren in den Schatten, das Zeichnen vor, wodurch ihren Bildern eine gewisse Härte eigen bleibt.
Sie kommen endlich in der Ausbildung des Einzelnen, wiewohl der
Goldgrund, mit wenigen Ausnahmen, abgethan ist, und landschaftliche Hintergründe öfter sehr ausgebildet, ja in einzelnen Fällen
selbst Landschaften nur um ihrentwillen gemalt werden, den Niederländern nicht ganz gleich. Ungleich mehr aber befinden sie sich
den gleichzeitigen italienischen Malern gegenüber in Nachtheil.
Wenn es ohne Zweifel zum Theil in ihrem geistigen Kunstnaturell,
so wie in den minder günstigen Bedingungen der Schönheit der
Menschen, der Natur und des Klimas liegt, dass sie nicht zu jener
ideellen Auffassung, zu jener Vereinfachung und Schönheit der Formen, zu jener Grazie in den Bewegungen gelangten, welche den
Werken eines Lionardo, eines Raphael, eines Correggio, den grössa-
ten Zauber verleihen, so findet die Thatsache, dass sie selbst in
der, ihnen eigenthümlichen, Kunstweise nicht zu der ganz
freien und in allen Theilen, Form, Farbe und Helldunkel, harmonischen Ausbildung der Italiener gelangten, in verschiedenen anderen Ursachen ihre Erklärung. Der dem Mittelalter eigenthümliche
Hang zum Phantastischen in der Kunst, welcher zwar sehr geistreiche Werke erzeugt hat, jedoch der Entfaltung reiner Schönheit
nicht günstig ist, war, wie Kugler richtig bemerkt, den Deutschen
auch in dieser Zeit, in welcher die Italiener ihn längst abgestreift
hatten, noch eigen geblieben, so dass Vorstellungen aus der Apocalypse, Todtentänze etc., noch immer sehr beliebt waren. Das Verständniss für die Behandlung von Aufgaben aus dem Kreise der
antiken, der Darstellung der Schönheit so günstigen Welt, war dagegen den Deutschen so wenig aufgegangen, dass sie dieselben in
sehr naiver Weise und oft sehr geschmacklos in jenen phantastischen
Formen darstellten.

Zunächst stand die durchschnittliche Bildung der Stände, welche
die Kunst fördern, Fürsten, Herrn und Bürger, in Deutschland auf

einer geringeren Stufe, als in Italien, welches darin schon seit
dem 14. Jahrhundert allen anderen Nationen vorausgeeilt war. In
Folge dessen war die Liebe zu Werken der Kunst dort nicht nur
viel allgemeiner verbreitet, sie machte auch höhere Anforderungen
an ihre Leistungen. Die persönliche Stellung der Künstler war
demzufolge in Italien nicht allein ungleich ehrenvoller, sondern durch
ihren grösseren Gewinn ungleich unabhängiger. Dagegen konnte
das Genie der ersten deutschen Maler, eines Dürer, eines Holbein,
bei der Aermlichkeit und Kleinlichkeit ihrer persönlichen Verhältnisse, nie zur gehörigen Entfaltung kommen, sondern musste mehr
oder minder verkümmern. Von allen deutschen Fürsten ist es nur
von dem Kurfürst Friedrich dem Weisen bekannt, dass er Dürern
Aufträge zu Bildern gegeben.[1] Für den Kaiser Maximilian I. hat
er ausser dessen Bildniss, wahrscheinlich nur Zeichnungen zu Holzschnitten ausgeführt, wofür er von demselben mehrere Jahre eine
Pension von 100 Gulden rhein. genossen hat, welche ihm für die
Zeichnung zu den Holzschnitten der Triumphpforte dieses Kaisers
auf seine Bitte noch einmal von Kaiser Karl V. im Jahre 1527
ausgezahlt worden ist. In seiner Vaterstadt Nürnberg hat er, wie
er in einem Schreiben an den Magistrat daselbst ausdrücklich sagt,
innerhalb dreissig Jahr nicht für 500 Gulden Arbeit erhalten.[2] Dabei
wurden ihm seine Bilder so gering bezahlt, dass er sich, wie er
selbst bezeugt,[3] um seinen Lebensunterhalt zu gewinnen, vorzugsweise auf das Kupferstechen legen musste. Wie viel mehr ein solcher Künstler, wie Dürer, damals nicht allein in Italien, sondern
auch in den Niederlanden geschätzt wurde, als in Deutschland, geht
aus der in dem obigen Schreiben Dürers enthaltenen Nachricht
hervor, dass man ihm in Venedig 200 Ducaten, in Antwerpen drei-
hundert Philippsgulden, als jährliche Besoldung anbot, wenn er in
einer jener Städte seinen Wohnsitz nehmen wollte. Noch ungleich
schlimmer erging es dem grossen Holbein. Es ist keine Kunde
vorhanden, dass sich jemals ein deutscher Fürst um ihn bekümmert
hat, und in der Stadt Basel, wo er sich wahrscheinlich seit dem
Jahr 1516 niedergelassen, war seine Kunst so wenig geachtet, dass
die Noth ihn zwang nach England zu gehen,[4] wo er sein, den

[1] S. Reliquien von Albrecht Dürer von Campe. Nürnberg 1828. S. 59. — [2] S. ebenda S. 34 und 37. — [3] S. ebenda S. 49. — [4] Illic fugant artes. Petit Angliam ut corrodat aliquod Angelatus, sagt Erasmus von Rotterdam in einem Briefe, den er Holbein von Basel aus an seinen Freund Petrus Aegydius in Antwerpen im Jahr 1526 mitgab.

grössten Aufgaben der Historienmalerei gewachsenes Genie, fast
ausschliesslich als Bildnissmaler verwenden musste. Um die selbständige Entwicklung der deutschen Malerei bis zur höchsten Stufe
der Ausbildung zu verhindern, wirkte ausserdem noch die Reformation, welche die kirchliche Malerei sehr beschränkte, endlich
auch die beliebt gewordene Nachahmung der grossen italienischen
Maler höchst verderblich ein.

Die fränkische Schule.

Das Haupt derselben ist in dieser Epoche der berühmte Albrecht Dürer.[1] Er wurde 1471 zu Nürnberg geboren, und wuchs,
da es dem Vater, einem Goldschmied, sehr sauer wurde für 18
Kinder den Lebensunterhalt zu gewinnen, unter harten Entbehrun-
gen auf. Dem Wunsch seines Vaters gemäss, lernte er als Knabe
mit vielem Erfolg dieselbe Kunst. Da er aber mehr Lust zur Malerei zeigte, that ihn der Vater im Jahr 1486 in die Lehre zu Michael
Wohlgemuth. Nachdem er dort drei Jahr sehr fleissig gewesen,
begab er sich auf eine vierjährige Wanderschaft. Bald nach seiner
Rückkunft, im Jahr 1494, verheirathete ihn sein Vater mit Agnes
Frey, einer Frau, welche ihm durch Geiz und Eifersucht sein ganzes
Leben ungemein verbitterte. Zu Anfang des Jahrs 1506 machte
er eine Reise nach Venedig, wo er, während eines fast einjährigen
Aufenthalts, sich am meisten an den damals schon sehr betagten
Giovanni Bellini anschloss, unerachtet angestrengter Arbeit aber
noch eine grosse Schuld machen musste, deren Bezahlung im folgenden Jahr ihm sehr sauer geworden ist. Wo er dieses mittheilt,
giebt er zugleich Zeugniss von seiner damaligen Habe: „dy Ich er-
erbert (erarbeitet) hab hertiglich Mit Meyner hant, wan (denn) nie
hab Ich fall (Gelegenheit) gehabt zw grosser gewinung...." Diese
ganze Habe besteht aber in: „ein tzymlich gutn hawsrott (Haus-

[1] Die älteste, ausführliche Nachricht über Albrecht Dürer findet sich bei van
Mander, nächstdem Einiges bei Sandrart und Doppelmayer. Am wichtigsten,
wegen vieler eigenhändiger Nachrichten von Dürer (Briefe, ein Tagebuch seiner
Reise nach den Niederlanden, Notizen), und von seinem Freunde B. Pirkheimer,
sind die schon citirten Reliquien von A. Dürer, herausgegeben von Dr. Friedrich
Campe. 1 Bändchen. 12. Nürnberg 1828. Diesen bin ich vornehmlich in meinen
Angaben gefolgt. Viel, sehr schätzenswerthes, indess kritisch ungesichtetes,
Material befindet sich endlich in Hellers Werk: „Das Leben und die Werke
A. Dürers, Leipzig 1831 bei Brockhaus" Unvollendet.

rath), gute Kleyder, von tzynn gescher, guten wertzeug, Petgewant
(Bettzeug), truhn und behelter, mer um 100 fl. reinisch gute Farb."
Der Kaiser Maximilian I. hielt ihn indessen persönlich höchst worth
und gab ihm, wie schon bemerkt, auch eine jährliche Pension von
100 Gulden rheinisch. Auch Karl V. und sein Bruder Ferdinand I.
hielten ihn in hohen Ehren und der erste liess ihm jene Pension fortzah-
len, wenn er schon persönlich keine Notiz von ihm nahm. [1] Um
seine, immer sehr mässigen häuslichen Umstände durch den Verkauf seiner Kupferstiche und Holzschnitte, der Hauptquelle seines
Erwerbes, zu verbessern, machte er im Jahr 1520 und 1521 eine
Reise nach den Niederlanden, wo er zwar die Genugthuung der
allgemeinsten Anerkennung hatte, wie er denn namentlich von den
Künstlern in Antwerpen, Gent und Brüssel ausserordentlich gefeiert
wurde, aber den Zweck seiner Reise so wenig erreichte, dass er,
um nur wieder nach Hause zu gelangen, sich genöthigt sah, noch
hundert Goldgulden aufzunehmen. In den letzten sieben Jahren
seines Lebens muss der Erlös aus dem Verkauf seiner Blätter indess
ergiebiger gewesen sein, indem der Werth seines sämmtlichen Nach-
lasses bei seinem, den 6. April des Jahrs 1528 an der Auszehrung
erfolgten Tode, sich auf etwa 6000 Gulden rheinisch belief. Nach
dem ausdrücklichen Zeugniss seines besten Freundes, B. Pirkheimer,
ist dieser sein verhältnissmässig früher Tod — im 58. Jahre —
vornehmlich durch seine Frau, welche ihm Tag und Nacht hart zur
Arbeit gedrängt, von Morgen bis zum Abend gekeift und ihm keine
Art von Freude gegönnt hat, verschuldet worden. [2]

Dürer vereinigte nach eignen und anderen Zeugnissen eine
echte Frömmigkeit, [3] Wahrheit, Gemüthlichkeit und Treue, mit einer

---

[1] Dass auch Ferdinand ihm eine Pension gegeben, bleibt, trotz des Zeugnisses
von B. Pirkheimer, zweifelhaft. — [2] Ich setze hier die höchst eigenthümlichen
und eindringlichen Ausdrücke von Pirkheimer her. „Ich hab warlich an Albrechten
der pesten freunt eynen, so ich auf erdtreych gehabt hab, verloren, vnd dauert
mich nichts so ser, dann das er so eynes hatseligen Dodes verstorben ist, welchen
ich nach der verhengnus Gottes niemand dann seiner Haussfrauen zuschen kan,
die im sein Hertz eyngenagen, vnd der massen gepeyniget hat, das er sich dest
schneller von hinen gemacht hat." — [3] Wenn seine bekannte Hinneigung zu den
kirchlichen Neuerungen Luthers gewiss aus dem reinsten Verlangen nach besserer
Erkenntniss entsprang, so ist der Einfluss, den man daraus auf den Charakter
seiner Kunstwerke hat ableiten wollen, doch nur ein sehr bedingter. In allen
seinen Werken bis zum Jahr 1517, in welchem bekanntlich Luther erst seine
Theses anschlug, kann natürlich gar nicht von einem solchen die Rede sein. Die
Mehrzahl seiner Hauptwerke fällt jedoch früher. Aber auch in den Werken seiner
späteren Jahre ist in Rücksicht der religiösen Auffassung keine wesentliche Veränderung wahrzunehmen, und dieses ist auch sehr begreiflich, denn die früheste
Aeusserung, worin er sich, allerdings mit grosser Begeisterung, über Luther ausspricht, fällt 1521 (s. Reliquien S. 127 ff.). In den letzten Jahren seines Lebens

seltnen Bescheidenheit, Einfachheit und Langmuth, einer ausserordentlichen Wissbegier und dem ausdauernsten, im höchsten Grade bewunderungswürdigen Fleisse. Auch zeigte er gelegentlich einen gutmüthigen, mitunter etwas derben, Humor, er war lebendig und angenehm in der Unterhaltung und ungemein freigebig mit seinen Werken, wie er denn seine Kupferstiche und Holzschnitte in grosser Menge verschenkte. So schönen geistigen Eigenschaften entsprach eine edle Gesichtsbildung von sinnigem, wohlwollendem Ausdruck, und eine wohlgebaute Gestalt.

Die Kenntniss dieser Lebensbedingungen, dieser Eigenschaften ist zu einer richtigen und billigen Beurtheilung Dürers, als Künstler, zu welcher ich jetzt übergehe, unerlässlich. Als solcher aber steht er in der natürlichen Begabung auf einer Linie mit den ersten, einem Lionardo da Vinci, einem Michelangelo, einem Raphael, denn, wenn er jedem dieser in einigen Stücken nachsteht, so hatte er wieder andere, welche jenen abgehen, inne. Die seltenste und höchste Eigenschaft, die Erfindung, war ihm in einem Umfange eigen, wie sie sonst nur noch Raphael und Rubens zu Theil geworden. Wie bei jenen erstreckte sie sich nicht nur auf das Gebiet der zeichnenden Kunst, in deren verschiedensten Gegenständen, von den höchsten Aufgaben der kirchlichen Kunst, bis zu den geringsten Vorgängen aus dem gewöhnlichen Leben, sie griff auch öfter in das Reich der Sculptur, bisweilen selbst der Architectur über. Zunächst war Dürer, wie schon um etwas früher in Italien Lionardo da Vinci, so in Deutschland der erste, welcher das Bedürfniss fühlte, so wesentliche Theile der Kunst, wie die Perspective und die Zeichnung, [1] worin bisher die Künstler nur nach einem gewissen Gefühl verfahren waren, [2] in wissenschaftlichen Werken zu begründen, und wurde

aber war er, nach dem Zeugnisse von Pirkheimer (Reliquien S. 165 f.), sehr unzufrieden mit den Spaltungen und Missbräuchen, welche damals, in Folge der Neuerungen, aus denen sich bis zu Dürers Tode in Nürnberg noch keine feste evangelische Kirchenordnung hervorgebildet hatte, dort herrschten. Die einzigen Bilder, in welchen sich ein solcher Einfluss wahrnehmen lässt, sind die vier Apostel vom Jahr 1526. Auch in diesen erhellt indess ein solcher mehr aus den, den Schriften derselben entnommenen, Unterschriften (s. dieselben in dem Werk von Heller Th. II. S. 202 ff.), als aus der Art der Auffassung

[1] Vier Bücher von menschlicher Proportion 1528 erst nach Dürers Tode von B. Pirkheimer herausgegeben. Aus dem in der Königl. Bibliothek zu Dresden befindlichen Manuscript dieses Werks geht indess hervor, dass sich Dürer schon im Jahr 1512 mit der Abfassung desselben beschäftigt hat. S. C. Beckers Aufsatz im R. Weigels Archiv für die zeichnenden Künste. — [2] In seiner Underwey-sung der Messung mit dem Zirkel und Richtscheyt in Linien, Ebenen und ganzen Corporen 1525 sagt er in der Zueignung an Pirkheimer mit sehr klarem Bewusstsein des Zwecks: „Günstiger Herr und freund, man hat bysher in unsern deutschen Landen, vil geschickter jungen, zu der kunst der mallerey gethan, die man

nur durch den Tod an Ausarbeitung von Schriften über so specielle
Gegenstände wie die Landschaftsmalerei und die Pferde verhindert.
Gleich dem Lionardo beschäftigte er sich auch mit dem Festungsbau
und gab darüber eine besondere Schrift heraus.[1] Hatte er so die
grössten Anstrengungen gemacht sich, zu seinem und anderer Nutz
und Frommen, von so wesentlichen Theilen der Kunst wissenschaftlich
Rechenschaft zu geben, so steht er in der Vielseitigkeit und Meisterschaft der technischen Ausbildung unbedingt als der erste unter
allen bekannten Künstlern da. Er war vor allen Dingen ein grosser
Zeichner und gebrauchte jedes Material mit der wunderbar-
sten Sicherheit und Leichtigkeit der Hand, von der breitesten und
flüchtigen Behandlung mit der Kohle, oder der Kreide, bis zur
zartesten Ausführung mit der Pinselspitze, oder mit der Feder. Er
malte in Fresco, in Oel, in Guasch, in Aquarell, er stach mit seltenster Meisterschaft in Kupfer, er ätzte in Kupfer, wie in Zinn
und in Eisen, er schnitt in Holz,[2] er führte höchst vorzüglich kleine
Sculpturen in Solenhofer Kalkschiefer, wie in Holz aus. Diesen
drei Haupteigenschaften der Erfindung, dem Besitz des wissenschaftlichen Theils und der vielseitigsten Technik, schliessen sich indess
noch andre von grosser Bedeutung an. Die geistige Auffassung ist
nach Maassgabe des Gegenstandes erhaben, tiefsinnig, phantastisch,
gemüthlich, kindlich-poetisch, lieblich, oder auch humoristisch, jederzeit aber sehr lebendig. Auch in dem räumlichen Stylgefühl,
d. h. der Art und Weise, wie bei grösseren Compositionen die
Massen vertheilt sind und sich die einzelnen Figuren entsprechen,
bei kleineren, oder einzelnen Figuren, den Raum in einer dem
Auge wohlthuenden Weise ausfüllen, wie in der Deutlichkeit und
Entschiedenheit der Motive, steht er auf einer grossen Höhe. Sein
Verhältniss zur Auffassung der Naturformen befindet sich hiemit in

---

an (ohn) allen grundt und alleyn auss einem täglichen brauch gelert hat, sind
dieselben also im unverstand wie eyn wylder unbeschnitener bawm auff erwachsen,
Wie wol etlich auss jenen durch stetig übung eyn freye Hand erlangt, also das
sin jre werk gewaltigklich aber unbedechtlich, und alleyn nach jrem wohlgefalln
gemacht haben, So aber die verstendigen maler vnd rechte künstner, solche un-
besunen werk geschen, haben sie, und nit unbillich, diser leut blindtheyt gelacht,
dieweyl einem rechten verstand nichts vnangenemer zu sehen ist, dann falscheyt
im gemel, unangesehen ob auch das mit allem Fleiss gemalt wirdet.

[1] Etliche Underricht zu Befestigung der Stett, Schloss und Flecken 1527. —
[2] Obgleich ich zu denen gehöre, welche der Ueberzeugung sind, dass die grossen
Maler, mithin auch Dürer, sich in der Regel begnügt haben, die Zeichnungen
auf den Holzstücken zu machen, die übrige Arbeit aber den Formschneidern über-
liessen, so kann ich doch nicht bezweifeln, dass er selbst diese Arbeit nicht
allein aus dem Grunde verstand, sondern solche auch ausnahmsweise selber
ausübte.

einer Art von Widerspruch. Er ist darin nicht allein ein entschiedener Realist, es fehlt ihm nicht allein häufig am Gefühl für Schönheit der Formen, die Züge seiner Köpfe haben, selbst bei den höchsten Aufgaben, wie die heilige Jungfrau, oft etwas Kleinliches, Enges und Verzwicktes, eine nothwendige Folge seiner engen, kleinlichen, oft selbst drückenden und peinlichen Lebensverhältnisse. Die nackten Körperformen haben häufig sogar etwas abschreckend Hässliches. Auch ist die Wiedergabe der Formen, selbst bei Portraiten mehr geistreich und lebendig, als von feiner Naturwahrheit. Die einzelnen Formen haben durch zu starke aus- und eingehende Schwingungen der Contoure, häufig etwas Eckiges und Hartes. Der Wurf seiner Gewänder ist in der Regel in den Hauptmotiven von reinem, oft sogar höchst grossartigem Geschmack, sie werden indess meist im Einzelnen durch viele kleine, scharfe, willkürliche Brüche gestört. Am wenigsten zu seinem Vortheil erscheint Dürer als Colorist. Es handelt sich bei ihm mehr um die Schönheit, als um die Wahrheit der einzelnen Farben. Eine besondere Vorliebe hat er für den Gebrauch des ungebrochenen Ultramarins als Blau. Er gelangt daher fast nie in seinen Bildern zu einer feineren Harmonie der Farben, oder gar zu einer allgemeinen Haltung. In der Behandlung herrscht selbst in solchen, wo mit den wohlimpastirten Farben in verschmolzener Weise modellirt wird, in den sehr bestimmten Umrissen immer das Element des Zeichnens vor, sehr häufig aber sind vollends die Contoure breit und meisterlich hingesetzt, die Schatten schraffirt, und die Flächen nur mit Lasurfarben behandelt. Solche Bilder machen mehr den Eindruck von kolorirten Zeichnungen.

Was aber in allen Werken Dürers, auch abgesehen von jenen grossen Eigenschaften, und trotz der erheblichen Mängel, den gebildeten Kunstfreund, am mächtigsten anzieht, ist, dass sie der treue Spiegel eines edlen, reinen, wahren, echt-deutschen Gemüths sind. Die Bewunderung aber wird noch bis zur Rührung gesteigert, wenn man bedenkt, unter welchen Lebensbedingungen eine so erstaunliche Zahl geistreicher Erfindungen in das Leben getreten ist. Man möchte den herrlichen Künstler einem Baum vergleichen, welcher, wenn schon einem unwirthbaren Boden entsprossen, und mehr von Kälte und Sturm gequält, als von Sonne und Regen erquickt, die ihm inne wohnende Tugend nicht verleugnend, zwar eine harte Rinde bekommt und manche Knorren und Höcker ansetzt, aber,

mit gewaltiger Triebkraft emporstrebend, dennoch eine volle und
reiche Krone entfaltet.

Die Bilder von Dürer, welche ich jetzt in Betracht ziehe, sind
sehr selten. Da er für ein Gemälde, woran er fast ein Jahr gearbeitet hatte, nicht mehr als 200 Gulden erhielt, wobei er nicht
bestehen konnte, verwendete er des Erwerbs willen seine meiste
Zeit auf das Stechen, und das Zeichnen für Formschneider. Dürer
hat die gute, bei deutschen Malern nicht häufige Sitte gehabt, die
meisten seiner Bilder, ausser mit seinem Monogramm, auch mit dem
Jahr der Ausführung zu bezeichnen, so dass ich jetzt eine Auswahl
derselben, ihrer Zeitfolge nach betrachten kann.

Das älteste, mir von Dürer bekannte Gemälde ist das Bildniss
seines Vaters, des Goldschmieds Albrecht Dürer mit dem Jahr 1497
bezeichnet, welches 1644, in der Sammlung des Grafen Arundel befindlich, von Hollar gestochen, jetzt sich im Besitz des Herzogs von
Northumberland in Sionhouse, unweit von London, befindet. Es
ist höchst lebendig aufgefasst, leicht, aber sehr geistreich in zeich-
nender Weise gemalt und von sehr warmer, wahrhaft leuchtender
Färbung. [1]

Dasselbe Bildniss und ebenfalls mit 1497 bezeichnet, doch in
manchen Theilen abweichend, und mit der Aufschrift:

„Das malt ich nach meines vatters gestalt,

Da er war siebenzig Jahr alt."
befindet sich in der Pinakothek zu München, No. 128, Cabinette.
Es steht jenem in der Auffassung und Behandlung sehr nahe und
ist ebenfalls höchst vorzüglich, wenngleich von minderer Kraft in
der Färbung.

Dasselbe Bildniss, indess mit dem Jahr 1498 bezeichnet, gelb-
licher im Fleischton und mit grünlichem Grunde, auch etwas mehr
impastirt, als die beiden vorigen, befindet sich in der Gallerie degli
Uffizii zu Florenz. Es wurde mit dem folgenden Bildnisse, seinem
Gegenstück, von der Stadt Nürnberg dem Könige Karl I. von England geschenkt. Bei dem Verkauf von dessen Sammlung aber wurden beide Bilder für den Grossherzog von Toskana angekauft.

Sein eignes Bildniss in halber Figur. Er steht in einem Kleid
und einer Zipfelmütze von weiss und schwarz gestreiftem Zeuge,
einen braunen Mantel über der Schulter, die Hände bequem auf

[1] Vergl. Treasures Th. IV. S. 267. — Eine sehr gute Schulcopie hievon im
Städel'schen Institut in Frankfurt.

der Brüstung zusammengelegt, neben einem offnen Fenster. Die
wohlgebildeten Züge haben einen ganz eigenthümlichen Reiz in
dem sittigen und jungfräulichen Ausdruck. Der Lokalton des Fleisches ist gelblich, die Wangen zart geröthet, die sehr klaren Schatten
bräunlich, das in Locken herabhängende Haar besonders fleissig
ausgeführt. Im Allgemeinen ist die Stimmung, auch der fahlgrüne
Himmel, kühl und der Ton etwas schwer. Bezeichnet:

> Das malt Ich nach meiner gestalt
> Ich was sex und züenzig jor alt.
>
> Albrecht Dürer 1498 und das Monogramm.

Eins der schönsten Bilder aus dieser frühen Zeit ist das mit
dem Jahr 1497 bezeichnete Bildniss eines Mädchens aus der nürnberg'schen Patrizierfamilie der Fürleger in der Sammlung des verstorbenen Herrn von Speck Sternburg zu Lützschena bei Leipzig.
Es ist höchst fein im Gefühl und in einem warmen Ton, und gutem
Impasto ebenso fleissig, als geistreich ausgeführt.

Das älteste, mir bekannte Bild von grösserem Umfange ist ein
Altar mit Flügeln, No. 1, 3 und 72, der Pinakothek, welches von
Martin Baumgärtner zu Nürnberg in die Kirche des Katharinenklo-
sters gestiftet, [1] wahrscheinlich im Jahr 1498 oder 1499 gemalt worden ist. In dem Mittelbilde, der Geburt Christi, einer etwas dürftigen Composition, sind die alte Maria und fünf Engel hässlich,
aber, so wie der Joseph, von sehr gutmüthigem Ausdruck. Die
Ausführung, in einem bräunlichen Fleischton, ist etwas breit. Ungleich bedeutender und fleissiger sind die Flügel, welche die Ge-
brüder Stephan und Georg Baumgärtner, als die Heiligen Georg
und Eustachius in den Rüstungen der Zeit, von ihren Pferden begleitet, in ausserordentlicher Lebendigkeit darstellen. Die Züge des
einen, [2] so wie auch das Pferd, hat er nachmals zu seinem bekannten Blatt, Ritter, Tod und Teufel benutzt.

Sein eignes, ganz von vorn genommenes Bildniss in einem
braunen Pelz, No. 224, in der Pinakothek. Bezeichnet: Albertus
Durerus Noricus ipsum me propriis hic effigiebam coloribus aetatis
anno XXVIII, das Monogramm und 1500. Sehr richtig hebt Kugler

---

[1] Im Jahr 1612 von dem Rath von Nürnberg dem Kurfürsten Maximilian I.
von Baiern verehrt. Reliquien S. 184. — [2] Von denselben befindet sich eine
schöne, kolorirte, mit 1498 und dem Monogramm Dürers bezeichnete Zeichnung,
worauf indess das Pferd anders genommen ist, in der Sammlung des Erzherzogs
Albrecht in Wien, welche, in Verbindung mit der Kunstform des Bildes, es in
diese Zeit weist.

den ausserordentlichen Unterschied mit dem obigen, nur zwei Jahr
früher gemalten Bildniss hervor. Die edlen, bedeutenden, ungleich
kräftigeren Züge drücken hier in sehr ernster Weise das volle Bewusstsein der Meisterschaft aus. Die Zeichnung ist vortrefflich, die
Umrisse etwas hart. In dem Bestreben möglichst sorgfältig zu modelliren ist er im Lokalton des Fleisches in das Schwere, in den
Lichtern hie und da in das Metallglänzende, in den Schatten in
das Dunkle gerathen, und macht das reiche, höchst ausgeführte
Haar, welches auf die Schultern herabfällt, durch die zu vereinzelten Lichter der vielen kleinen Parthien keine angenehme Wirkung. Auch ist das Motiv der Hand geschmacklos.

Die Trauer über den Leichnam Christi, eine reiche, mit demselben Jahr bezeichnete Composition, No. 66 der Pinakothek, ist
ein Beleg für die minder glücklichen Eigenschaften Dürers. Der
magere und bleiche Christus hat etwas Grässliches, die meisten
Köpfe sind hässlich, die Fleischtöne der Frauen sehr grau, die
Wirkung sehr bunt, selbst die Composition überdrängt. Dagegen
ist der Ausdruck von grosser Wahrheit, in der Maria selbst höchst
edel, die Ausführung in allen Theilen, auch der Landschaft, sehr
sorgfältig.

Mit demselben Jahr ist auch Hercules, der nach den Harpyen
schiesst, bezeichnet. Ich führe dieses, an sich nicht bedeutende,
im Landauer Brüderhause zu Nürnberg No. 163, befindliche, in
Leimfarben auf Leinwand ausgeführte, Bild als eins der seltnen Beispiele an, dass Dürer Gegenstände aus der antiken Mythologie behandelt hat. Wie geistreich auch hier die Composition ist, so
gehören doch grade die dem künstlerischen Genius Dürers abgehenden
Eigenschaften der Formenschönheit und der Grazie zu sehr zu einer
angemessenen Darstellung aus diesem Kreise, als dass sie besonders befriedigen könnten. Dasselbe gilt in noch ungleich höherem
Grade von einigen seiner Kupferstiche aus demselben Kreise.

Ein Beispiel in wie eng bürgerlicher Anschauungsweise gelegentlich von ihm die Maria gefasst wurde, ist ihre mit 1503 bezeichnete Darstellung mit dem von ihr gesäugten Kinde in der Ga-
lerie zu Wien. Die Bildung von Augen und Mund ihres dicken
Kopfes haben hier überdem etwas Manierirtes. Das Haar ist dagegen mit gewohnter Meisterschaft hingeschrieben.

Das bedeutendste Bild vom Jahr 1504 ist eine Anbetung der
heiligen drei Könige, welches, ursprünglich für den Kurfürsten von

Sachsen, Friedrich den Weisen gemalt, im Jahr 1603 von dem
Kurfürsten Christian II. dem Kaiser Rudolph II. verehrt, gelegentlich
eines Bildertausches von Wien nach Florenz kam, wo es sich jetzt
in der Tribune befindet. Es ist in den Köpfen ganz realistisch gehalten und die Jungfrau ein nicht ansprechendes Portrait. Der
zweite König hat eine grosse Aehnlichkeit mit Dürer selbst. Die
Landschaft des Hintergrundes gleicht ganz der auf dem berühmten
Kupferstich des heiligen Eustachius, dessen Zeit hiedurch annähernd
bestimmt wird. Es ist in einem tüchtigen Impasto sehr fleissig
ausgeführt.

Ungefähr aus derselben Zeit dürfte das geistreich aufgefasste
und trefflich ausgeführte Bildniss eines Mannes mit einem breitkräm-
pigen Hut und einem Orden um den Hals in der Sammlung des
Herzogs von Rutland in Belvoircastle in England herrühren.

Alle bisher erwähnten, historischen Gemälde übertrifft indess
in Umfang und Kunst weit ein Bild, welches er während seines
Aufenthalts in Venedig für die, dem heiligen Bartholomaeus geweihte, Kirche der deutschen Kaufmannschaft ausführte. Dasselbe
stellt das Fest des Rosenkranzes vor. In der Mitte thront vor
einem Vorhang die heilige Jungfrau mit dem Kinde. Zu ihrer
Rechten kniet der Pabst und Geistliche, zu ihrer Linken der Kaiser
Maximilian I., hinter beiden die vornehmsten Mitglieder der deutschen Kaufmannschaft, vor allen ein Mitglied der Familie Fugger.
Alle diese werden von der Maria, dem Kinde, dem hinter der Jungfrau stehenden Dominicus, und vielen in der Luft schwebenden
Engeln mit Rosen bekränzt. In der reichen Landschaft des Hintergrundes stehen in kleinen Figuren Dürer und B. Pirkheimer. Der
erste hält eine Tafel, worauf sich folgende Inschrift befindet: Exegit
quinque mestri spatio Albertus Dürer Germanus MDVI. und das
Monogramm.[1] Dieses etwa 4 Fuss hohe, 8 Fuss breite Bild ist
in der Composition ebenso reich, als kunstreich angeordnet. Ein
in der Mitte des Vorgrundes die Laute spielender Engel zeigt den
Einfluss der venezianischen Schule, in welcher dergleichen häufig
in dieser Weise angebracht sind. Aber auch die Malerei sprach
in den wenigen im Jahr 1837 noch erhaltenen Theilen[2] in sehr

---

[1] Ein guter Steindruck hievon von Bademann in Prag. — [2] Dieses Bild wurde
ler deutschen Kaufmannschaft von dem Kaiser Rudolph II. um hohen Preis abge-
kauft und nach Prag gebracht, wo es in der Kaiserl. Sammlung bis zum Jahr
d782, in welcher es auf Befehl des Kaiser Joseph II. mit anderen Kunstwerken

vortheilhafter Weise für einen ähnlichen Einfluss. Die Farbe verband nach Art der venezianischen Maler ein tüchtiges Impasto mit einer ungemeinen Klarheit, die Pinselführung war eben so geistreich, aber freier wie sonst. Auch ist es sicher, dass Dürer bei diesem Bilde seine ganze Kraft zusammennahm, um die von den Malern in Venedig verbreitete Behauptung, dass er zwar gut im Stechen sei, aber mit Farben nicht umzugehen wisse, zu widerlegen, was ihm auch nach einer Aeusserung in einem Briefe an seinen Freund Pirkheimer [1] vollständig gelungen ist.

In demselben Jahre, und gewiss ebenfalls in Venedig malte Dürer nach der Aufschrift in fünf Tagen auch eins seiner am wenigsten gelungenen Bilder. Es ist dieses der zwölfjährige Christus unter den Schriftgelehrten, in halben Figuren im Palast Barberini zu Rom. Der Christus ist unbedeutend, die übrigen widrige Caricaturen, das Fleisch von schmutzigem Ton, die anderen Farben bunt.

Die nächsten fünf Jahre war Dürer als Maler besonders thätig. In dieser Zeit führte er als solcher seine reichsten und bedeutendsten Compositionen aus. Auch zeigen diese Bilder mehr oder minder in der Klarheit der Farbe, der Modellirung, dem besseren Impasto und der grösseren Verschmelzung den schon erwähnten, wohlthätigen Einfluss der venezianischen Schule auf ihn.

Gleich im folgenden Jahr führte er auf zwei Tafeln die fast lebensgrossen Figuren von Adam und Eva aus. Die Stadt Nürnberg schenkte sie später dem Kaiser Rudolph II. [2] Nachmals sind sie, wohl ohne Zweifel wieder als Geschenk, in die Königl. Sammlung zu Madrid gelangt. Die Composition hat viel Aehnlichkeit mit dem berühmten, von Dürer schon im Jahr 1504 ausgeführten Kupferstich. Unsere Ureltern sind darin im Augenblick des Sündenfalls dargestellt. Auf der Tafel der Eva befindet sich die Inschrift: Albertus Dürer Allemanus faciebat post Virginis partum 1507, und das Monogramm. Der Kopf der Eva ist für Dürer sehr fein gebil-

versteigert wurde, verblieb. Damals von dem Praemonstratenser Kloster vom Strahof in Prag erworben, fiel durch Vernachlässigung eines Edelmanns, welcher es von jenem Kloster leihweise erhalten, der grösste Theil der Farbe ab, und wurde durch eine schlechte Uebermalung ergänzt. Seit dem Jahr 1837 ist aber noch eine neue Restauration über das Bild ergangen. Im Museum zu Lyon befindet sich eine formals in der Kaiserl. Gallerie zu Wien vorhandene, etwa um 1600 gemachte Kopie mit sehr starken Veränderungen. Vergl. meinen Aufsatz im Deutschen Kunstblatt vom Jahr 1854, S. 200 f.

[2] Vergl. Reliquien S. 27. — [3] So berichtet Campe (Reliquien S. 57). Dass sie aber die Bilder sind, welche Dürer, nach einem ebenda abgedruckten Briefe, dem Magistrat der Stadt Nürnberg geschenkt, wie er will, ist nicht wahrscheinlich. S. Heller B. II. S. 205 f.

det, die Zeichnung gut und belebt in den Umrissen. Die Modellirung
ist sehr sorgfältig. [1] Ein anderes, ebenfalls sicher aus der Werkstatt
des Dürer hervorgegangenes Exemplar von grosser Gediegenheit, obwohl ich sein Verhältniss zu dem in Madrid nicht näher angeben kann,
wird im Palast Pitti zu Florenz aufbewahrt. [2] Ein drittes, gleichfalls für ein Original ausgegebenes, im Museum zu Mainz, ist dagegen eine alte Copie, welche, angefertigt um das Original zu ersetzen, 1796 von den Franzosen geraubt und nach der Provincial-
sammlung von Mainz geschickt worden ist.

Aus demselben Jahr rührt auch das Bildniss eines blonden
jungen Mannes in einem mit Hasenpelz gefütterten Kleide in der
Gallerie zu Wien her. Es zeichnet sich vor den meisten Portraiten
Dürers durch ein feineres Naturgefühl und eine ungewöhnliche
Röthe des Lokaltons aus. Die Ausführung ist sehr fleissig.

In das Jahr 1507 fällt auch, der Hauptsache nach, das Martyrium der 10,000 Christen unter Sapor II., König von Persien,
welches Dürer für den Herzog Friedrich, nachmaligen Kurfürsten
von Sachsen, ausführte, später aber, wohl ohne Zweifel, wie die
schon erwähnte Anbetung der Könige, vom Kurfürsten Christian II.,
dem Kaiser Rudolph II. geschenkt wurde, in dessen Sammlung schon
van Mander das Bild bewunderte. [3] Nachmals aber kam das Bild in
die kaiserliche Sammlung nach Wien, wo es sich auch noch jetzt
befindet. Im Vorgrunde sieht man den König zu Pferde, von seinen
Grossen umgeben, auf dessen Geheiss das Martern und die Töd-
tung der Heiligen in verschiedener Weise vor sich geht. Manche
werden enthauptet, andere geblendet, im Hintergrunde eine grosse
Zahl vom Felsen gestürzt. Im Mittelgrunde stehen in schwarzen
Kleidern A. Dürer und B. Pirkheimer und sehen dem Vorgange
zu. Auf einem Fähnlein, welches der erste in den gefalteten Händen hält, liest man: Iste faciebat Anno Domini 1508, [4] Albertus
Dürer Alemanus. Wie Michelangelo in seinem berühmten Carton
von dem Gegenstande der, nach den Zeichen zum Kampf in grösster
Hast aus dem Bade im Arno kletternden und sich ankleidenden,

---

[1] S. Passavant, die christliche Kunst in Spanien S. 142. — [2] Bei einem
Aufenthalt im Jahr 1841 wurde es mir gestattet, dasselbe an der hohen und
ungünstigen Stelle, wo es befindlich, auf einer Leiter in der Nähe zu betrachten.
Es galt damals noch ganz irrig für ein Werk des Lucas Cranach. — [3] Het Schil-
derboeck Bl. 131 b f. — [4] Aus den eignen Worten Dürers in zwei Briefen an
Jakob Heller geht hervor, dass es schon im Jahr 1507 über die Hälfte fertig und
dass es im Jahr 1508 bereits gegen Ostern vollendet gewesen. S. Reliquien
S. 34 und 57.

florentinischen Krieger Veranlassung genommen, seine' hohe Meisterschaft in den augenblicklichsten und anstrengendsten Bewegungen,
den kühnsten Verkürzungen zur Geltung zu bringen, so hat Dürer
offenbar diesen Gegenstand benutzt, um nicht allein von seinem
Wissen in diesen Beziehungen, sondern auch von Allem, was er
in der Färbung, Modellirung und im Vortrag des Pinsels vermochte,
ein Zeugniss zu geben. Wenn dieses Werk, sowohl in dem geistigen Gehalt, als in der Composition, von mehreren andern Bildern Dürers weit übertroffen wird, so halte' ich es doch in allen
jenen Stücken für das Vollendetste, was er überhaupt gemalt hat,
wie er denn auch selbst besonders davon befriedigt gewesen ist. [1]
Für kein anderes Bild hat er so viele treffliche Naturstudien gemacht, und in der grossen Zahl der bewegtesten Motive, der
schwierigsten Verkürzungen ist nicht bloss die grosse Meisterschaft,
sondern in vielen auch die Schönheit zu bewundern. Auch in den
Köpfen herrscht eine grössere Mannigfaltigkeit, als auf anderen
Bildern von ihm, und dasselbe gilt ebenso von den Tönen im Fleische,
welche von dem kühlen, durch das Gelb der Todten, zu dem Goldigen und Röthlichen in seltner Klarheit abgestuft sind. Die übrigen
Farben sind ebenso von ungemeiner Kraft und Sättigung, wenn
gleich in der Gesammtwirkung, besonders durch das zu brillante
Lapislazuli, bunt. Dabei sind Hände und Füsse von seltner Feinheit der Durchbildung, die Falten weicher und wahrer, als gewöhnlich, die Modellirung und das, bei einem gediegenen Impasto, Verschmelzende des Vortrags, vortrefflich. Ich erkenne in diesem Bilde
die doppelte Frucht von Dürer's Studien der Werke des Andrea
Mantegna, dessen berühmte Frescobilder bei den Eremitanern in
Padua er auf seiner Reise nach Venedig ohne Zweifel gesehen hat,
für die Zeichnung, des Giovanni Bellini für die Malerei. [2]
     Die Lucretia aus demselben Jahr in der Pinakothek, No. 93,
ist vollends nur aus dem Gesichtspunkt eines sehr sorgfältigen
Studiums nach einem nackten und überdem keineswegs schönen
Modell anzusehen. Die kleinlichen, verzwickten Züge des hässlichen

---

[1] „Ich wolt," sagt er an der letzten Stelle, „das ihr meines genedigen Herrn
Taffel sehet ich halt davor sie würde euch wol gefallen." Hier erfahren wir auch
Genaues über den Preis, und in Betracht der darauf gewendeten Zeit, nur geringen
Befriedigung des Meisters: „Ich hab sehir ein gantz Jahr daran gemacht vnd
wenig gewins daran wan mir wirdt nit mehr den 280 gulden Reinisch dafür, ver-
zerts einer sehir darob." — [2] Bekanntlich hat Dürer dieselbe Composition, doch
in manchen Theilen verändert und vereinfacht, auch für den Holzschnitt gezeichnet.
Vergl. Bartsch Th. VII. S. 140. No. 117.

Gesichts liegen der Lucretia, welche nur in Folge ihrer Schönheit zum Entschluss des Selbstmordes kam, eben so fern, wie die ungraziöse Weise, womit sie im Begriff ist sich den Dolch in den Magen zu bohren. In dem einseitigen Bestreben, alle Theile möglichst abzurunden, ist er sogar in einen unwahren und schweren, in den Schatten grauen, in den Lichtern weisslichen Ton des Fleisches gerathen, welcher eher den Eindruck von Metall macht. Dafür hat er aber seine Absicht, mit Beobachtung der Halbtöne und Reflexe, in einem trefflichen Impasto mit grosser Meisterschaft erreicht. [1]

Von der für Jacob Heller in Frankfurt gemalten und im Jahr 1509 beendigten Himmelfahrt, nach Dürers eignen [2] und anderer Zeitgenossen Urtheil eins seiner Hauptwerke, kann man sich nach einer, vormals im Städel'schen Institut aufgestellten, älteren Kopie nur noch eine sehr ungenügende Vorstellung machen, indem das, an den Kurfürsten Maximilian I. von Baiern verkaufte, Original später in München bei einem Schlossbrande zu Grunde gegangen ist. In der Composition sind besonders die Apostel und Engel sehr gelungen. Der Christus, mit der päbstlichen Krone, in der Luft, hat etwas zu Isolirtes. Auch auf diesem Bilde befand sich Dürer mit einem Täfelchen, worauf die Inschrift: Albert Durer faciebat post virginis partum 1509.

Das noch von Dürer vorhandene Hauptwerk ist ohne Zweifel sein, im Jahr 1511, im Auftrag des reichen Rothgiessers Landauer, für die Kapelle des von diesem 1501 gestifteten zwölf Brüderhauses zu Allerheiligen gemalte Bild, welches nachmals von dem Magistrat in Nürnberg dem Kaiser Rudolph II. geschenkt, sich jetzt, als eine der grössten Zierden in der Gallerie zu Wien befindet. In Bezug auf seine ursprüngliche Bestimmung stellt es mithin eine grosse Zahl von Heiligen dar, welche die heilige Dreieinigkeit verehren. Hier hat Dürer gezeigt, wie völlig er die Stylgesetze, für eine würdige, deutliche und schöne Anordnung einer sehr zahlreichen Composition inne hatte. Oben, in der Mitte, erblickt man Gott

---

[1] Welch grosses Gewicht Dürer selbst auf dieses Bild gelegt, beweist ein ebenfalls mit 1508 bezeichnetes Studium hiezu in der Sammlung des Erzherzogs Albrecht in Wien, welches höchst meisterlich auf grünem Papier mit dem Pinsel mit Schwarz in den Schatten und Weiss in den Lichtern ausgeführt ist. — [2] Siehe die ausführlichen, und für so manche Aeusserungen höchst wichtigen, neun Briefe Dürers an jenen Heller. Reliquien S. 35–51.

den Vater, welcher den, am Kreuz zum Heil der Menschheit sterbenden, Sohn vor sich hält, und den heiligen Geist in Gestalt einer
Taube. Von den ihn umgebenden Engeln halten einige seinen
Mantel, andere die Leidenswerkzeuge. Um etwas tiefer rechts die
heilige Jungfrau, woran sich die weiblichen, links Johannes der
Täufer, an den sich die männlichen Heiligen anschliessen. Wieder
etwas mehr abwärts, in Verehrung kniecend, eine grosse Schaar
von Gläubigen von jedem Alter, Stand und Geschlecht. Ganz
unten eine Landschaft von einer Helligkeit, einer Beobachtung der
Luftperspective, einer Zartheit der Vollendung, wie ich keine zweite
von Dürer kenne, und in einer Ecke derselben der Künstler, in
stattlichem Pelzmantel, mit wenigen, grossen Falten von trefflichem
Wurf, eine Tafel haltend, ausser seinem Monogramm, die Inschrift:
Albertus Dürer. Noricus faciebat. anno a virginis partu 1511. Die
Auffassung des Gott Vaters ist sehr würdig. In dem Christus ist
das Leiden mehr hervorgehoben. Die Motive sind von grosser
Mannigfaltigkeit, die männlichen Köpfe zwar portraitartig, und auch
so in den Trachten gehalten, doch sehr charakteristisch und an-
sprechend. Unter den Frauen finden sich zwar auch einige schöne
Köpfe, im Ganzen aber herrscht ein Typus von einem dicken Oval
und unangenehmen Profil vor, und hat auch der Ausdruck etwas
Verzwicktes. In dem Fleisch findet sich auch hier eine grosse
Mannigfaltigkeit der Töne, doch sind sie minder klar, als in dem
Bilde des Martyriums der Heiligen. Die Gesammtwirkung ist auch
hier bunt. Die Behandlung ist ungemein fein und geistreich, doch
mehr in seiner zeichnenden und lasirenden, als in der impastirenden
und verschmelzenden. Weise.

Nur um zwei Jahr früher hatte Raphael in dem Gemälde, die
Theologie (gewöhnlich die Disputa genannt), im Vatican, ein in
seinem geistigen Gehalt diesem sehr eng verwandtes Werk ausgeführt Ein Vergleich der Bedingungen, unter welchen beide Künstler
diese Werke malten, ist besonders geeignet, die grosse Verschiedenheit in ihrer Lebensstellung zu zeigen. Während Dürer für den
ehrsamen Rothgiesser arbeitete und demgemäss den grossen Inhalt
seines Gegenstandes auf dem kleinen Raum einer Tafel von 4 Fuss
3 Zoll Höhe, 3 Fuss 10³/₄ Zoll Breite aussprechen musste, malte
Raphael für den Pabst, als den höchsten Fürsten seiner Zeit, und
konnte dem Flug seines Genius an einer grossen Wandfläche die
vollste Entfaltung geben. Darf es da Wunder nehmen, wenn Ra-

phael, auch abgesehen davon, dass er Dürer an Gefühl für Schönheit und Grazie weit überlegen war, Werke hervorbringen musste,
welche eine noch höhere, und namentlich eine noch allgemeinere,
Befriedigung gewähren, als die Dürers?

Von den Bildern Dürers, welche die Maria mit dem Kinde
darstellen, ist ohne Zweifel das, mit 1512 bezeichnete, in der
Wiener Gallerie, das in allen Theilen am meisten durchgeführte.
Der mütterliche Ausdruck der, übrigens keineswegs schönen, Maria
ist ebenso ansprechend, als der fröhliche des nackten, in manchen
Formen zu stark ausgeladenen, doch, in einem sehr klaren Fleischton
mit graulichen Schatten und Beobachtung von Reflexen, sehr sorgfältig in einem verschmolzenen Vortrag modellirten Kindes. Aehnliches gilt von dem Kopfe der Maria mit röthlichen Wangen, deren
goldiges Haar mit wunderbareren Meisterschaft gemalt ist.

In den nächsten Jahren scheint Dürer offenbar vorzugsweise
als Stecher und Zeichner thätig gewesen zu sein, denn es ist nicht
anzunehmen, dass die von ihm in dieser Zeit gemalten Bilder
sämmtlich verloren gegangen sein sollten.

Aus dem Jahr 1516 haben wir sehr verschiedenartige Bilder
von ihm. Das breit und höchst sicher mit dem Pinsel gezeichnete
und schraffirte, Bildniss von Michael Wohlgemuth, No. 139, Cabinette
der Pinakothek (Fig. 36), von schwerem, in den Lichtern gelb-, in
den Schatten dunkelbraunem Ton, worin die knochigen und schlaffen,
häutigen Theile des neunundsiebzigjährigen Mannes trefflich wiedergegeben sind, und die überlebensgrossen, auf Leinwand in Leimfarben ausgeführten Köpfe der Apostel Philipp und Jacobus in der
Gallerie der Uffizien zu Florenz. Hier ist die Auffassung grossartig, die Ausführung, zumal der langen Bärte, von ungemeinem
Fleiss und seltenster Meisterschaft. Zu dem Jacobus hat er sich
desselben Modells bedient, wie um zehn Jahre später zu seinem
berühmten Paulus.

Ungefähr aus dieser Zeit dürften nach Auffassung der Formen
und der Behandlung auch die Bildnisse Carls des Grossen und des
Kaisers Siegmund, im Landauer Brüderhause zu Nürnberg, No. 43
und 44, herrühren. Der erste ist von sehr grossartiger Auffassung,
die Behandlung, wie bei dem Bildniss des Wohlgemuth, in Lasurfarben und zeichnend. [1]

---

[1] S. Kunstwerke und Künstler in Deutschland Th. I. S. 201 f.

Etwa in den folgenden beiden Jahren dürfte Dürer für die
Familie Holzschubr. die jetzt in der Moritzcapelle zu Nürnberg.

Fig. 36.

Das Bildniss des Michael Wohlgemuth von Dürer.

No. 64, befindliche Beweinung Christi gemalt haben.[1] Die Composition ist hier vortrefflich, der Wurf der Gewänder sehr einfach
und von reinem Geschmack. Dagegen ist der Kopf Christi von
grässlicher Wahrheit, der der Maria unschön, der der Magdalena
gleichgültig im Ausdruck. Auch ist die röthliche Fleischfarbe schwer,

---

[1] S. Kunstwerke und Künstler in Deutschland Th. I. S. 186.

die Wirkung bunt, die Ausführung dagegen, in einem soliden Impasto, sehr sorgfältig.

Ungefähr in diese Zeit möchte auch wohl die Ausführung der Wandmalereien in dem grossen Saale des Rathhauses zu Nürnberg zu setzen sein, welche, obwohl verschiedentlich ausgebessert, und im Jahr 1620 übermalt, doch als das einzige Beispiel Dürers von monumentaler Malerei, und sehr charakteristisch und geistreich in den Compositionen, nicht mit Stillschweigen zu übergehen sind. Das Hauptbild ist der von zwölf Pferden gezogene, und von vielen allegorischen Figuren begleitete Triumphwagen Kaiser Maximilian I., wozu Willibald Pirkheimer die Angaben gemacht, nach welchen die von Dürer gemachten Zeichnungen mit einem Commentar von W. Pirkheimer jenem Kaiser im Jahr 1518 überschickt worden sind.[1] Der Wagen, worauf der Kaiser thront, ist überreich mit Symbolen der Macht und Zierwerk ausgestattet, jene allegorische Figuren aber zeichnen sich vor den meisten Frauen Dürers durch die edlen, schlanken Verhältnisse, die anmuthigen Motive sehr vortheilhaft aus, und deuten bestimmt auf einen italienischen Einfluss. Auch zu dem anderen Gemälde nach der Beschreibung von dem Bilde der Verläumdung des Apelles, welcher Gegenstand ohne Zweifel gewählt wurde, um den hier zu Gericht sitzenden Magistratspersonen die strenge Ausübung ihrer Pflicht vorzuhalten, hat sicherlich sein gelehrter Freund Pirkheimer ihm die nähere Angabe gemacht. Die zahlreichen allegorischen Figuren sind sehr geistreich componirt. Endlich ist noch ein Bild mit Stadtpfeifern, glückliche, lebensvolle Gruppen, zu erwähnen.

Im Jahr 1519, malte Dürer das in der Gallerie zu Wien befindliche Bildniss seines Hauptgönners, des Kaisers Maximilian I. Die Auffassung des mit einem Pelzmantel und flachen Hut bekleideten, einen Granatapfel in der rechten Hand haltenden, alten Herrschers, welcher bekanntlich in demselben Jahr starb, ist ruhig und

---

[1] Dieses erhellt aus einem Dankschreiben Kaiser Maximilian I. an Pirkheimer, welches am Ende der ersten Ausgabe des, nachmals bis zum Jahr 1522 von Hieronymus Resch, nach jenen Zeichnungen gemachten vortrefflichen Holzschnitten abgedruckt und von Bartsch Th. VII. S. 155 f. wiedergegeben worden ist. Das Datum jenes Dankschreibens aber lautet: „Am neun und zwanzigsten Marcii Anno etc. x. viii. unseres Reichs am xxxii Jahren" (sic). Hier ist also die Dauer seiner Regierung von seiner Ernennung zum deutschen König im Jahr 1486 an gerechnet. Sehr merkwürdig ist es, dass nicht allein dadurch, dass dieses Dankschreiben an Pirkheimer gerichtet ist, sein Antheil an diesem Werk als die Hauptsache bezeichnet wird, sondern dass in demselben nicht einmal für die Zeichnung von Dürer ein Wort der Anerkennung vorhanden ist.

bequem, die Nase minder ausgeladen, die Unterlippe weniger stark, als in den meisten Portraiten desselben. Die Ausführung, in einem goldig bräunlichen, in den Schatten etwas grauem Ton, in einem guten Impasto, ist sehr fleissig.

Zu den lebendigsten Bildnissen Dürers gehört das eines jungen Mannes mit breitkrämpigem Hut, No. 1624 in der Dresdener Gallerie. Es ist trefflich in einem, in den Schatten grauem Ton gemalt.

Mehr als ein Beispiel, dass Dürer noch in späteren Jahren die Fähigkeit, sich gewisse Eigenschaften anderer Schulen anzueignen, nicht verloren, als wegen der besonderen Bedeutung der Bilder selbst, führe ich die mit 1523 bezeichneten Flügel eines Altars mit den Heiligen, Joachim, Joseph, Simeon und des Bischofs Lazarus, No. 123 und 128, Cabinette in der Pinakothek, an. In der klaren, kräftigen Farbe, wie in dem ganzen Vortrag, wo nur hie und da die ihm so eignen Schraffirungen vorkommen, erkennt man deutlich den Einfluss, welchen die grossen, niederländischen Coloristen, wie ein Quintin Massys, während seines Aufenthalts in den Niederlanden in den Jahren 1520 und 1521 auf ihn ausgeübt haben. Aehnliches zeigen auch die Aussenseiten dieser Flügel, Hiob und seine Frau, No. 104 des Städel'schen Instituts zu Frankfurt, und zwei spielende Pfeifer im Museum zu Cöln.

Zum letzten Mal hat Dürer sich im Jahr 1526 als Maler auf der vollsten Höhe seiner Kunst gezeigt. Von dieser Art ist eine Maria mit dem Kinde in der Gallerie der Uffizien zu Florenz. Hier ist das Kind in einem satten, röthlichen Ton mit grösster Liebe im Einzelnen nach der Natur durchgeführt.

Weit das Hauptwerk aber sind die berühmten, auf zwei schmalen Tafeln in Lebensgrösse ausgeführten vier Apostel (Fig. 37), welche der Meister, nach einem noch vorhandenen Briefe [1] würdig erachtete, zu einem Gedächtniss, seiner Vaterstadt Nürnberg zu verehren, deren Magistrat sie indess später (etwa um 1640), dem Churfürsten Maximilian von Baiern schenkte, so dass sie sich jetzt unter No. 71 und 76 in der Pinakothek zu München befinden. Johannes, die Hauptfigur auf dem einen Bilde, schaut, im Profil genommen, in tiefem Nachdenken in das offne Buch, welches er in

---

[1] Obwohl dieser, S. 57, in den Reliquien abgedruckte Brief undatirt ist, so geht doch aus einer Notiz Neudörffers, eines Zeitgenossen von Dürer, mit Sicherheit hervor, dass darin von diesen Bildern die Rede ist. S. J. Neudörffer's Nachrichten von Künstlern Nürnbergs. Nürnberg 1828 bei Campe. Ein Band 12. S. 37 und Heller Th. II. S. 201 ff.

Fig. 26.

Die vier Apostel nach dem Bilde von A. Dürer.

den Händen hält, der hinter ihm stehende Petrus bückt sich in
ähnlichem Bestreben vornüber. Paulus, die Hauptfigur auf dem anderen Bilde, und ebenfalls im Profil, hält ein zugemachtes Buch
und Schwerdt, und blickt sehr streng über die Schulter. Der hinter
ihm stehende Markus sieht, lebhaft sprechend, zu ihm auf. Der
Grund ist schwarz. Der Johannes und der Paulus sind ohne Zweifel
die beiden grossartigsten Figuren, welche Dürer gemalt hat. In
den edlen Köpfen findet sich eine gewisse Vereinfachung der Formen
und eine tiefe Charakteristik, die Motive sind wahr und würdig,
die Falten der Gewänder fallen in breiten, einfachen Brüchen vom
reinsten Geschmack. Die Auffassung des Petrus ist ungleich weniger bedeutend, die des Markus hat sogar etwas Gewaltsames und
Abstossendes.[1] Die Fleischtheile sind, bis auf den sehr blassen
Kopf des Markus, von einem warmen, braunröthlichen Ton, das Gewand des Johannes ist zinnoberroth, das des Paulus bläulich weiss,
die Gesammthaltung trefflich. Die Modellirung aller Theile ist sehr
sorgfältig, indess haben einige Lichter im Kopf des Paulus etwas
Metallnes. Dagegen ist sein Gewand, welches, von grosser Tiefe
in den Schatten, durch eine Reihe von Mitteltönen, in den höchsten
Lichtern fast bis zum Weissen steigt, höchst bewunderungswürdig.
Obgleich im Ganzen gut impastirt, schimmert doch auch hier hie
und da die Vorzeichnung durch.

Einige Bildnisse aus diesem Jahr beweisen, dass Dürer auch
in dieser Gattung, sowohl in der Energie und Lebendigkeit der
Auffassung, als in der Sicherheit und Meisterschaft des Machwerks,
noch immer im Fortschreiten war. Das bedeutendste unter diesen
ist das Bildniss des siebenundfünfzigjährigen Hieronymus Holtzschuhr,
eines Freundes des Malers, welches noch heut in dieser bekannten
Patrizierfamilie zu Nürnberg aufbewahrt wird. Haar und Bart,
ganz weiss, deuten auf ein weit höheres, die Fülle und der kräftige
Wuchs derselben, noch mehr das Leuchtende der Augen, die Le-
bensfrische der Züge und des Ausdrucks, auf ein jüngeres Alter.

---

[1] Dass Dürer in diesen vier Aposteln zugleich die vier Temperamente hat
darstellen wollen, scheint mir nicht wahrscheinlich. Schon die älteste Nachricht
darüber, bei Neudörffer S. 37, beweist in der Art des Ausdrucks, dass diese Bedeutung erst von anderen hineingelegt worden ist, er sagt nämlich: „darinnen
man eigentlich einen Sanguineum, Cholericum, Pflegmaticum und Melancholicum
erkennen mag.“ Hiebei soll nun Petrus den Pflegmatischen vorstellen? Wer kann
aber glauben, dass der mit dem Evangelium so vertraute Dürer diesen Apostel
zum Vertreter einer Eigenschaft gemacht haben sollte, welche mit seinem ganzen
Wesen im grellsten Widerspruch steht!

Mehr als gewöhnlich ist hier das Fleisch in einem röthlichen Lokalton von grosser Klarheit modellirt. Auch die Behandlung des schwarzen Rocks, des warmbraunen Pelzwerks, ist höchst vorzüglich. Nicht minder trefflich in Lebendigkeit der Auffassung, wie in der Zeichnung ist das Bildniss eines anderen Freundes von Dürer, des Jakob Muffel, Bürgermeisters von Nürnberg, in der Gallerie des Grafen Schönborn zu Pommersfelden. Nur in der Färbung steht es jenem, da die Modellirung in den Lichtern gegen das Weiss, in den Schatten gegen das Schwerbraune geht, nach. Noch schwächer in der Farbe und grauer in den Schatten, wenn schon übrigens von ähnlicher Meisterschaft, ist das Bildniss eines dritten Nürnberger Patriziers, des Johann Kleberger, in der Gallerie zu Wien. Auch ist der Gedanke, ihn in einem Rund, als Büste, darzustellen, nicht glücklich.

Eine grosse Anzahl von Gemälden, welche in den Gallerien, wie in Privatsammlungen, in ganz Europa, den Namen des A Dürer tragen, sind hier absichtlich übergangen worden. Von keinem Meister giebt es nämlich so viele Bilder, welche demselben irrig beigemessen werden, als von Dürer, nach dessen Kupferstichen und Holzschnitten oft technisch sehr geschickte Maler, denen es indess an Erfindungsgabe gebrach, Bilder ausgeführt haben, welche in der Regel für Originale von A. Dürer ausgegeben werden.

Um den wunderbaren Reichthum, die ausserordentliche Mannigfaltigkeit der Aeusserungen des Kunstgenius von Dürer kennen zu lernen, ist indess eine genaue Bekanntschaft mit seinen Handzeichnungen, sowie mit seinen Kupferstichen und Holzschnitten unerlässlich. In allen diesen kommt er nämlich in seiner Haupteigenschaft als Zeichner zur ungestörten und unbedingten Geltung.

In Betreff der Handzeichnungen bemerke ich zuvörderst, dass sich Dürer dazu nach der jedesmaligen Absicht eines sehr verschiedenen Materials bediente.

Sowohl für die ersten Entwürfe von Compositionen, als für ausgeführtere, für Studien nach der Natur, welche rasch gemacht sein wollen, für Zeichnungen von ornamentalem Charakter, bediente er sich meist der Feder, welche er mit einer Leichtigkeit, Sicherheit und Meisterschaft gebrauchte, wie kein anderer Künstler. Gelegentlich führte er auch ein Bildniss mit derselben aus. Sicher dürfte kein anderer der grossen Meister eine so ausserordentliche Anzahl von Zeichnungen in dieser Manier gemacht haben. Bisweilen sind diese leicht in Aquarellfarben angetuscht. Auch wendete er, ausser der schwarzen, öfter rothe, grüne und blaue Tinte an.

Höchst vorzügliche Beispiele von Zeichnungen dieser Art, wie von fast allen sonstigen, finden sich in der Sammlung des Erzherzogs Albrecht in Wien, der reichsten an Dürer'schen Handzeichnungen, welche es giebt,[1] und von Federzeichnungen in der, in solchen ihr am nächsten stehenden, im britischen Museum zu London.[2] Aus beiden werde ich einige besonders vortreffliche hervorheben. Federzeichnungen aus der ersten sind: Flüchtige Skizze von dem Martyrium der 10,000 mit vielen Abweichungen, sowohl von dem Bilde, als von dem Holzschnitt. Höchst leicht und geistreich, mit 1507 bezeichnet. — Ein betender Christus. Ebenso edel empfunden, als breit und meisterlich ausgeführt. — Die Kreuzigung mit den beiden Schächern vom Jahr 1511. Eine sehr reiche Composition. Geistreich und leicht hingeworfen. — Die Zeichnung zu dem Holzschnitt des Triumpfwagens von Kaiser Max vom Jahr 1518 leicht aquarellirt. — Die Beweinung Christi unter dem Kreuz vom Jahr 1519. In der reichen und schönen Composition zeichnet sich der Christus besonders durch das edle Motiv und die völligen Formen aus. — Christus am Kreuz mit Maria und Johannes vom Jahr 1521. Höchst breit und meisterlich im Vortrage. — Als vorzügliches Beispiel eines mit der Feder gezeichneten Portraits nenne ich hier das von Felix Hungersperg, eines berühmten „Lautenschlägers" wie ihn Dürer nennt, als Brustbild und in ganzer Figur, in knieender Stellung, vom Jahr 1520. — Federzeichnungen aus der zweiten Sammlung sind der Entwurf zu einem sehr reichen Springbrunnen im gothischen Geschmack, leicht aquarellirt. — Die Originalzeichnung zu dem seltnen Holzschnitt mit dem Satyr. — Ein sich auf der Violine begleitender Sänger. Höchst fein im Gefühl und von ungewöhnlicher Grazie des Motivs. — Venus und Amor, welcher sich über den Bienenstich beklagt, leicht aquarellirt. In Schönheit der Formen und Grazie des Motivs eine der trefflichsten weiblichen Figuren des Meisters.

Das Hauptwerk für die ornamentale Anwendung des Zeichnens

---

[1] In diese, ursprünglich von dem Herzog von Sachsen Teschen gebildete, sind sämmtliche Zeichnungen Dürers aus der früheren Kaiserl. Sammlung übergegangen. — [2] Den Hauptbestandtheil derselben bildet ein Band mit über 150 ächten Handzeichnungen, früher im Besitz des berühmten Sammlers, Grafen Arundel. Näheres hierüber in meinen Treasures Th. I. S. 229 ff. und, zugänglicher, in Naumanns Archiv u. s. w. vom Jahr 1858, S. 33 ff. vom Oberbaurath Hausmann.

mit der Feder sind die Randverzierungen des berühmten Gebetbuchs des Kaisers Maximilian I. in der Hofbibliothek zu München. [1] In buntem Wechsel sieht man hier die Gestalten von Heiligen mit allerlei drolligen Einfällen, Thieren und geschmackvollen Windungen, in der Weise, wie sie so häufig in den Randverzierungen deutscher Manuscripte in dieser Zeit vorkommen. Ein Beispiel hievon giebt Fig. 38.

Nächstdem hat Dürer für Compositionen am häufigsten auf einem farbigen Papier, meist grau oder grün, in schwarzer Kreide gezeichnet, und die Lichter mit Bleiweiss angegeben. Da das Papier ihm hier einen Mittelton gewährte, so musste ihm diese Weise sehr rasch von der Hand gehen.

Die reichste und schönste Folge in dieser Weise ist die Passion von zwölf Blättern vom Jahr 1504 auf grünem Papier, in der vorerwähnten Sammlung in Wien. In der Gleichmässigkeit der Schönheit übertrifft sie die drei anderen Passionen von Dürer, von denen noch die Rede sein wird. Er hat für jene Vieles aus dieser entlehnt.

Zu besonders fleissigen Studien, oder grosser Feinheit der Vollendung, hat Dürer öfter auch auf gefärbtem Papier Alles mit der Pinselspitze, in den Schatten mit Tusche, in den Lichtern mit Bleiweiss, gemacht. In der Sammlung zu Wien sind vorzügliche Beispiele dieser Art: die Auferstehung Christi, vom Jahr 1510, mit reicher Architektur im Geschmack der Renaissance. Von wunderbarer Zartheit und Präcision. — Die Köpfe von drei jungen Frauen auf braunem Papier, eine singend. Zu dem tiefer religiösen Gefühl kommt hier eine seltne Schönheit der Form und eine erstaunliche Zartheit der Ausführung. — Ein aufwärts und ein abwärts blickender Kopf eines Apostels. — Das Bildniss eines dreiundneunzigjährigen Mannes mit langem Bart, vom Jahr 1521, welchen Dürer während seines damaligen Aufenthalts in Antwerpen gezeichnet hat. Ein wahres Wunder von Präzision des unsäglich fleissigen Machwerks.

Häufig hat er auch auf meist grundirtem Papier oder auf Pergament in Deckfarben (Guasch), gearbeitet. Besonders bediente er sich dieser, indess öfter mit Aquarell gemischter Weise, um allerlei Thiere, Hasen, Kaninchen, besonders aber bunte Vögel, Blumen, Pflanzen, Gräser, auszuführen, welche von einer so wunderbaren Meisterschaft des Machwerks und einer solchen Kraft und Frische

---

[1] Treffliche Abbildungen hiervon in Steindruck von Strixner.

Fig. 38. Randzeichnungen aus dem Gebetbuch von Maximilian I. von Dürer.

der Farbe sind, als ob er nur ausschliesslich dergleichen gemacht hätte. Eine Reihe trefflicher Blätter dieser Art befindet sich in jener Sammlung zu Wien.

Zu zarter Vollendung hat er auch häufig mit dem Silberstift auf grundirtem Papier, oder auf Pergament gezeichnet. In derselben Sammlung: sein eignes Bildniss mit 1484 bezeichnet, also mit zwölf Jahren gezeichnet. Von höchst anziehender Naivetät! — Das Bildniss seines Bruders Andreas, mit 1514 bezeichnet. Von seltner Fein_heit des Naturgefühls.

Für das Zeichnen von Portraiten hat er vornehmlich die folgenden Arten gebraucht.

Die schwarze Kreide auf weissem Papier, worin er eine bewunderungswürdige Breite und Meisterschaft besass. Ein treffliches Beispiel dieser Art gewährt das fast von vorn genommene Bildniss eines Mannes im Königl. Kupferstichkabinet zu Berlin.

Die Holzkohle, wenn es darauf ankam ein Portrait möglichst schnell auf das Papier zu werfen. In der Sammlung zu Wien: Kaiser Maximilian I., das höchst meisterliche Naturstudium zu dem Bilde in der Gallerie des Belvedere. Die Theile in Röthel rühren von späterer Hand her. — Ulrich Varnbüler, Rath Kaiser Karl V., Vorzeichnung zu dem trefflichen Holzschnitt. Albert, Kurfürst von Mainz Naturstudium zu dem Kupferstich, der kleine Albert, genannt.

Eine reiche Folge von Bildnissen, ursprünglich in einem Buche befindlich, worin Dürer zur Erinnerung, alle von ihm in derselben Weise gemachte Bildnisse meist sehr flüchtig, zeichnete, welche, lange Zeit im Besitz einer Nürnberger Patrizierfamilie, in Vergessenheit gerathen, kamen später in den Besitz des bekannten Sammlers von Derschau in Nürnberg, und befanden sich jetzt zur Hälfte im Königl. Kupferstichkabinet zu Berlin, zur Hälfte in der Bibliothek zu Bamberg. Unter vielen merkwürdigen Personen, welche in der ersteren vorhanden sind, nenne ich hier nur Margaretha, Statthalterin der Niederlande, Joachim I., Kurfürst von Brandenburg, und Ulrich von Hutten. — Gelegentlich hat er aber auch die ersten Entwürfe historischer Compositionen in dieser Weise gezeichnet, so eine, das Kind säugende, Maria vom Jahr 1512, in der obigen Sammlung zu Wien, welche sich besonders durch die Schönheit des Motivs und die völligen Formen des Kindes auszeichnet.

Die Vorbildung zu allen übrigen Zweigen der künstlerischen Thätigkeit Dürers, zum Kupferstechen, Holzschneiden, zu den Bild-

hauerarbeiten im Kleinen, in Stein, Holz und Silber, zur Ausführung von Münzstempeln, ist in seiner frühen Ausbildung zum Goldschmied zu suchen, welches Kunst-Handwerk im Mittelalter alle
diese Stücke in sich begriff. Wir haben es hier nur mit den beiden
ersten Fächern zu thun. Da, vermittelst der Dürer'schen Kupferstiche und Holzschnitte, bei deren Verbreitung in allen grösseren
öffentlichen und in so vielen Privatsammlungen in ganz Europa,
die Kenntniss der verschiedenen Seiten seiner Kunst am leichtesten
durch eigne Anschauung zu erwerben ist, so verweile ich hierbei
etwas länger, als bei den Handzeichnungen.

Unbedingt steht Dürer als Kupferstecher noch grösser, denn
als Maler da. Er hat die Arbeit mit dem Grabstichel zu einer
Vollkommenheit ausgebildet, dass er als einer der grössten Kupferstecher aller Zeiten anzusehen ist. Natürlich sind dieselben indess
unter sich nach der Zeit ihrer Ausführung und nach anderen Rücksichten, von sehr verschiedenem Werth. Ausserdem aber hat er
auch mit ausserordentlichem Erfolg in Eisen geätzt. Auch die
Holzschnitte sind selbstverständlich nach Maassgabe der eignen Theilnahme, wie nach der Geschicklichkeit der Formschneider von höchst
ungleicher Güte. Eine nähere Würdigung des technischen Theils aller
Druckwerke Dürers, eine Rechenschaft über die verschiedenen Ab-
drücke und Ausgaben, liegt indess ausserhalb der Grenzen dieses
Handbuchs. Um indess eine Vorstellung von dem Umfang der Thätigkeit Dürers auf beiden Gebieten zu geben, bemerke ich, dass Bartsch
an Kupferstichen und Radirungen 105, an Holzschnitten 170 anführt.
Letztere enthalten indess öfter mehrere Stücke, einer, der Triumphbogen Kaiser Maximilian's I., sogar 92.

Zuerst fasse ich hier die Richtung auf das Phantastische in's
Auge, wodurch Dürer am engsten mit dem Mittelalter zusammen-
hängt. Sein frühstes und umfassendstes Werk auf diesem Gebiet
sind die schon im Jahr 1498 erschienenen 15 Holzschnitte zur Apokalypse. Bartsch 60—73. Nur wer eine ansehnliche Zahl der
meist so unzulänglichen, und ungeheurlichen Darstellungen aus diesem, der Sinnesweise des Mittelalters so ungemein zusagenden Buche,
in den Miniaturen der Manuscripte aus früherer Zeit kennt, kann
den hohen Werth dieser Holzschnitte vollständig würdigen. Mit
bewunderungswürdiger Bildungskraft stellt uns hier der nur 27jäh-
rige Dürer ganz am Ende des Mittelalters noch einmal den über-
schwenglichen, maass- und schrankenlosen Inhalt in scharfumrissenen

Gestalten, in ergreifendster Weise vor Augen. Ich kann hier nur einzelne Züge der reichen Schöpfung hervorheben. So die Grossartigkeit des, zwischen den sieben Leuchtern thronenden, Alten, im Motiv, wie im Wurf des Gewandes, und die tiefe Demuth des in Verehrung knieenden Johannes, No. 62, das dramatische und Mannigfaltige in den Motiven der 24 anbetenden Aeltesten, No. 63, welche in der Regel so einförmig ausgefallen sind, die Verzweiflung der hingestürzten Fürsten, namentlich eines Kaisers, über welche, bei Eröffnung des 6. Siegels, das Verderben hereinbricht, No. 65, die erhabene Poesie in den, im höchsten Styl angeordneten, sieben posaunenden Engeln, No. 68, das Augenblickliche und Gewaltige in den vier Racheengeln, welche die Grossen der Erde zerschmettern, N. 69, und fast vor Allem die Grossartigkeit des Motivs in dem, den Satan bekämpfenden Erzengel Michael, No. 72, wie er der ungeheursten Anstrengung bedarf, um mit der, mit beiden Händen erfassten Lanze, den übergewaltigen Erbfeind in den Abgrund zu stürzen. (Fig. 39.)

Recht im Gegensatz hiermit gehören die Gegenstände in einigen Kupferstichen ganz der Erfindung auf dem Gebiete des Phantastischen von Dürer selbst an. Den Gegenstand der berühmtesten davon (B. No. 98) vom Jahr 1513, könnte man kurz mit den Worten bezeichnen: „den tapfren, frommen Rittersmann, ficht weder Tod noch Teufel an." (Fig. 40.) Das Eigenthümliche der Auffassung liegt hier in der unerschütterlichen Ruhe des Ritters in Haltung und Ausdruck, welche er den ihn bedrohenden Unholden entgegensetzt, während alle sonstigen Darstellungen dieser Art den Ritter entweder im verzweifelten Kampf, oder in schreckerfüllter Flucht erscheinen lassen. Dieses Blatt, welches zu den vollendetsten des Künstlers gehört, hat zugleich eine allgemeine Bedeutung von grosser Tiefe. Es ist eine Warnung an einen jeden, sich auf seinem Lebenswege so zu halten, dass er, gleich jenem Ritter, sich vor jenen unheimlichen Gewalten nicht zu fürchten braucht. Ich führe hier noch, als zunächst am bedeutendsten, das Blatt, die Melancholie vom Jahr 1514, No. 74, an. In dieser mächtigen, geflügelten Frau, welche in sich versunken, dasitzt, hat Dürer in höchst origineller und geistreicher Weise das Gefühl der Unzulänglichkeit menschlichen Grübelns über die Räthsel, welche das Leben, die Natur, wie die Wissenschaft, enthalten, so wie über die Vergänglichkeit aller Dinge, ausgedrückt. Das erstere ist durch die verschiedenen Symbole der

Fig. 39. Kampf des Engels Michael mit dem Satan nach Holzschnitt von Dürer.

Fig. 40.

Ritter, Tod und Teufel nach Kupferstich von Dürer.

Wissenschaft, dem Zirkel, dem Buch, dem Kalkspathcristall, dem Schmelztiegel u. s. w., angedeutet. Auf das zweite beziehen sich die Glocke, die Sanduhr, und die manchen, hier müssig umherliegenden Geräthe menschlicher Thätigkeit, als der Hobel, der Hammer, das Lineal u. s. w. Der landschaftliche Hintergrund, von grossartig-düsterer Art, bringt einen dem Gehalt des Ganzen wunderbar entsprechenden Eindruck hervor.

Ich komme zunächst auf die Darstellung aus dem Evangelium. Die Passion hat er — ein überraschendes Zeugniss von dem unerschöpflichen Reichthum seiner Erfindungskraft — in dem Zeitraume von 1508—1511, drei Mal, einmal in Kupfer und zweimal in Holzschnitten behandelt. In der ersteren, einer Folge von 16 Blättern, No. 2—18, zeichnen sich besonders zwei Darstellungen Christi, als ecce homo, von 1509, und am Oelberg, von 1508, aus. Vorzüglicher als die Kreuzigung in derselben ist, No. 24, eine ebenfalls 1508 ausgeführte. Die Wirkung des Verscheidens auf die Umstehenden ist hier in ergreifender Weise ausgedrückt. Die ohnmächtig zusammengesunkene Maria wird von einer heiligen Frau unterstützt. In dem, im Uebermaass des Schmerzes laut schreienden, Johannes erkennt man den Einfluss eines berühmten Kupferstiches desselben Gegenstandes von Andrea Mantegna. Am bedeutendsten von den drei Folgen ist indess die grosse Holzschnittpassion von 12 Blättern, No. 4—15. Gleich das Titelblatt, der nackend, als Mann der tiefsten Schmach und der grössten Schmerzen, auf einem Steine sitzende Christus mit der Dornenkrone, welchem ein Kriegsknecht ein Rohr reicht, gehört durch die Tiefe und das Ergreifende des Gefühls, womit er den Blick auf den Beschauer richtet, durch das eben so sprechende als schöne Motiv, durch den Adel und die Fülle der Formen, zu dem Schönsten, was Dürer hervorgebracht hat. Dieses Blatt athmet ganz dasselbe Gefühl und steht auf derselben Höhe der Kunst, wie das berühmte Recitativ in Händels Messias „die Schmach bricht ihm sein Herz." Nächstdem erregt die Kreuztragung, No. 10, durch die eben so reiche, als deutliche Composition einer bewegten Handlung, und durch die Grossartigkeit des unter der Last des Kreuzes zusammengesunkenen Christus die grösste Bewunderung. Nicht minder trefflich als Composition einer mehr ruhigen Handlung erscheint die Trauer über den Leichnam Christi, No. 13. Um aber ein Beispiel der grossen Ungleichheit Dürers zu geben, erwähne ich hier noch die Geisselung, No. 8,

worin der Christus in den Formen, in der Stellung, wie in dem
Kopf so hässlich ist, dass man kaum begreifen kann, dass er von
derselben Hand herrührt, welche das Titelblatt gemacht hat.

Aus der kleinen, aus 37 Blättern bestehenden Passion führe
ich nur die Anbetung der Hirten, No. 20, wegen der Deutlichkeit
und Vereinfachung der Composition und des graziösen Motivs der
Maria, Christus am Oelberge wegen des einfachen Adels und der
Innigkeit des Gefühls, No. 26, endlich Christus, welcher der Magdalena erscheint, No. 47, wegen der Poesie der Composition und
der sonnigen Beleuchtung an.

Einen würdigen Schluss dieses Ideenkreises bildet der Holzschnitt der Dreieinigkeit, No. 122. Das Motiv des todten, von Gott
Vater gehaltenen, Christus ist höchst würdig und grossartig, und
sehr schön schliessen sich zu beiden Seiten Engel mit den Passions-
werkzeugen an.

Eine ganz andere, und nicht minder bewunderungswerthe, Seite
des Dürer'schen Genius zeigen uns seine Darstellungen aus dem
Kreise des Lebens der Maria, vor Allem in ihrem Verhältniss zu
dem Jesuskinde. Sie athmen eine eigenthümliche Anmuth, eine
kindliche Poesie und sind öfter durch die Art der Auffassung in
den Formen des Dürer umgebenden Lebens als eine Vorstufe der
Genremalerei zu betrachten. Ebenso nahm hier der Künstler dadurch,
dass er die Figuren im Verhältniss zur Grösse der Platte klein hielt,
vielfach Gelegenheit seiner Freude an ausführlicher Darstellung des
Landschaftlichen, wie von Baulichkeiten genug zu thun und berei-
tete auch darin die Zeit vor, wo dergleichen den ausschliesslichen
Gegenstand von Bildern ausmachten.

Das Hauptwerk dieser Richtung ist eine Reihe von 20, das
Leben der Maria behandelnden Holzschnitten, No. 76—95, von
welchen im Jahr 1511 schon eine zweite Ausgabe erschien. Unter
diesen zeichnen sich besonders aus: Die Umarmung Joachims und
der heiligen Anna an der goldnen Pforte, No. 79. Durch die Innigkeit des Gefühls in trefflicher Ausführung des Schnitts, gehört
dieses, mit 1509 bezeichnete, Blatt zu den schönsten Holzschnitten
Dürers. Die Geburt der Maria, No. 80, das treue Abbild der
Wohnstube einer Nürnberger Bürgerfrau mit allen Einzelheiten und,
in dem Bestreben nach Wahrheit, in der Composition sehr zerstreut,
indess reich an anmuthigen, einzelnen Zügen. — Die Heimsuchung,
No. 84. Hier ist ein Hauptgewicht auf die hochpoetische, bergigte

Landschaft gelegt. Die Beschneidung, No. 86, eine durch Deutlichkeit und Schönheit meisterliche Composition vieler Figuren. Die
Flucht nach Aegypten, No. 89. In diesem Blatte wird das Interesse
zwischen der Lebendigkeit und Naivetät der Figuren und der mit
grosser Liebe ausgebildeten Waldlandschaft, worin ein Palmbaum
mit Früchten, getheilt. — Die Ruhe auf der Flucht. No. 90. Man
würde versucht sein in diesem, bei der Arbeit beschäftigten, Joseph,
in dieser Maria mit dem Kind in der Wiege, nur einen gewöhnlichen Zimmermann mit den Seinen zu sehen, wenn nicht eine
Menge höchst anziehender Kindesengel sich bei der Arbeit des
heiligen Josephs mit dem Sammeln, dem Forttragen der Späne u. s. w.,
zu schaffen machten. Gerade darin, dass die so schlicht aufgefassten Maria und Joseph die Hülfe dieser überirdischen Wesen, als
ganz natürlich geschehen lassen, liegt der eigenthümliche Reiz dieser
Composition. Auch die Räumlichkeit, der grosse Hof eines Gebäudes,
welches in den Ruinen eines antiken Tempels, in der bekannten
symbolischen Beziehung, dass das Christenthum sich auf den Trüm-
mern des Heidenthums erhebt, errichtet ist, hat Dürer hier mit
besonderer Sorgfalt ausgebildet.

Der Abschied Christi von seiner Mutter vor seinem Leiden,
No. 92, ist höchst einfach und edel aufgefasst. — Der Tod der
heiligen Jungfrau, No. 93. In dieser grossartigen, mit 1510 bezeichneten, Composition steht Dürer völlig auf derselben Höhe mit
Raphael. Der Eindruck des Feierlichen im Ganzen ist hier mit
dem tiefsten Gefühl in den einzelnen Köpfen verbunden.

Würdig schliesst sich zunächst dieser berühmten Folge der
Holzschnitt der im Freien sitzenden Maria mit dem Kinde vom
Jahre 1518, No. 101, an, welche von zum Theil sehr schönen
Jünglings- und Kinderengeln umgeben ist, von denen einige musi-
ciren, einer dem Kinde Trauben darreicht, zwei die Krone über
ihrem Haupte halten (Fig. 41).

Auch in seinen Kupferstichen hat er die heilige Jungfrau mit
dem Kinde trefflich in den verschiedensten Auffassungen dargestellt.
Bald erscheint sie mehr bürgerlich-mütterlich, wie in dem Blatt,
No. 34, vom Jahr 1503, wo sie, im Ausdruck innigster Mutter-
freude, das Kind säugt, oder in dem Blatt No. 38, vom Jahre 1520,
wo sie das gewickelte, schlafende Kind voll tiefen Ernstes betrachtet.
Bald ist sie in edleren, schöneren und völligeren Formen aufgefasst,
wie in dem Blatt No. 40, vom Jahr 1514, auch als Stich, einer der

Fig. 41. Die thronende Maria nach Holzschnitt von Dürer.

vollendetsten des Meisters, wo die Maria von eigenthümlicher Grazie,
das, einen Apfel haltende, Kind von rührender Wehmuth ist, oder
in dem Blatt No. 39, vom Jahre 1518, wo jenes Gefühl der Wehmuth in den Köpfen von Mutter und Kind anklingt. Endlich stellt
er sie auch in erhabener Auffassung im himmlischen Glanze auf
dem Halbmond stehend, mit dem göttlichen Kinde dar, wie in
No. 30, einer schlanken Gestalt voller Grazie, von tiefster Wehmuth
des Ausdrucks, oder in No. 32, vom Jahre 1516, wo sie, in höchst
edlem Motiv, mit Scepter und Sternenkrone, recht eigentlich als
Himmelskönigin erscheint.

In der Grossartigkeit der Auffassung, dem edlen und breiten
Wurf der Gewänder, schliessen sich hier die Blätter mit den Aposteln
Paulus, No. 50, vom Jahre 1514, bei dem indess noch einige knit-
trige Brüche den Gang der grossen Falten stören und Philippus,
No. 46, vom Jahr 1526, der sich auch durch das höchst edle Profil
auszeichnet, würdig an.

In einer andern Anzahl von Kupferstichen ist Dürer nicht allein
seiner Liebe zur Darstellung von Landschaften und Baulichkeiten
noch ungleich mehr im Einzelnen nachgegangen, als in den Holzschnitten, sondern hat auch glänzende Proben seiner Einsicht in
die Gesetze des Helldunkels gegeben, wie beides hier die Technik
ungleich mehr zuliess. Besonders ausgezeichnete Blätter sind folgende für die Architektur. Die Geburt Christi, No. 2, vom Jahre
1504. Hier ist das etwas verfallene Haus, worin die sehr kleine
Maria das Kind verehrt und der Hof, in welchem Joseph Wasser
schöpft, bei weitem die Hauptsache und in der That von trefflicher
Zeichnung und meisterlicher Ausführung. Der heilige Antonius,
No. 58, vom Jahre 1519, welcher lesend im Vorgrunde sitzt, während der ganze Hintergrund von einer Stadt mit Mauern eingenommen ist. Diese verdient wegen der allgemeinen Haltung, welche
darin, bei der genauesten Angabe der Einzelheiten, durchgeführt
ist, grosse Bewunderung. Das Meisterstück von Dürer für eine
innere Ansicht einer Räumlichkeit ist indess sein heiliger Hieronymus
in seinem Gemach, oder wie Dürer davon sagt: „Im Geheiss"
No. 60, vom Jahre 1514. Um zuerst den geistigen Gehalt in's
Auge zu fassen, so ist es dem Meister in diesem, von der, durch
die kleinen Scheiben des grossen Fensters hereinbrechenden, Sonne
erhellten Zimmer, in welchem im Hintergrunde der Heilige am Fenster
im Studium vertieft ist, im Vorgrunde sein treuer Löwe und ein

Händlein der Ruhe pflegen, im seltensten Grade gelungen, das Gefühl des Gemüthlichen, still Glücklichen auszudrücken, welches ein
häuslicher Raum in seiner Abgeschlossenheit gewährt, ein Gefühl
was so echt nordisch und besonders echt deutsch ist, wie ich später,
gelegentlich eines anderen Künstlers, noch etwas näher besprechen
werde. In Rücksicht der ganzen Auffassung mit den vielen Einzelheiten, Todtenkopf, Bücher und allerlei Hausgeräth, ist ein Einfluss niederländischer Kunst unverkennbar, welche zuerst den heiligen
Hieronymus in dieser Weise dargestellt hatte, wie noch das in der
Gallerie zu Neapel befindliche Bild des Hubert, und das sehr
kleine des Jan van Eyck in der Sammlung des Thomas Baring in
London beweisen, welches letztere Dürer wahrscheinlich in Venedig, wo es sich damals in der Sammlung des Antonio Pasqualino
befand, gesehen haben mag. Höchst bewunderungswürdig ist nun
aber die Wahrheit, wie Dürer die Lichtwirkung mit den feinsten
Abstufungen der Lichtperspektive beobachtet, und alle die Einzelheiten der Gesammthaltung untergeordnet hat.

Für die Landschaft führe ich als besonders bedeutend, folgende
Blätter an. Die grosse, gebirgigte und schlagend beleuchtete Landschaft, mit einer Kanone und einigen Ungarn im Vorgrunde, No. 99,
vom Jahre 1518. Diese erinnert in der grossartigen Poesie der
Auffassung an die Landschaften des Tizian. Die Landschaft auf
dem, früher unter dem Namen der grossen Fortuna bekannten, indess
von Dürer die Nemesis genannten Blatt, No. 77. Nach Sandrat
soll diese, mit der grössten Liebe bis zu den kleinsten Einzelheiten
bewunderungswürdig ausgeführte gebirgigte Gegend, mit einer Ort-
schaft, die Ansicht des Dorfes Eytas, des Geburtsorts von Dürers
Vater, sein. Die grosse, nackte Frau mit Flügeln, in der Luft,
wonach das Blatt jenen Namen hat, offenbar die treue Wiedergabe
eines sehr hässlichen Modells, möge zugleich als ein Beispiel dienen,
wie sehr es Dürer für solche Gegenstände an Schönheitssinn fehlte.
Noch ungleich mehr beweisen dieses indess die sogenannte kleine
Fortuna, No. 78, und die vier Weiber, No. 75, welche in der That
von erstaunlicher Hässlichkeit sind. Jedoch ist hierbei nicht zu
übersehen, dass diese sämmtlich der früheren Zeit des Künstlers
angehören. Die vier Weiber sind nämlich mit dem Jahr 1498 bezeichnet, die kleine Fortuna dürfte nach der Behandlung aber noch
früher sein, und die Nemesis spätestens vom Jahre 1505 herrühren.

Als Beispiele, wie wenig von Dürer Vorgänge aus der antiken

Mythologie, bei denen solche nackte Figuren eine Hauptrolle spielen, befriedigen, führe ich hier Apollo und Diana, No. 68, die Folgen der Eifersucht, No. 73, und die Entführung der Amymone No. 31, an.

Das bedeutendste Blatt aus der Legende der Heiligen von Dürer, und zugleich der grösste Kupferstich von ihm, ist der heilige Eustachius, No. 57, welcher im Gebet vor einem Kruzifix, welches ein Hirsch zwischen dem Geweih hat, kniet, und von seinem an einem Baum gebundenen Pferde und fünf Jagdhunden umgeben ist. Die treuherzige Frömmigkeit des Heiligen, die Wahrheit der Thiere, die bis zu den grössten Einzelheiten ausgeführte Anhöhe mit einem Schloss in der Ferne, die meisterliche Ausführung aller Theile, machen dieses, wahrscheinlich im Jahr 1504 oder 1505 gearbeitete Blatt zu einem der anziehendsten des Meisters.

Diesem sehr nahe verwandt ist ein anderes, berühmtes Blatt, Adam und Eva unter dem Baum der Erkenntniss, No. 1, vom Jahre 1504. Mit der grössten Liebe in allen Einzelheiten ausgeführt, giebt es ein Zeugniss von der hohen Meisterschaft, welche Dürer um diese Zeit als Kupferstecher erreicht hatte.

Dass er es darin aber schon ein Jahr früher, also in einem Alter von 32 Jahren, allen seinen Zeitgenossen zuvorgethan hat, beweisen zwei Wappen, No. 100 und 101, von denen das letztere mit dem Jahr 1503 bezeichnet ist. Mit Recht geniesst die ausserordentliche Meisterschaft der Handhabung des Grabstichels in allen Theilen die allgemeinste Bewunderung.

Auch auf dem, für das Eigenste und Innerste der Kunst so wenig ausgiebigen, Gebiet der Allegorie hat Dürer, ausser dem schon oben erwähnten Triumphbogen des Kaiser Maximilian, ein Werk von erstaunlichem Umfang hervorgebracht. Es ist dieses der berühmte Triumphbogen desselben Kaisers. Nur wenn man die seltne Gelegenheit gehabt hat, die 92 Holzschnitte, welche das Ganze bilden, zusammengesetzt zu sehen, kann man sich ein richtiges Urtheil über dieses Work bilden. Und in der That muss man da erstaunen, wie es hier dem Künstler, als Architekten, gelungen ist, trotz der ausserordentlichen Zahl von einzelnen Vorstellungen und einzelnen Figuren, durch die durchlaufenden architektonischen Linien und Gliederungen, einen deutlichen und ansprechenden Gesammteindruck hervorzubringen. In allen jenen einzelnen Darstellungen giebt sich aber wieder die unerschöpfliche Erfindungskraft, namentlich bei den Bildnissen der Vorgänger und Vorfahren des Kaisers von Julius

Cäsar und Chlodwig dem ersten ab, deren Mehrzahl natürlich, beim
gänzlichen Mangel aller Vorbilder, ganz willkürlich von ihm dargestellt werden mussten. Dürers Kunst zu individualisiren in überraschender Weise kund. Wenn unter den Vorstellungen aus dem
vielbewegten Leben des Kaisers, worin besonders Kämpfe eine grosse
Rolle spielen, dennoch nur wenige sind, welche den Beschauer
künstlerisch fesseln, so liegt es in der Natur der Aufgaben. Die
architektonischen Theile sind in den Formen einer etwas verwil-
derten Renaissance mit einem Ueberschwang üppiger, aber sehr
geistreich gezeichneter Verzierungen gehalten.

Mit welcher Wahrheit und welchen gesunden, dem Hans Sachs
verwandten Humor Dürer auch gelegentlich Vorgänge aus dem gewöhnlichen Leben behandelt hat, zeigen die folgenden Blätter. Der
Bauer mit seiner Frau, No. 83, die Wirthin und der Koch, No. 84,
der Orientale und seine Frau, No. 85, die drei Bauern, No. 86, der
Marktbauer, No. 89, vom Jahr 1512, unvergleichlich im Ausdruck
tölpischer Einfalt! Das tanzende Bauernpaar, No. 90, vom Jahr
1514, ein Muster plumper und ausgelassener Lustigkeit!

Endlich hat auch Dürer in seiner reifsten Zeit eine kleine
Anzahl von Portraiten ausgezeichneter Personen, theils gestochen,
theils zum Holzschnitt gezeichnet, welche gleich sehr durch die treffliche Charakteristik und die meisterliche Behandlung anziehen. Ich
begnüge mich hier von den ersteren das seines besten Freundes
Wilibald Pirkheimer, No. 106, vom Jahr 1524, das von Friedrich
dem Weisen, Kurfürsten von Sachsen, No. 104, von demselben
Jahre, und das von Philipp Melanchthon, No. 105, vom Jahr 1526,
zu nennen. In den Holzschnitten ist die, dieser Gattung entspre-
chende, grössere Auffassung und Vereinfachung der Formen unvergleichlich, zu beobachten. Den Preis unter diesen verdient das schon
oben erwähnte, im Profil genommene Bildniss des Ulrich Varnbüler,
No. 155. Die mit drei Platten gemachten, farbigen Abdrucke von
diesem Blatt, welche gelegentlich vorkommen, gehören durchgängig
einer späteren Zeit an. Aber auch das Bildniss des Kaisers Maximilian I., No. 153 und 154, ist ein meisterliches Werk.

Zu welcher Meisterschaft Dürer es auch in dem Aetzen in Ei-
senplatten gebracht, dafür führe ich, als ein besonders gelungenes
Blatt, seinen Hieronymus in einer Felsenhöhle im Gebet vor dem
Kruzifix, No. 56, an. In guten, freilich sehr seltnen Abdrücken, ist
darin eine bewunderungswürdige Kraft, Klarheit und Weiche erlangt.

Selbst höchst kunstreiche und mannigfaltige Muster verschlun-
gener Linien zum Sticken, von ihm selbst „Knoten" genannt, hat
Dürer gelegentlich für den Holzschnitt gezeichnet, wie die sechs
von Bartsch, No. 140—145, beschriebenen, beweisen.

In Rücksicht des grossen Einflusses, welchen Dürer auf die
Kunst seiner Zeit übte, steht er wieder auf einer Linie mit Raphael
und Michelangelo. Zuvörderst wurde mit seiner Auffassung auch
seine Malweise durch unmittelbare Schüler, oder treue Nachfolger
in verschiedenen Gegenden Deutschlands verbreitet. Ungleich allgemeiner aber war die Einwirkung, welche er durch seine Kupferstiche und Holzschnitte ausübte. Derselbe umfasste nicht allein
ganz Deutschland, er verbreitete sich zunächst auch nach den Niederlanden, ja selbst in Italien, Frankreich und Spanien ist derselbe
nachzuweisen. Theils wurden die darin enthaltenen schönen Compositionen vielfach zur Ausführung von Bildern benutzt, wie sich
denn dieses, für einzelne Motive, selbst von einem so grossen Maler,
wie Andrea del Sarto nachweisen lässt, theils wurden die Künstler
dadurch in der weiteren Ausbildung der Kupferstecherkunst, und
des Holzschnitts auf das Ausserordentlichste gefördert, wofür ich
hier, da die Geschichte dieser Künste ausserhalb des Zweckes dieses
Handbuchs liegt, ausser den, in etwas nähere Erwägung zu ziehenden Arbeiten seiner Schüler und Nachfolger in Deutschland, für
Italien nur den berühmten Marcanton und die Formschneider der
venezianischen Schule anführen will.

Obgleich aber nun alle die hier zu betrachtenden Schüler und
Nachfolger Dürers Männer von mehr oder minder ausgezeichnetem
Talent waren, hält doch keiner von ihnen auch nur entfernt mit
ihm einen Vergleich aus. Als Kupferstecher werden sie unter dem
Gesammtnamen der kleinen Meister begriffen. Dieselben zerfallen
in so fern wieder in zwei Klassen, als einige mehr der deutschen
Kunstweise des Meisters treu blieben, andere aber sich einem mehr
oder minder starken Einfluss der italienischen Kunst hingaben. Ich
ziehe zunächst die ersteren in Betracht.

Am engsten dürfte sich dem Dürer Hans Wagner, nach seinem
Geburtsort in Franken, Hans von Kulmbach genannt, anschliessen.
Seine Erfindungskraft beschreibt einen ziemlich engen Kreis meist
kirchlicher Darstellungen, auch steht er dem Dürer als Zeichner
weit nach, doch ist er in seinen besten Bildern an Reinheit des
Naturgefühls, wie an Geschmack seinem Meister fast überlegen.

Auch in der Wärme seines Colorits, wie in der Haltung, ist er gleichmässiger. Unter seinen in Nürnberg befindlichen Bildern zeichnen sich besonders aus: Im Chor der heiligen Sebaldskirche ein Altar mit Flügeln vom Jahr 1513, dessen Mitte die Marie mit dem Kinde auf dem Thron, mit Engeln, welche die Krone über dem Haupt der Maria halten und musiciren, zu den Seiten die heiligen Catharina und Barbara, auf den Flügeln die heiligen Petrus und Laurentius, mit dem Stifter Lorenz Tucher und Johannes den Täufer und Hieronymus darstellt. In diesem, seinem Hauptwerk, welchem eine Zeichnung von Dürer zum Grunde liegen soll, was mir indess zweifelhaft ist, sind die Köpfe, bis auf den der Maria, edel, die Verhältnisse schlank, die Hände zierlich, die Gewänder von reinen, an einigen Stellen selbst grossartigen Motiven, die helle und klare Färbung bald zart, bald kräftig, die Landschaft des Hintergrundes gut gedacht, die Gesammtwirkung sehr ansprechend. Nahe schliessen sich diesem die heiligen Cosmas und Damianus, No. 166 und 167, im Landauer Brüderhause an. Mehr als treues Abbild des Dürer erscheint er in dem Bilde mit Goldgrund, Joachim und Anna, No. 57, in der Moritzkapelle. In anderen Werken benutzt er geradezu Motive seines Meisters, wie in den beiden grossen Bildern in der Pinakothek mit der Anbetung der heiligen drei Könige, der Sendung des heiligen Geistes, der Auferstehung Christi und der Krönung Mariä, No. 43 und 58. Kein anderer Schüler Dürers kommt ihm vielleicht in seinen besten Portraiten so nahe wie Kulmbach. Ein Beispiel dieser Art gewährt das Bildniss von Jacob Fugger, No. 557, im Museum zu Berlin.

Hans Schäufflein obwohl wahrscheinlich in Nürnberg geboren, liess er sich doch als Meisters in Nördlingen nieder und starb daselbst im Jahr 1540. Er hielt sich sehr treu an die Kunstweise des Dürer, und besass eine mehr reiche, als bedeutende Erfindungsgabe, welche besonders glücklich in lebhaft bewegten Handlungen war. Es ist ihm zugleich ein wahres und tiefes Gefühl, ein lebhafter Sinn für Schönheit der Formen, für Anmuth der Bewegungen, für einen reinen Geschmack der Gewänder eigen. Für die Färbung und Behandlung haben offenbar die Werke des alten Friedrich Herlen auf ihn einen wohlthätigen Einfluss ausgeübt. Seine Färbung ist von satterem, wärmeren und harmonischerem Ton, als bei Dürer, der Vortrag mehr malend und impastirend. Mehrere dieser Eigenschaften finden sich indess nur in seinen besten Bildern vor,

denn er ist höchst ungleich und hat eine grosse Anzahl von Malereien gemacht, in denen die Köpfe ziemlich gleichgültig, der Fleischton lederbraun oder, wie die ganze Stimmung, kühl, die Behandlung mehr, wie so oft bei seinem Meister, zeichnend, und dabei
sehr flüchtig ist. Sein schönstes Werk ist ein Altar in der Hauptkirche zu Nördlingen, welchen er im Jahr 1521 für Nicolaus Zieg-
ler, den Vice-Kanzler Kaiser Karl V., ausgeführt hat. Die Mitte,
welche die Beweinung des Leichnams Christi darstellt, ist in Gefühl, Schönheitssinn, Klarheit des Goldtons, liebevoller Durchführung, eins der trefflichsten Bilder der deutschen Schule aus dieser
Epoche. Auch die Heiligen auf den Flügeln sind würdige Gestalten,
die Barbara aber sogar von ausgezeichneter Schönheit. Vier andere, in derselben Kirche befindliche, Bilder von ihm gehören ebenfalls zu seinen besten Werken.[1]

Er hat auch gelegentlich in Leimfarben auf der Mauer gemalt.
Der Art ist ein Bild auf dem Rathhause zu Nördlingen, vom
Jahr 1515, welches Vorgänge aus dem Leben der Judith, besonders
die über die Amalekiter herfallenden Juden in dem Kostüm der
Zeit des Künstlers darstellt. In den Gefechten tritt einem das Kriegs-
wesen der Landsknechte in grosser Lebendigkeit entgegen. Ein
fleissiges Studium hierzu, befindet sich, No. 164 im Landauer Brüderhause zu Nürnberg. Das umfangreichste, indess mir nicht aus
eigner Anschauung bekannte Werk von ihm möchte ein Altar in
der Kirche des vormaligen Klosters Anhausen, unweit Oettingen
sein, welches ausser dem Mittelbild, einer Krönung Mariä, noch
fünfzehn andere von ihm enthält. Zu seinen besten Bildern gehört
die Bestattung der Maria, No. 75, und drei Vorgänge aus der Legende Petri, No. 77, in der Moritzkapelle. Ein stattliches Beispiel
seiner flüchtigen Arbeiten ist der, im Jahre 1517 in Leimfarben gemalte, Eccehomo auf der Burg zu Nürnberg.

Ausserdem hat Schäuffelein eine grosse Anzahl von Zeichnungen
für den Holzschnitt ausgeführt. Nicht allein nach Massgabe der
Geschicklichkeit der Formschneider, sondern auch nach den Gegenständen sind diese von sehr verschiedenem Werth. Die aus dem
kirchlichen Kreise sind meist wenig erquicklich, dagegen sprechen
solche, welche Vorgänge aus der Zeit des Künstlers darstellen, durch
Wahrheit und Lebendigkeit an. Dahin gehören die aus dem Sol-

---

[1] Ausführlicheres s. Kunstwerke und Künstler in Deutschland Th. I. S. 349
und 355.

datenleben No. 98—102, die aus dem geselligen Leben, No. 96 und
97, und ganz besonders die zwanzig Blätter eines Hochzeittanzes,
No. 103. Die zahlreichen Holzschnitte in dem bekannten, zur Verherrlichung Kaiser Maximilian I. verfassten Gedichte, der Teurdank,
wofür er ebenfalls die Zeichnungen gemacht hat, bietet nur ein
untergeordnetes Interesse dar. Die Gegenstände haben den Künstler
offenbar nur wenig angemuthet. Die Motive sind meist lahm, die
Pferde sehr schwach, die Proportionen der Menschen meist zu kurz.
Am meisten sind noch die recht ausführlichen landschaftlichen
Hintergründe gelungen.

Albrecht Altdorfer. Dieser im Jahr 1488 zu Altdorf in der
Nähe von Landshut in Baiern geborene Künstler liess sich in Regensburg nieder und starb daselbst im Jahre 1538. Er ist einer der
eigenthümlichsten Schüler von A. Dürer. In seinen Erfindungen
tritt das phantastische Element noch einmal in einer besonders anziehenden und poetischen Weise hervor. Er ist in der Zeichnung
ziemlich schwach, in den Verhältnissen oft zu lang, in den Formen
und Motiven oft hässlich und geschmacklos, doch in Rücksicht der
Tiefe und Kraft der Färbung allen anderen Meistern der Schule
überlegen. Auch bildet er mehr im Einzelnen, als irgend ein anderer von ihnen, die Landschaft aus, welche er gelegentlich schon
zum ausschliesslichen Gegenstand seiner Bilder macht. Endlich führt
er seine Bilder in einem sehr soliden Impasto mit der grössten Liebe
im Einzelnen aus. In der Architektur, wie in sonstigem Beiwerk,
erfuhr er indess einen so starken Einfluss italienischer Kunst, dass
er eine Art Uebergang zur zweiten Gruppe der Dürer'schen Schüler
bildet. Das früheste, nach der Jahrzahl 1506, mit achtzehn Jahren
von ihm gemalte Bild, was ich kenne, ist eine Kreuzigung im Landauer Brüderhause zu Nürnberg. Es ist noch ganz vom Geiste
Dürers durchdrungen, schön in der Composition, ergreifend im Ausdruck, klar und kräftig in der Färbung und von miniaturartiger
Ausführung. Ein sehr bedeutendes Werk desselben Gegenstandes
ist ein grosser Flügelaltar vom Jahr 1517 in der Gallerie zu Augsburg. Die Verkündigung auf den Aussenseiten der Flügel, gehört
in dem Adel der Gestalten, der Schönheit der Züge, dem Gefühl
im Ausdruck, zu dem Besten, was er geleistet hat. Sein Hauptwerk ist indess der Sieg Alexander des Grossen über Darius vom
Jahr 1529, No. 169, der Cabinette in der Pinakothek zu München.
Da Alles hier in den Schutz- und Trutzwaffen aus der Zeit des

Künstlers dargestellt ist, so haben wir in diesen prachtvollen Harnischen und Wappenröcken, in diesen Panzern und Decken der
Pferde, in diesen Lanzen, Schwerdtern, Streitkolben u. s. w., die
lebendigste Anschauung einer Schlacht, wie sie, ganz am Ende des
Mittelalters, von Karl dem Kühnen, oder Maximilian I., geschlagen
worden sind. Durch die Anzahl von Figuren, durch die verschiedensten Episoden nah und fern, ist es dem Künstler gelungen,
wirklich die Vorstellung einer grossen Weltbegebenheit zur künstlerischen Anschauung zu bringen. Mit vieler Einsicht hat er den
siegreich-ritterlich mit eingelegter Lanze anrennenden Alexander,
und seinen schon fliehend sich umschauenden Gegner Darius, beide
in prachtvollen goldenen Rüstungen, als den Mittelpunkt ausgeson-
dert. Auch hier spielt die grossartige Landschaft eine höchst bedeutende Rolle. Der unermesslichen Ebene schliessen sich hohe
Felsgebirge und das Weltmeer mit einer grossen Anzahl von Schiffen
an. Die emporsteigende Sonne, der niedergehende Mond, sind
sinnreich auf das Schicksal des Tages bezogen. Unsäglich ist dabei
die Ausführung im Einzelnen, und die Lebendigkeit und der Ausdruck
in so vielen der kleinen Köpfe. Und diese ganze Welt befindet sich
auf dem kleinen Raum von 4 Fuss 11 Zoll Höhe und 3 Fuss 8$\frac{1}{2}$ Zoll
Breite! In einem anderen in der Wirkung sehr bunten Bilde ebenda,
No. 138, Cabinette, vom Jahr 1538, spielt der Gegenstand, die keusche
Susanne, eine kleine Figur, nur eine sehr untergeordnete Rolle, die
Landschaft mit einem Prachtbau, von sehr grosser Ausführung, ist
weit die Hauptsache. Der heilige Quirinus, von einem Mann und
zwei Frauen aus dem Wasser gezogen, No. 90, in der Moritzkapelle
zu Nürnberg, von seltsamer Auffassung, zeigt ihn in der glühenden Beleuchtung der untergehenden Sonne als Kolorist in seiner
ganzen Stärke. Unter den von ihm noch in Regensburg befindlichen Bildern zeichnet sich besonders durch das sehr Dramatische
der Composition eine Anbetung der Hirten in der Sammlung des
historischen Vereins aus. Mit welchem Erfolge er für Linien und
Luftperspektive die Architekturmalerei angebaut hatte, beweist ein
Bild, die Geburt Mariä, in der Sammlung zu Augsburg. Eine
kleine Landschaft mit Nadelholz und gebirgiger Ferne im Landauer Brüderhause, No. 187, beweist endlich, dass er an Reinheit
des Naturgefühls, an Saftigkeit und Frische des Grüns, dem gleichzeitigen Patenirs in den Niederlanden weit überlegen war.

Auch als Kupferstecher ist Altorfer sehr fleissig gewesen, wie

denn Bartsch 96 Blätter von ihm beschreibt.[1] Diese sind sowohl
in der Erfindung, als in der Zeichnung und Ausführung, von sehr
ungleichem Werth. In der Composition zeichnet sich die Kreuzigung, No. 8, vortheilhaft aus. Meist fällt hier seine Schwäche in
der Zeichnung, besonders die zu langen Proportionen, in sehr unangenehmer Weise auf. Nackte, dem Kreise der antiken Mythologie
entnommene Figuren, wie der Neptun, No. 30, die Venus, No. 32,
die geflügelte Frau, No. 54, sind höchst geschmacklos und widrig.
Dagegen ist eine Reihe von Landschaften, No. 66 — 74, durch die
poetische Erfindung und die leichte und geistreiche Behandlung sehr
anziehend. Gelegentlich hat er auch nur Architektur, und zwar
mit gutem Erfolg, behandelt, so das Innere der Synagoge von
Regensburg, No. 63. In einer Reihe, von zum Theil sehr geschmackvollen Gefässen, No. 75 — 96, zeigt er sein Gefallen an den
Formen der Renaissance. Von den 63 nach seinen Zeichnungen
ausgeführten Holzschnitten gilt im Allgemeinen dasselbe Urtheil.
Die Darstellungen aus der Passion, No. 1 — 40, sind wenig ansprechend, ja zum Theil roh, dagegen ist die Darstellung der Auferstehung, No. 47, sehr reich und eigenthümlich. Der heil. Hieronymus,
No. 57, zieht durch die poetisch-phantastische Auffassung, die fleissige
Ausbildung der Höhle sehr an. Bei der Maria mit Heiligen, No. 50,
ist die reiche Architektur der Renaissance bemerkenswerth, ein
grosser Taufbrunnen in demselben Geschmack, No. 59, aber von
grosser Schönheit.

Heinrich Aldegrever, geboren zu Soest 1502, gestorben 1562.
Nach seinen Bildern wie nach seinen Kupferstichen, hat er von
allen Schülern Dürers das alterthümlichste Ansehen. Obwohl von
vielem Geschick in der Composition, sind doch die einzelnen Motive
meist steif, geschmacklos und manierirt, die Proportionen zu lang,
die Formen schwülstig, die häufig zu kleinen Köpfe von wenigem
Gefühl, etwas einförmig und häufig kleinlich, die Falten der Gewänder von vielen kleinen, knittrichen Brüchen. In den historischen
Bildern ist die Angabe der Formen hart, die Umrisse trocken, die
Färbung indess warm. Die echten Bilder des Aldegrever, zumal
die historischen[2] sind äusserst selten. Auch dürfte er nur wenig

[1] Bartsch Th. III. S. 42 ff.   [2] Bei der Bestimmung derselben ist die Uebereinstimmung mit seinen Kupferstichen der einzige sichere Leitfaden. Wenn indess
ein Bild in der Composition ganz mit einem Kupferstich von ihm übereinstimmt,
an Verständniss und Lebendigkeit aber diesem nachsteht, so ist wieder mit
Sicherheit anzunehmen, dass es nach dem Stich kopirt worden ist. Aus einem,

gemalt haben, da die grosse Anzahl von Kupferstichen — Bartsch
führt deren 289 an — beweist, dass er sich vornehmlich mit dem
Stechen beschäftigt hat. Im Museum zu Berlin befindet sich von
ihm ein jüngstes Gericht, No. 1242. Die Art, wie Maria und Johannes der Täufer von dem Urtheilsspruch Christi ergriffen sind, ist
sehr lebendig ausgedrückt. Die Angabe der Formen in den hier
in grosser Ruhe der Seligkeit oder der Verdammniss entgegenge-
henden Erstandenen ist übertrieben hart und trocken. Die im Vorgrunde knieenden Donatoren, zwei Domherrn, sind dagegen sehr
wahr und lebendig, ihre Schutzheiligen, ein Bischof und Johannes
der Täufer, würdige Gestalten. In der ständischen Gallerie in Prag
befindet sich ein, in seinem Grabe sitzender, dornengekrönter Christus mit dem Monogramm und der Jahrzahl 1529. Derselbe ist
ganz in der Weise des Dürer aufgefasst und behandelt, doch fehlt
es, den unschönen und überladenen Formen an Verständniss, und
haben die Lichter einen unangenehmen Metallglanz. Mehr zu seinem Vortheil erscheint er als Bildnissmaler. Mir sind indess nur
zwei beglaubigte bekannt. Ein männliches Bildniss, mit einer Nelke
in der Hand, in der Gallerie Lichtenstein in Wien, mit dem Monogramm und dem Jahr 1544 (die letzte Zahl konnte ich indess nicht
genau erkennen). Dieses, ganz von vorn genommene Bild ist in
der Auffassung sehr wahr, von guter Zeichnung, und in dem roth-
bräunlichen Lokalton des Fleisches, den grauen, aber klaren Schatten, noch sehr in der Art des Dürer, und tüchtig gemalt. Auch
die Landschaft des Hintergrundes mit einem grossen, von hohen
Bergen umgebenen Wasser, ist sehr klar. Im Museum zu Berlin,
No. 556a. Das Bildniss eines Mannes aus der westphälischen Familie Therlaen von Lennep, in schwarzem Pelz und Barett, die
Linke auf einem Schädel haltend, mit dem Monogramm und der
Jahrzahl 1551 bezeichnet. Auch hier ist die Auffassung recht lebendig, doch die Färbung minder kräftig und die Ausführung, wenn
gleich fleissig, doch magerer im Vortrag.

Unter seinen, mit vielem technischen Geschick ausgeführten,
Kupferstichen nehmen einige Portraite die erste Stelle ein. So na-
mentlich die des Königs der Wiedertäufer, Johann von Leyden,
No. 182, seines Geführten Knipperdolling, No. 183, beide vom Jahr

---

oder dem anderen dieser Entscheidungsgründe bin ich überzeugt, dass die ihm
in den Gallerieen zu München und Wien beigelegten, historischen Bilder nicht von
ihm herrühren.

1536, und des Herzogs von Jülich, No. 181, vom Jahr 1540. Nächstdem sind noch Vorgänge aus seiner Zeit, wie die drei Folgen von Hochzeittänzern, von No. 144—171, wegen der lebendigen Auffassung, am erfreulichsten, wenngleich schon bei ihnen der Mangel an feinem Gefühl, die oft verzerrten Gesichtszüge, stören. Bei der Mehrzahl der übrigen Blätter kommen zu diesen üblen Eigenschaften häufig noch plumpe und sehr manierirte Formen. Am widrigsten sind die Gegenstände aus dem Kreise der Mythologie, z. B. die Arbeiten des Hercules, No. 83—95, vom Jahr 1550. Der vielfach sich in seinen Kupferstichen zeigende Einfluss italienischer Kunst tritt hier ganz in der geschmacklosen Weise, wie bei den niederländischen Malern, auf.

Ich komme jetzt auf eine Gruppe von Schülern und Nachfolgern Albrecht Dürers, welche in vielen ihrer Kupferstiche, einige auch in ihren Gemälden, bei dem Einfluss, welchen sie von der italienischen Kunst erfahren, sich in einem ungewöhnlichen Grade den Geist und den Geschmack derselben angeeignet haben. Diese sind:

Barthel Beham, geboren zu Nürnberg 1496, gestorben 1540, arbeitete in seiner früheren Zeit ganz in der Weise des Dürer. Er hat in der Erfindung öfter etwas Phantastisches, in den Formen seiner Figuren ist er dagegen in der Regel derb realistisch, breit und flüchtig in der Ausführung, lebhaft, aber etwas bunt, in der Färbung. Bilder dieser Art sind eine Kreuztragung in der Moritzkapelle, No. 163, und Christus am Oelberge, No. 631, und einzelne Heilige, No. 619 a.b., im Museum zu Berlin. Später ging er nach Italien und suchte, als Maler, sich mit wenig Erfolg die dasige Kunstweise anzueignen. Bilder dieser Art sind die Erweckung einer todten Frau durch das Kreuz Christi von 1530, mit einigen recht lebendigen Köpfen, No. 2, und M. Curtius, No. 98, welcher sich in den Schlund stürzt, von grosser Härte und mit einer bunten und überladenen antiken Architektur von 1540, in der Pinakothek zu München. Eine Anzahl von Portraiten von bairischen Fürsten und Fürstinnen in der Gallerie zu Schleisheim beweisen, dass er in diesem Fache ein ausgezeichneter Künstler war. Nur in der Haltung sind sie etwas bunt. Ungleich bedeutender ist dieser Meister als Kupferstecher. Als solcher hatte er sich in der Schule des Marcanton zu einem der besten Meister seiner Zeit ausgebildet. Unter den 64 Blättern, welche Bartsch von ihm

beschreibt,[1] behandelt nur eine kleine Zahl Gegenstände aus der
heiligen Geschichte, die meisten sind aus der Profangeschichte, der
Mythologie, der Allegorie und dem gewöhnlichen Leben genommen.
In verschiedenen hat er sich nicht nur die Manier des Grabstichels,
sondern auch die Freiheit und Grazie, die Meisterschaft der Zeichnung der Raphaelischen Schule angeeignet. Von solcher Art sind:
wüthende Kämpfe zwischen nackten Kriegern, No. 16 — 18, die
Cleopatra, No. 12, eine schlafende Frau, No. 43, und der Triumph
einer Frau und eines Mannes, deren Wagen von Frauen umgeben
ist, No. 44. Höchst vorzüglich sind aber einige Portraite, namentlich geniessen die Kaiser Karl V., No. 60, und seines Bruders, des
Kaisers Ferdinand I., No. 61, mit Recht eines allgemeinen Ruhms.
Sie sind nicht allein von sehr grosser Lebendigkeit, sondern mit
feinem Gefühl und in einem edlen Geschmack aufgefasst und höchst
meisterlich gestochen.

Hans Sebald Beham, ein Neffe des vorigen, geboren zu Nürnberg 1500, genoss zuerst als Maler und Kupferstecher den Unterricht seines Oheims, nachmals aber auch den des Dürer. Im Jahr
1540 musste er wegen seines anstössigen Lebens Nürnberg verlassen
und siedelte nach Frankfurt über, wo er gegen das Jahr 1550
starb. Er war ein Künstler von seltnem Reichthum höchst lebendiger und geistreicher Erfindungen, die, ausser dem religiösen Gebiet, häufig auch Gegenstände weltlichen, öfter derb humoristischen,
bisweilen aber auch gemeinen und unsittlichen Inhalts umfassten.
Dabei besass er in seltnem Maasse Sinn für Schönheit und Grazie,
und war er ein sehr guter Zeichner. Von Oelbildern ist nur eins,
jetzt in der Gallerie des Louvre befindliches bekannt, welches er
im Jahr 1534 in Form eines Tisches für Albrecht, Erzbischof von
Mainz, ausgeführt hat. Es stellt in sehr kleinen, aber geistreichen,
Figuren vier Vorgänge aus dem Leben Davids vor, und ist in
einem warmen und klaren Ton sehr fleissig ausgeführt.[2] Fünf in
einem Gebetbuch im Jahr 1531 für denselben Fürsten ausgeführte
Miniaturbilder, in der Königl. Bibliothek zu Aschaffenburg, beweisen, dass er auch in diesem Fache sehr geschickt war. Seine
grösste Bedeutung hat er indess als Kupferstecher, deren er eine
so grosse Zahl — Bartsch zählt 259 auf — ausgeführt, dass er
überhaupt wohl nur wenig gemalt hat. Er wusste den Grabstichel

---

[1] Bartsch Th. VIII. S. 81 ff.   - Näheres darüber Kunstwerke und Künstler in
Paris S. 549.

sehr leicht und geistreich zu führen und mehrere seiner Blätter
gehören zu den ausgezeichnetsten aller dieser Kleinmeister. Von
dieser Art sind: seine Geduld, No. 138, seine Melancholie, No. 144,
sein heil. Sebald, No. 65, seine Geschichte des verlornen Sohns,
seine zwölf Blätter mit Tänzern einer Bauernhochzeit. Seine Erfindungskraft giebt sich indess am glänzendsten in seinen zahlreichen
Zeichnungen für den Holzschnitt kund, deren Bartsch 171 angiebt.
Sein triumphirender Einzug Karl V. in München, No. 169, seine
beiden Soldatenzüge, No. 170 und 171, gehören zu dem Lebendigsten und Geistreichsten, was die Kunst uns von dem Treiben und
den Sitten jener Zeit aufbehalten hat. Aber auch seine zehn Blätter
mit den Patriarchen und ihren Frauen und Kindern, No. 74--83,
deren erstes Adam und Eva mit vier Kindern, und den Tod, welchen
sie über das Menschengeschlecht gebracht, darstellt, sind reich an
trefflicher Charakteristik und graziösen Motiven und dabei in völligen
Formen meisterlich gezeichnet.

Georg Pencz, geboren zu Nürnberg 1500, gestorben zu Breslau
1556, gehört zu den begabtesten Schülern Dürers. Zu einer glücklichen Erfindungskraft und einem lebhaften Schönheitssinn kommt
bei ihm eine treffliche Zeichnung und ein warmes, klares und kräftiges Kolorit. Er ging später nach Italien und studirte mit Eifer
nach den Werken Raphaels, verfiel dadurch indess nicht in eine
missverstandene und geschmacklose Nachahmung, sondern veredelte
nur den Geschmack seiner Compositionen und seiner Zeichnung,
wiewohl er noch öfter eine gewisse Plumpheit der Formen verräth.
In der Kupferstechkunst, worin er unter allen Schülern des Dürer
eine der ersten Stellen einnimmt, vervollkommnte er sich durch die
Anleitung des Marcanton so sehr, dass er ihm in einigen Blättern
sehr nahe gekommen ist. Da seine historischen Bilder sehr selten
sind, kann man nur aus seinen Kupferstichen ersehen, dass er die
heilige und profane Geschichte, die Allegorie, wie die Mythologie,
Vorgänge aus dem gewöhnlichen Leben, wie Ornamente, mit ungemeinem Erfolg behandelte. Aus einer Anzahl von Bildnissen
welche sich noch erhalten haben, erhellt ebenfalls, dass er in diesem
Fache durch wahre und lebendige Auffassung, treffliche Zeichnung,
und Modellirung, warme und klare Färbung, einer der ersten Maler
seiner Zeit war.

Ein historisches Bild in seiner deutschen Manier ist ein heiliger
Hieronymus, in der Moritzkapelle, No. 76. Es ist ein tüchtiges

Werk, doch halte ich die ursprüngliche Erfindung dieses, von mehreren Künstlern oft wiederholten, Bildes, für von Quintin Massys. — Ein treffliches Bild in seiner italienischen Manier ist Venus und Amor, in der Pinakothek, No. 95. Es ist graziös in den Motiven, rein in den Formen, und sehr gut modellirt. Meisterliche Bildnisse von ihm sind, das eines jungen Mannes, No. 585, des Malers Schwetzer und seiner Frau, No. 582 und 587, im Museum zu Berlin, des General Sebald Schirmer, No. 77, im Landauer Brüderhause zu Nürnberg, das Brustbild eines Mannes im schwarzen Pelzrock vom Jahr 1543 in der Gallerie zu Wien, das des Erasmus von Rotterdam nach Holbein in Windsorcastle. Unter den 126 Kupferstichen, welche Bartsch von ihm beschreibt,[1] hat er sich den Geist und die Form der Schule Raphaels wohl am meisten in den bekannten sechs Triumphen des Petrarca, der Liebe, der Keuschheit, des Ruhms, der Zeit, des Todes und der Religion, No. 117—122, angeeignet. Den trefflichen Schüler des Marcanton erkennt man besonders in der nach einer Zeichnung des Giulio Romano gestochenen Eroberung von Karthago vom Jahr 1539, No. 86, dem grössten Blatt des Meisters. Wie ausgezeichnet er im Fache des Portraits auch als Kupferstecher war, beweist das im Jahr 1543 gestochene Bildniss des Kurfürsten Johann Friedrich des Grossmüthigen, No. 126, das beste, so wir meines Erachtens von diesem Fürsten besitzen.

Jakob Bink, entweder 1490, oder 1504 zu Köln geboren, hat sich nach seinen Kupferstichen jedenfalls nach A. Dürer gebildet und Italien besucht. Sonst wissen wir von seinem Leben nur, dass er schon vor dem Jahr 1546 als Portraitmaler im Dienst des Königs von Dänemark war, dass er einige Zeit zu Königsberg am Hofe Albrechts, Herzogs von Preussen, gearbeitet und im Jahr 1549 von diesem nach den Niederlanden geschickt wurde, um dort ein Grabdenkmal für dessen Gemahlin machen zu lassen, im Jahr 1551 förmlich in die Dienste dieses Fürsten getreten und gegen 1560 in Königsberg gestorben ist. Merkwürdigerweise ist von historischen Bildern keins von ihm bekannt. Von den Bildnissen, welche ihm beigemessen werden, habe ich nur das in der Kaiserl. Gallerie zu Wien gesehen. Es ist von energischer Auffassung und feiner Zeichnung, kühl, aber harmonisch in der Färbung. In der Kunst-

[1] Bartsch VIII. S. 319 ff.

kammer zu Kopenhagen sollen sich die von Christian III. König von Dänemark und seiner Gemahlin Dorothea, befinden. Seine Kupferstiche sind von sehr ungleichem Werth. [1] Die besten aber zeigen einen höchst ausgezeichneten Künstler, welcher, wie Pencz, die deutsche Gefühlsweise und Behandlung mit der edleren Formengebung und dem reineren Geschmack der Italiener zu verbinden wusste, und mit ungemeinem Erfolg die verschiedenartigsten Gegenstände behandelte. Zu seinen vorzüglichsten Blättern gehören Christus mit der Samariterin am Brunnen (Bartsch No. 12). Maria auf dem Thron (B. No. 20) und die Bildnisse von Christian II. König von Dänemark, seiner Gemahlin Elisabeth (B. No. 91, 92) und von ihm selbst. Er hat auch öfter Blätter anderer Stecher kopirt.

Die Dürer'sche Kunstweise gelangte begreiflicherweise auch vielfach in der Form der Miniaturmalerei zur Ausübung. In Nürnberg wurde dieselbe besonders von der zahlreichen Familie Glockenton angebaut, unter denen sich Georg Glockenton der ältere, geboren 1492, gestorben 1553, und vor allem sein Sohn, Nikolaus, gestorben 1560, auszeichneten. [2] Von dem letzteren befindet sich ein Messbuch und ein Gebetbuch mit Miniaturen, welche er für Albrecht, Erzbischof von Mainz, ausgeführt, und für deren erstes er 500 Gulden erhielt, auf der Königl. Bibliothek zu Aschaffenburg. Er zeigt sich darin als ein Künstler von sehr ausgezeichnetem technischen Geschick, doch von schwacher Erfindungskraft und nicht fest in der Zeichnung. [3]

Im nördlichen Franken lebte gleichzeitig ein Maler, welcher A. Dürer und seiner Schule gegenüber eine unabhängige Stellung behauptete. Der wahrscheinlich aus Frankfurt gebürtige Mathäus Grünewald hatte sich nämlich in Aschaffenburg niedergelassen, wo er besonders von dem Erzbischof Albrecht von Mainz beschäftigt wurde. Von seinen sonstigen Lebensumständen ist so gut wie nichts bekannt. Indess kann mit Gewissheit angenommen werden, dass er frühstens zu Ende des 3. Jahrzehnt des 16. Jahrhunderts gestorben ist. [4] Aus seinen Werken geht unabweisbar hervor, dass er, nächst Dürer und Holbein, der grösste deutsche Maler unserer Epoche ist. Er nimmt eine sehr glückliche, mittlere Stellung zwi-

---

[1] S. über diesen Meister, wie über die ihm mit Recht beigemessenen Stiche und Holzschnitte, Bartsch. Le Peintre graveur Th. VIII S. 249 ff. — [2] S. Johann Neudörfer's Nachrichten von alten Künstlern in Nürnberg. Nürnberg bei Campe. S. 41 f. — [3] Kunstwerke und Künstler in Deutschland Th. II S. 382 ff. — [4] S. Passavant im Kunstblatt von 1841 S. 130 f.

schen der fränkischen und schwäbischen Schule ein, und muss allen
beiden seine Bildung als Künstler verdanken. In der stylgemässen
Anordnung, worin er das alte Gesetz der Symmetrie, indess mit
einer gewissen Freiheit, beibehält, in der festen Zeichnung, in der
Würde seiner männlichen Charaktere, zeigt er eine Verwandtschaft
zur fränkischen, in dem grösseren Schönheitssinn, zumal in den
Frauen, in der Fülle der Formen, dem edleren und von scharfen
Brüchen minder gestörten Geschmacke des Faltenwurfs seiner Gewänder, der sorgfältigeren Modellirung, der oft sehr harmonischen
Zusammenstellung seiner Farben, wobei in den Gewändern häufig
ein dunkles Violett, ein tiefes Purpurroth, und ein leuchtendes Grün
vorwalten, in der grösseren Verschmelzung der Umrisse mit den
Formen, giebt sich ein entschiedener Einfluss der schwäbischen
Schule kund. In den Proportionen seiner Figuren ist er häufig etwas
kurz. Der Fleischton seiner männlichen Figuren ist meist bräunlich
fahl, seiner weiblichen Figuren und seiner Kinder angenehm röthlich
und klar. Das bedeutendste, und allein sicher beglaubigte Werk
von ihm ist ein aus sechs Tafeln bestehendes Altarbild, welches er
im Auftrag jenes Kurfürsten für die, dem heiligen Mauritius und
der Magdalena geweihte, Kirche zu Halle an der Saale ausgeführt
hatte. Nachdem in Halle die Reformation eingeführt worden, wurde
dieses Werk in die, dem Petrus und Alexander geweihte Stiftskirche
zu Aschaffenburg, und später in die dortige Gallerie versetzt,
von wo es endlich im Jahr 1836 nach der Pinakothek in München
überging. [1] Das Mittelbild stellt die Bekehrung des heiligen Mauritius durch den heiligen Erasmus, No. 69, wo letzterer die Züge
des Kurfürsten trägt, die Flügel die Heiligen Lazarus, No. 68,
Magdalena, No. 63, Chrysostomus, No. 75, und Valentinian dar.
Der letzte befindet sich indess noch in der Kirche zu Aschaffenburg. Die überlebensgrossen Figuren sind mit einer ausserordentlichen Meisterschaft gezeichnet und von ernst würdigen, trefflich
individualisirten Charakteren. Ein anderes Hauptwerk, welches derselbe Fürst ihm aufgetragen, befindet sich noch heut an dem ursprünglichen Orte seiner Bestimmung, der Marienkirche zu Halle.
Von ihm rührt indess nur das Mittelbild, Maria in der Herrlichkeit,
von Engeln umgeben und von dem knieenden Stifter verehrt, und
die innere Seite der Flügel, die Heiligen Mauritius und Alexander,

---

[1] Vergl. Merkel, die Manuscripte der Hofbibliothek zu Aschaffenburg. 1836.
S. 11.

vielleicht auch die Rückseite des Mittelbildes, die Heiligen Augustinus und Johannes der Evangelist, her. Unter den übrigen, von seinen Gehülfen gemalten Theilen zeichnen sich am meisten die, wahrscheinlich von Lucas Cranach ausgeführten Heiligen Magdalena, Ursula, Katharina und Erasmus aus.[1] Da die, übrigens schwächste, Darstellung der Verkündigung die Jahrzahl 1529 trägt, so geht daraus hervor, dass er um diese Zeit noch mit der vollen Kraft seiner Kunst gearbeitet haben muss. — In der Gallerie Lichtenstein zu Wien. Zwei Altarflügel, ein Kranker von einem Bischof geheilt und der heilige Hubertus, dort irrig Cranach genannt. — In der kaiserlichen Gallerie ebenda, das treffliche Brustbild des Kaisers Maximilian I. — Ein Hauptwerk von ihm ist aber eine Kreuzabnahme ebenda in der Gallerie Esterhazy, wo er irrig für Schäufelein gilt. Auch ein sogenanntes Rosenkranzbild, in der St. Antonicapelle des Doms zu Bamberg, worin, innerhalb eines grossen Rosenkranzes, die von vielen Heiligen verehrte Dreieinigkeit und, unterhalb desselben, Personen aus der Zeit des Bildes, Pabst Leo X. und Kaiser Maximilian I. befindlich, ist ein ausgezeichnetes Werk von ihm. Dasselbe gilt von den Flügeln eines Altars zu Heilsbronn in Franken und zweier Altäre in der Kirche zu Annaberg im Erzgebirge.[2] Auch England besitzt in der Sammlung des Prinzen Gemahl zu Kensington ein schönes und ansehnliches Werk dieses Meisters. Es ist ein Altar, dessen Mitte Maria in der Herrlichkeit mit dem Kinde, von den Heiligen Katharina und Barbara verehrt, auf den inneren Seiten der Flügel die Heiligen Nicolaus und Georg, darstellt. Die Aussenseiten, Jacobus der ältere und Erasmus, verrathen die Hand eines Schülers.

Hans Grimmer, ein Schüler des Mathäus Grunewald, ist aus den noch vorhandenen Gemälden nur als ein in der Auffassung und Zeichnung lebendiger und feiner, in der Färbung klarer, in der Ausführung fleissiger Portraitmaler bekannt. Besonders gilt dieses von dem Bildniss einer Frau in der Moritzcapelle, No. 140. Das Gegenstück, ein Mann ebenda, No. 136, steht jenem, besonders in der Färbung, nach.

[1] Vergl. Passavant im Kunstblatt von 1846, No. 43, und meine Bemerkungen über Försters Geschichte der Malerei in Deutschland, im Deutschen Kunstblatt von 1854, S. 302. — [2] S. Näheres Kunstwerke und Künstler in Deutschland Th. I. S. 366 und 46

Sächsische Maler.

Eine eigenthümliche Schule ist in Sachsen und dem Kurfürstenthum Brandenburg nicht nachzuweisen. Mehrfach sind Meister der fränkischen Schule hier thätig gewesen. Ein Beispiel hiervon gewähren die Werke, welche, wie bemerkt, Mathäus Grunewald für Halle ausgeführt hat. Die Figuren von Heiligen auf den Flügeln des Altars im Dom zu Brandenburg vom J. 1518, Werke, welche in der Charakteristik, in der Würde der Gestalten, in dem edlen Geschmack der Gewänder einen ausgezeichneten Meister verrathen, weisen ebenfalls nach Franken. Ja selbst der Meister, welcher zuerst in Sachsen, als Maler Friedrich des Weisen in Wittenberg, eine Art Schule gründete, Lucas Cranach,[1] ist nicht allein aus Cranach, oder eigentlich Cronach, einem Ort im nördlichen Franken gebürtig, seine früheren Werke tragen ebenfalls den Charakter fränkischer Kunst. Im Jahr 1472 in einer Familie geboren, deren Name Sunder war, erhielt er den ersten Unterricht in seiner Kunst von seinem Vater, wahrscheinlich den späteren von Mathäus Grunewald. Jedenfalls aber wurde er in seiner ganzen Kunstform auffallend durch die Werke desselben bestimmt. Wenn er diesem in der Grossartigkeit der Auffassung, in der Stylgemässheit der Composition, besonders aber in der Zeichnung (der schwächsten Seite seiner Kunst), in der Gründlichkeit der Durchführung, um Vieles nachsteht, so ist er ihm dagegen in dem Reichthum und der Vielseitigkeit der Erfindungen, in der ungemeinen Klarheit der Farbe, endlich in der Leichtigkeit, der allerdings oft etwas handwerksmässigen und flüchtigen Behandlung wieder überlegen. In einzelnen Fällen gelingt ihm zwar die Darstellung des Würdigen, Ernsten und Rührenden sehr wohl, in der Regel aber waltet bei ihm eine naive, kindliche Heiterkeit, und eine weiche, fast schüchterne Anmuth vor. Eine gewisse ergötzliche Lebendigkeit, eine warme, blühende Färbung, muss meist die Anforderung an eine strengere Ausbildung der Form ersetzen. Er ist durch diese Eigenschaften in hohem Maasse volksthümlich. So hat auch sein Humor etwas von dem derben Volkswitze seiner Zeit. Der Eindruck seiner Art der Auffassung mahnt, wie Kugler sehr treffend bemerkt,

---

[1] S. über diesen Künstler Christian Schuchardt, Lucas Cranach des älteren Leben und Werke. Zwei Theile. Leipzig 1851. Brockhaus.

an die Volksbücher und Volkslieder des Hans Sachs. Wie in diesen finden sich, unmittelbar neben den zartesten Blüthen, in naivster Weise das Geschmacklose, ja fast Kindische. In manchen seiner kirchlichen Malereien hat er eine sehr eigenthümliche Bedeutung, er ist nämlich darin recht eigentlich der Maler der Reformation, welcher, nahe mit Luther und Melanchthon befreundet, den wesentlichsten Punkt ihrer Lehre, dass nicht die guten Werke, sondern allein der Glaube an Christus selig mache, durch die Kunst zu veranschaulichen suchte. Bilder dieser Art sind, ein Sterbender im Stadtmuseum zu Leipzig, vom Jahr 1518, der Sündenfall und die Erlösung des Menschen in der herzoglichen Gallerie zu Gotha, vom Jahr 1529, ein grosser Altar in der Kirche der Stadt Schneeberg im Erzgebirge, und ein, ebenfalls mit 1529 bezeichnetes Gemälde in der ständischen Gallerie zu Prag. Alle diese Bilder, zum Theil mit erklärenden Aufschriften, sind zugleich vorzügliche Werke des Meisters. Nur an dem Altar zu Schneeberg ist die Theilnahme von Schülern erkenntlich. Unter seinen Bildern biblischen Inhalts verdient noch sein Christus mit der Ehebrecherin in der Pinakothek zu München, No. 56, hervorgehoben zu werden. Besonders sind die Köpfe Christi und der Sünderin vortrefflich. Ein anderes treffliches Exemplar dieses Bildes, mit 1532 bezeichnet, befindet sich zu Wien in der Gallerie Esterhazy. Vorzüglich aber gelingt ihm das Herzige und Kindliche, wie in verschiedenen Bildern Christi, der die Kindlein zu sich kommen lässt, von denen eins der schönsten in der Sammlung von Thomas Baring in London, ein anderes in der Kirche des heiligen Wenzel zu Naumburg. Gegenstände der antiken Mythologie erscheinen, als solche betrachtet, wie Parodieen, sprechen aber durchweg als lebendige Portraite, bisweilen auch durch Anmuth der naiven Motive an. So die auf einem Hirsch sitzende Diana in einem Bildchen im Museum zu Berlin, No. 564, wo sie mit ihrem, minder glücklich ausgefallenen Bruder, Apollo, dargestellt ist. Besonders anmuthig sind solche nackte Figuren auf einem Bilde im Besitz von Schuchart in Weimar (Fig. 42). Bisweilen stören in derlei Bildern freilich die, in dem zu sichtlichen Bestreben nach Grazie, in das Gesuchte, ja Gewaltsame ausgearteten Motive, so bei den Bildern der Venus mit dem Amor, welcher sich bei ihr über den Bienenstich beklagt, in demselben Museum, No. 1190 und 1203, wo die Stellung der Beine der Göttin an jenem Uebelstand leidet. Diesen Gegenstand hat er

sehr oft behandelt. Sehr naiv ist Hercules bei dem Omphale ebenda,
No 576. Beispiele jenes derben Humors gewähren ein Alter, der

Fig. 42.   Aus einem Bilde des Lucas Cranach.

ein Mädchen liebkost, vom Jahr 1531 in der ständischen Gallerie
zu Prag und der Jungbrunnen im Museum zu Berlin vom Jahr

1546, No. 593. Vortrefflich ist er in Bildern, die durchaus dem
Gebiet des Realismus, welchem er recht eigentlich angehört, entnommen sind, so in seinen Thieren, in seinen Jagden und in seinen
Bildnissen. Grosse Jagdbilder befinden sich auf der Moritzburg bei
Dresden. Unter der erstaunlichen Zahl seiner Bildnisse kann ich
nur einige hervorheben, so im Museum zu Berlin, das des Kurfürsten Albrecht von Mainz in ganzer Figur, als heiliger Hieronymus, vom Jahr 1527, No. 589, das desselben Herrn, lebensgross,
in halber Figur, No. 559, und das des unglücklichen Kurfürsten
Johann Friedrich des Grossmüthigen, No. 590. Auch das Bildniss
des Kurfürsten Johann des Beständigen in der grossherzoglichen
Sammlung zu Weimar gehört zu seinen besten männlichen Bildnissen. Für seine Darstellung weiblicher Bildnisse gewährt das
gefällig aufgefasste und sehr warm und leuchtend colorirte in der
Nationalgallerie in London, No. 291, ein gutes Beispiel. Diese
Wärme und Klarheit des Colorits hat er aber erst nach dem Jahr
1515, wahrscheinlich in Folge einer Berührung mit einem fahrenden
Maler aus den Niederlanden, angenommen. Sowohl in dem frühsten, von ihm bekannten Bilde, der schönen Ruhe auf der Flucht,
im Palast Schiarra Colonna in Rom, vom Jahr 1504, als in zwei
mit 1515 bezeichneten Gemälden, den heiligen Hieronymus und
Leopold in der Kaiserlichen Gallerie zu Wien, und dem Bildniss
des Bürgermeisters von Eisenach, im Museum zu Berlin, No. 618 A.,
hat er noch einen mehr gebrochenen, ungleich minder klaren, bräunlichen Fleischton, in der Art des M. Grünewald. Auf der vollen
Höhe seiner Kunst befand er sich gegen das Jahr 1530, denn ausser
den schon oben angeführten Bildern tragen die drei folgenden,
welche zu seinen ausgezeichnetsten Werken gehören, dieselbe Jahrszahl. Simson und Delila in der königlichen Gallerie zu Augsburg, und die Melancholie, aus der Campe'schen Sammlung in
Nürnberg, jetzt im Besitz von Lord Lindsay in Schottland.
Diesen schliesst sich würdig das mit 1531 bezeichnete Opfer des
Isaac, mit einer trefflichen Landschaft in der Gallerie Lichtenstein
zu Wien an. Dass er aber seine Kunst bis zu seinem, im Jahr 1553
erfolgten Tode in ungeschwächter Kraft bewahrt hat, beweist das
Mittelbild des Altargemäldes in der Stadtkirche zu Weimar, welches ich mit Schuchart für sein bedeutendstes Werk halte. Es
veranschaulicht wieder jenen schon oben angegebenen Kernpunkt
der Lehre Luthers. Es stellt in der Mitte, Christus am Kreuz, dar,

rechts aber Johannes den Täufer, welcher die neben ihm stehenden
Luther und Granach — zwei treffliche Bildnisse — auf Christus
hinweist, der durch seinen Opfertod die Erlösung von Tod und
Teufel bewirkt. Als Ueberwinder derselben, welche im Mittelgrunde
den sündigen Menschen in den Flammenpfuhl treiben, ist Christus
links noch einmal dargestellt. Cranach hat auch gelegentlich in
Minatur gemalt, sehr geschickt in Kupfer gestochen und eine grosse
Reihe, zum Theil trefflicher Zeichnungen für den Holzschnitt gemacht. Ein Beispiel der letzteren ist der h. Christoph. (Fig. 43.)
Durch mehrere derselben hat er sehr energisch an dem Kampf Luthers gegen das Pabstthum Theil genommen. [1] Auch als Mensch
verdient Cranach die grösste Achtung. Die Nachfolger Friedrich
des Weisen, Johann der Beständige und Johann Friedrich der
Grossmüthige, behielten ihn in ihren Diensten, und dem letzten
leistete er während seiner fünfjährigen Gefangenschaft nach der
Schlacht bei Mühlberg (1547) treulich Gesellschaft und suchte ihn
durch sein Gespräch und seine Kunst zu erheitern. In Wittenberg
hatte er sich das Vertrauen der Bürger in dem Maasse erworben,
dass sie ihn 1537 zum Bürgermeister ernannten, und diese Wahl
1548 wiederholten. Im Jahr 1544 legte er diese Würde freiwil-
lig nieder.

Obgleich Lucas Cranach in einem so langen Leben, und bei
der Schnelligkeit, womit er arbeitete, welche so gross war, dass er
noch auf seinem Grabstein „celerimus pictor" genannt wird, ohne
Zweifel eine sehr grosse Zahl von Bildern gemalt hat, rühren doch
bei weitem die meisten, welche als Werke von ihm ausgegeben
werden, nicht von ihm her, sondern sind in manchen Fällen Werke
seines Sohns, Lucas Cranach des jüngeren, von dem ich noch besonders zu handeln habe, so wie wahrscheinlich eines anderen
Sohns, Namens Johann Lucas, der jung in Italien starb, [2] in der
Regel aber Arbeiten von minder geschickten, oft selbst sehr geist-
losen und handwerksmässigen Malergesellen. Namentlich gehören
zu diesen Fabrikarbeiten eine sehr grosse Anzahl von kleinen Bildnissen Luthers, Melanchthons, so wie des Kurfürsten Friedrich des
Weisen und Johann des Beständigen, welche die Jahrzahl 1532
tragen. Dadurch, dass Cranach diese Bildchen mit seinem Mono-

---

[1] S. Schuchardt Th. II. S. 240—255. Es werden dort 8 Kupferstiche und 198
Holzschnitte, unter denen aber auch einige Kopieen, beschrieben. — [2] S. über
diesen, der 1516 zu Bologna starb, Schuchardt Th. I. S. 96 ff.

•gramm hat bezeichnen lassen, hat er selbst dazu beigetragen, seine
Werthschätzung als Maler bei der Nachwelt herabzusetzen. Ob-

Fig. 33. St. Christoph nach einem Holzschnitt von Lucas Cranach.

gleich Schuchardt Recht haben mag, dass ein Werk, welches in
Wittenberg für von Lucas Cranach gilt, wenig oder gar nicht von

ihm selbst berührt worden, sondern nur zu den besseren Bildern •
seiner Werkstatt gehört,[1] so ist die wohl sicher von ihm herrührende Erfindung doch zu merkwürdig für diese neue kirchliche
Kunst der Reformation, als dass es nicht hier erwähnt werden
sollte. Es ist ein Altarbild in der Stadtkirche daselbst. Das Mittelbild, welches die Feier des Abendmahls um einen runden Tisch
darstellt, zeichnet sich durch die charakteristischen Apostelköpfe
aus. Die Flügel und die Altartafel, Taufe, Beichte und Predigt,
aber haben das Eigenthümliche, dass sie uns in ganz realistischer
Weise, diese kirchlichen Handlungen vorführen, wie sie zu jener
Zeit in Wittenberg vorkommen konnten. Auf dem rechten Flügel
verrichtet Melanchthon, in Gegenwart von drei Taufzeugen, und
mehreren Zuschauerinnen, die Taufe, auf dem linken ertheilt Bu-
genhagen nach der Beichte einem reuigen Sünder die Vergebung,
während er einen verstockten Sünder zurück weist, wobei noch
mehrere Frauen. Auf der Altarstaffel endlich deutet der, die Predigt haltende, Luther, besonders charakteristisch für seine Lehre,
auf den, in der Mitte befindlichen Christus am Kreuz, als durch
dessen Opfertod, und den Glauben an denselben, allein die Erlösung bewirkt wird. Ihm gegenüber eine Gruppe von Frauen und
Mädchen und eine andere von Jünglingen und Männern.

Lucas Cranach der jüngere, geb. 1515, gest. 1586, der
Sohn und Schüler des vorigen Meisters, und auch, wie er, Bürgermeister von Wittenberg, hat sich ohne Zweifel in seiner frühesten
Zeit ganz an die Weise seines Vaters gehalten, so dass es schwer
halten dürfte, seine Bilder aus dieser Epoche, von denen desselben
zu unterscheiden. Als selbständiger Künstler steht er indess jenem
an Mannigfaltigkeit der Erfindungsgabe, an Bestimmtheit seiner
Formengebung und seines Vortrags zwar entschieden nach, übertrifft ihn aber in der Correctheit der Zeichnung. In seinen früheren Bildern hat er einen warmen, aber honigartigen Fleischton,
später wird dieser kühlröthlich, zuletzt blass. So wird auch die
Ausführung allmählig lockerer und flüchtiger. Nur in der Auffassungsweise bleibt er stets der seines Vaters treu. Zu seinen besten
Bildern gehören, eine Predigt Johannis, in der Gallerie zu Braunschweig, und eine Maria, welche dem vor ihr stehenden Kinde
eine Traube reicht, in der Gallerie zu München. No. 142. Cabi-

---

[1] Schuchardt Th. II. S. 147 ff.

nette, dort dem älteren Cranach gegeben. Ein Bild seiner späteren etwas flüchtigeren, Zeit ist die Kreuzigung in der Dresdner Gallerie,' No. 1667. Von feinem Naturgefühl, sehr lebendig und trefflich gezeichnet, sind ebenda, No. 1671 und 1672, die Brustbilder der Kurfürsten August und Moritz von Sachsen.

Die schwäbische Schule.

Der Hauptmeister der Augsburger Schule in dieser Epoche ist Hans Burgkmair, der Sohn jenes Thoman Burgkmair, der vorigen Epoche. Er wurde 1473 geboren und starb 1559. Er war ein Künstler von einer grossen Vielseitigkeit der Erfindungen. Seine meisten Bilder stellen die gewöhnlichen, kirchlichen Aufgaben der Zeit dar. Ausserdem aber ist er einer der Hauptmeister in der Behandlung des Ritterthums und des Hoflebens, wie beides sich zu seiner Zeit am Hofe Maximilians I. in Deutschland ausgebildet hatte. Besonders giebt sich dieses in seinen, in Miniatur ausgeführten, Turnierbüchern[1] und in seinen, für die Holzschnitte der für jenen Kaiser ausgeführten Werke, von dessen Genealogie, den Weiss-Kunig und den Triumph, gemachten Zeichnungen kund.[2] Uebrigens bleibt er dem Charakter der schwäbischen Schule getreu. Seine Compositionen haben häufig etwas Stylloses und Zufälliges, seine Zeichnung, zumal in der früheren Zeit, ist nicht fest. Obwohl es ihm gelegentlich nicht an Gefühl für Würde und Schönheit fehlt, geht doch sein Hauptbestreben auf Wahrheit. In der Regel haben daher seine Köpfe ein portraitartiges Ansehen. In den Motiven fehlt es ihm sehr an Liniengefühl, ja sie sind öfter ungemein geschmacklos. Dagegen hat er ein sehr lebhaftes Farbengefühl. Der Ton seines Fleisches ist meist warm und kräftig, die Färbung seiner Gewänder von grosser Sattigkeit und Tiefe, die Modellirung, wie die Ausbildung des Einzelnen, in seinen besseren Bildern ungemein sorgfältig. Freilich hat er auch viele Arbeiten gemacht, welche hart und fabrikmässig sind. Mit Altdorfer ist er der früheste in Deutschland, welcher die Landschaft seiner Hintergründe im Ein-

---

[1] Ein solches Turnierbuch befindet sich im Besitz Sr. Hoheit des Fürsten von Hohenzollern Sigmaringen. — [2] S. das Nähere über diese Werke, Bartsch Th. VII. S. 223 ff.

zelnen naturgemäss ausgebildet hat, obgleich er, soweit mir bekannt,
nicht wie jener, eigentliche Landschaften gemalt hat. Es sind indess in seinem langen Leben zwei Epochen sehr bestimmt zu unterscheiden. In der ersten, welche etwa bis zum Jahr 1508 reicht,
schliesst er sich noch der deutschen Kunstform des 15. Jahrhunderts an, die Falten seiner Gewänder sind schärfer in den Brüchen,
als bei dem Hans Holbein Vater, er bedient sich noch häufig, sowohl in den Gewändern, als Ornamenten, des Goldes. Nur in der
Architektur herrscht schon der italienische Geschmack vor. In der
zweiten macht sich der Einfluss der italienischen Kunst indess auch
in anderen Stücken, der völligeren Formengebung, den Gewändern,
wie der allgemeineren Haltung geltend. Indess behauptet er immer
im Wesentlichen sein deutsches Kunstnaturell, ja in den, nach seinen Zeichnungen gemachten Holzschnitten, erkennt man sehr deutlich den Einfluss des Albrecht Dürer. Ueberdem giebt sich sein
auf das Realistische gerichtete Kunstnaturell gelegentlich in der
sehr gelungenen Behandlung von Vorgängen aus dem gewöhnlichen
Leben zu erkennen. Von seinen von Sandrart erwähnten Frescomalereien hat sich nichts mehr erhalten. Von der ansehnlichen
Zahl der von ihm noch vorhandenen Oelgemälde kann ich nur einen
Theil näher berühren. Hauptbilder aus seiner früheren Zeit sind
folgende, in der königl. Gallerie in Augsburg befindliche. Ein reiches Bild, worauf unter anderen Christus am Oelberge und, in einer
Mandorla, der heilige Petrus, Maria mit dem Kinde und die vierzehn Nothhelfer, vom Jahr 1501. Der Ausdruck Christi ist sehr
würdig, die Bildung in den Köpfen der Männer ist edel, in denen
der Frauen fein, aber etwas einförmig. Mund und Augen sind indess meist nicht richtig verkürzt. [1] Von demselben Jahr ist Christus und Maria von vielen Heiligen verehrt. Ein anderes Bild, welches in der Mitte die Kreuzigung, auf den Seiten das Martyrium
der heiligen Ursula vorstellt, ist vom Jahr 1504. Das Bewegte der
Handlung in den letzten, der Gegensatz der Wildheit der Heiden
und der Ergebung der zarten Jungfrauen ist hier sehr gelungen.
Aus derselben Zeit ungefähr dürfte ein sehr grosses Bild desselben
Gegenstandes in der Gallerie zu Dresden sein, No. 1607. Vorzügliche Bilder aus der zweiten Epoche sind folgende. Die unter
einem Baume sitzende Maria, welche dem Kinde eine Traube reicht,

---

[1] Vergl. über dieses und die folgenden Bilder Kunstwerke und Künstler in
Deutschland Th. II. S. 28 ff.

vom Jahr 1510 in der Moritzcapelle zu Nürnberg. Dieses Bildchen steht auf einer Höhe des Geschmacks und ist von einer Feinheit der Durchbildung, wie Burgkmair sie nur selten erreicht hat.[1]
Die Kreuzigung in der Sammlung in Augsburg vom Jahr 1519.[2]
Die Anbetung der Könige ebenda ist in Charakteristik der Köpfe,
Feinheit der Haltung im kühlen Ton, Meisterschaft der Durchbildung, das mir bekannte Hauptwerk aus dieser Epoche des Meisters. Für die hohe Ausbildung der Landschaft ist der Johannes
auf Patmos, in dessen Kopf zugleich die Begeisterung sehr wohl
ausgedrückt ist, in der Pinakothek zu München, No. 65, besonders bezeichnend. Für Naivetät und Wahrheit in Behandlung von
Gegenständen aus dem gewöhnlichen Leben, ist eine Mutter mit
zwei Kindern im Landauer Brüderhause, vom Jahr 1541, No. 94,
sehr charakteristisch,[3] welches dort für Hans Olmdorf ausgegeben
wird. Als ein manierirter Nachahmer italienischer Kunstweise endlich erscheint er in seiner Befreiung der Seelen aus der Vorhölle
durch Christus in der Annenkirche zu Augsburg, wahrscheinlich
bald nach dem Jahr 1533 ausgeführt. Unter seinen Bildnissen ist
eins der vorzüglichsten das eines Herzogs Friedrich von Sachsen
auf der Veste zu Nürnberg, dort irrig für Hans von Culmbach
ausgegeben. Es zeichnet sich durch das reine Naturgefühl und den
zarten Fleischton aus. Härter in den Umrissen, schwerer im Fleischton, sind die Bildnisse des Herzogs Wilhelm von Baiern und seiner
Gemahlin in der Pinakothek, No. 136 und 150 Cabinette. Ungleich
wärmer und klarer in der Farbe und sehr lebendig in der Auffassung ist endlich sein und seiner Frauen Bildniss, vom Jahr 1528
in der kaiserlichen Gallerie zu Wien. Der Gedanke, dass sie einen
Spiegel hält, worin beide als Todtenköpfe erscheinen, zeigt, dass die
phantastische Geistesart des Mittelalters um diese Zeit in der schwäbischen Schule noch keinesswegs erloschen war. Wie sehr dieselbe
in unserem Künstler lebte, beweisen überdem verschiedene der nach
seinen Zeichnungen ausgeführten Holzschnitte, z. B. eine junge
Frau, welche dem Knochenmann, welcher einen jungen Mann tödtet,
zu entfliehen sucht, die sieben Cardinaltugenden, die sieben Tod-
sünden, die drei guten Männer und Frauen der Christen, der Juden

[1] Vergl. Kunstwerke und Künstler in Deutschland Th. I. S. 197. — Verg:
dasselbe Werk Th. II. S. 52 f. — [3] Vergl. dasselbe Werk Th. I. S. 205.

und der Heiden. [1] Burgkmair hat auch eine Radirung in Eisen gemacht. [2]

Der grösste Künstler, welchen Augsburg hervorgebracht hat, ist indess Hans Holbein der jüngere, welcher daselbst im Jahr 1498 geboren worden ist. [3] In ihm erreichte die realistische Richtung der deutschen Kunst ihre höchste und edelste Ausbildung, und er ist unbedingt einer der grössten Meister, welche überhaupt je in derselben gearbeitet haben. Ein Vergleich mit seinem älteren Zeitgenossen, Albrecht Dürer, wird am besten dazu dienen, seinen künstlerischen Charakter in ein helles Licht zu setzen. An Grossartigkeit und Tiefe des Gefühls, an Reichthum von bedeutenden Erfindungen auf dem Gebiete der kirchlichen Malerei, und an stylgemässer Anordnung derselben, muss er dem grossen Nürnberger nachstehen. Auch er wird zwar von dem phantastischen Element des Mittelalters berührt, aber in ganz anderer Weise. Wenn Dürer, die Apocalypse noch einmal in den freieren Formen seiner Kunst, doch ganz im Geiste des Mittelalters, behandelt, und in seiner Melancholie zwar das furchtbare Bewusstsein der Unzulänglichkeit und Hinfälligkeit aller Dinge seinen Ausdruck findet, so bleibt in seinem Blatt, der Ritter, Tod und Teufel, das Gefühl der Zuversicht und der Manneskraft doch unbeirrt von diesen Dämonen und trägt geistig den Sieg über sie davon. Holbein ergriff dagegen den mittelalterlichen Gegenstand des Todtentanzes, um ihn mit allen Mitteln der vollendeten Darstellung zum Ausdruck der bittersten Ironie, des furchtbarsten Hohns zu machen, worin der Tod in allen möglichen Beziehungen, vom Pabst bis zum Bettler, mit tückischer Schadenfreude über die allen gemeinsame Angst triumphirt und allein Recht behält. Ein Beispiel hievon gewährt die Art, wie er den hülflosen Blinden leitet (Fig. 44). Wenn die Geistesart Dürers demgemäss noch eine enge Verwandtschaft zu der religiösen Gefühlsweise des Mittelalters zeigt, so erscheint die des Holbein dagegen als entschieden der Geistesart der modernen Zeit zugewendet. Hiermit hängt genau zusammen, dass er an Wahrheit und Schärfe der Beobachtung in Wiedergabe der Natur den Dürer sicher übertraf, wie dieses auch aus einem Zeugniss des, mit einem

---

[1] S. Näheres darüber Bartsch Th. VII. S. 215 ff. — [2] Derselbe ebenda S. 199. — [3] Hauptwerke über Holbein sind: Ulrich Hegner, Hans Holbein der jüngere, Berlin 1827, Chretien de Mechel, Oeuvre de Jean Holbein ou Recuel de gravures d'après ses plus beaux ouvrages, Basle 1780, und Horace Walpole, Anecdotes on painting.

feinen, künstlerischen Auge begabten, Erasmus von Rotterdam, der in früheren Jahren selbst gemalt hatte, hervorgeht, dass von den Bildnissen, welche beide Künstler von ihm gemacht, das des Holbein ähnlicher gewesen sei.[1] Auch in dem Gefühl für Schönheit der Form, für Anmuth der Bewegung, in dem Geschmack, besonders seines Faltenwurfs, in der Färbung, zumal aber in der Malerei, worin er von seinem Vater die treffliche, mehr modellirende und verschmelzende, als zeichnende Weise überkommen hatte, ist er dem Dürer entschieden überlegen. Da er hiermit nun eine treffliche Zeichnung und ein sehr bedeutendes Talent für Composition verband, so war er von der Natur unter allen Deutschen am meisten dazu ausgerüstet, in der Historienmalerei die ganz vollendete Kunstform der gleichzeitigen grossen italienischen Maler, eines Raphael, eines Andrea del Sarto etc., zu erreichen, wenn seine Lebensverhältnisse es ihm vergönnt hätten, häufiger Aufgaben aus dem Bereiche derselben zu behandeln. In der Gattung der Bildnissmalerei, in welcher er vorzugsweise Beschäftigung fand, steht er auf einer Höhe mit den grössten Meistern. Er war ein frühreifes und höchst bewegliches Talent in Ausübung der verschiedensten Gattungen der Malerei, in Fresco, Oel, Leimfarben und Miniatur, sehr geschickt, und so verschiedene Einflüsse in sich aufnehmend, dass es äusserst schwer ist, die Zeitfolge seiner Arbeiten, zumal bei der Spärlichkeit der Nachrichten über sein Leben, mit einiger Sicherheit festzustellen. Unter der grossen Zahl

Fig. 44.

Auf Holbein's Todtentanz.

[1] So erzählt van Mander Bl. 142 b. Auch der bekannte Kupferstich des Dürer, Bartsch No. 107, zeigt eine, von den verschiedenen, jedoch unter sich sehr übereinstimmenden, Bildnissen des Erasmus von Holbein sehr abweichende, Auffassung.

der von ihm vorhandenen Werke kann ich hier nur die für seine
verschiedenen Epochen am meisten charakteristischen hervorheben.
Die Bilder aus seiner frühsten Zeit haben einen etwas schweren,
gelbbräunlichen Fleischton. Unter den sehr merkwürdigen Werken
aus dieser Epoche, welche sich in der Gallerie in Augsburg befinden,[1] zeichnet sich besonders der, urkundlich im Jahr 1515 ausgeführte, heilige Sebastian aus. Derselbe erregt durch die Wahrheit der Formen, wie der Bewegung, als die Arbeit eines Jünglings
von 17 Jahren Bewunderung. Die Köpfe sind sehr individuell, die
reiche Landschaft sehr gut ausgebildet und von grosser Klarheit.
Das schönste, und wahrscheinlich eins der letzten, Werke, welche er
in Augsburg ausführte, sind die Flügel eines Altars, welche sich
unter dem irrigen Namen seines Vaters in der Pinakothek zu München befinden, No. 40 und 46. Der eine stellt die heilige Elisabeth von Thüringen dar, welche den Armen Speise und Trank giebt,
der andere die heilige Barbara. Beide sind nicht bloss sehr wahr,
sondern, zumal die Barbara, edle, schlanke Gestalten von zarter
Empfindung. Im Jahr 1516 ist er wohl ohne Zweifel nach Basel,
dem Hauptorte seiner künstlerischen Thätigkeit bis zum Jahr 1526,
übersiedelt. Verschiedene, mit dem ersteren Jahr bezeichnete Bilder
sind nämlich sicher in Basel ausgeführt worden. Von diesen schliesst
sich in dem Farbenton das Bildniss des Malers von Basel, Johann
Herbster, in der Sammlung von Thomas Baring in London, dem
vorigen Bilde noch nahe an.[2] Die ebenfalls mit 1516 bezeichneten
Bildnisse des Bürgermeisters Jacob Meier, beigenannt zum Hasen,[3]
und seiner Frau, im Museum zu Basel,[4] sind, nach der künstlerischen Ausbildung, nothwendig etwas später. Die Auffassung ist
feiner, und hier findet sich schon der etwas klarere, mehr zum
Röthlichen ziehende braune Fleischton, der seinen meisten Bildern
bis zum Jahr 1526 eigen ist. Dieser frühsten Zeit nach seiner
Uebersiedelung nach Basel dürfte auch ein Abendmahl auf Leinwand angehören. Obwohl in der Composition etwas überladen, ist
doch der Moment, wie Christus dem Judas den Bissen giebt, sehr
lebendig aufgefasst, und die Köpfe trefflich charakterisirt. Im Jahr
1517 schmückte Holbein das Haus des Schultheissen Jacob von

---

[1] S. Kunstw. und Künstler in Deutschland Th. II. S. 24 ff. — [2] Näheres
Treasures etc. Th. IV. S. 97. — [3] Dieser Beisatz ist nöthig, um ihn von anderen
Bürgermeistern Basels, Namens Meier, zu unterscheiden. — [4] S. darüber, so wie
über die anderen, dort befindlichen, Arbeiten Holbeins, ebend. S. 203 ff.

Hartenstein zu Luzern mit Frescomalereien aus. Bei der Mannigfaltigkeit der Gegenstände, welche er hier, nach einer noch vorhandenen Nachricht, behandelte, ist der Untergang derselben sehr
zu beklagen. Denn im Innern des Hauses malte er die Schutzheiligen desselben und Ereignisse aus ihren Legenden, ferner Jagden,
Vorgänge des Krieges und einen Jungbrunnen, am Aeusseren aber,
zwischen den Fenstern, die Thaten alter Helden, unten einen Fries
mit Kindern im Waffenspiel, oben einen anderen mit einem Triumph-
zug nach A. Mantegna, ganz oben aber Vorgänge aus der römischen
Geschichte. Wahrscheinlich nur um ein oder zwei Jahr später
führte er die jetzt im Dome zu Freiburg im Breisgau befindlichen
Flügel eines Altars aus. Auf dem einen ist die Anbetung der Hirten
als Nachtstück und zwar so aufgefasst, dass das Hauptlicht vom
Kinde ausgeht. Die Wirkung des Lichts ist hier mit einer ausserordentlichen Wahrheit ausgeführt. Das andere Bild stellt die Anbetung der Könige in einer vortrefflichen Composition dar. Besonders zeichnet sich der Begleiter des Mohrenkönigs aus, welcher,
wie geblendet, die Hand vor den Augen, zu dem Sterne empor-
schaut. Die naturwahren Köpfe sind hier von grosser Mannigfaltigkeit, vom Schönen bis zum Bäurischen, die Formen, namentlich
die Hände, fein durchgebildet. Diesen schliesst sich würdig das,
mit 1519 bezeichnete, Bildniss des Bonifacius Amerbach, eines
eifrigen Gönners von Holbein, im Museum zu Basel an. In der
anspruchlosen, schlichten Auffassung, in dem feinen und reinen
Naturgefühl, ist dieses eins der schönsten Portraite des Meisters
aus dieser Epoche. Aus derselben dürfte auch das stattliche Portrait des Georg Frundsberg, Heerführers Karl V., im Museum
zu Berlin, No. 577, herrühren. Etwa um das Jahr 1521 mögen
verschiedene Malereien fallen, welche Holbein in dem Rathhause zu
Basel in Fresco ausgeführt hat. Neben den Beispielen strenger
Gerechtigkeitspflege, wie in den Rathshäusern der Niederlande,
waren hier auch Züge republikanischer Tugend dargestellt. So
malte er die Blendung des greisen Zaleucus, den Selbstmord des
Charondas, den Curius Dentatus mit den sabinischen Gesandten.
Die einzigen, jetzt noch im Museum aufbewahrten Ueberreste, sind
drei Köpfe jener Gesandten aus dem letzten Bilde. Die höchst
geistreiche, energische und doch gemässigte Charakteristik derselben
beweist, zu welcher Meisterschaft Holbein es schon so früh in der
Historienmalerei gebracht hatte, und welche Höhe er ohne Zweifel

darin erreicht haben würde, wenn ihm Aufgaben dieser Art öfter zu Theil geworden wären.

Mit welchem ausserordentlichen Erfolg er auch Gegenstände der kirchlichen Malerei, worin ein starkes Pathos erforderlich ist, behandelte, zeigen einige Darstellungen seiner berühmten, in acht Abtheilungen zerfallenden Passion im Museum zu Basel, welche in Kolorit und Behandlung auffallend an das schöne Bild aus dem Leben des heiligen Paulus von seinem Vater in Augsburg erinnert. Die Kreuzigung und die Grablegung, welche in der Hauptgruppe an Raphaels Grablegung im Palast Borghese gemahnt, sind nicht allein in der Composition, sondern auch in der Empfindung und in der Durchführung von seltner Vortrefflichkeit, und in dem Christus am Oelberg ist eine Schönheit und Tiefe des Schmerzes, welche dem berühmten Bilde des Correggio in der Sammlung des Herzogs von Wellington in London, kaum nachzustehen braucht. Eins dieser Bilder ist die Verspottung Christi (Fig 45). Es würde als unglaublich erscheinen, dass diese Bilder dieser früheren Zeit des Meisters angehören, wenn nicht starke Verzeichnungen, widrige Caricaturen, und Ueberfüllungen in anderen Darstellungen, z. B. in der Geisselung und der Kreuztragung, nur in dieser früheren Zeit ihre Erklärung fänden. Einige andere Bilder aus dieser Epoche, welche einen entschiedenen Einfluss des Leonardo da Vinci zeigen, machen es wahrscheinlich, dass Holbein in dieser Zeit einen, wenn auch nur vorübergehenden, Besuch im nördlichen Italien gemacht hat. In einem derselben, einem Abendmahl, No. 33, im Museum zu Basel, woran indess ein Stück fehlt, findet sich in der symmetrischen Anordnung, in den edleren Köpfen, zumal in dem Christi, in einer gewissen Allgemeinheit der Behandlung, ein unverkennbarer Einfluss von Leonardos Abendmahl in Mailand. Nur in dem Kopfe des Judas, einem Juden von furchtbarer Gemeinheit, macht sich der Realismus des Holbein in seiner ganzen Stärke geltend. In dem anderen ebenda, unter No. 21, befindlichen Bilde, einem todten Christus, vereinigt sich dieser Realismus in der grössten Herbigkeit mit dem, dem Leonardo eignen Bestreben zu modelliren. Kaum würde man glauben, dass diese grünlichblasse Gestalt mit unterlaufenem Blut, worin das Modell eines gewaltsam Getödteten mit einer, für einen dreiundzwanzigjährigen Künstler, erstaunenswürdigen Meisterschaft gezeichnet und in allen Theilen abgerundet ist, einen Christus darstellen soll, wenn nicht die Aufschrift: „Jesus

Nazarenus Rex Jud. H. H. 1521° darüber keinen Zweifel übrig
liesse.

Eins der bewunderungswürdigsten Bilder aus dieser Epoche,
ja von Holbein überhaupt, ist das MDXXIII bezeichnete Portrait

Fig. 45.

Christi Verspottung nach einem Bilde des Hans Holbein.

seines Gönners, des Erasmus von Rotterdam, eine der schönsten
Zierden der reichen Gallerie des Grafen Radnor zu Longfordcastle.[1]
Man weiss nicht, ob man mehr die höchst feine und lebendige Auf-
fassung, oder die meisterhafte Durchbildung bis zu den grössten
Kleinigkeiten anstaunen soll. Dieses ist ohne Zweifel das Bild,

---

[1] Treasures Th. IV. S. 356.

welches Erasmus im Jahr 1525 seinem Freunde, dem Kanzler Thomas Morus zuschickte, um ihm eine Vorstellung von dem Werth
Holbeins zu geben, indem er ihm denselben bei seinem, schon in
um diese Zeit beabsichtigten Besuch Englands empfahl, und in Bezug
auf welches jener antwortete: „Dein Maler, mein theuerster Erasmus, ist ein wunderwürdiger Künstler,“ und ihm verspricht sich
seiner anzunehmen. [1] Aus dem Jahr 1525 dürfte das treffliche
Bildniss desselben Erasmus im Louvre sein, welches ihn in Profil
vorstellt. In den letzten Bildern, welche Holbein noch vor seinem
ersten Besuch von England, im Herbst des Jahrs 1526, in Basel
ausgeführt hat, gehört ohne Zweifel das schöne, zu Darmstadt im
Besitz der Frau Prinzessin Carl von Hessen und bei Rhein befindliche Altarblatt (Fig. 46). Dieses stellt die in einer Nische stehende
heilige Jungfrau mit dem Jesuskinde auf dem Arm dar, welches
seine Hand über die unten zu beiden Seiten in Verehrung Knieenden, den schon oben erwähnten Bürgermeister Meier von Basel
und seine Familie, ausbreitet. In der Vereinigung der grössten
Wahrheit mit der grössten Schlichtheit, Anspruchlosigkeit, Reinheit
und Demuth in dem Kopf der Maria mit dem zu den Seiten herab-
fliessenden, goldnen Haar, feiert der deutsche Realismus in der
Form der, zur völligen Individualisirung ausgebildeten, Kunst seinen
höchsten Triumph. Gerade durch dieses ihr eigenthümliche Wesen
erscheint diese Maria würdig die reiche Krone als Himmelskönigin zu tragen, welche ihr Haupt schmückt. Diesem entspricht
auch die einfache und natürliche Stellung ihrer schönen Hände.
In dem Christuskinde hat sich dagegen der Künstler nicht über sein
Modell, ein Kind von keineswegs ansprechendem, ja kränklichen
Aussehen, erhoben. [2] In den sämmtlichen Mitgliedern der verehrenden Familie ist das erste Gesetz des Meisters, die grösste, in
allen Theilen mit gewohnter Meisterschaft durchgeführte Wahrheit
gewesen, welches er sogar in dem mit vorgestrecktem Leibe knieenden Mädchen mit dem Rosenkranz auf Unkosten der Schönheit festgehalten hat. In den Köpfen des Bürgermeisters und der drei Frauen

---

[1] Die ganze Stelle des Briefes lautet in dem lateinischen Original: „Pictor
tuus, Erasme carissime, mirus est artifex, sed vereor, ne non sensurus sit Angliam
tam foecundam ac fertilem, quam speraret. Quanquam ne reperiat omnino ste-
rilem, quoad per me fieri potest, efficiam. Ex aula Grenwici 18 Dec. 1525.“ —
[2] Dieser Umstand hatte den Dichter Tieck auf den Gedanken gebracht, dass dieses
ein krankes, aber durch das Anrufen der Maria genesenes Kind der Familie,
dagegen das blühende Kind am Boden, das Christuskind darstellen solle. Dieses
ist indess, als mit der geheiligten Tradition im Widerspruch, nicht annehmbar.

Fig. 46.

Maria von dem Bürgermeister Meier und Familie verehrt, nach dem Bilde
Holbe ns in Dresden.

hat er zugleich hiermit den Ausdruck von stiller, ruhiger Demuth
und Andacht zu vereinigen gewusst. Dieses Bild ist ohne Zweifel
von dem Bürgermeister, einem eifrigen Katholiken, in eine der Maria
geweihte Capelle gestiftet worden. Es ist frisch und markig in
einem wahren, bräunlichen Ton der Fleischtheile gemalt, und fällt,
wie sich aus verschiedenen Abweichungen von dem berühmten Bilde
desselben Gegenstandes in der Dresdener Gallerie abnehmen lässt,
etwas früher als dasselbe. Sehr begreiflich ist es aber, dass der
Besteller die so trefflichen Bildnisse seiner Familie, grade in dieser
religiösen Handlung, auch als theures Andenken in seiner Wohnung
zu haben wünschte und Holbein mit einer Wiederholung desselben
beauftragte. Dem in ziemlich dürftigen Verhältnissen befindlichen
Künstler konnte dieses aber nur sehr willkommen sein, und so ist,
meiner Ueberzeugung nach, das Bild in Dresden entstanden. Die
Veränderungen, welche sich darin, im Vergleich zu jenem ersteren,
vorfinden, sind recht eigentlich auf eine Betrachtung ganz in der
Nähe, wie dieses die Aufstellung in einem Zimmer mit sich bringt,
berechnet. Der Kopf der Maria ist in Form und Ausdruck lieblicher und milder, in der Behandlung, bei minderem Impasto, zarter
und mehr in das Einzelne gehend. Letzteres gilt auch, mehr oder
minder, von den meisten anderen Theilen. Nur der Kopf des Bürgermeisters hat etwas Hartes und Leeres. Der ziemlich roh und mecha-
nisch behandelte Fussteppich dürfte endlich die Arbeit eines Gehülfen
sein. Zwei andere, ebenfalls im Jahr 1526 ausgeführte, im Museum
zu Basel befindliche Bilder, weichen in der Färbung und Malweise
so entschieden von allen bisherigen Bildern Holbeins ab, und zeigen
in der Zartheit des warmgelblichen Lokaltons, in dem stärkeren
Gebrauch der Lasuren, und der grösseren Weiche der Umrisse einen
so starken Einfluss der niederländischen Kunst, dass ein Kenner,
wie der Herr von Rumohr, sie für Werke des Bernhart van Orley
halten konnte. Das eine stellt ein schönes und reizendes Mädchen
in zierlicher Tracht, angeblich das Bildniss eines Mitglieds der Familie Offenburg in Basel, mit der Aufschrift: „Lais corinthiaca",[1]
No. 34, das andere dieselbe, etwas weniger reizend, als Venus mit
dem ziemlich hässlichen Amor, No. 35, dar. Obwohl nur das letzte
mit 1526 bezeichnet ist, stimmt das erste doch in jedem Betracht
so mit diesem überein, dass sicher beide derselben Zeit angehören.

---

[1] Die Vermuthungen über diese Bezeichnung bei Hegner im angef. Werk
S. 162 f.

Diese merkwürdige Erscheinung erklärt sich dadurch am Natür-
lichsten, dass Holbein, wahrscheinlich im September, bei einem längeren Aufenthalt in Antwerpen, die, jenen Bildern auffallend verwandte Malweise des Quintyn Massys kennen gelernt hatte. Jener,
schon oben angeführte, Brief des Erasmus an seinen Freund Aegydius in Antwerpen ist nämlich vom 29. August datirt, und es heisst
darin, dass, wenn Holbein den Quintyn Massys zu besuchen wünsche,
und es ihm an Zeit fehlen sollte, ihn zu ihm zu führen, er ihm
durch seinen Famulus dessen Haus zeigen lassen könne. Wer aber
möchte zweifeln, dass ein, sich jedes neue Bildungselement so be-
gierig aneignender, Künstler, wie Holbein, diese Gelegenheit nicht
benutzt haben sollte? Einen längeren Aufenthalt in Antwerpen beweist schon das höchst lebendige und meisterlich ausgeführte, ebenfalls in Longfordcastle befindliche, Bildniss des Aegydius, welches, nach seiner ganzen Kunstform, nothwendig während dieses
ersten Besuchs von Antwerpen gemalt sein muss.[1] Sehr wahrscheinlich hat er nun jene beiden kleinen Bilder, als höchst gelungene Versuche in dieser neuen Manier, seinem Gönner Amerbach,
aus dessen Sammlung sie stammen, nach Basel geschickt.[2] Thomas Morus nahm den Künstler in seinem Hause, welches er sich
in der Nähe von London an der Themse gebaut hatte, freundlich
auf und behielt ihn längere Zeit bei sich, ohne ihn mit seinem
Herrn, Heinrich VIII., bekannt zu machen.[3] Verschiedene Gründe
hiezu liegen sehr nahe. Er wünschte, wie billig, vor allem für sich
und die Seinen von dem grossen Talent des Künstlers Vortheil zu
ziehen, zunächst aber ihn erst mit der Sitte und der Sprache des
Landes bekannt zu machen, bevor er ihn in die grosse Welt ein-
führte. Sicher malte er aber schon im ersten Jahre seines Aufenthalts auch andere, wahrscheinlich mit dem Kanzler enger befreun-
dete Personen. Hierzu gehört nach der ganzen, sich seinen letzten
Arbeiten in Basel eng anschliessenden Kunstweise das Bildniss der
Sir Bryan Tuke Miles, Schatzmeisters des Königs, wovon es zwei
verschiedene, aber gleich treffliche Exemplare giebt. Das eine,
welches ich im Jahr 1835, in England in der Sammlung Methuen
in Corshamhouse sah,[4] ist bezeichnet: Brianus Tuke Miles.

---

[1] S. Treasures Th. IV. a. a. Orte. — [2] Die Sammlung Amerbach ist der
wichtigste Bestandtheil des Museums von Basel. — [3] Indess nicht drei Jahre, wie
van Mander a. a. Orte berichtet.   [4] Da später mehrere Bilder dieser Sammlung
verkauft worden sind, weiss ich nicht, ob sich dasselbe noch dort befindet.

Anno Aetatis suae LVII., und dem Wahlspruch: „Droit et avant". In den feinen Zügen herrscht eine leise Melancholie, welche sehr wohl mit dem Inhalt einer Stelle aus dem Buche Hiob auf einem Papier übereinstimmt, worauf er deutet: „Nunquid non paucitas dierum meorum finitur brevi?" (Wird denn nicht bald mein kurzes Leben zu Ende gehen?). Er ist in Schwarz gekleidet mit Unterärmeln von einem goldnen Muster. Das Naturgefühl ist sehr fein, die Ausbildung meisterlich. Auf dem nicht minder schönen Exemplar in München, No. 143, Cabinette, fehlen die Inschriften auf dem Grunde gänzlich. Der Stelle aus dem Hiob ist aber Job. cap. 10 und 10. HOLPAIV hinzugefügt. Ein Todtengeripp, welches auf eine fast abgelaufene Sanduhr deutet, ertheilt dadurch eine Antwort auf jene Frage. Auch das leider im Fleisch verdunkelte Bildniss des Sir Henry Guildford in Hamptoncourt ist mit 1527 bezeichnet, und also ebenfalls im 1. Jahr von Holbeins Aufenthalt in England gemalt. Das Jahr 1528 bildet wieder einen Uebergang zu einer neuen Wendung in dem Kunstgange des Meisters. Das höchst vortreffliche Bildniss des Richard Southwell, Geheimeraths Heinrich VIII., in der Gallerie der Uffizien zu Florenz, welches ausser diesem Jahr, mit dem 10. Juli bezeichnet ist, dürfte unter den datirten Bildern dieses Jahrs das früheste sein. Es schliesst sich in Auffassung und Färbung noch eng an die des Sir Bryan Tuke Miles an. Diesem dürfte zunächst das des William Warham, Erzbischofs von Canterbury, im Louvre, No. 207, folgen. Es ist etwas breiter behandelt. Das mit demselben Jahr bezeichnete Bild des Astronomen Heinrich VIII., Nicolaus Kratzer, ebenda, No. 206, zeigt aber in den Formen eine grössere Auffassung und Vereinfachung, ist dagegen in der Färbung von einem zwar tiefen, aber ungleich minder klaren Braun. Aus diesen Bildnissen geht mit Sicherheit hervor, dass das Fest, wozu Thomas Morus Heinrich VIII. einlud um ihm die Bilder des Holbein zu zeigen und den Künstler selbst ihm vorzustellen, wovon uns van Mander erzählt, [1] spätstens in die erste Hälfte des Jahrs 1528 gefallen sein muss, indem er nicht alle jene Personen ohne Wissen des Königs hätte malen können. Der kunstliebende König fand ein so grosses Wohlgefallen an den Bildern, wie an dem Künstler, dass er ihn sogleich in seine Dienste nahm. Er erhielt ein Gehalt von 30 Pfund Sterling, eine für jene

---

[1] Ebenda Bl. 143 a.

Zeit ansehnliche Summe, eine Wohnung im Palast und ausserdem
wurden ihm seine Bilder noch besonders bezahlt. [1] Von den ächt-
ten Bildern Holbein's von Heinrich VIII. in England dürfte das in
der Sammlung des Lord Yorborough in London aus dieser früheren
Zeit seines Aufenthalts daselbst herrühren. Das, durch Umfang und
Reichthum des darauf Vorgestellten bedeutendste, mir bekannte
Bild Holbeins in England, die sogenannten: „Ambassadors" in der
Sammlung des Grafen Radnor in Longfordcastle, dürfte nach meiner
Ueberzeugung in das folgende Jahr 1529 fallen. [2] Von den zwei
Figuren in ganzer Person und in Lebensgrösse, welche neben einander stehen, soll der in einer reichen Kleidung und mit dem Orden
des heiligen Michael, nach einer, mir vom Lord Folkestone, dem
Sohn des Lord Radnor mitgetheilten Nachricht, Sir Thomas Wyatt,
einer der gelehrtesten und gebildetsten Männer seiner Zeit in England sein. Der andere macht nicht allein in dem Charakter und
dem einfacheren Anzuge den Eindruck eines Gelehrten, sondern
einige, ganz wie auf dem Bilde des Kratzer behandelte mathema-
tische Instrumente, ein Globus und einige Blaseinstrumente, geben
über sein besonderes Fach näheren Aufschluss. In der Auffassung
der Formen ist es gleichfalls dem Bildniss des Kratzer nahe verwandt, doch ist es klarer in der gelblich bräunlichen Färbung des
Fleisches, und sehr bequem in den Motiven. Auch das in der Auffassung so lebendige und energische, in der Modellirung so kräftige
Bildniss des Bischofs Fisher in der Sammlung des Lord Northwick
in Thirlestaine House, [3] möchte dieser Zeit angehören. Leider lässt
die schlechte Beleuchtung kein näheres Urtheil über das Bild in
Barbershall, der Gildestube der Barbiere in London, durch die
Anzahl der 18 lebensgrossen Portraite der Mitglieder der Gilde,
welche vom König Heinrich VIII. die Urkunde über ihre Privilegien
erhalten, eins der reichsten des Künstlers, zu. Muthmasslich möchte
ich es indess an dieser Stelle einreihen. [4] In diesem Jahr reiste
Holbein, wahrscheinlich im August, [5] zu einem Besuch nach Basel.
Ohne Zweifel malte er während seines damaligen Aufenthalts das
im dasigen Museum unter No. 32. befindliche Bildniss seiner Frau
und seiner zwei Kinder [6] Dieses Gemälde ist für alle, welche sich
in der Schätzung eines Kunstwerks nicht durch das darin Dargestellte,

---

[1] Walpole Anecdotes Th. I. S. 161 und 110 — [2] S. Treasures Th. III. S. 138.
Th. IV. S. 359. — [3] Treasures Th. III. S. 210 — [4] Ebenda Th. II. S. 328.
[5] Vergl. Hegner im angef. Werke S. 234 f. — [6] S. Kunst und Künstler in
Deutschland Th. II. S. 277 f.

sondern durch das Maass der darin aufgewandten Kunst bestimmen
lassen, ein Gegenstand grosser Bewunderung, denn die reizlose und
verdriessliche Frau mit gerötheten Augen, das unschöne Mädchen
und der verkümmerte Knabe sind gewiss nicht anziehend. Die
Auffassung ist aber von einer so einfachen, anspruchslosen Wahrheit, die Wiedergabe der völligen Formen so meisterhaft, die Färbung, mit etwas grauen Schatten, so hell und klar, die Behandlung
so frei und leicht, dass man sich ihnen zu Lieb jene Unschönheit
der Dargestellten gern gefallen lässt, ja selbst das sehr Zufällige
und Kunstlose der Anordnung in den Kauf nimmt: Der einseitige
Realismus befindet sich hier auf seiner vollen Kunsthöhe. In dieser
Zeit dürfte er auch das Bildniss des Erasmus ebenda No. 28, ausgeführt haben. In einem Briefe desselben an Thomas Morus vom
5. September 1529, bezeugt er seine grosse Freude über eine, ihm
von Holbein mitgebrachte Darstellung desselben mit seiner ganzen
Familie.[1] Diese ist wohl ohne Zweifel der, jetzt im Museum zu
Basel sehr geistreich mit der Feder ausgeführte, Entwurf[2] zu dem
berühmten, leider jetzt verschollenen Gemälde, von dem man sich
indess durch eine alte, in vielen Theilen vortreffliche Copie in No-
stall Priory, dem Sitze der Familie Wynn, in Yorkshire, noch eine
sehr gute Vorstellung machen kann.[3] Dasselbe enthält in bequemer
Anordnung zehn ganze, lebensgrosse Figuren von ausserordentlicher
Wahrheit und Lebendigkeit der Köpfe, grosser Freiheit der Motive
und meisterhafter Durchführung aller Theile. Da das Alter des
Sir Thomas auf jener Zeichnung auf 50 Jahr angegeben ist, mag
er nur diesen Entwurf im Jahr 1529, das Gemälde aber erst nach
seiner Rückkehr nach England im Jahr 1530, in welchem er jenes
Alter wirklich erreichte, ausgeführt haben. Aus demselben Jahr
rührt auch das in dem Helldunkel so ausgebildete, in der Modellirung so feine Bildniss des Dr. Stokesby, Bischofs von London, in
Windsorcastle, her.[4] Nach der ganzen Kunstform möchte er das
meisterhafte Bildniss König Heinrich VIII. zu Warwickcastle ebenfalls etwa um dieselbe Zeit gemalt haben. Das Jahr 1532 bildet
den Uebergang zu einer neuen Wandelung in Holbeins Kunst. Das
mit diesem Jahr bezeichnete Bildniss des Kaufmanns Stallhof in
Windsorcastle verbindet mit zunehmender Feinheit der Zeichnung

---

[1] S. Hegner a. a. Orte S. 235. — [2] S. Kunstwerke und Künstler in Deutschland Th. II. S. 284. — [3] S. Treasures Th. III. S. 333 ff. — [4] S. ebenda Th. II.
S. 431.

noch einen bräunlichen Localton des Fleisches. [1] In dem höchst meisterlichen, in London ausgeführten, und mit demselben Jahr bezeichneten Bildniss des Kaufmanns Georg Gysen mit sehr reichem Beiwerk im Museum zu Berlin, No. 586, hat Holbein, über dem Bestreben möglichst fein im Einzelnen zu modelliren, jenen ihn darin störenden, bräunlichen, mit einem kühlen, aber sehr klaren Ton vertauscht, welchen er auch in den folgenden Jahren treu bleibt. Sehr nahe diesem verwandt ist ein feines weibliches Bildniss in einem Pelz mit rothem Kleide und einem Schleier, einen Rosenkranz in der Hand, in der Gallerie zu Kassel, No. 50. In den Bildnissen aus dem Jahre 1533 werden die Schatten und Halbtöne noch grauer und schwerer. Dahin gehört das Bildniss des Geryck Tybis in der kaiserlichen Gallerie zu Wien, der, hinter einem Tische stehend, im Begriff ist, einen Brief zuzusiegeln. Auf einem Papier befindet sich das Jahr 1533, der Name und das Alter des Vorgestellten. Mit demselben Jahr ist auch das Bildniss eines jungen Mannes in schwarzer Tracht und Mütze in Windsorcastle bezeichnet. [2] Wegen der grossen Uebereinstimmung mit diesen beiden möchten auch die folgenden, höchst meisterlichen Bildnisse aus demselben Jahre herrühren. Das Bildniss des Sir Henry Guilford in Windsorcastle, [3] das berühmte Bildniss des Thomas Morritt, Goldschmied Heinrich VIII, in der Gallerie zu Dresden, [4] das Bildniss des sehr ernsten John Chambers, Leibarztes Heinrich VIII, [5] in der kaiserlichen Gallerie zu Wien, endlich das Bildniss eines ganz von vorn genommenen Mannes im Palast Pitti, Saal der Ilias. Das schönste, mir aus dieser Zeit bekannte, weibliche Bildniss ist endlich das der Lady Vaux in Hamptoncourt. [6] Mit dem Jahr 1533 ist auch die im Mittelalter sehr beliebte Vorstellung eines Glücksrades in Wasserfarben, geistreich aufgefasst und gemacht, in Chatsworth dem Landsitz des Herzogs von Devonshire bezeichnet. [7] In Folge der glänzenden Anerkennung, welche das Talent Holbeins in England gefunden, kam er auch in Basel zu grösserer Geltung. In einem sehr freundlichen Schreiben, vom 2. September 1532, fordert ihn der Magistrat auf, wieder nach Basel zurückzukehren, und verspricht ihm, um ihn dort für die Zukunft festzuhalten, vorläufig ein Jahrgehalt von dreissig

---

[1] S. Treasures Th. II. S. 431. — [2] S. ebenda Th. II. S. 431. — [3] S. ebenda Th. II. S. 431. — [4] In der Sammlung des Grafen Arundel, von Hollar gestochen. [5] Ebenfalls von Hollar gestochen. — [6] S. Treasures Th. II. S. 364. — [7] S. ebenda Th. III. S. 354.

Stücken Geldes. Der Künstler kam dieser Aufforderung erst im Jahr 1533 nach, als er seinen Herrn, den König, bei der berühmten Zusammenkunft mit dem Könige Franz I., begleitete.[1] Bei der grossen Gunst, worin er fortwährend bei dem Könige stand, bei dem ansehnlichen Gewinnst, welchen ihm auch sonst der Aufenthalt in England gewährte, ist es sehr begreiflich, dass er, sobald als möglich, dahin zurückkehrte. In den nächsten Jahren führte er wahrscheinlich das einzige umfassendere Werk aus,[2] worin er Gelegenheit hatte, sein Talent für die Historienmalerei in England zu zeigen. Im Auftrag seiner Landsleute, der Genossenschaft der deutschen Hansa in London, malte er nämlich für den Festsaal ihres, unter dem Namen des Steelyards bekannten, Gebäudes auf Leinwand in Leimfarben zwei grosse Bilder, den Triumph des Reichthums und den Triumph der Armuth. Diese Bilder waren von einer Vortrefflichkeit, dass Federigo Zucchero, nach dem Zeugniss des van Mander,[3] sie denen von Raphael gleich achtete und sich mit der Feder Copien davon nahm. Auch van Mander bewundert sie nicht weniger, und in der That wird diese Bewunderung sowohl durch die, in den letzten Jahren für die Kupferstichsammlung des brittischen Museums erworbene, höchst meisterlich mit der Feder ausgeführte Zeichnung Holbeins,[4] welche in der Kunstform zwischen Mantegna und Raphael mitten inne steht, als durch die trefflichen Zeichnungen Vorstermanns, im Besitz von Sir Charles Eastlake in London, nach beiden Triumphen, vollständig gerechtfertigt. Die Compositionen sind mit vielem Stylgefühl im Raum vertheilt, die Motive sprechend und graziös, das Kalte solcher Allegorien durch die Individualisirung der Köpfe glücklich vermieden. Die Bilder selbst wurden, als das gemeinsame Leben der deutschen Kaufleute aufgehört hatte, von dem Vorstande derselben, wie urkundlich von dem Dr. Lappenberg festgestellt worden ist,[5] am 22. Januar des Jahrs 1616 dem Prinzen von Wales, Heinrich, zum Geschenk gemacht. Dieses ist die letzte

[1] S. Hegner im angef. Werk S. 212 ff. — [2] Ich bin geneigt es aus dieser Zeit zu halten, weil der Künstler darin auf der grössten Höhe seiner Entwickelung erscheint. Der Umstand, dass Horace Walpole in einer der Frauen auf dem Bilde des Triumphes des Reichthums eine Aehnlichkeit mit der Königin Anna Boleyn gefunden, wodurch die Bilder in die frühere Zeit des Meisters gehören würden, kann mich in dieser Ansicht nicht irre machen, indem diese Beobachtung nur nach den Zeichnungen Vorstermanns, welche er besass, gemacht worden ist. — [3] Schilderbock Blatt 144 a. — [4] Treasures Th. IV. S. 36. — [5] In seiner trefflichen Schrift: Urkundliche Geschichte des Hansischen Stahlhofes zu London. Hamburg 1851. I. Th. 4. S. 83. Die gewöhnliche Annahme, dass die Bilder in jenem Festsaal (Banketting Hall) bei dem grossen Feuer vom Jahr 1666 verbrannt seien, wird hierdurch widerlegt.

sichere Nachricht, welche wir von ihnen haben, denn, wenn dieselben gleich wahrscheinlich, nach dem, schon zwei Jahre später
erfolgten Tod jenes Prinzen, in den Besitz seines Bruders, des Königs Karl I., übergegangen, und, wie Lappenberg aus dem Umstande
schliesst, dass sie unter den von Cromwell verkauften Kunstwerken
dieses Königs nicht erwähnt werden, in dem Brande des Schlosses
Whitehall im Jahr 1697 zu Grunde gegangen sein dürften, so ist
es doch sehr auffallend, dass sie unter den Bildern des Holbein in
dem bekannten Katalog der Kunstsammlungen Karl I. von dem
Aufseher derselben Vanderdoort, wo doch mehrere, minder bedeutende Bilder Holbeins, selbst zwei Miniaturen, aufgeführt werden,[1]
gar nicht erwähnt werden. — Nach dem Jahr 1533 hat Holbein
nur sehr selten seine Bilder mit der Jahrszahl bezeichnet. Dass
er indess im Jahr 1536 noch die oben bezeichnete Kunstweise beibehalten, beweist das Bildniss der Jane Seymour, Gemahlin Hein-
richs, in der kaiserlichen Gallerie zu Wien, welches diese Königin
in sehr reicher Tracht, wobei er viel Gold gebraucht, vorstellt. Der
Localton des Fleisches ist hier kalt, indess doch sehr klar, die
Schatten entschieden grau, die Handschrift des Pinsels von grösster
Präcision. Ungefähr aus derselben Zeit dürfte das Bildniss des
Königs, in ganzer, lebensgrosser Figur, welches ihn, wie alle, in
steifer, repräsentirender Stellung darstellt, im Besitz des Herrn Henry
Danby Seymour in London, herrühren.[2] Die Bildnisse Holbeins
vom Jahr 1539 an beweisen, dass er, entweder von anderen aufmerksam gemacht, oder aus eigner Wahrnehmung, statt des zu
kalten Lokaltons seiner Fleischtheile einen zartröthlichen, von
grosser Klarheit annahm, wobei er indess die grauen Schatten
beibehielt. Vielleicht übte der Anblick seiner früheren, warm
colorirten Bilder in Basel, welches er in Folge eines sehr ehren-
vollen Schreibens des Magistrats,[3] im September des Jahrs
1538 zum letzten Mal, wenn gleich nur auf kurze Zeit,[4] besuchte,
einigen Einfluss auf diese Veränderung aus. Ein Beispiel dieser

---

[1] Vergl. den Abdruck dieses Verzeichnisses aus Ende des ersten Bandes meiner
Kunstwerke und Künstler in England unter Holbein. — [2] S. Treasures Th. II.
S. 241. — [3] S. dieses Schreiben bei Hegner S. 246 ff. — [4] Dieses, und wie glück-
lich sich Holbein in England fühlte, geht aus folgender Stelle eines, in der Mitte
des September 1538 von dem damals in Basel studirenden Gualters an den Antistes
Bullinger zu Zürich geschriebenen Briefes hervor. „Venit nuper Basileam ex Angli
Joannes Holbein, adeo felicem ejus regni statum praedicans, quod aliquot septi-
manis exactis rursum eo migraturus est."

nenen Weise gewährt das in Lebensgrösse, in ganzer Figur, sicher
im Jahr 1539 ausgeführte[1] Bildniss von Christine, Wittwe des Herzogs von Mailand, um deren Hand der König nach dem Tode der
Jane Seymour anhalten liess, in Arundelcastle, dem Sitz des Herzogs von Norfolk.[2] Die Hände sind von besonders feiner Zeichnung. In noch höherem Maasse tritt aber dieser zartröthliche Ton
in dem schönen, sicher im Jahr 1540 ausgeführten, Bilde der Anna
von Cleve, vierten Gemahlin des Königs im Louvre, No. 211, hervor.[3] Vortreffliche Bildnisse in dieser Weise sind ausserdem die,
König Edward VI. als Kind in Sionhouse,[4] in der Sammlung des
Lord Yarborough in London,[5] und in dem Schlosse Herren-
hausen in der Nähe von Hannover, desselben Herrn, als Knaben
in Burleighhouse,[6] so wie die, König Heinrich VIII. in Petworth,[7]
und in Serlby, letzteres mit dem Jahr 1543 bezeichnet,[8] endlich
das Bildniss einer jungen Frau, in dunkler Kleidung, mit einer gold-
verzierten Haube und einem goldnen Brustschmuck, in halber Lebensgrösse, in der Gallerie zu Wien. Ungefähr im Jahr 1546 trat
noch einmal und zuletzt eine Veränderung in der Art des Colori-
rens seiner Bildnisse ein, insofern er, auch hier mit Beibehaltung
der grauen Schatten, dem Fleische einen hellgelblichen Lokalton
gab. Bildnisse dieser Art sind das Heinrich VIII. in Windsorcastle,
so wie das seines Sohns Edward VI., ebenda.[9] In diese Zeit fällt
auch das grosse Bild in Bridewell Hospital mit Edward als König.
Der üble Zustand und die hohe Stelle dieses Werks, des umfang-
reichsten aus der spätesten Zeit Holbeins, lassen indess ein näheres
Urtheil nicht mehr zu.[10]

Auch als Miniaturmaler, worin er nach van Mander,[11] seinen
Lehrer Lucas, den er am Hofe Heinrich VIII. fand, in kurzer Zeit
weit übertraf, war Holbein von seltenster Vortrefflichkeit. Ich begnüge mich hier nur die Bildnisse Heinrich VIII. und der Anna
von Cleve zu nennen, welche sich in der Sammlung des Colonel
Meyrick in England befinden. Letzteres nennt Walpole, das aller-
vollkommenste von allen Werken Holbeins.

[1] Dieses erhellt aus einer gleichzeitigen Notiz vom 30. Dezember dieses Jahrs,
dass Holbein für eine Reise nach Hochburgund von dem Könige 10 Pfund Sterling
erhalten habe. Walpole Anecdotes Th. I. S. 101. — [2] S. Treasures Th. III. S. 29.
— [3] S. Kunstwerke und Künstler in Paris S. 552. Dieses Bild ist von Hollar
gestochen — [4] S. Treasures Th. V. S. 260. — [5] Ebenda Th. IV. S. 67. —
[6] Ebenda Th. III. S. 407. — [7] Ebenda III. S. 41. — [8] Ebenda Th. IV. S. 517. —
[9] Ebenda Th. II. S. 31 f. — [10] Für verschiedene sonstige Portraite von Holbein
muss ich auf die Notizen in meinen Treasures verweisen. — [11] Im angef. Werk,
Blatt 145 b.

Wie früh er schon das individuelle Leben als Zeichner aufzu-
fassen verstanden, beweisen die, sämmtlich noch in Augsburg in
Silberstift gezeichneten Bildnisse eines Skizzenbuchs in der königl.
Kupferstichsammlung zu Berlin. Wie Ausserordentliches er aber
später darin geleistet hat, davon legen die 89, in der königlichen
Sammlung zu Windsor befindlichen Bildnisse, von Personen vom
Hofe Heinrich VIII. und sonstiger englischer Zeitgenossen, ein glän-
zendes Zeugniss ab. Bei der Mehrzahl ist nur rothe Kreide und
Tusche in Anwendung gekommen, mit diesen einfachen Mitteln aber
in Lebendigkeit der Auffassung, in Feinheit des Naturgefühls, in
Leichtigkeit und Sicherheit des Machwerks Bewunderungswürdiges
geleistet. [1] Leider haben viele dieser Zeichnungen sehr gelitten.
Ueber die besonders ausgezeichneten habe ich anderweitig einige
Notizen gegeben. [2]

Von dem Reichthum des holbeinschen Geistes als Erfinder gewähren uns nur seine Zeichnungen, vor allen aber die nach denselben gemachten Holzschnitte und Kupferstiche eine Vorstellung. An
Zeichnungen dieser Art befindet sich der grösste Schatz im Museum
zu Basel. [3] Ein wüthender Kampf von Landsknechten, No. 35,
beweist uns, mit welcher furchtbaren Wahrheit er solche augenblickliche Aeusserungen der höchsten Leidenschaft wiederzugeben
verstanden hat. Es ist die geistreichste und lebendigste Vergegenwärtigung jener alten Schweizer, welche die Macht von Burgund
brachen, und deren Waffengewalt lange für unwiderstehlich gehalten wurde. Ungleich grösser und ebenfalls trefflich ist eine Schlucht
von Landsknechten in der Sammlung des Erzherzogs Albrecht zu
Wien. Auch ein Mahl von Landsknechten mit der Feder gezeichnet und angetuscht, vom Jahr 1522, ebenda, ist höchst lebendig
und geistreich. Von biblischen Gegenständen zeichnet sich in Basel
durch Reichthum und Schönheit der Composition eine Kreuztragung,
durch Adel des Gefühls eine Maria mit dem Christkinde aus. Besonders
wichtig, wenn gleich von sehr ungleichem Werth, ist eine reiche
Folge von mit der Feder und Tusche gemachten Cartons zu Glasgemälden von sehr kräftiger Wirkung. Sieben ähnliche Cartons, die
Passion darstellend, ebenfalls aus der früheren Zeit des Meisters,
befinden sich in der Kupferstichsammlung des britischen Museums. [4]

[1] Die Stiche des Bartolozzi in dem bekannten Werk von Chamberlaine sind
zwar schätzbar, geben aber von diesen Eigenschaften nur eine schwache Vorstellung. — [2] S. Treasures Th. II. S. 118 ff. — [3] S. Kunstw. und Künstler in
Deutschland Th. II S. 283 — 291. — [4] S. Treasures Th. I. S. 296.

Mit welchem edlen Geschmack er Vorgänge aus dem Leben behandelte, beweisen drei Zeichnungen an derselben Stelle, eine Frau mit drei Kindern, eine andere im Bette mit sechs Kindern, und Heinrich VIII. allein bei Tafel. [1] Unter den Kupferstichen nach seinen Zeichnungen hebe ich als Beispiel, in welchem Grade er reichen, historischen Compositionen gewachsen war, nur den Besuch der Königin von Saba bei Salomo von Hollar hervor. Weit die grösste Fülle von Compositionen gewähren indess die reichen Folgen der, nach seinen Zeichnungen, zum Theil von höchst geschickten Händen, vor allen von Hans Lützelburger, ausgeführten Holzschnitte, [2] welche, mit wenigen Ausnahmen, der Zeit vor seiner Uebersiedelung nach England angehören. Die eigenthümlichsten und geistreichsten Erfindungen enthält die Folge des Todtentanzes, welche, mit Ausnahme von einzelnen früheren Probedrucken, zuerst in 41 Blättern in Lyon herausgekommen, und in einer anderen, ebenda im Jahr 1547 erschienenen Ausgabe um 12 Blätter vermehrt worden sind. Von dem in diesen Erfindungen herrschenden Geiste ist schon oben die Rede gewesen. Dieser Gegenstand sagte der Sinnesweise Holbeins in dem Maasse zu, dass er denselben noch in ganz verschiedenen Compositionen, in einem ebenfalls in Holz geschnittenen Alphabet, und auf einer, in mehreren Exemplaren vorhandenen, Zeichnung für eine Dolchscheide behandelt hat. Auch eine Frau mit dem Tode, wunderschön mit Weiss und Schwarz auf grauem Papier gezeichnet, vom Jahr 1525 in der Sammlung des Erzherzogs Albrecht dem Hans Lützelberger beigemessen, halte ich von der Hand des Holbein. Nächstdem verdienen die Holzschnitte zum alten Testamente, deren älteste, ebenfalls im Jahr 1538 in Lyon erschienene Ausgabe 90 Vorstellungen enthält, von denen indess die ersten vier die des grösseren Todtentanzes sind, wegen der ausgezeichneten Erfindungen hervorgehoben zu werden. Ihnen schliessen sich würdig die Holzschnitte zu zwei anderen Alphabeten an, deren das eine Tänze von Bauern, das andere Tänze von Kindern enthält. Die so höchst selten Holzschnitte zu dem Katechismus des Erzbischofs Cranmer sind ungleich minder

----

[1] S. Treasures Th. IV. S. 36 f. — [2] In dieser Ansicht schliesse ich mich Notzmann im Tübinger Kunstblatt 1836, No. 30–32, und P. Vischer ebenda 1835, No. 50–54, 1843, No. 15 und 102, 1846, No. 27 an. Dagegen behaupten andere, an deren Spitze von Rumohr steht, Holbein sei selbst Formschneider gewesen. S. Rumohr, H. Holbein in seinem Verhältnisse zum deutschen Formschnitt. Leipzig 1836, und eine Erwiderung gegen Sotzmann, ebenda.

bedeutend. Unter den einzelnen Holzschnitten, welche auf eine Erfindung von Holbein schliessen lassen, nenne ich nur das Bildniss des Erasmus mit dem Terminus und zwei Dolchscheiden.

Schliesslich erwähne ich noch, dass Holbein eine grosse Anzahl von Zeichnungen für Hausgeräth, Kamine, Wanduhren, besonders aber für Waffen- und Goldschmiede gemacht hat, welche, sowohl in den Formen einer sehr ausgebildeten Renaissance, als in den daran angebrachten Figuren, eine Fülle geistreicher Erfindungen enthalten. Höchst vorzügliche Beispiele dieser Art befinden sich in der Kupferstichsammlung des britischen Museums und in der dortigen Bibliothek. [1]

Dieser grosse Künstler starb in London im Jahr 1554 an der Pest. Nach dem zuverlässigsten unter seinen Bildnissen, der, in rother und schwarzer Kreide gemachten, Zeichnung im Museum zu Basel, No. 16, welche ihn noch in jüngeren Jahren darstellt, war er ein Mann von wohlgebildeten und regelmässigen Zügen, worin sich ein klarer, lebensfroher Charakter und eine ruhige Entschiedenheit ausspricht. [2]

Obwohl Holbein, dadurch, dass er seine Vaterstadt Augsburg schon früh verliess, und auch in Basel nur zehn Jahre verweilte, keine eigentliche Schule gründen konnte, so haben sich doch einige Maler offenbar nach ihm gebildet. So in Augsburg Christoph Amberger, geboren zu Nürnberg 1490, gestorben 1563. Als Bildnissmaler nimmt er eine vorzügliche Stellung ein. Wenn er dem Holbein an Energie der Auffassung, an Feinheit der Zeichnung nachsteht, so ist er ihm dagegen bisweilen in der Klarheit und Wärme der Färbung fast überlegen. Beispiele dieser Art sind das Bildniss des berühmten Geographen Sebastian Münster im Museum zu Berlin, No. 583, und das Kaiser Karl V. in der Gallerie zu Siena. Als Historienmaler ist er minder bedeutend, wenn gleich ein Altarbild von 1554, Maria mit dem Kinde von Heiligen umgeben, an der Wand der Chorsacristei des Domes zu Augsburg, mit Geschick componirt, gut gezeichnet und in den Köpfen von feiner und edler Bildung ist. Das religiöse Gefühl in denselben ist wahr, aber schwächlich, die Färbung klar. Er bezeichnet als Historienmaler den Uebergang von der altdeutschen zur moderneren Kunstweise, welche letztere sich in dem Altarbilde von ähnlichem

[1] Näheres darüber Treasures Th. I. S. 203, 206. Th. IV. S. 37 f. — Ein treuer Kupferstich danach befindet sich an der Spitze des Buches von Heynes

Gegenstande in der Annenkirche zu Augsburg vom Jahr 1560
noch mehr ausspricht. [1] In der Schweiz zeigen die tüchtigen Bildnisse des Hans Asper den Einfluss Holbeins. Beispiele hiervon
gewähren die Portraite Zwinglis und seiner Frau in der Bibliothek
zu Zürich, welche ich indess nicht gesehen habe.

Ein anderer Schweizer Maler, Nicolaus Manuel, genannt
Deutsch, aus Bern, geboren 1484, gestorben 1530, nimmt dagegen eine ungleich unabhängigere Stellung ein. [2] Obwohl ein dem
Holbein verwandtes, auf das Realistische gerichtetes Talent, ist er
doch in der Geistesart wesentlich von ihm verschieden. Auch er
behandelte an der Kirchhofsmauer des Dominikanerklosters zu Bern
in 46 grossen Frescobildern den Todtentanz mit vielem Humor.
Doch hat dieser nicht die furchtbar bittere Ironie des Holbeinischen,
sondern ist von mehr gutmüthiger und leichter Natur. So strei-
chelt der Tod dem Abt das fette Kinn, mit dem Kriegsmann mar-
chirt er, das Kind lockt er mit den lustigen Weisen seiner Pfeife.
Alle, bis auf den sich widersetzenden Narrn, lassen sich daher
dieses Gebahren des Todes ruhig gefallen. Leider ist dieses Werk
nur noch in Kopien vorhanden. [3] Da Manuel nicht bloss Maler,
sondern auch Dichter, Krieger, Staatsmann und Reformator war,
ist er in der Kunst nicht entfernt zu der Durchbildung von Holbein
gelangt, dem er auch an Schönheitssinn weit nachsteht. Seine
Bilder sind von sehr ungleichem Werth. In seinen reichen und
öfter schönen landschaftlichen Hintergründen möchte man einen
Einfluss des Tizian erkennen, bei dem er sich um das Jahr 1511
in Venedig eine Zeitlang aufhielt. Im Museum zu Basel kann
man ihn vollständig kennen lernen. Die Enthauptung des Johannes,
No. 70, ist in der Auffassung, wie die Salome mit Widerwillen das
blutige Haupt von dem halbabgewendeten Henker empfängt, fein,
in der Ausführung, in einer trefflichen Färbung, sehr sorgfältig.
Letzteres gilt auch von David und Bathseba, No. 68, von 1517,
welches einfarbig mit Lichtern in Weiss gemalt ist. Eine ebenso
behandelte Lucretia von demselben Jahr, No. 69, zeigt dagegen
sehr plumpe und ungeschlachte Formen. Von zwei anderen, in
Leimfarben auf Leinwand gemalten, Bildern macht das eine, welches
zwei Vorgänge aus der Geschichte von Pyramus und Thisbe dar-

[1] S. Kunstwerke und Künstler in Deutschland Th. II. S. 62 und 67. — [2] S. Dr. C. Grüneisen, Nicolaus Manuel. Stuttgart 1837. S. 156—194. — [3] Hienach sind zu Bern bei R. Haag und Comp. Lithographien erschienen.

stellt, No. 66, den Eindruck einer Parodie, indem die Figuren in
stattlicher, oberdeutscher Tracht erscheinen. Das andere, sorgfältiger behandelt, stellt die heilige Anna mit Maria, dem Kinde und
Heiligen in Wolken dar, welche von einer Anzahl Andächtiger ver-
ehrt werden, No. 67. Beide Bilder zeichnen sich durch die reichen
Landschaften aus. Wie glücklich er auch gelegentlich reichere Com-
positionen aus dem gemeinen Leben behandelte, zeigt eine grosse,
in Oel auf Leinwand gemalte Bauernhochzeit im Besitz der Familie
Manuel in Bern. Ebenda lernt man ihn auch in seinem eignen
Bildniss auf der Stadtbibliothek als tüchtigen Portraitmaler kennen.
Den lebhaften Antheil, welchen er an der Reformation in seinem
Vaterlande nahm, bezeugte er auch gelegentlich durch seine Kunst.
So besitzt Dr. Grüneisen in Stuttgart eine die Auferstehung
Christi darstellende Zeichnung, worauf anstatt der Kriegsknechte,
sich Priester und Mönche mit ihren Buhlerinnen am Grabe befinden,
welche beim Anblick Christi auseinander stieben.

Auch der in Ulm blühende Zweig der schwäbischen Schule,
brachte in dieser Epoche noch einen sehr ausgezeichneten Künstler
hervor, nämlich den Martin Schaffner, welcher etwa von 1499
bis 1535 thätig war. [1] Auch er gehört der realistischen Richtung
an, und geht in seiner früheren Zeit nicht über eine wahre, etwas
gewöhnliche portraitartige Bildung seiner Figuren heraus. Von
dieser Art ist eine Anbetung der heiligen drei Könige in der Moritzkapelle zu Nürnberg, No. 52. Schon ziemlich früh zeigt er viel
Sinn für die Darstellung von Jungfrauen in fröhlicher Unschuld.
Ein Beispiel dieser Art gewähren fünf jugendliche Heilige mit einer
alten im Museum zu Berlin, No. 1234 a. Später bildete er seinen
Sinn für Schönheit und die feine und edle Darstellung geistiger
Affekte, wahrscheinlich in Folge des Anblicks der Werke des Bor-
gognone in Mailand und Pavia, noch ungleich mehr aus. Die
schönsten Zeugnisse hiefür bieten vier Bilder vom Jahr 1524 aus
der Praelatur von Wetterhausen in der Pinakothek zu München,
No. 7, 18, 25, 36. In allen diesen Bildern herrscht im Fleisch
mehr oder minder ein heller, kühler Ton von grosser Feinheit vor,
und gehört auch meist die Gesammtstimmung der kühlen Tonleiter
an. In der ganzen Zusammenstellung der Farben gewahrt man
einen entschiedenen Einfluss des Hans Burgkmair. Schaffner war

---

[1] Vergl. Grüneisen und Mauch, Ulms Kunstleben S. 53 ff.

auch im Portrait ein tüchtiger Meister. Hiervon geben sein, in der Auffassung feines, in der Modellirung noch etwas flaches Bildniss eines Grafen von Oettingen in der Pinakothek, No. 156, vom Jahr 1508, und seine, ungleich lebendigeren und in der Farbe kräftigeren Bildnisse in der Besser'schen Kapelle und in der Sacristei des Münsters zu Ulm Zeugniss.

Eine ganz eigenthümliche Stellung nimmt endlich der etwa um 1470 zu Gmünd geborene und 1552 zu Strassburg gestorbene Hans Baldung, genannt Grien, in der schwäbischen Schule ein. Kein anderer Meister derselben zeigt, sowohl in der Auffassung, als in der Art der Zeichnung und Behandlung, einen so grossen Einfluss des Albrecht Dürer. Es ist daher sehr wahrscheinlich, dass er sich eine Zeitlang in Nürnberg in dessen Schule befunden hat. Er steht besonders in Rücksicht des Gefühls für Schönheit, für Harmonie der Farben' und für Haltung den anderen Meistern der schwäbischen Schule nach. In seinen Köpfen wiederholt er zu häufig eine, in den einzelnen Theilen zu ausgeladene und rundliche, wenig ansprechende Form. Bei weitem sein Hauptwerk ist der grosse, mit 1516 bezeichnete Hauptaltar im Freiburger Münster.[1] Das Mittelbild stellt die Krönung Mariä durch Gottvater und Christus und schwebende Engel, welche musiciren dar. Das lichte Wolkenmeer, welches sie trägt, löst sich, bei näherer Betrachtung, in lauter Köpfen von Cherubim auf. Die Innenseiten der Flügel enthalten die zwölf Apostel in Verehrung, tüchtige Charakterköpfe. Die Aussenseiten der Flügel und zwei feststehende Seitenbilder sind durch die Verkündigung, die, wie es scheint, von anderer Hand, die Heimsuchung, die Geburt und die Flucht nach Aegypten, geziert. Bei der Heimsuchung ist der liebliche Ausdruck der Jungfrau, und das stille, milde Antlitz der Elisabeth von grossem Reiz. Bei der Geburt geht das Licht vom Kinde aus. Ausserdem wird die Gruppe von hellem Mondschein beleuchtet. Auch hier ist der Ausdruck der Maria und der fünf Engel von grosser Zartheit. Vor allem aber ist, sowohl wegen der schönen und eigenthümlichen Composition, als wegen der gelungenen Ausführung, die Flucht nach Aegypten hervorzuheben. Ein Engel, welcher sich von einer Dattelpalme, worauf vier andere herumklettern, auf das Maulthier herabgeschwun-

---

[1] S. über das Leben dieses Meisters und dieses Werk, Schreiber, das Münster zu Freiburg, 2. Auflage, und das Münster zu Strassburg, 2. Auflage, Textheft S. 70.

gen hat, reicht dem, sich an die Mutter schmiegenden, Kinde Früchte.
Auf der Rückseite enthält die Mitte eine, nach der Composition
Dürers, trefflich ausgeführte Kreuzigung, die Flügel die Heiligen
Martin, Georg, Johannes den Täufer und Hieronymus, grossartige,
charaktervolle Gestalten. Auch die Bildnisse der Stifter auf der
Altarstaffel, unter der Kreuzigung, in Verehrung der heiligen Jungfrau, sind sehr lebendig. Gelegentlich verfällt Grien in widrige
Uebertreibungen, wie auf den Steinigern in der, im Kopf des Heiligen edlen, in der Färbung sehr kräftigen Steinigung des Stephanus im Museum zu Berlin, No. 623, vom Jahr 1522. Ebenda
befindet sich eine Kreuzigung von ihm, No. 603, vom Jahr 1512,
und ein trefflicher Carton zu demselben Gegenstande bewahrt das
dortige Kupferstichkabinet. Ein grossartiges Beispiel wie sehr diesem Meister der Hang zum Phantastischen inne wohnte, gewähren
die grossen Flügel eines Altars auf der Bibliothek zu Colmar, besonders die Versuchung des heiligen Antonius. Der andere Flügel,
dieser Heilige im Gespräch mit dem Einsiedler Paulus, zeichnet
sich besonders durch die schöne Landschaft aus. Auch zwei Frauen
mit Skeletten im Museum zu Basel, trefflich gemacht, aber sehr
widrig, gehören dieser Richtung an. Das beste, mir von ihm bekannte Portrait ist das eines blonden Jünglings, vom Jahr 1515 in
der Gallerie zu Wien. Trockner ist das eines Markgrafen von
Baden in der Pinakothek, No. 148, Cabinette, vom Jahr 1517. Hans
Baldung kommt in der Präcision des Machwerks in seinen Zeichnungen dem Dürer nahe, steht ihm indess in der Correctheit der
Zeichnung weit nach. Er hat auch mit vielem Geschick zwei Blätter gestochen und eine ansehnliche Zahl, meist religiöse, aber auch
weltliche Gegenstände, für den Holzschnitt gezeichnet. [1]

Die Malerei am Niederrhein und in Westphalen.

Die Nachbarschaft der Niederlande übte auch in dieser Epoche
einen so übermächtigen Einfluss auf diese Gegenden aus, dass die
Maler keineswegs eine so entschiedene Eigenthümlichkeit entwickel-
ten, als dieses in den betrachteten Schulen der Fall war. Beson-

---

[1] Bartsch führt, Th. VII. S. 305, 59 Blätter auf.

ders ist von Belgien aus der Einfluss des Quintin Massys wahrzunehmen. Bei einer entschieden realistischen Richtung erheben sie
sich in den Köpfen meist nicht über das Gewöhnliche und zeigen
wenig Sinn für Schönheit, sind aber oft tief und ergreifend im Ausdruck. In der Färbung kommen sie den Niederländern sehr nahe,
auch in der meisterlichen Ausbildung der Einzelheiten, namentlich
der häufig sehr ausführlichen, landschaftlichen Hintergründe. In
der Behandlung unterscheiden sie sich von denselben durch eine
gewisse Trockenheit und grössere Härte der Umrisse.

Köln bildet wieder den Mittelpunkt der malerischen Bestrebungen. Mit besonderer Vorliebe werden daselbst Vorgänge aus
der Passion, welche schmerzliche Gefühle erregen, namentlich die
Abnahme vom Kreuz, zunächst aber die Anbetung der heiligen drei
Könige, dargestellt.

Vor allen zeichnet sich hier ein kölnischer Meister aus, welcher
in dem ersten Drittel des 16. Jahrhunderts geblüht, und, nach der
Uebereinstimmung mancher Köpfe, in Auffassung und Farbe, mit
denen, des, oben erwähnten, Meisters der Familie Christi, ursprünglich ein Schüler desselben, nachmals offenbar in der Färbung, wie
in der Ausbildung der landschaftlichen Hintergründe, sich nach
Quintin Massys gebildet, später aber auch Italien besucht hat, ohne
indess, durch den dort empfangenen Einfluss, in den wesentlichsten
Stücken sein deutsches Kunstnaturell aufzugeben. In seinen, besonders in der späteren Zeit, mit Einsicht componirten Bildern
herrscht ein echtes und warmes religiöses Gefühl. In den Köpfen
seiner Frauen verräth sich viel Sinn für Schönheit und geistige
Reinheit, seine männlichen Köpfe sind dagegen zwar durchgängig
sehr wahr, aber meist von unschöner Bildung, besonders haben die
älteren Männer seiner früheren Werke häufig zu weiche, mehr alten
Frauen angemessene Formen. Nackte Körper sind öfter von einer
gewissen Magerkeit. Sonst ist er ein ziemlich guter Zeichner. Seine
früheren Bilder sind von einer ungemeinen Klarheit und Wärme
der Färbung, welche im Fleisch blühend röthlich ist. In seinen
späteren, einen Einfluss italienischer Kunst verrathenden Werken,
wird dieser schöne Lokalton dem Bestreben nach grösserer Modellirung geopfert, zugleich tritt aber in den meisten Köpfen eine edlere
Bildung, überhaupt ein reinerer Geschmack ein. In der niederländischen Ausführlichkeit der Landschaft bleibt er sich zwar stets
gleich, indess stellt sich in den späteren Bildern darin ein schwe-

rerer Ton ein. Das früheste, mir von ihm bekannte Bild ist der mit
1515 bezeichnete Tod Mariä im Museum zu Cöln. Die Composition ist hier allerdings zerstreut, die Motive meist etwas unruhig,
der Kopf der Maria indess sehr zart, die weiblichen Heiligen auf
den Flügeln lieblich, die Bildnisse der Stifter wahr und lebendig.
Eine grössere, ungleich bedeutendere, etwas spätere Darstellung
desselben Gegenstandes, welche in den Flügeln mit jenem fast ganz
übereinstimmt, im Mittelbilde aber sehr davon abweicht, befand
sich früher gleichfalls zu Cöln in der Kirche Sta. Maria im Capi-
tol, ist aber jetzt mit der Boisserée'schen Sammlung in die Pinakothek nach München gelangt, wo es noch immer den ganz willkürlichen Namen Schoreel trägt. Von den Boisserées in allen
Theilen stark lasirt, hat es jetzt ein grell buntes Ansehen. Besonders unangenehm macht sich der ziegelrothe Ton der Fleischtheile.
Ein bedeutendes, ganz mit letzterem Bilde übereinstimmendes Werk,
ist eine Kreuzigung Christi, mit Maria, Johannes, Magdalena und
drei, das Blut aus den Wunden auffangenden Engeln, im Museum
zu Neapel. Auf den Flügeln die Stifter, mit drei Söhnen, von
dem heiligen Hieronymus, und die Frau, mit zwei Töchtern, von der
heiligen Margaretha empfohlen, und die Wappen der Eheleute.
Hieher gehören auch zwei schöne Darstellungen der Maria mit dem
Kinde, in der Gallerie zu Wien, welche dort als Nachahmungen
des A. Dürer angegeben werden, und das in Auffassung sehr wahre,
in der Farbe höchst klare Bildniss einer Frau in einem blauen
Kleide und weissem Tuch, mit einem Rosenkranz in der Rechten,
einer Nelke in der Linken, in der Gallerie Lichtenstein ebenda,
wo es irrig dem jüngeren Holbein beigemessen wird. Eins der
schönsten Bilder aus dieser früheren Zeit befindet sich aber in der
Sammlung des Herrn Blundell Weld zu Ince in der Nähe von
Liverpool. Es stellt die Maria, welche voll Liebe das schlafende
Kind betrachtet, und drei singende Engel dar.[1] Ein Werk von
ansehnlichem Umfang aus derselben Zeit ist eine freie Copie nach
der berühmten Abnahme vom Kreuze von Rogier van der Weyden
dem jüngeren, wovon, wie schon früher bemerkt, drei von demselben herrührende Exemplare existiren, im Besitz des Lord Heytesbury in Heytesbury.[2] Da sich eins jener drei Exemplare früher
in Löwen befunden hat, beweist dasselbe auch einen Aufenthalt

---

[1] S. Treasures Vol. III. S. 240. — [2] S. Treasures Vol. IV. S. 380.

des Meisters in den Niederlanden. In der Composition ist nur die
Figur auf der Leiter, in manchen Köpfen nur der Ausdruck verändert. An der Stelle des Goldgrundes hat er den Hintergrund zu
einer reichen Landschaft ausgebildet. Derselben Zeit gehört endlich auch eine Anbetung der Könige in der Gallerie zu Dresden
(No. 1688) an. Einen Uebergang von seiner früheren zu seiner
späteren Kunstweise bilden folgende Gemälde. Ein Flügelaltar in
der Gallerie zu Wien, welches dort irrig dem C. Engelbrechtson
beigemessen wird, dessen Mitte die Maria mit dem Kinde, welchem
ein Engel Kirschen darreicht, und den heiligen Joseph, die Flügel
den Stifter mit dem h. Georg und die Stifterin mit der h. Catharina vorstellen. Nur die grauen Fleischtöne in der Maria, dem
Kinde und dem Engel sprechen in diesem schönen Bilde für die
etwas spätere Zeit. — Zunächst die mit dem Jahr 1524 bezeichnete,
vormals in der Lyskirche, eigentlich Sta. Maria in Littore zu Köln
befindliche Beweinung Christi, mit Joseph von Arimathia und Veronica auf den inneren Seiten der Flügel, No. 117, des Städel'schen
Instituts zu Frankfurt. Fast die alte Klarheit der Färbung ist
hier mit einer edleren Bildung einiger Köpfe vereinigt. Hauptwerke
aus seiner späteren Zeit sind: eine Anbetung der Könige von sehr
ansehnlichem Umfang in der Gallerie zu Dresden (No. 1687). Die
Charaktere sind hier noch ziemlich die alten, die Färbung aber
grauer. Es ist wahrscheinlich von dem Meister für eine Kirche in
der Nähe von Genua gemalt worden, worin es sich früher befand. [1]
Ein ziemlich grosses Altarbild im Louvre (No. 601), dessen Mitte
die Beweinung Christi, ein Halbrund darüber den heiligen Franziskus, welcher die Wundenmahle erhält, die Altarstaffel das Abendmahl darstellt. [2] Die, meist nach dem berühmten Bilde des Lionardo genommenen, Motive beweisen, dass der Meister in Mailand
gewesen. Die Anordnung des Mittelbildes ist hier stylgemässer,
als in den vorigen Bildern, die Charaktere minder wahr, doch edler,
die Modellirung sorgfältiger, die Färbung aber weniger warm und
klar. Diesem schliesst sich eine Anbetung der Könige im Museum
zu Neapel, dort irrig Luca d'Olanda, d. h. Lucas van Leyden,
genannt, an, wo zwei der Könige sich auf den Flügeln befinden.
Die Köpfe der Maria und des knieenden Königs sind hier sehr

---

[1] S. Einige Bemerkungen über die Aufstellung etc. der Gallerie zu Dresden.
Berlin 1858 von Dr. G. Waagen. S. 42. — [2] S. Kunstwerke und Künstler in Paris
S. 553 f.

schön, auch das Helldunkel, worin das Gefolge gehalten ist, besonders gelungen.

Nächstdem verdient ein anderer, in den ersten Jahrzehnten des
16. Jahrhunderts in Köln blühender Meister, den man früher ganz
irrig Lucas van Leyden, neuerdings, indess mit nicht ausreichender
Begründung, Christoph genannt hat, Beachtung. Er hat in den
mageren Formen, in den ungelenken und doch dabei, im Bestreben
nach Grazie, gesuchten Motiven, noch etwas Alterthümliches. In
den Gesichtern, worin sich kleinliche, keineswegs ansprechende
Züge einförmig wiederholen, herrscht meist ein gezwungenes Lächeln. Besonders sind seine Hände von hässlicher Form der knö-
chernen, sich fast gar nicht zuspitzenden Finger. Die Färbung des
Fleisches geht meist in das Kühle, Perlgraue, die Gewänder, von
schwerfälligen und scharfen Brüchen, sind häufig in prachtvollen
Stoffen sehr im Einzelnen ausgebildet. Die Modellirung aller Theile
ist bewunderungswürdig, die Ausführung sehr fleissig. Im Ganzen
ist auch bei ihm ein Einfluss des Quintin Massys unverkennbar.
Das früheste, erweislich um 1501 gemalte, vormals in der Carthause
von Köln befindliche Bild, jetzt im Besitz des Herrn Haan zu Köln,
stellt den heiligen Thomas vor, welcher seine Finger in die Seite
des, ihm dabei behülflichen Heilandes legt. Zu den Seiten vier
Heilige, unten auf dem Rasen, musicirende Engel. Auf den Flügeln, aussen und innen, Heilige. Um etwas später fällt das aus derselben Kirche stammende, jetzt an derselben Stelle, wie das vorige,
befindliche Bild, die Kreuzigung mit den Angehörigen und Hieronymus in der Mitte, auf den Flügeln, im Innern, Heilige, von Aussen, die Verkündigung und Petrus und Paulus. Dieser schliessen
sich eine Reihe von einzelnen Heiligen an, von denen fünf, welche
einen Altar bilden, und unter denen sich am meisten die männlichen Heiligen, Jacobus der Jüngere, Bartholomäus und Johannes
der Evangelist auszeichnen, sich in der Pinakothek zu München
(Cabinette No. 38—40), zwei im Stadtmuseum zu Mainz, endlich
ebenfalls zwei, Petrus und Dorothea, unter No. 36 sich in der
Sammlung des Prinzen Gemahl in Kensington¹ befinden. Die Sorgfalt der Ausführung ist bei allen diesen bewunderungswürdig. Sein
in Umfang und Gehalt bedeutendstes Werk ist indess eine Kreuzabnahme im Louvre, No. 280, als Quintin Massys aufgestellt. Es

S. Treasures Th. IV. S. 225.

zeichnet sich sowohl durch die Composition, als durch den lebhaften Ausdruck der Affecte, und die wärmere Färbung des Fleisches
vor den übrigen sehr vortheilhaft aus. Der Goldgrund macht durch
braune, darauf lasirte, Schatten den Eindruck eines Gehäuses. [1]

Dem ersten dieser beiden Meister schliesst sich offenbar Johann
von Melem von Köln an, nur ist er in Zeichnung, Ausführung und
Färbung schwächer, wie einige Bilder, Heilige mit Stiftern, in der
Pinakothek beweisen (No. 74, 75, 77, 78, 81, 87, Cabinette). [2]

Unter den durchweg unbekannten, westphälischen Malern dieser Zeit zeichnet sich einer vor allen aus. Er schliesst sich in seiner ganzen Kunstweise, ebenfalls den Niederländern sehr nahe an,
hat indess eine etwas strengere und alterthümlichere Form, als der
erstgenannte jener Meister von Köln. Er ist von einer entschieden
realistischen Richtung, und vermöge derselben in allen Theilen von
grosser Wahrheit, leider aber fehlt es ihm so sehr an Schönheitssinn, dass die Köpfe seiner Frauen wenig ansprechen, die der Kinder aber von auffallender, und noch dazu sehr einförmiger, Hässlichkeit sind. Auch in der Zeichnung zeigt er wenig Fertigkeit,
und seine Umrisse haben etwas Scharfes. Dagegen hat er etwas
Kindlichnaives in der Composition, wie im Gefühl, eine ausserordentliche Kraft in der Färbung, und eine sehr ins Einzelne gehende,
höchst gediegene Ausführung. Namentlich gehören seine landschaftlichen Hintergründe, mit mancherlei anziehenden Episoden, zu dem
Besten, was diese Zeit in Deutschland von solcher Art hervorgebracht hat. Eins der von ihm mir bekannten Hauptbilder, eine,
mit 1512 bezeichnete, Geburt Christi befindet sich unter dem irrigen Namen des A. Dürer im Museum zu Neapel (No. 342 des
Catalogs von 1842). Unter den Ruinen eines Gebäudes, womit,
nach der mittelalterlichen Auffassung ein antiker Tempel gemeint
ist, wird das am Boden liegende Kind von Maria und Joseph verehrt, während eine grosse Zahl von Engeln unter der Begleitung
von verschiedenen Instrumenten das „Gloria in excelsis" singen.
Zu den Seiten die Stifter, zwei Männer und zwei Frauen, mit ihren
Schutzheiligen. In der reichen, hüglichten Landschaft des Hintergrundes sieht man eine Stadt an einem See. Die Ausführung bis

---

[1] S. Kunstwerke und Künstler in Paris S. 552 f. — [2] Ich übergehe absichtlich
Hans von Calcar, der sonst an dieser Stelle zu nennen wäre, da er früh nach
Italien gegangen, sich völlig in der italienischen Kunstweise ausgebildet, und auch
dort gestorben ist.

zu den kleinsten Einzelheiten ist bewunderungswürdig. Durch den
grossen Umfang und den Reichthum der Vorstellungen am bedeutendsten ist der Altar mit Doppelflügeln, welcher in der Gallerie
zu Wien dem Michael Wohlgemuth beigemessen wird, vom Jahr
1511. Die Mitte stellt den h. Hieronymus mit dem Löwen und, in
Verehrung knieend, einerseits den Stifter, andererseits dessen Frau
mit einem Mädchen und einem Kinde, in der reichen Landschaft
Vorgänge aus seiner Legende, vor. Die inneren Flügel enthalten
auf beiden Seiten, die äusseren, auf der inneren Seite, eine grosse
Zahl einzelner Heiligen. Die Aussenseite der letzten stellt die Messe
des Pabstes Gregor dar. Ein Bild von unsäglicher Ausführung!
Ein kleineres, aber ebenfalls ausgezeichnetes Altärchen befindet sich
im Museum zu Berlin (No. 607). In der Mitte sieht man Maria
mit dem segnenden Kinde und sechs Engel in einer reichen und
sehr anziehenden Landschaft. Die inneren Seiten der Flügel stellen den Stifter mit dem heiligen Augustinus, und die Stifterin mit
der heiligen Barbara, die äusseren, die heilige Anna mit Maria und
dem Kinde auf dem Schoosse, und die heilige Elisabeth von Thüringen mit einem Bettler dar. Ein drittes, mit 1515 bezeichnetes,
Flügelaltärchen befindet sich im Museum zu Antwerpen (No. 121
bis 123). In der Mitte die, das Kind haltende, Jungfrau, welche
sich Kirschen aus einem, ihm von einem Engel gereichten, Korb
nimmt, während ein anderer Engel musicirt. In der Luft Gott Vater und der heilige Geist. In der reichen Landschaft der Kindermord und die Flucht nach Aegypten. Auf den Flügeln der Stifter
mit St. Sebastian und die Stifterin mit Magdalena.

Nur in einem Künstler lässt sich am Niederrhein ein entschiedener Einfluss von A. Dürer nachweisen. Dieses ist der, etwa von
1525—1531, in Köln meist als Zeichner für Holzschnitte, aber auch
als Maler, thätige Anton von Worms.[1] Seine äusserst seltenen
Bilder zeigen einen Künstler, welcher eine gute Zeichnung mit einem
gewissen Schönheitsgefühl verbindet. Ein mit seinem Monogramme
bezeichnetes Bild befindet sich im Besitz des Herrn Merlo in Köln.
Auch in den nach ihm ausgeführten Holzschnitten erscheint er als
ein tüchtiger Zeichner. Sotzmann weist nach, dass unter den eilf,
von Bartsch[2] ihm beigemessenen, Holzschnitten, No. 11, einem schwächeren Künstler angehört, dass die Passion nicht nach Dürer co-

---

[1] S. Sotzmann, Anton von Worms, Köln 1849 und derselbe im Kunstblatt von 1838. No. 55 und 56. — [2] Th. VII. S. 455.

pirt, sondern darin nur Motive des Dürer benutzt worden sind, und
trägt noch verschiedene, von ihm ausgehende Holzschnitte, namentlich einen sehr grossen Plan der Stadt Köln, nach.

Unter den Bildern des kölnischen Museums, so wie in den kölnischen Kirchen, finden sich noch manche sehr achtbare, indess
nicht grade bedeutende Bilder dieser Epoche vor.

VIERTES BUCH.

Verzerrung des germanischen Kunstnaturells in der Historienmalerei durch Nachahmung der Italiener.

Erstes Kapitel.

Entstehung der demselben zusagenden Fächer des Genre, der Landschaft etc. von 1530 bis 1600.

In Folge des Rufes der grossen italienischen Meister, eines Lionardo da Vinci, Michelangelo und Raphael, welcher sich in den Niederlanden, wie in Deutschland, verbreitet hatte, gingen manche Maler nach Italien. Begreiflicherweise musste diesen an den Werken jener Meister diejenigen Eigenschaften am meisten imponiren, deren Ausbildung, als ihrem Kunstnaturell ferner, bisher bei ihnen am wenigsten stattgefunden hatte; vor allen die über die einzelne Naturerscheinung herausgehende Grossheit der Charaktere, die Vereinfachung und Schönheit der Formen, die Meisterschaft in der Zeichnung des Nackten, die unbedingte Freiheit, Kühnheit und Grazie der Bewegungen, kurzum das, was man in der Kunst unter dem Namen Idealismus begreift. Das Bestreben sich alle diese grossen Eigenschaften anzueignen, konnte aber zu keinem glücklichen Ergebniss führen. Es entsprang nämlich nicht aus einem inneren Bedürfniss ihres eigenthümlichen Kunstnaturells, sondern wurde als ein Fremdes und schon ganz Fertiges von ihnen nur äusserlich aufgenommen und nachgeahmt. Es gelang ihnen daher nicht in das tiefe Verständniss der Formen einzudringen, oder sich

das Gefühl für Schönheit der Linien, für Grazie der Bewegungen
zu eigen zu machen, sie verfielen vielmehr in dem Bestreben hienach in Unwahrheit und Hässlichkeit der Charaktere, Uebertrei-
bung der missverstandenen Formen, Gewaltsamkeit und Geschmacklosigkeit der Stellungen, endlich, in dem zu einseitigen Trachten
abzurunden, selbst häufig in eine kalte Färbung. Sie büssten daher die herrlichen Eigenschaften der ihnen naturwüchsigen Kunst,
der Naturwahrheit und der warmen und klaren Färbung, ein, ohne
irgend einen Ersatz dafür zu gewinnen. Schon die Bilder religiöser
Gegenstände sprechen daher wenig an, zumal, da bei dem Zurück-
treten der Begeisterung für solche Aufgaben, auch die Köpfe in
der Regel kalt lassen. Höchst widerstrebend sind aber vollends
Bilder, aus der antiken Mythologie, und Allegorien, bei denen sich
ein Prunken mit einer gewissen Gelehrsamkeit geltend macht. Wie
gross aber auch besonders in den Niederlanden die Zahl der Maler
war, welche dieser neuen Kunstweise fortan, als der allein richtigen,
mit Leidenschaft huldigten, so gab es doch auch viele, deren gesunden Kunstnaturell dieselbe so sehr widerstrebte, dass sie einen
anderen Weg einschlugen. An die Stelle der religiösen Begeisterung, welche, wie schon bemerkt, sich verloren hatte, trat bei ihnen
die Freude an der Darstellung von Vorgängen aus dem gewöhnlichen Leben, und sie schlugen daher den ihnen von Lucas van
Leyden gewiesenen Weg ein, die kirchlichen Gegenstände in dieser
Art zu behandeln, nur wurde derselbe bei ihnen bald vollends zur
Nebensache, und gab lediglich den Vorwand, um sich ihrem Hange
zur lebendigen Auffassung des Gewöhnlichen hinzugeben. Andere,
welche vorzugsweise Freude an der Darstellung von Landschaften
fanden, traten in die Fusstapfen des Patenier und Civetta, nur dass
bei ihnen die Landschaft noch unbedingter zur Hauptsache wird,
und die immer kleiner werdenden Figuren, nur noch die Stafage
bilden. Obgleich nun alle diese Meister durch Lebendigkeit, durch
naive und launige Züge, durch eine sorgfältige Ausführung des
Einzelnen, die Landschaftsmaler häufig auch durch poetische Erfindungen ungleich mehr, als jene erste Classe, anziehen, so gewähren
sie doch durch den öfteren Hang zum Abenteuerlichen und Unwahren in der Zusammenstellung, durch eine bunte und grelle Färbung, durch einen Mangel an Gesammthaltung immer nur ein untergeordnetes Interesse. Die erfreulichsten Leistungen dieser Epoche
finden in der Portraitmalerei statt, indem die Maler hier durch die

Art der Aufgabe auf die Ausübung ihres ursprünglichen Kunstnaturells angewiesen wurden. Da diese Epoche ihre Bedeutung ungleich mehr als Glied in der historischen Kette, als durch den
Werth ihrer eignen Hervorbringungen hat, wird es genügen, nur
die wichtigsten Maler, und von diesen wieder nur einige Hauptwerke in Betracht zu ziehen.

Der erste, welcher der vaterländischen Kunstweise, worin er,
wie wir oben gesehen, selbst so Ausgezeichnetes geleistet hatte,
ungetreu wurde, war Jan Mabuse. Seine Bilder, ungefähr von
1512 ab, haben, mit wenigen Ausnahmen, alle jene oben gerügten
Uebelstände. Sie machen sich vorzugsweise durch die meisterhafte
Malerei geltend. Unter den Bildern aus dem religiösen Kreise
zeichnen sich am meisten einige kleinere aus. So der, sehr häufig
gleichzeitig copirte, Eccehomo im Museum zu Antwerpen
(No. 57) von meisterlicher Modellirung und sehr kräftiger Färbung,
und zwei Marien mit dem Kinde in sehr reicher und meisterlich
gemachter architektonischer Umgebung in der Sammlung des Herrn
Thomas Baring in London.[1] Am wenigsten glücklich ist er in
seinen nackten Figuren. So in seinem Bilde Adam und Eva im
Schlosse Hamptoncourt,[2] wovon eine Originalwiederholung im
Museum zu Berlin, No. 642. Besonders widerstrebend sind aber
solche, wenn sie aus der Mythologie entnommen sind, wie Neptun
mit der Amphitrite vom Jahr 1516 am letzten Ort (No. 648), und
Danae, welche den goldnen Regen empfängt, vom Jahr 1522, in
der Pinakothek (No. 41, Cabinette). Fast am ansprechendsten aus
dieser Zeit sind Bildnisse in genreartiger Auffassung, z. B. ein
junges Mädchen, welches Gebäcke wägt, im Museum zu Berlin
(No. 656 A).

Diesem schliesst sich zunächst Bernhard von Orley an,
welcher 1471 zu Brüssel geboren, 1541 ebenda gestorben ist. Obgleich dem Mabuse fast ganz gleichzeitig, sind doch keine Bilder
von ihm bekannt, welche in Geist und Technik sich in so würdiger
Weise der alten Schule anschliessen, als die des Mabuse vor seiner
italienischen Reise. Auf der anderen Seite ist er aber auch in
seinen, in italienischer Art gemalten, Bildern nie so kalt im Gefühl,
so geschmacklos in den Formen, als jener, welches theils in seinem
ursprünglichen den Niederländer nie ganz verläugnendem Naturell

---

[1] S. Treasures Th. IV. S. 94. — [2] S. Treasures Th. II. S. 368.

theils in dem Umstande seinen Grund hat, dass er sich, während eines längeren Aufenthalts in Rom, vorzugsweise an Raphael anschloss. Seine Bilder sind mit Einsicht componirt, in der früheren Zeit oft von tiefem Gefühl, in der späteren dafür von völligen, wohlgezeichneten Formen und guter Haltung. In seinen letzten Bildern verfällt er allerdings öfter in die übertriebene und manierirte Formengebung der späteren Nachfolger Raphaels. Die Ausführung ist jederzeit fleissig, die Färbung aber immer in der Gesammtheit kühl, im Fleisch gegen das Kalt-Röthliche ziehend. Er war Hofmaler der Statthalterin der Niederlande, Margaretha von Oesterreich, und behielt diese Stellung auch unter ihrer Nachfolgerin, Maria von Ungarn. Das am meisten in der niederländischen Weise gedachte und gemalte Bild ist die Beweinung Christi, mit den Bildnissen der Stifter auf den Flügeln im Museum zu Brüssel. Die Köpfe sind von edler Bildung und tiefem Gefühl, die Portraits von grosser Wahrheit. Diesem schliesst sich das Altargemälde in der Kirche der Stadt Lierre, abseits der Eisenbahn, zwischen Antwerpen und Mecheln, an, dessen Hauptbild die Vermählung Josephs mit der Maria, die Flügel die Verkündigung und die Darstellung im Tempel vorstellen. [1] Das umfassendste, mir von ihm bekannte Werk ist indess ein Altarschrein mit Doppelflügeln in der Marienkirche zu Lübeck. Auf der Aussenseite des ersten Flügelpaares sieht man, nicht sonderlich befriedigend, die Verkündigung. Die inneren Seiten dieses, und die Aussenseiten des zweiten Flügelpaars enthalten die, trefflich gewandeten, vier lateinischen Kirchenväter. Die innere Seite des zweiten Flügelpaars stellt die Sibylle, welche dem Kaiser Augustus die Maria mit dem Kinde zeigt, und Johannes den Evangelisten, der die Vision seiner Offenbarung hat, dar. Das Mittelbild enthält endlich die frei nach Dürer's berühmtem Holzschnitt genommene heilige Dreieinigkeit und verehrende Heilige. [2] Es ist in vielen Theilen sehr ausgezeichnet. Ein mit dem Namen bezeichnetes Bild, in zwei Abtheilungen, bewahrt die Gallerie zu Wien. Die eine stellt dar, wie der König Antiochus Epiphanes ein Götzenbild im Tempel zu Jerusalem aufstellen lässt, das andere das Pfingstfest und die Rede Petri an das Volk. Die Köpfe sind hier wenig ansprechend, die Vollendung aber sehr sorgfältig. Am entschiedensten zeigt den italienischen

---

[1] Näheres in meiner Notiz im Kunstblatt von 1847 S. 219 f. — [2] Vergl. meine Notiz im Kunstblatt von 1846 S. 115.

Einfluss sein grosses jüngstes Gericht in der Kapelle der Waisen-
kinder zu Antwerpen, mit den sieben Werken der Barmherzig-
keit auf den Flügeln. Wiewohl darin die Tüchtigkeit der Zeichnung in manchen Figuren und die kräftige Färbung des Fleisches,
auch die Lebendigkeit mancher, portraitartiger, Köpfe, Anerkennung verdienen, macht doch das Ganze, durch das Uebertriebene
mancher Motive, z. B. im Christus, die Ueberladung, die Buntheit,
einen sehr unbefriedigenden Eindruck. Eins der ausgehendsten
Bilder des Meisters ist dagegen eine Maria mit dem Kinde und
Joseph, welche mit einem edlen Gefühl nach einer Composition
des Lionardo da Vinci ausgebildet ist, in der öffentlichen Sammlung
zu Liverpool. [1] In den, wahrscheinlich nach seinen Cartons
gewobten Teppichen Abraham und Melchisedech und Rebecca am
Brunnen zu Hamptoncourt, [2] sicher aus seiner spätesten Zeit,
erscheint er dagegen als ein manierirter Nachahmer Raphaels.

Jan Schoorcel, geb. 1495, gestorben 1562, [3] ein Schüler
des Mabuse, scheint der erste gewesen zu sein, welcher jene italienische Weise in seinem Vaterlande Holland eingeführt hat. Gelegentlich einer Wallfahrt nach Palästina hielt er sich grade in
Rom auf, als sein Landsmann Hadrian VI., zur päbstlichen Würde
gelangte (1521). Er malte dessen Bildniss und wurde von ihm zum
Aufseher der Kunstdenkmäler im Vatican ernannt. Nach dem bald
erfolgten Tode dieses Pabstes kehrte er indess nach Holland zurück,
wo er als Canonicus in der Stadt Utrecht starb. In dem einzigen
beglaubigten, historischen Bilde von ihm in der Sammlung des
Rathhauses zu Utrecht, einer mit dem Kinde in einer Landschaft
sitzenden Maria mit den Stiftern, erscheint er als ein in der Zeichnung tüchtiger, in der Färbung besonders heller, Nachahmer des
Raphael und Michelangelo. In den Stiftern, mehr noch in einer
Reihe von 24, ebenda befindlichen, Bildnissen von Pilgern nach
Jerusalem, darunter auch das seine, sieht man dagegen einen in
der Auffassung lebendigen, in der Farbe warmen, in der Ausfüh-
rung trefflichen Meister in der Weise der niederländischen Schule. [4]
Dasselbe gilt auch von den Portraiten von Mann [5] und Frau vom
Jahr 1539 in der Gallerie zu Wien. Neuerdings ist von ihm eine

---

[1] Vergl. Treasures Th. III. S. 236. — [2] S. Treasures Th. II. S. 367. —
[3] S. v. Mander Bl. 154 a. und Joh. Secundi opera Epist. Lib. VII. I. — [4] S. Passavant, Kunstblatt von 1841, No. 13. — [5] Irrig dort für sein eignes Bildniss
ausgegeben.

von van Mander beschriebene und durch Aufschrift beglaubigte
Taufe Christi im Museum von Rotterdam zum Vorschein gekommen, welches indess so restaurirt ist, dass man nur noch die Composition sein nennen kann. [1] Dass er gelegentlich auch weltliche
Gegenstände mit gutem Erfolg behandelt hat, lehrt ein Bild, welches
liebende Paare darstellt, die sich mit Musik und den Freuden der
Tafel die Zeit vertreiben, und im Jahr 1835 in Corshamhouse,
dem Sitz der Familie Methuen, in England befindlich war. Die
Auffassung ist wahr und lebendig, die Ausführung in einem warmen,
bräunlichen Ton meisterlich. [2]

Michel van Coxcyen, geboren zu Mecheln 1499, gestorben
ebenda 1592, lernte zuerst bei seinem Vater, später bei Bernard
van Orley. [3] Er brachte eine Reihe von Jahren in Italien zu, wo
er sich zwar die Kunstweise des Raphael in ihrer äusseren Erscheinung, nicht aber deren Geist aneignete, so dass ihm der Name des
flamänischen Raphael, welchen er erhielt, nur sehr bedingungs-
weise zukommt. Die grosse Zahl von Bildern, welche er während
eines so langen Lebens ausführte, ist natürlich von sehr ungleichem
Werth. Seine in Rom in der Kirche dell' anima gemalten Fresken
sind unbedeutend und sehr manierirt. In den, oft in gewissen
Theilen nur zu treu Raphael nachahmenden, Compositionen, herrscht
häufig viel Geschmack, in den Köpfen Sinn für Schönheit, doch
sind sie meist leer im Ausdruck, die Stellungen gesucht, die Angabe
der Muskeln übertrieben. Beispiele hiefür gewähren einige Bilder
von ihm im Museum von Antwerpen, besonders sein Martyrium
des heiligen Sebastian (No. 88) und sein Triumph Christi (No. 93).
Eine Kopie, welche er für Philipp II. von Spanien nach dem Hauptwerk der van Eyck, der Anbetung des Lamms, machte, hat in den
lebensgrossen Figuren viel Verdienst, steht aber in den kleinen,
tief unter dem Original.

Lancelot Blondeel, aus Brügge, blühte dort etwa von 1520
bis 1574. [4] Dieser Meister gefiel sich besonders in übertrieben
reichen architektonischen, öfter auf Goldgrund mit braunem Lack
ausgeführten, Hintergründen, worin meist sehr bizarre Formen der

---

[1] S. Bürger, Musées de la Hollande Th. II. S. 279 f. — [2] Alle sonstigen, ihm
in München, Köln etc. beigemessenen Bilder rühren nicht von ihm her. — [3] S.
über diese Orthographie seines Namens und seine Lebenszeit den Catalog des
Museums von Antwerpen von 1857, S. 82 f. — [4] S. über ihn F. de Hondt,
deuxième Notice sur la Cheminée dans la grande salle du Franc de Brugge.
Gand. 1846, S. 42 ff.

Renaissance vorwalten. Seine Bilder machen daher häufig eine
sehr brillante Wirkung. Die meist im italienischen Geschmack gehaltenen Figuren sind oft gut bewegt, und von fleissiger Ausführung, in der Regel aber höchst manirirt und von kaltem Fleischton.
Das früheste, mir von ihm bekannte Bild, mit 1523 bezeichnet, in
der Kirche St. Jacques zu Brügge, stellt die Heiligen Cosmas und
Damianus, ein anderes ebenda, in der Kathedrale und mit 1545
bezeichnet, die Maria mit dem Kinde und die Heiligen Lucas und
Eligius, vor. Das Museum von Berlin besitzt ebenfalls von ihm
eine Maria mit dem Kinde (No. 641) und ein grosses, jüngstes
Gericht (No. 656), ein nicht glückliches Gemisch niederländischer
und italienischer Kunstweise. Von ihm rührt die Zeichnung zu dem
grossen, mit den Statuen Kaiser Karl V. und anderer Fürsten geschmückten, Kamin, in dem grossen Gerichtssaal zu Brügge her. [1]

Jan Cornelisz Vermeyen, geboren 1500, gestorben zu
Brüssel 1559. Bei wem er die Kunst gelernt ist nicht bekannt,
wohl aber muss er darin in seiner Zeit sehr hoch geachtet gewesen
sein, da ihn Kaiser Karl V. unter so vielen Künstlern, welche ihm
zu Gebote standen, im Jahr 1534 nach Spanien berief, um ihn im
folgenden Jahre auf seinem Kriegszuge nach Tunis zu begleiten,
wo er die merkwürdigsten Begebenheiten desselben, namentlich die
Belagerung, nach der Natur zeichnen musste. Mit Hülfe derselben
führte er zehn grosse, kolorirte Cartons aus, wonach der Kaiser,
wohl ohne Zweifel in den Niederlanden, Teppiche ausführen liess.
Von diesen Cartons, welche sich, aufgerollt, im Magazin der Kaiserlichen Gallerie zu Wien, befinden, ist es mir gelungen im Jahr
1860 einen zu Gesicht zu bekommen. Derselbe stellt den Sieg des
Kaisers über die Mauren in der Nähe von Carthago vor. Die Composition zeugt von vieler Einsicht. Weit den grössten Theil des
Bildes nimmt das sich fliehend vertheidigende Heer der Mauren ein.
Im Vorgrunde hat er, statt des wüsten und verworrenen Gewühls,
nur einzelne Gruppen angebracht. Aber auch in den grösseren, im
Hintergrunde befindlichen, Massen unterscheidet man noch einzelne,
sehr lebendige Gruppen. Ganz hinten erblickt man das Meer. In
der ganzen Kunstform erkennt man, dass Vermeyen auch zu den
Künstlern gehört, welche die italienischen Meister studirt haben.
Indess ist mir kein anderer niederländischer Maler dieser Epoche

---

[1] Näheres darüber in der oben citirten, und einer früheren Notiz des Herrn
de Bondt.

bekannt, welcher dieses mit so gutem Erfolg gethan. Seine Figuren
sind von grosser Wahrheit und Lebendigkeit, die Motive mannigfaltig und natürlich, die Zeichnung von Menschen und Pferden sehr
gut, ja die Formen von einer gewissen Eleganz. Der Ausdruck
der Köpfe, z. B. der Verzweiflung in dem Anführer der Mauren,
ist sehr sprechend, ohne in das Uebertriebene auszuarten, die Charakteristik der Offiziere und der Gemeinen sehr glücklich. Ueber
die ursprüngliche Färbung lässt der jetzige, verblichene Zustand
kein sicheres Urtheil mehr zu, indess scheint sie harmonisch gewesen zu sein. Auf anderen Cartons sollen sich, nach der Mittheilung des Directors Engert, die Bildnisse des Kaisers und der ausgezeichnetsten seiner Begleiter befinden. Auch die sämmtlichen,
nach diesen Cartous gewebten Teppiche sind noch in Schönbrunn
befindlich, leiden indess ebenfalls in aufgerolltem Zustande. Auch
über die anderen Arbeiten dieses Künstlers, welcher wegen seiner
schönen, stattlichen Gestalt in Spanien, el Mayo, wegen seines erstaunlich langen Barts auch Juan de Barbalonga genannt wurde,
hat ein besonderer Unstern gewaltet. Seine in der Kathedrale von
Brüssel befindlichen Bilder wurden von den Bilderstürmern zerstört,
verschiedene, als schön gerühmte Landschaften im Palast del Pardo
in Madrid gingen bei dem Brande dieses Palastes im Jahr 1608
zu Grunde. Er soll auch ein sehr geschickter Portraitmaler gewesen sein.

Marten van Veen, nach seinem Geburtsort genannt Marten
Heemskerk, geboren 1498, gestorben 1575, war ein Schüler des
Schooreel und überkam schon von diesem die italienische Kunstweise, bildete sie aber vollends in Rom durch das Studium der
Antiken und des Michelangelo in höchst widriger Weise aus. Seine
sehr zahlreichen Bilder fanden in Holland zu seiner Zeit so vielen
Beifall, dass eine sehr ansehnliche Zahl von Kupferstichen danach
ausgeführt worden sind. Sie sind aber jetzt meist verschollen. Für
seine Behandlung kirchlicher Gegenstände sind einige Bilder auf
dem Rathhause zu Delft und Haarlem charakteristisch. In ersterem befindet sich ein bezeichneter, vom 1557 datirter Flügelaltar,
in dessen Mitte, grau in grau, die Errichtung der ehernen Schlange,
und ein anderer vom Jahr 1559, in dessen Mitte der Eccehomo.
Auf einem Bilde am zweiten Ort hat er sich selber als St. Lucas,
der die Maria malt, vorgestellt. Ist schon dieses Bild höchst hart
und manierirt, so ist vollends ein Martyrium von zwei Heiligen, vom

Jahr 1575, grässlich. Für seine Auffassung mythologischer Gegenstände ist Momus, welcher die Werke der Götter tadelt, vom Jahr 1561, im Museum zu Berlin (No. 655), für seine Kunst besonders charakteristisch. Dasselbe gilt von Silen auf dem Esel und zwei Bacchanten in der Gallerie zu Wien. [1]

Lambert Sustermann, genannt Lambert Lombard, geboren 1506 zu Lüttich, gestorben ebenda 1560, war ein Schüler des Jan von Mabuse, und eignete sich schon von ihm die italienische Kunstweise an, welche er, als er im Jahr 1538 im Gefolge des Cardinals Pole nach Italien ging, unter Andrea del Sarto noch mehr ausbildete. Er eröffnete nach seiner Rückkehr in Lüttich eine zahlreich besuchte Schule, wodurch jene Kunstweise immer allgemeiner in den Niederlanden verbreitet wurde, er war aber zugleich auch Architekt, Kupferstecher, Numismatiker, Archaeolog und Dichter. Es fehlt ihm sowohl in den Köpfen, als in den Bewegungen nicht an Schönheitsgefühl, obwohl er in den letzteren bisweilen auch sehr manierirt ist. In der Angabe der Muskeln hat er, gegen andere Maler der Zeit, etwas Gemässigtes. In der Färbung waltet in der Regel eine kühle Stimmung und eine Abtönung (sfumato) vor, welches er sich wahrscheinlich von Andrea del Sarto angenommen hat. In der Ausführung ist er sehr fleissig. Bilder von ihm sind jetzt sehr selten. Die namhaftesten, der Durchgang durch das rothe Meer, — wenig glücklich, — eine Vision, — ungleich besser, — die Geisseln Gottes, Pest und Schiffbruch, — weit am gelungensten — befanden sich in der Sammlung des Königs der Niederlande. [2] Eine Maria mit dem schlafenden Christuskinde, von feinem Gefühl und zarter Vollendung, doch blass in der Farbe, besitzt das Museum zu Berlin (No. 653).

Frans de Vriendt, genannt Frans Floris, geboren zu Antwerpen gegen 1520, gestorben ebenda 1570, lernte seine Kunst bei Lambert Lombard, besuchte aber auch Italien. Schon im Jahr 1540 als Meister in die Malergilde zu Antwerpen aufgenommen, eröffnete er dort eine Schule, welche von 120 Malern besucht gewesen sein soll. In ihm erreicht jene italienische Kunstweise seine vollständigste Ausbildung. Er war ein Künstler von ungemeinem

---

[1] Die zahlreichen, in der Pinakothek zu München ihm beigemessenen Bilder rühren durchweg nicht von ihm, sondern von Bartolomäus de Bruyn her. — [2] Sie wurden bei der Versteigerung zurückgezogen und befinden sich meines Wissens noch im Haag.

Talent, ungewöhnlicher Erfindungsgabe, und grosser Meisterschaft und Leichtigkeit in der Malerei, dem es indess in den Köpfen an Beseelung, in den Motiven an Anmuth, in der Zeichnung an Verständniss fehlte, so dass er in der Formengebung in starke Uebertreibungen verfiel. Seine historischen Bilder sind daher sehr widerstrebend. Nur in seinen Bildnissen spricht er an, indem er darin seiner niederländischen Natur treu bleibt. Von seinen früheren Bildern ist die 1547 bezeichnete, sehr warm kolorirte Darstellung des Vulcan, welcher Venus und Mars, von seinem Netze umstrickt, den übrigen Göttern zeigt, im Museum zu Berlin (No. 698), ebensosehr ein Beweis seiner früh erlangten Meisterschaft, als, in der Geschmacklosigkeit der Composition, in der Gleichgültigkeit der Köpfe, dass seine Kunstweise schon damals in ihrer ganzen Widrigkeit ausgebildet war. Der Sturz der gefallenen Engel vom Jahr 1554 im Museum zu Antwerpen (No. 161), welches für sein Hauptwerk gilt, ist allerdings mit vieler Kühnheit componirt und meisterlich gemalt, doch sehr geschmacklos in den Thierköpfen der Teufel, hart in den Umrissen und bunt in den Farben. Mehr zu seinen Gunsten erscheint der Künstler ebenda in einer Anbetung der Hirten (No. 162). Die Köpfe sind hier lebendiger und wahrer als meist. Auch verdient das gut gehaltene Helldunkel hervorgehoben zu werden. Nur Maria und das Kind sind von kaltem Fleischton. Durch die Wahrheit der Köpfe spricht am meisten der heilige Lucas ebenda (No. 163) an. Der Heilige ist nämlich das Bildniss des Malers Rykaert-Aertsz, das des Farbenreibers, sein eignes. In der Weise, wie sich hier der Ochse breit macht, zeigt sich indess wieder die Geschmacklosigkeit des Meisters.

Unter den zahlreichen Schülern des Frans Floris nimmt Martin de Vos die erste Stelle ein. Dieser, 1531 zu Antwerpen geborene Künstler ging später nach Italien und genoss daselbst in Venedig noch den Unterricht des Tintoret. Nach Antwerpen zurückgekehrt, eröffnete er dort eine Schule und starb im Jahr 1603. Er war von einer sehr reichen Erfindungsgabe, und eine grosse Zahl seiner öfter sehr gelungenen Compositionen sind durch Kupferstiche zu allgemeiner Bekanntschaft gelang. Er ist im Gefühl minder kalt, in der Angabe der Muskeln minder übertrieben, als Floris, auch ist die Ausführung meist fleissig, der Vortrag von grossem Schmelz, aber freilich ist er auch häufig in den Motiven sehr manierirt und fast immer im Fleisch kalt, in der Färbung bunt, in

den Umrissen hart. Das Museum von Antwerpen besitzt eine ganze
Reihe seiner Werke, unter denen sich der mit 1574 bezeichnete
Altar, dessen Mitte die Ueberführung des ungläubigen Thomas darstellt (No. 186), durch die sehr fleissige Ausführung, die 1594 beendigte Versuchung des heiligen Antonius (No. 212) durch die
eigenthümliche Mischung des Phantastischen und Humoristischen
auszeichnet. Ein 1569 bezeichnetes Bild im Museum zu Berlin
(No. 709), dessen eine Seite Christus, der den Jüngern am See Ti-
berias erscheint, die andere die Auswerfung des Propheten Jonas
darstellt, bereitet endlich in dem Dramatischen der Motive, in dem
flammenden Morgenroth der Landschaft, die Erscheinung eines Meisters wie Rubens vor.

Unter den anderen Schülern des Frans Floris sind zunächst
einige Mitglieder der Malerfamilie Francken zu nennen. So die
Brüder, Frans Francken der ältere (geboren 1544? gestorben
1618), Ambrosius Francken der ältere (geb. 1543? gest. 1618),
und Hieronymus Francken der ältere, welche in der Weise
des Meisters fort arbeiteten. Von dem zweiten befindet sich
eine ganze Reihe von Bildern im Museum von Antwerpen. Unter
diesen zeichnet sich besonders die Tafel No. 240), wo der heilige
Sebastian Zoë, die Frau des Nicostrat von der Stummheit heilt,
durch die fünf sehr lebendigen Bildnisse aus. Die drei Künstler
Francken mit denselben Vornamen, welche zum Unterschied die
jüngeren genannt werden, malten mit vielem Geschick meist Bilder
in kleinem Maassstabe, die theilweise schon Einflüsse des Rubens
zeigen, und meist recht gefällig, selten aber von einiger Bedeutung sind.
Von Frans, als dem bedeutendsten, wird noch besonders die Rede sein.

Auch Joannes Straet, gewöhnlich Stradanus genannt,
geboren zu Brügge 1535, gehört hierher. Da er indess früh nach
Florenz ging und auch dort 1618 in dem hohen Alter von 82 Jahren starb, hat er keinen Einfluss auf die Kunst in seinem Vaterlande ausgeübt. Als ein Gehülfe des Vasari ahmte er in dessen
widriger Weise den Michelangelo nach. Doch malte er auch Jagden und Fischereien, wobei mehr sein niederländisches Naturell
zur Geltung kam. Die Anzahl seiner Malereien, in Oel und Fresco,
war sehr gross. Auch wurden nach seinen Cartons Tapeten ausgeführt.[1] Beglaubigte Bilder von ihm wüsste ich nicht nachzuweisen.

---

[1] S. van Mander Bl. 114 a.

Die widrigste Ausartung erreichte indess diese, die Italiener nachahmende, Kunstweise in Bartholomäus Spranger, der 1546 zu Antwerpen geboren, 1625 starb. Er war einer der Lieblingsmaler Kaiser Rudolph II., an dessen Hofe zu Prag er längere Zeit lebte. Auf ihn haben besonders die Werke des Parmegianino verderblich eingewirkt. Zu einer grossen Kälte des Gefühls kommen bei ihm die gesuchtesten und gewaltsamsten Stellungen, und eine im Ganzen kalte, im Lokalton des Fleisches rothe, in den Schatten grünliche, mithin im Ganzen widrig bunte Färbung. Sein Hauptverdienst besteht in seinen besseren Bildern in einer trefflichen Modellirung und meisterlich verschmolzenen Behandlung. Unter den zahlreichen, in der Gallerie zu Wien von ihm befindlichen, Bildern, nenne ich nur als ein, in jedem Betracht, besonders charakteristisches Hauptwerk, die Minerva, welche die Unwissenheit unter die Füsse tritt. Selbst dieser Meister verläugnet indess sein, auf die Darstellung der Realität angewiesenes, niederländisches Kunstnaturell nicht, wenn er Bildnisse malt. Ein Zeugniss davon legt sein eignes Bildniss in derselben Gallerie ab, welches zwar etwas gewaltsam im Motiv, aber lebendig aufgefasst und fleissig, in einer warmen Farbe, ausgeführt ist.

Ein würdiger Kunstgenoss von ihm ist der 1558 geborene, 1617 gestorbene Heinrich Goltzius, der indess nicht sowohl aus seinen sehr seltnen Bildern, als aus seinen zahlreichen Kupferstichen zu beurtheilen ist. Er zeigt darin eine ungleich grössere Vielseitigkeit und ahmt sehr verschiedene Meister, gelegentlich auch Lucas van Leyden und Albrecht Dürer mit vielem Geschick und einer bewunderungswürdigen Meisterschaft in Führung des Grabstichels nach.[1] Sein Hauptvorbild ist indess Michelangelo, dessen Wesen er in den verrenktesten Stellungen, und dem gewaltsamsten Spiel krampfhaft angeschwollener Muskeln zu erreichen suchte. Er hat die heilige, wie die weltliche Geschichte, die Mythologie, wie die Allegorie in dem gesuchten Geschmack der Zeit, auch das Portrait und Landschaft behandelt. Ich begnüge mich von seinen historischen Compositionen hier seine sechs sogenannte Meisterstücke (Bartsch No. 15—20) anzuführen, unter denen die Beschneidung, im Geschmack des A. Dürer, und die Anbetung der Könige, in dem des Lucas van Leyden, weit am gelungensten sind. Am günstigsten

---

[1] S. den Catalog derselben. Bartsch Vol. III.

erscheint auch er in seinen Portraiten, namentlich ist sein eignes Bildniss in Lebensgrösse (Bartsch No. 172) ein wahres Meisterstück. Er hat auch einige Blätter in Clairobscur ausgeführt.

An dieser Stelle ist auch der als Schriftsteller über Kunst hochverdiente Carel van Mander (geb. 1548, gest. 1606), zu nennen, welcher indess als Maler dieser verderblichen Richtung huldigte. Von seinen einst zahlreichen Gemälden wüsste ich indess keins mit einiger Sicherheit anzuführen.

Pieter de Witte aus Brügge [1] besuchte noch sehr jung mit seinen Eltern Florenz und bildete sich dort zu einem geschickten Maler in Oel, wie in Fresco, aus, der von Vasari mehrfach in seinen umfassenden Frescomalereien in Rom, wie in Florenz, verwendet wurde. Er eignete sich in diesem Verhältniss auch Kenntnisse in der Architectur und Bildhauerei an, und erwarb sich besonders ein grosses Geschick in der Decoration von Gebäuden. Alle diese Eigenschaften hatte er nachmals Gelegenheit in vollem Maasse im Dienst des Herzogs von Baiern in München bei dem Bau des Residenzschlosses desselben in Anwendung zu bringen. Obgleich natürlich in der verkehrten Geschmacksrichtung seiner Zeit befangen, gehört er doch, wenigstens in einigen Bildern zu den erfreulicheren Erscheinungen seiner Zeit. Die noch erhaltenen Theile der alten Residenz in München legen von seiner mehrseitigen künstlerischen Thätigkeit ein günstiges Zeugniss ab. In Italien hatte man seinen Namen in „Pietro Candido" übersetzt, wonach er später in Deutschland Peter Candit genannt wurde.

Verschiedene Historienmaler der folgenden Generation bilden den Uebergang zu einem besseren Zustande der Malerei. Einige kommen in ihrer Nachahmung der Italiener wenigstens von den widrigen Uebertreibungen ihrer Vorgänger zurück, andere wenden sich schon mit richtigem Erfolg der der Schule naturgemässen Richtung auf das Naturwahre und auf Ausbildung des Colorits zu.

An der Spitze derselben steht der im Jahr 1558 zu Leyden geborene Othon van Veen, genannt Otto Vaenius. Obgleich es ihm am Gefühl fehlt und man seinen Bildern den Einfluss des manierirten Federigo Zucchero, dessen Schule er schon mit 17 Jahren in Rom besuchte, in den öfter gezierten Motiven und der bisweilen bunten Färbung anmerkt, zeigt er doch eine gewisse Mäs-

---

[1] S. van Mander Bl. 205 a.

sigung, einigen Schönheitssinn in den Köpfen, und einen gewissen
Geschmack in seinen Compositionen. Das Frostige seiner Bilder
wird öfter noch durch gesuchte allegorische Beziehungen, wozu
ihn eine ungewöhnliche klassische Bildung verleitete, vermehrt.
Er starb zu Brüssel, im Jahr 1629. Die Anzahl der von ihm ausgeführten Bilder ist sehr ansehnlich. Unter den im Museum zu
Antwerpen befindlichen zeichnen sich besonders, die Berufung des
Matthäus zum Apostel (No. 244), der heilige Paulus vor dem Land-
pfleger Felix (No. 248) und das Bildniss des Johann Miraeus, Bischofs von Antwerpen (No. 247), aus. Letzteres zeigt wieder im
Vergleich mit den historischen Bildern viel Wahrheit der Auffassung und eine kräftige Färbung. Die sechs Gemälde in der Pinakothek zu München (No. 234—240, Cabinette), welche den Triumph
der katholischen Kirche darstellen, sind an sich gesucht, kalt, geistlos und bunt, doch interessant als Vorbilder für ähnliche Compositionen des Rubens.

Heinrich van Balen, geb. 1560 zu Antwerpen, gest. ebenda
1632. Er ist kalt im Gefühl, meist manierirt in den Motiven, kalt
und gläsern in der Färbung. Indess hat er in seinen meist nackten
Figuren eine gewisse Gefälligkeit und seine Ausführung in verschmolzener Malweise ist sehr fleissig. In kirchlichen Gegenständen,
wie in seiner Auferstehung Christi in der Kirche St. Jacques zu
Antwerpen, befriedigt er am wenigsten, dagegen haben seine, der
antiken Mythologie entlehnte Figuren, bei denen Jan Brughel
häufig den landschaftlichen Hintergrund gemalt hat, öfter mehr
Ansprechendes.

Cornelius Corneliszen, welcher von seiner Vaterstadt
Haarlem, wo er 1562 geboren, 1638 gestorben ist, gewöhnlich
Cornelius van Haarlem genannt wird, zeichnete sich zuerst
durch ein grosses Portraitstück, welches die Vorsteher der Schützen-
gilde seiner Vaterstadt darstellte, aus, und blieb auch dieser Richtung theilweise nachmals getreu, obwohl er später vorzugsweise
Gegenstände aus der Bibel, oder auch Vorgänge aus dem gewöhnlichen Leben malte, worauf nackte Figuren die Hauptrolle spielen.
Die Bilder dieser Art sind sehr ungleich. Die Köpfe sind öfter
gemein, die Motive geschmacklos. Die besten zeigen eine sorgfältige Modellirung und eine sehr warme und klare Färbung. Eins
seiner ausgezeichnetsten Bilder dieser Art ist die badende Bathseba
mit ihren Dienerinnen vom Jahr 1617 im Museum zu Berlin

(No. 734), bei dem es für die Auffassung charakteristisch ist, dass sich David, kaum sichtbar, in einer dunklen Ecke befindet. Am wenigsten reichte sein Talent für den Ausdruck starker Affecte aus, wie sein Kindermord, in der Königlichen Gallerie im Haag, ein sehr widriges Bild, beweist. Aus dem Kreise der Mythologie zeichnet sich seine Venus, Amor und Ceres in der Gallerie zu Dresden (No. 1030), wie wenig auch die Köpfe der Aufgabe entsprechen, durch die Kraft und Klarheit der Farbe, und die fleissige Ausführung. aus.

Abraham Bloemart, geb. 1564 zu Gorcum, gest. 1647 zu Utrecht, bildet in mancher Beziehung den Uebergang zur folgenden Epoche. Wie sehr er auch durch die oft manierirten Motive, die leeren, unbedeutenden Gesichter, die bisweilen bunte Färbung, den häufig sehr verschmolzenen Vortrag, noch dieser Epoche angehört, so zeichnet er sich doch, zumal in seinen späteren Bildern, durch die gut abgewogene Gesammthaltung, einen reineren Geschmack und einen breiten Vortrag, vortheilhaft aus. Seine einst sehr zahlreichen Gemälde sind jetzt meist verschollen. Eine Anbetung der Hirten, vom Jahr 1604 im Museum zu Berlin (No. 715) als Nachtstück aufgefasst, ist sehr geschickt componirt und von sehr kräftiger, aber grellbunter Wirkung. Der zweite Traum Josephs mit Maria und dem Kinde im Hintergrunde, ebenda (No. 722), ist zwar in dem Engel sehr manierirt, doch der Joseph eine wahre und kräftige Gestalt, auch die Haltung sehr gut abgewogen. Dagegen gehört das Fest der Götter in der Königlichen Gallerie im Haag zu seinen, zwar sehr klaren und fleissigen, aber durch die Buntheit und den glatten Vortrag der älteren Kunstform verwandten Bildern. Glücklich componirt, besser in der Haltung abgewogen, und sehr fleissig in der Ausführung ist seine Erweckung des Lazarus in der Pinakothek zu München, No. 193.

Pieter Lastmann, geboren 1562, befand sich 1604 in Rom, wo er offenbar einen Einfluss von Adam Elzheimer erfahren hat. Zurückgekehrt, gelangte er zu solcher Anerkennung, dass er in Folge eines Rufs in den Jahren 1619 und 1620 in Kopenhagen in einer Kirche Bilder ausführte. Er war ein guter Zeichner, seine Köpfe haben öfter viel Empfindung, seine Fleischfarbe ist warm und kräftig. In den landschaftlichen Hintergründen, welche meist eine bedeutende Rolle spielen, merkt man den Einfluss des Paul Bril. Zwei Bilder, der heilige Philipp, welcher den Kämmerer

des Mohrenkönigs tauft, und eine heilige Familie, befinden sich
von ihm im Museum zu Berlin, No. 677 und 747.

Eine ganz eigenthümliche Stellung nimmt Adriaen van der
Venne ein, der 1589 in Delft geboren, 1662 im Haag gestorben
ist. Er wendete sich erst der Malerei unter Hieronymus van Diest
zu, nachdem er zu Leyden eine wissenschaftliche Erziehung genossen, welche ihn mit der klassischen Literatur bekannt gemacht
hatte. Diese hatte nicht allein auf ihn als Maler insofern Einfluss,
dass er sich besonders in allegorischen Darstellungen gefiel, sie
war die Ursache, dass sein ganzes Leben zwischen Schriftstellerei
und Kunst getheilt war. Als zweites, geistiges Moment erkennt
man in seinen Bildern einen grossen Eifer für die, in Holland grade
in seiner Zeit durch die erfolgreichen Kämpfe befestigte, Reformation und für die hiebei an der Spitze stehenden Fürsten aus dem
Hause Oranien. In der Art der Auffassung dieser Gegenstände
giebt sich aber ein sehr entschiedenes und ausgezeichnetes Talent
für die realistische Richtung seiner Nation kund. Er malte nicht
allein wohlgezeichnete, in einem warmen und klaren Ton trefflich
kolorirte und sehr sorgfältig ausgeführte Portraite, deren er auch
viele in seinen allegorischen und historischen Bildern, als Schlachten
etc. anbrachte, sondern auch die übrigen Figuren in derlei Bildern,
haben ein portraitartiges Ansehen. In verschiedenen Genrebildern
und Landschaften, thut sich vollends die realistische Seite seines
Naturells entschieden kund. Für den Prinzen Moritz von Oranien,
den König von Dänemark, wie auch sonst, führte er viele Bilder
grau in grau aus. Das grösste, mir von ihm bekannte, Bild in
Farben befindet sich unter No. 337 im Museum zu Amsterdam
und stellt in etwa dreiviertellebensgrossen Figuren, den Prinzen
Moritz von Oranien, seine Brüder und andere fürstliche Herrn,
sämmtlich zu Pferde, in der Umgegend vom Haag vor. Dieses
Bild hat zwar alle die guten, oben von ihm gerühmten Eigenschaften,
in Betracht der Haltung und der ganzen Ausbildung indess, wie
seine meisten Bilder, noch etwas Alterthümliches. Gewöhnlicher
malte er indess Bilder mit kleinen Figuren. Dahin gehört ebenda
unter No. 338 ein Bild mit der Benennung „die Seelenfischerei.“
In einer von Jan Breughel gemalten Landschaft befinden sich auf
der einen Seite eines Flusses die Katholiken, auf der anderen die
Protestanten. Auf dem Flusse selbst sieht man in einigen Barken
verschiedene katholische Geistliche und Mönche, in einer anderen

protestantische Geistliche. Beide Theile sind beschäftigt in dem
Flusse schwimmende Menschen mit Netzen aufzufangen. Unter den
Katholiken gewahrt man die Portraite von Albert und Isabella, un-
ter den Protestanten die von den Prinzen Moritz und Friedrich
Heinrich von Oranien, und dem Kurfürsten Friedrich von der Pfalz.
Inschriften und einzelne Darstellungen zeigen eine starke Satyre
gegen das Pabstthum und eine Verherrlichung der evangelischen
Kirche. Dieses sehr reiche Bild ist sowohl wegen des Gegenstandes,
als wegen der darin bewiesenen Kunst, sehr interessant. [1] Als
Kunstwerk noch ausgezeichneter ist indess ein Bild, No. 543, im
Louvre, welches ebenfalls in einer Landschaft von Jan Breughel
ein zu Ehren des 1609 zwischen dem Erzherzog Albert und den
vereinigten Staaten geschlossenen Waffenstillstandes gefeiertes Fest
darstellt und mit A. V. Venne Fesit (sic) 1616 bezeichnet ist.
Merkwürdig ist das Gemisch von Portraiten, unter denen die vom
Erzherzog Albert und Isabella, und von Zügen aus der Mythologie
und Allegorie. Die Köpfe sind hier sehr scharf individualisirt, und
mit grosser Präcision in einem goldigen, klaren Ton ausgeführt.
Er war ebenso vielseitig als reich in Erfindungen, wie er denn auch
die Zeichnungen zu Illustrationen einer Ausgabe der Gedichte des
beliebten holländischen Volksdichters Cats gemacht hat.

Für verschiedene Meister wurde die derb realistische Weise,
womit Quentin Massys gelegentlich Wechsler und andere Vorgänge aus dem gemeinen Leben behandelt hatte, das Vorbild nicht
allein für die Darstellung ähnlicher, sondern auch biblischer, Gegenstände. Keiner von ihnen erreichte ihn indess, sie verfallen meist
in arge Uebertreibungen und widrige Gemeinheit.

Zuerst ist hier der Sohn des Quentin, Jan Massys, zu
nennen, der etwa von 1500 bis 1570 gelebt hat. Aus seiner früheren Zeit rühren höchst wahrscheinlich die Wiederholungen nach
den Bildern von Wechslern von seinem Vater her, da van Mander
ausdrücklich sagt, dass er dergleichen gemalt habe. Besonders
ausgezeichnete Beispiele dieser Art sind die Bilder der Geizigen in
Windsor-Castle, in dem Museum zu Berlin (No. 671) und in
der Pinakothek in München (No. 80). Ihnen schliesst sich der

---

[1] Das Verdienst dieses, früher ganz irrig dem Heinrich van Balen beigemessene, Bild dem rechten Meister öffentlich vindicirt zu haben, gebührt W. Burger.
Musées de la Hollande Th. I. s. 61 ff.

heilige Hieronymus vom Jahr 1537 in der Gallerie zu Wien an.
Alle diese Bilder sind von warmer, kräftiger Färbung und fleissiger,
wiewohl etwas derber Behandlung. Seine späteren Bilder zeigen
dagegen in allen Theilen, den Charakteren, der Färbung, der Behandlung, eine grosse Schwäche. Beispiele dieser Art gewähren
seine Heimsuchung vom Jahr 1538, No. 156, und seine Heilung
des Tobias vom Jahr 1564, No. 157, im Museum zu Antwerpen.

Jan van Hemessen, geboren etwa um 1500, gestorben vor
dem Jahr 1566, ist, wenn nicht ein Schüler, doch sicher ein Nachahmer des Quentin Massys. Er ist häufig von einer furchtbaren
Gemeinheit in Formen und Ausdruck, immer sehr hart in den Umrissen und meist von einer schwer braunen Färbung. Er hat öfter
den Quentin Massys kopirt. So kenne ich von einer Berufung des
Matthäus zum Apostelamt desselben, welche ich in England gesehen, drei Kopien von ihm, deren sich eine im Museum von Antwerpen, No. 94, zwei in der Gallerie von Wien befinden. Eins
seiner gefälligsten Bilder ist eine kleine heilige Familie vom Jahr
1541 in der Pinakothek (No. 100, Cabinette), eins seiner widrigsten
ein heiliger Hieronymus in der Gallerie zu Wien. In dem Bildniss
des Malers Jan Mabuse, ebenda, zeigt er sich indess als ein tüchtiger Meister in diesem Fach.

Ein diesen nahe verwandter und recht verdienter, aber wenig
bekannter Meister ist Huiis, von dem ein Dudelsackpfeifer und
ein altes Weib vom Jahre 1571 im Museum zu Berlin befindlich
ist, No. 693.

Pieter Aertszen, genannt der „lange Peer“, geboren
1507, gestorben 1573, ein Schüler des Allard Claessen, war ein
Künstler von einem ausserordentlichen Talent, welcher in Löwen,
Amsterdam, Delft u. s. w. viele grosse Altarbilder ausführte, die
indess sämmtlich bei dem Bildersturm im Jahr 1566 vernichtet
worden sind. Nach den kleineren, noch vorhandenen Bildern von
ihm aus der heiligen Geschichte sind sie von realistisch-genreartiger
Auffassung gewesen. Er beobachtete sehr gut und war ebenso
lebendig in der Auffassung, als geistreich in der Ausführung. In
seinen Gemälden kommt hiezu eine kräftige und klare Färbung.
Ein gutes Bildchen von ihm ist eine Kreuzigung Christi im Museum
zu Antwerpen, No. 159, ein sehr charakteristisches, eine Kreuztragung vom Jahr 1552, im Museum zu Berlin, No. 726. Dieser
Gegenstand ist nämlich ganz wie die Hinrichtung eines armen

Sünders zur Zeit des Malers behandelt. Die Schächer werden, nach der damaligen Sitte, von einem Dominikaner und einem Franziskaner begleitet, und die Kreuztragung bildet nur eine Episode des Mittelgrundes. Gelegentlich malte er mit sehr gutem Erfolg auch blosse Marktscenen, wovon sich ein ausgezeichnetes Beispiel in der Gallerie zu Wien befindet. Ganz in seine Fusstapfen trat sein Schüler Joachim Bueckler, der etwa von 1530—1570 blühte. Eine, wie jene Kreuztragung aufgefasste, Darstellung Christi durch Pilatus, von ihm befindet sich in der Pinakothek, No. 78. Besonders waren auch von ihm Märkte und Küchenstücke beliebt.

Pieter Breughel der alte, auch Bauren-Breughel genannt, wurde etwa 1520 geboren, 1551 Mitglied der Malergilde, zwei Jahre später, um 1553, besuchte er Rom und starb in Antwerpen im Jahr 1569. Obwohl auch er noch ausnahmsweise in der Weise der vorigen Künstler Vorgänge aus der heiligen Geschichte behandelte, war er doch der erste, welcher sehr eifrig das Leben der Bauren in allen Zuständen studirte, und zum Hauptgegenstande seiner Kunst machte. Gelegentlich malte er auch Spuck- und Gespenstergeschichten im Geschmack des Hieronymus Bosch. Die Auffassung ist immer geistreich, aber derb, öfter selbst gemein. Seine Behandlung, in einem warmen Ton, ist meist breit, zuweilen flüchtig. Er zeichnete auch auf seinen Reisen sehr häufig und mit vielem Geschick ihn ansprechende Gegenden und hat nach diesen ein Blatt mit feinem, malerischen Gefühl radirt. Auch hat er zuweilen Zeichnungen für Holzschnitte gemacht. Besonders ausgezeichnete Bilder von ihm finden sich in der Gallerie zu Wien. Von historischen Bildern ist eine Kreuzigung vom Jahr 1563, eine reiche Composition, hervorzuheben, worauf die heiligen Personen, Maria u. s. w., noch von edlem Ausdruck sind. In seinem landschaftlich-phantastischen Element zeigt ihn der Bau des Thurms zu Babel von demselben Jahr. In drei Bildern, Winter, Frühling und Herbst, letzterer eine Landschaft von poetischer Composition, finden sich, ebenso wie in einem Streit zwischen dem Fasching und den Fasten, vom Jahr 1559, viel drollige Einfälle, welche öfter freilich von sehr derber Natur sind. Eine Bauernhochzeit endlich ist trefflich componirt und voll guter Erfindungen.

In seine Fusstapfen trat sein ältester Sohn Peter, daher, Peter Breughel der jüngere, oder auch, wegen der öfter von ihm behandelten Gegenstände, Höllenbreughel genannt. Er steht

indess in Erfindung, Färbung und Machwerk weit unter seinem
Vater. Die Composition ist meist lahm, die Köpfe geistlos, das
Fleisch von einem schweren Lederbraun, der Vortrag sehr handwerksmässig. Beispiele gewähren seine Kreuztragung im Museum
zu Antwerpen (No. 255) und Berlin (No. 721). Die Bilder,
welche ihm in den Gallerien zu Dresden und München beigelegt
werden, rühren nicht von ihm, sondern von seinem jüngeren Bruder,
Jan Breughel, her.

Dieser, genannt Sammetbreughel, geboren zu Antwerpen
1568, gestorben ebenda 1625, war ein ungleich begabterer Künstler
und von einer seltnen Vielseitigkeit des Talents. Wenn er auch
vornehmlich Landschaftsmaler war, als welchen wir ihn erst etwas
später zu betrachten haben werden, so spielt er doch auch als Genremaler unter seinen Zeitgenossen eine bedeutende Rolle. Seine, sich
allerdings nie über die derbe Wirklichkeit erhebenden, Bauern
sind sehr lebendig. Und ganz in denselben Formen und in derselben
Art behandelt er auch in sehr kleinem Maassstabe die heilige
Geschichte, namentlich Höllenscenen, oder Vorgänge der antiken
Unterwelt mit starken Lichtwirkungen. Eine klare und kräftige
Farbe, eine sorgfältige Ausführung ist diesen, wie allen seinen
Bildern eigen, dagegen fehlt es auch fast allen an einer genügenden
Gesammthaltung. Unter seinen zahlreichen Bildern in den Galle-
rien zu Dresden, München und Berlin finden sich verschiedene
Beispiele von den angeführten Gegenständen.

Der 1578 zu Mecheln geborene David Vinckebooms, oder
Vinckeboons,[1] ist ein ihm in manchem Betracht verwandter, doch
auf einen ungleich engeren Kreis beschränkter, Meister, welcher
sich indess doch auch, ausser in der Genremalerei, als Landschaftsmaler geltend gemacht hat. Er fasst die Welt der Landleute, welche er als ersterer darstellt, besonders gern bei Kirmessen
in den Aeusserungen rohster Sinnlichkeit auf. Auch sind seine
Figuren häufig von abstossender Hässlichkeit und Gemeinheit, und
seine Fleischfarbe von einem harten, schreienden Roth. Bilder
jener Art befinden sich in denselben Gallerien.

Lucas van Valkenburg, geboren zu Mecheln, gestorben
1625, malte in einem etwas grauen, aber harmonischen Ton, Vorgänge aus dem Leben der Landleute und der Soldaten. Seine sehr

---

[1] So ist er in dem Gildebuch der Maler von Antwerpen geschrieben. S. den
Catalog von Antwerpen S. 210.

mässig gezeichneten Figuren haben indess etwas Elegantes. Die Ausführung ist höchst fleissig. Die besten mir von ihm bekannten Bilder befinden sich in der Gallerie zu Wien. Ebenso von seinen, in derselben Weise, nur schwächer, arbeitenden Brüdern Friedrich und Martin van Valkenburg.

Sebastian Vranck, geboren um 1573, ist einer der frühsten Maler, welcher vorzugsweise Vorgänge aus dem Kriege, Reitergefechte, Plünderungen u. dgl., mit sehr wahren und ergreifenden Motiven, in einem braunrothen, etwas schweren Ton, ziemlich breit, aber doch fleissig ausführte. Ein vorzügliches Bild dieser Art von ihm befindet sich in der Gallerie zu Wien.

Einer der ausgezeichnetsten Genremaler aus der letzten Generation dieser Epoche ist der 1581 zu Antwerpen geborene, 1642 gestorbene, Frans Francken der jüngere. Zu einer glücklichen Erfindungsgabe kommt bei ihm viel Gefühl für Anmuth der Bewegung, eine sehr tüchtige Zeichnung, eine gute Gesammthaltung und eine geistreiche Pinselführung. Nur im Ton der Farbe ist er meist etwas schwer. Er staffirte häufig die Architekturbilder des älteren Peter Neefs, des Bartholomäus van Bassen, des Josse de Momper, in sehr glücklicher Weise. Eins seiner merkwürdigsten und ausgezeichnetsten Werke ist sein Hexensabbath vom Jahr 1607 in der Gallerie zu Wien; vielleicht die ausführlichste Vorstellung, welche uns von dieser Welt einer so furchtbaren Einbildung, aufbehalten worden ist. In seinen grösseren historischen Bildern, deren das Museum zu Antwerpen einige besitzt, ist er minder glücklich.

Bei weitem die meiste Befriedigung in dieser Epoche gewähren in den Niederlanden die Portraitmaler.

Der älteste von diesen ist Joos van Cleve aus Antwerpen, von dessen Geburts- und Todesjahr zwar nichts Bestimmtes bekannt ist, welcher aber etwa von 1520—1550 geblüht haben muss. Er soll nach Vasari in Spanien gewesen sein und auch am Hofe von Frankreich viel Bildnisse gemalt haben. Jedenfalls steht es fest, dass er eine Zeitlang in England gearbeitet hat. Hier soll er über den grossen Erfolg, welchen Antonis Moor mit seinen Bildnissen fand, den Verstand verloren haben. Die wenigen, von ihm jetzt noch nachweisbaren Bilder rechtfertigen indess durchaus den grossen Ruf, den er zu seiner Zeit genoss. Er steht in seiner Kunstform zwischen Holbein und Antonis Moor mitten inne. Die wohlgezeichneten Formen haben eine gewisse Bestimmtheit und sind doch nicht

hart, der warme und klare Ton erinnert an die grossen Meister
der venetianischen Schule. Zwei seiner vorzüglichsten Werke sind
sein eignes und seiner Frauen Bildniss in Windsorcastle. Nicht
minder schön ist indess auch sein eignes Bildniss in der Sammlung
des Lord Spencer zu Altorp. Oft werden seine Bilder irrig dem
Holbein beigelegt.

Ihm zunächst folgt Antonis Moor, welcher im Jahr 1518
geboren, 1588 gestorben,[1] in seiner Jugend die Schule des Jan
Schooreel besuchte, später aber nach Italien ging. Nach seiner
Rückkehr kam er, in Folge der Empfehlung des Kardinals Granvella, in die Dienste Karls V., welcher ein so grosses Gefallen an
seiner Kunst fand, dass er ihn nach Lissabon schickte, um dort
das Bildniss der Braut seines Sohnes, Philipp II., zu malen. Später
ging er, und ohne Zweifel auf längere Zeit, nach England, um
das Bildniss der zweiten Gemahlin desselben Fürsten, Maria der
Katholischen, auszuführen. Nachmals brachte er wieder längere
Zeit am Hofe Philipps zu Madrid zu, und endlich wurde er in den
Niederlanden viel von dem Herzog von Alba beschäftigt. Ueberall
erndtete er grossen Beifall, Ehren und Geld ein. In seinen, jetzt
sehr seltenen, historischen Bildern ist er eine der widerstrebendsten
Erscheinungen der Nachahmung italienischer Kunstweise. In seinen
Bildnissen gehört er dagegen durch die höchst wahre und geschmack-
volle Auffassung, die gute Zeichnung, die meisterliche und fleissige
Ausführung, die klare und treffliche Färbung, zu den besten Meistern seiner Zeit. Die Portraite seiner früheren und mittleren Zeit
zeichnen sich indess durch die wärmere und kräftigere Färbung
vor den späteren, blasseren und nicht mit derselben Sorgfalt durchgeführten, sehr vortheilhaft aus. Das früheste mir von ihm bekannte
Bild, sind die mit seinen Namen und dem Jahr 1544 bezeichneten
Portraite von zwei Domherrn von Utrecht, No. 585 A. im Museum
zu Berlin. Sie zeigen in der Auffassung noch viel Verwandtschaft
zu seinem Meister Schooreel. Zu einer seltnen Wahrheit und Naivetät gesellt sich eine feine Zeichnung und eine ebenso warme als
klare Färbung. Der Vortrag mit kurzen und feinen Strichen ist
sehr eigenthümlich. Keine Gallerie ist indess lehrreicher für diesen
Meister, als die zu Wien. Ich nenne hier nur für seine frühere
Zeit das edel aufgefasste, ebenfalls in feinem klaren, röthlichen

---

[1] Seine Geburt wird auch 1512, sein Tod 1575 angegeben.

Ton kolorirte Portrait des Kardinals Granvella vom Jahr 1549; das in der Färbung minder warme, aber sehr fein aufgefasste, eines jungen Mannes mit einer Narbe von 1564, und die in dem Lokalton kühleren, in den Lichtern weisslichen Bildnisse eines jungen Ehepaars, vom Jahr 1575. Auch die Gallerie zu Dresden besitzt, unter dem irrigen Namen Holbein, zwei weibliche Bildnisse aus der besten Zeit dieses Künstlers, No. 1698 und 1701. Unter seinen zahlreichen Bildern in England gehören zu den besten die von der Königin Maria der Katholischen und dem Grafen von Essex in der Sammlung des Lord Yarborough in London, so wie die beiden in ganzer Figur von Sir Henry Sidney und seiner Gemahlin vom Jahr 1553, zu Petworth, in der Sammlung des Colonel Wyndham.

Obwohl aus der gefährlichen Schule des Frans Floris stammend, nimmt doch auch Frans Pourbus der Ältere, geboren 1540 gestorben 1580, als Portraitmaler eine würdige Stelle ein. Wenn er dem vorigen an Geschmack der Auffassung, an Feinheit der Zeichnung nachsteht, so übertrifft er ihn in der Gleichmässigkeit der goldigen, klaren Färbung. Als ein Beispiel dieser Art führe ich das Bildniss eines Mannes vom Jahr 1568, der die Rechte gegen die Seite gestützt, die Linke an das Degengefäss hält, in der Gallerie zu Wien an.

Auch Willem Key, geboren 1520, gestorben 1568, muss ein ausgezeichneter Bildnissmaler gewesen sein, da der Herzog von Alba ihn wählte, um sein Portrait zu malen. Ich wüsste indess jetzt mit Sicherheit kein Bild von ihm nachzuweisen.

Dagegen giebt es von dem vortrefflichen belgischen Bildnissmaler Nicolaus Neuchatel, genannt Lucidel, geboren 1505, gestorben 1600, welcher sich später in Nürnberg niederliess, das meisterliche Bildniss des Mathematikers, welcher seinem Sohn in dieser Wissenschaft Unterricht ertheilt, in der Pinakothek (No. 121). Die Darstellung dieser gegenseitigen Beziehung giebt den sehr wahr aufgefassten Köpfen ein doppeltes Interesse. Der Lokalton des Fleisches ist dagegen kühlröthlich, die Schatten grau.

Ungleich mehr durch seine Bildnisse, als durch seine jetzt meist verschollenen historischen Bilder, welche van Mander rühmt,[1] zeichnet sich der 1553 zu Löwen geborene Gualdorp Geertzius, genannt Geldorp aus. Er war ein Schüler des alten Franz Franck

---

[1] Bl. 195 b.

und des älteren Franz Pourbus und liess sich später in Köln nieder. Das dortige Museum bewahrt mehrere Bildnisse von ihm. Die früheren sind lebendig aufgefasst und sehr fleissig in einer kräftigen Färbung durchgeführt. In den späteren wird er kalt im Ton und oberflächlich in der Behandlung. Er starb zu Köln 1616, oder 1618. Von zwei Söhnen von ihm, welche in demselben Geschmack Portraite malten. blieb der eine, Melchior, in Köln, wo sich verschiedene, zwischen den Jahren 1615 und 1637 gemalte Bilder von ihm befinden, der andere,[1] Georg, liess sich in London nieder, wo er zur Zeit Karls I. und Cromwells viele angesehene Personen malte und dort noch im Jahr 1653 am Leben war.

Zu den achtbaren Bildnissmalern dieser Zeit muss auch der 1548 in Gouda geborene Cornelis Ketel gehört haben, welcher im Jahr 1578 die Königin Elisabeth, und später verschiedene Personen ihres Hofes malte, nachmals aber ebenso in Holland mit vielem Beifall die Schützengesellschaft von Amsterdam und noch eine andere ausführte. Meine Bemühungen diese, oder von seinen Bildern in England etwas aufzufinden, sind leider umsonst gewesen.

Dagegen giebt es von einem der beliebtesten Portraitmaler am englischen Hofe, zur Zeit der Elisabeth, Marcus Gerards von Brügge, der erst im Jahr 1635 starb, noch eine ansehnliche Zahl von Bildern. Da er indess keineswegs zu den besten Malern dieser Epoche gehört, indem er ziemlich gleichgültig in der Auffassung, schwach in Zeichnung und Färbung ist, so dass das Hauptinteresse seiner Bildnisse vornehmlich in der oft grossen Bedeutung der dargestellten Personen liegt, so begnüge ich mich zu bemerken, dass sich drei besonders charakteristische Bilder von ihm, die Königin Elisabeth, der Minister Burleigh und Graf Essex, in der Sammlung des Marquis von Exeter zu Burleighhouse befinden.[2]

Franz Pourbus der jüngere, Schüler seines Vaters von gleichem Namen, geboren 1572, gestorben 1622, zeichnete sich, wie jener, als Bildnissmaler sehr vortheilhaft aus, muss ihm indess in der Wärme der Färbung, in der Gediegenheit des Impastos nachstehen. Er arbeitete längere Zeit am Hofe König Heinrich IV. von Frankreich und hat dessen Bildniss, sowie auch das seiner Gemahlin, Maria von Medici, verschiedentlich gemalt. Das ansehnlichste seiner Portraite im Louvre ist das jener Königin (No. 396), doch

---

[1] S. über diese Künstlerfamilie Merlo in dem oben angeführten Werk S. 221. — [2] S. Kunstwerke und Künstler in England Th. II. S. 488.

auch die beiden kleinen des Königs (No. 394 und 395) verdienen erwähnt zu werden.

Paul van Sommer, geboren zu Antwerpen 1576, gestorben 1624, hat eine Reihe von Jahren in England gearbeitet, wo sich daher auch noch jetzt seine besten Arbeiten befinden. Seine Auffassung ist wahr und lebendig, seine Färbung warm und klar, seine Ausführung fleissig. Vortrefflich ist sein Bildniss des Lord Bacon in der Sammlung des Lord Cowper zu Pansanger, sowie die des berühmten Grafen Arundel und seiner Gemahlin in Arundel-Castle, dem Sitz des Herzogs von Norfolk.

Die Mehrzahl der übrigen Bildnissmaler der spätesten Generation dieser Epoche waren Holländer.

Michael Janse Mierevelt, geboren 1567 zu Delft, gestorben 1651, vereinigt mit einer schlichten und wahren Auffassung eine sehr klare, öfter warme Färbung, und eine fleissige Ausführung. Die Anzahl der von ihm in seinem langen Leben ausgeführten Bildnisse ist sehr beträchtlich. Eine ganze Reihe von denselben befindet sich auf dem Rathhause zu Delft in Holland. In seinem grössten, mir bekannten, Bilde, einem Schützenstück vom Jahr 1611 mit vielen Figuren, erscheint er indess nicht zu seinem Vortheil. Obwohl die Köpfe recht lebendig, ist doch die Farbe etwas schwer, die Behandlung etwas handwerksmässig. Um etwas besser sind die Portraite von Wilhelm I., dem II. und Moritz von Oranien im Zimmer des Bürgermeisters. Sehr vorzüglich aber, durch die höchst wahre Auffassung, die klare Färbung, die fleissige Ausführung, ist ebenda ein Brustbild des Hugo Grotius, und besonders weich für diesen Meister seine drei Kinder über dem Kamin. Auch in den Gallerien zu Dresden und München finden sich sehr schöne Bildnisse von ihm vor.

Unter seinen Schülern zeichnen sich durch ähnliche Art und Verdienste besonders sein Sohn Peter Mierevelt und Paul Moreelze, von dem ein treffliches Bildniss im Museum zu Berlin, aus. Letzterem schliesst sich sehr nahe Johann Wilhelm Delft an, von dem sich ein bezeichnetes und von 1592 datirtes Schützenstück mit vielen Figuren, von wahrer Auffassung und tüchtiger Malerei, indess etwas harten Umrissen und schwerer, brauner Färbung des Fleisches, ebenfalls auf dem Rathhause zu Delft befindet. Ihm nahe steht Jacob Delft, von dem das Städel'sche Institut zu Frankfurt ein ausgezeichnetes weibliches Bildniss bewahrt.

Daniel Mytens, im Haag geboren, fand, wie van Sommer, vornehmlich in England den Schauplatz für seine künstlerische Thätigkeit. Im Jahr 1625 nahm ihn Karl I. gegen einen Gehalt von 20 L. Sterling in seinen Dienst, [1] in welchem er, allem Anschen nach, auch bis gegen das Jahr 1630 geblieben ist. Um diese Zeit scheint er England verlassen zu haben. In der Auffassung ist dieser Maler von einer einfachen, schlichten Wahrheit, in der allgemeinen Wirkung von grosser Helligkeit, im Fleisch neigt er häufig zu einem feinen Silberton. Seine Ausführung in einem zart verschmolzenen Vortrag ist fleissig. Zwei Hauptwerke von ihm, welche Karl I. und Henriette Maria in jungen Jahren, den Zwerg Sir Geoffrey Hudson, verschiedene Hunde und einen Schimmel, Alles in Lebensgrösse, darstellen, befinden sich auf dem Sitz des Lord Galway, Serlby, in Notinghamshire, und in der Sammlung der Lady Dunmore zu Dunmore Park, unfern der Veste Stirling, in Schottland. Gelegentlich malte Mytens auch in sehr feiner Weise Bilder in kleinem Maassstabe. Zwei sehr hübsche Beispiele dieser Art, die Portraits Karls I. und seiner Gemahlin, mit architectonischen Hintergründen von dem älteren Steenwyck, besitzt unter der irrigen Bezeichnung des G. Coques, die Gallerie zu Dresden, No. 965 und 966. Ein anderes Bild, welches beide Herrscher mit einem ihrer Kinder auf einer Tafel darstellt, befindet sich in der Gallerie der Königin von England in Buckingham-Palace.

Cornelius Jansens (oder Janson) van Ceulen, geboren zu Amsterdam, im Jahr 1590, ging im Jahr 1618 nach England, [2] welches er erst im Jahr 1648 verliess. [3] Er malte dort vorzugsweise für Karl I. Auch in Holland fuhr er fort bis zu seinem, im Jahr 1666 zu Amsterdam erfolgten, Tode mit vielem Beifall Bildnisse zu malen. Er war ein Meister von sehr feinem Naturgefühl, geschmackvoll in der Auffassung, warm, fein und klar in der Färbung, und zart in der verschmolzenen Ausführung. In Deutschland besitzt die Gallerie zu Dresden ein männliches und ein weibliches Bildniss von vieler Feinheit, wenn gleich für ihn etwas schwach in der Färbung, vom Jahr 1615, No. 1150 und 1151. Unter den zahlreichen, von ihm in England zerstreuten Bildnissen, nenne ich nur das von Friedrich, Kurfürsten von der Pfalz, in der Gallerie von Hamptoncourt, das der Lady Dorothe Nevil in der Sammlung des Marquis

---

[1] Walpole S. 151. — [2] S. Burger, Musées de Hollande Th. II. S. 225. — [3] Walpole S. 150.

von Exeter zu Burleighhouse, das von Taylor, eines Hofbeamten
Karls I., und sein eignes Bildniss zu Longfordcastle, dem Sitz des
Lord Radnor. Auch er malte gelegentlich recht hübsche Bildnisse
in kleinem Maassstabe. Ein Beispiel dieser Art ist das Bild mit
Karl I. und Personen seines Hofes im Greenpark, in der Sammlung
der Königin in Buckingham Palace.

Auch die Malerei von Thieren wurde von dieser spätesten Generation zu einer besonderen Gattung ausgebildet, indess doch in
der Weise, dass irgend ein biblischer Gegenstand, am häufigsten
Adam und Eva im Paradiese, den Namen des Bildes hergeben
musste, wenn schon die Thiere bei Weitem die Hauptsache sind.
Der namhafteste Meister in dieser Richtung ist der, 1576 zu Cour-
tray geborene, 1639 gestorbene, Roelant Savery. Seine Bilder,
in denen ein sehr brauner Ton vorwaltet, sind häufig mit Thieren
zu sehr überladen, die einzelnen indess, meist mit grosser Naturwahrheit, fleissig ausgeführt. Eins seiner Hauptwerke ist das Paradies im Museum zu Berlin (No. 710). Manche Bilder von ihm,
welche wilde Felsengegenden, worin reissende Thiere hausen, darstellen, haben etwas Phantastisches. Ihm schliesst sich der schon
als Genremaler betrachtete Jan Breughel an. Seine Thierstücke
verrathen in der Composition öfter den Einfluss von Rubens, und
übertreffen die des R. Savery an Klarheit und Wahrheit der Färbung. Gute Beispiele dieser Art gewähren die oben angegebenen
Gallerien, so wie die des Louvre. Sein Hauptbild dieser Art ist
indess, das Paradies in der Königlichen Gallerie im Haag, No. 25,
worin Rubens sehr schön Adam und Eva gemalt hat. Ihm folgte
mit grösserer Trockenheit und Härte, Ferdinand van Kessel.

Nach den Nachrichten bei van Mander ist auch die Landschaftsmalerei in dieser Epoche fleissig angebaut worden. Von den Künstlern, welche er in diesem Fache rühmt, einem Franz Minne-
broer, Jan de Hollander, Jaques Grimmer, Michael de
Gast, Hendrick van Cleef, ist mir indess nie ein Bild zu Gesicht gekommen. Dagegen haben sich einige von Lucas Gassel
erhalten, der vor und nach der Mitte des 16. Jahrhunderts blühte.
Er setzte die phantastische Weise des Patinier durch Anbringen
seltsamer Felsenformen, und eine übergrosse Zahl trefflich gemachter Einzelheiten fort. In der Färbung hat er indess etwas einförmig Kühles. Eine Landschaft, mit Judas und Thamar staffirt, in
der Gallerie zu Wien trägt sein Monogramm und das Jahr 1548.

Andere, mit 1538 und 1561 bezeichnete, Bilder habe ich im Privat-
besitz gesehen. Bei der Veränderlichkeit desselben führe ich sie
aber nicht näher an.

Einen erstaunlichen Fortschritt machte die Landschaftsmalerei
durch Paul Bril. Er war der Schüler seines älteren Bruders,
Mathaeus Bril, welcher 1550 zu Antwerpen geboren, schon 1580
zu Rom starb. Paul, welcher 1556 geboren, ihn früh in Rom auf-
suchte, und ihn bald übertraf, führte bis zu seinem Tode im Jahr
1626 in Oel, wie in Fresco eine grosse Anzahl von Landschaften
aus.[1] In der Auffassung finden wir bei ihm in seiner späteren Zeit
statt des Willkürlichen und Phantastischen das Naturwahre und
Poetische. Namentlich aber führt er zuerst eine Einheit der Beleuchtung ein und erreicht dadurch eine ungleich grössere Gesammthaltung, als bisher. Um zur ganz vollendeten Kunstform durchzu-
dringen sind seine Vorgründe indess meist zu kräftig und einförmig
grün, die Fernen zu blau. Dessungeachtet ist der Einfluss, welchen
er auf die Landschaften des Rubens, des Annibale Carracci und
des Claude Lorrain ausgeübt hat, ein sehr grosser und wohlthätiger,
und die Stelle, welche er in der Entwicklung dieser Gattung einnimmt, eine sehr bedeutende. Nur ausnahmsweise und nur in seiner früheren Zeit findet sich auch bei ihm noch das Element des
Phantastischen vor, wie in seinem Bau des babylonischen Thurms,
im Museum zu Berlin (No. 731). Wie meisterhaft er später eine
allgemeine Beleuchtung durchführte, zeigt eine Morgenlandschaft
ebenda (No. 744). Besonders ausgezeichnete Bilder aus dieser späteren Zeit befinden sich im Louvre. Vor allen sind die No. 69, 71
und 73 hervorzuheben.

Lucas van Valkenburg, dem wir hier wieder begegnen,
schliesst sich als Landschafter mit seinen Brüdern noch mehr der
früheren, auf sehr grosse Ausbildung des Einzelnen ausgehenden
Weise an. Seine Bilder haben öfters etwas Naives und einen eigenthümlich poetischen Reiz. Die besten Landschaften von ihm und
seinen Brüdern Friedrich und Martin, besitzt die Gallerie zu Wien.

Josse de Momper ist zu Antwerpen, wahrscheinlich 1559
geboren, und im Jahr 1634, oder 35, gestorben.[2] Obgleich etwas
später als Paul Bril geboren, klebt ihm doch ungleich mehr von

---

[1] S. über diesen Meister die Notiz von Ed. Fetis in den Bulletins de l'Academie royale de Belgique von 1855, S. 591—616. — [2] Diese Daten nach dem
Catalog des Museums von Antwerpen von 1857, S. 175 f.

der phantastischen Auffassungsweise der früheren Landschaftsmaler an. Er führt uns häufig hohe Gebirge von kühnen Formen in schlagender Sonnenbeleuchtung vor, und ist meist unwahr in der Farbe und sehr flüchtig und von manierirt-einförmiger Behandlung. Bilder dieser Art von ihm sind sehr häufig und auch in den Gallerien zu Dresden und Wien vorhanden. Nur selten und in seiner späteren Zeit erreicht er eine sich der völlig ausgeführten Kunstform annähernde Haltung und Kraft, wie in einer, mit seinem Namen bezeichneten, Landschaft im Museum zu Berlin, No. 772. Er hat auch mit Geschick radirt. Der jüngere Peter Breughel, mehrere der Familie Franken, David Teniers der ältere und Henrik van Balen haben gelegentlich seine Landschaften staffirt.

Auch hier begegnen wir dem Jan Breughel, welcher indess gewöhnlich nur die, öfter von Kanälen durchschnittene und mit Bäumen bewachsene, sonst aber flache Natur seines Vaterlandes mit ungemeiner Wahrheit und grosser Ausführlichkeit im Einzelnen, wenn gleich ohne genügende Haltung des Ganzen, darstellte. Vorzugsweise sind kleine Bildchen dieser Art von ihm oft sehr anziehend. Heinrich van Balen und Johann Rothenhammer haben häufig, gelegentlich auch Rubens, seine Landschaften mit Figuren aus der idealen Welt belebt. Landschaften dieses Meisters besitzen die obigen Gallerien sehr vorzügliche. Dem Vorbilde des Jan Breughel schlossen sich Willem van Nieulandt, Anton Mirou und Peter Gyzens an. Ihre Bilder werden öfter mit den seinigen verwechselt, die des zweiten sind indess im Ton des Grüns schwerer und fahler, die des dritten in der Ausbildung der Blätterung magerer und mechanischer.

Endlich dürfen auch die uns schon bekannten Roelant Savery und David Vinckeboons als Landschaftsmaler nicht übergangen werden. Der erste muss zwar dem Jan Breughel an Wahrheit in etwas nachstehen, übertrifft ihn indess öfter in einem poetischen Naturgefühl, besonders in der Darstellung von Wäldern mit mächtigen Bäumen. Ein treffliches Bild dieser Art besitzt das Museum zu Berlin No. 749. Vinckeboons, obwohl etwas schwer und trüb im Ton und auch sonst von minder reinem Naturgefühl, als Breughel, hat dagegen vor ihm eine bisweilen grossartige Auffassung der Natur, häufig ein poetisches Gefühl in dem Wiedergeben von einsamen Wäldern, voraus.

Derselben Zeit und Richtung in der Landschaft gehören Alex-

ander Kierings und Hans Tilen an, von denen der erste sich
ebenfalls am meisten in der Darstellung von Wäldern, in einem
fahlen Grün gefällt, in welchen indess die Zweige der Bäume zu
einförmig herabhängen. Bilder von ihnen zu Dresden und Berlin.

Die Seemalerei ist allem Ansehen nach zuerst in Holland, wo
sie auch nachmals ihre höchste Ausbildung erreichte, angebahnt
worden. Der im Jahr 1566 zu Haarlem geborene Heinrich Cornelius Vroom ist der älteste, bekannte Meister in diesem Fache.
Er besuchte Spanien und Italien, wo er in Rom in ein nahes Verhältniss zu dem etwas älteren Paul Bril trat, und allem Ansehen
nach dadurch in der Kunst sehr gewann. Später besuchte er auch
England, wo er für den Grossadmiral, Grafen von Nottingham, eine
Zeichnung von der Niederlage der berühmten spanischen Armada
ausführte. Von seinen, einst sehr geschätzten, Bildern haben sich
jetzt nur wenige erhalten. Ein bezeichnetes, von sehr ansehnlichem
Umfange in einem Nebenzimmer des Rathhauses zu Haarlem mit
grossen Schiffen und einer Stadt im Hintergrunde, zeigt, bei fleissiger Ausführung und klarer Luft, in dem grünen Wasser, der schwachen Perspective noch einen sehr primitiven Zustand dieses Faches,
ein anderes Bild im Museum von Amsterdam, No. 306, ist überdem auch in der Behandlung zu breit und dekorativ.

Adam Willaerts ist zwar 1577 zu Antwerpen geboren,
lebte aber zu Utrecht und starb auch dort, wahrscheinlich im Jahr
1640. Er malte vorzugsweise Seeküsten und Häfen, welche er mit
zahlreichen, recht lebendigen Figuren belebte. Er zeigt, ausser
einer sorgfältigen Ausführung des Einzelnen, schon ein glückliches
Streben nach allgemeiner Haltung, und einen breiten und weichen
Pinsel. Nur die Bewegung der Wellen verstand er noch nicht recht
zu bemeistern. Ein gutes Bild dieser Art befindet sich im Museum
zu Berlin, No. 711. Gelegentlich malte er auch Märkte, Aufzüge
und Festlichkeiten. Ein in der Farbe sehr kräftiges, in der Behandlung aber etwas dekoratives Bild von dieser Gattung findet sich im
Museum zu Antwerpen, No. 287.

Bonaventura Peters, geb. zu Antwerpen 1614, gest. ebenda
1653, war ein Seemaler, welcher vorzugsweise das nasse Element
in wildester Empörung mit Gewitterstürmen, strandenden, oder vom
Blitz getroffenen Schiffen darstellte. Seine Bilder haben häufig
etwas Poetisches, sind aber in manchen Theilen, als in den Formen der Berge, der Wolken, der Bewegung der Wellen, öfter sehr

unwahr und manierirt. Dagegen haben sie das Verdienst einer grossen Kraft und Klarheit der Farbe, und eines meisterlichen Machwerks. Sie kommen in den Gallerien sehr selten vor, und die von Wien ist die einzige, welche fünf, und zwar sämmtlich bezeichnete, von ihm aufweisen kann. Eins, mit einer, im wüthendsten Sturm scheiternden, Galeere, ist zwar höchst poetisch in der Erfindung, doch sehr manierirt und willkührlich in den Formen. Ein anderes, eine Seeküste bei herannahendem Gewitter, ist in der Beleuchtung gleichfalls sehr poetisch, und von ungemeiner Klarheit, doch ist die Bewegung der Wellen zu sehr parallel gehalten. Das Gegenstück von diesem, mit einem alten Denkmal am Ufer, leidet, bei übrigen Verdiensten, an der zu willkührlichen Form der Wolken. Zwei andere Gegenstücke, von 1645 datirt, eine von Türken bestürmte, venezianische Vestung mit einer springenden Mine, und ein befestigter Seehaven zeigen indess, bei ausserordentlicher Klarheit, eine feinere Ausbildung.

Jan Peters, geb. zu Antwerpen 1625, gest. 1677, ein Bruder des vorigen, malte ebenfalls, und zwar mit gutem Erfolg, ähnliche Gegenstände. Ein unter seinem Namen in der Pinakothek zu München befindliches Bild eines heftigen Seesturms mit, an einem Felsgebirge, scheiternden Schiffen, ist schön componirt und beleuchtet. Die zu braunen Felsen und das Durchwachsen der braunen Untertuschung im Wasser thun indess der Wahrheit und der Haltung Eintrag.

Verhältnissmässig sehr früh gelangte die Architekturmalerei als ein besonderer Zweig zur Ausbildung. Der, 1527 zu Leeuwarden geborene, Jan Fredeman de Vries, welcher ein wissenschaftliches Studium der Werke des Vitruv und des Serlio machte, legte sich mit ungemeinem Erfolg auf diese Art der Malerei, indess doch in der Weise, dass sich, wie wir dieses schon bei anderen Gattungen gesehen, in den Vorgründen seiner Bilder Figuren befinden, welche scheinbar den eigentlichen Gegenstand derselben ausmachen, während doch das Hauptgewicht auf die reichen, architektonischen Räumlichkeiten gelegt ist, in denen nicht allein die Gesetze der Linien-, sondern auch der Luftperspective mit vielem Erfolg beobachtet sind, und welche sich überdem durch einen feinen und klaren, meist kühlen Ton auszeichnen. Das mir von ihm bekannte Hauptwerk sind eine Reihe von Bildern in der schönen Sommerrathsstube des Rathhauses zu Danzig, in denen allerdings die Figuren in dem manierirten Geschmacke seiner Zeit befangen sind.

Noch mehr wurde dieses Fach von seinem, im Jahr 1550 ge-
borenen Schüler Hendrik van Steenwyck, welcher im Jahr
1604 starb, ausgebildet. Er malte meist in kleinem Maassstabe das
Innere von gothischen Kirchen. Seine Bilder sind häufig durch Figuren in der Tracht seiner Zeit von Mitgliedern der Familie Francken belebt. Er war einer der ersten, welcher, und zwar mit sehr
guten Erfolg, die Wirkung von Fackel- und Kerzenlicht auf die
architektonischen Formen darstellte. Die genaue Beobachtung der
Linien, wie der Luftperspective verleiht seinen Gemälden einen
bleibenden Werth. Die einzelnen architektonischen Glieder haben
indess meist etwas Hartes und Metallenes. Vortreffliche Bilder von
ihm befinden sich in der Gallerie zu Wien.

Der ausgezeichnetste unter seinen Schülern war der 1570 zu
Antwerpen geborene, und um 1651 gestorbene Pieter Neefs.
Er arbeitete ganz in der Weise seines Meisters, übertraf aber diesen noch, besonders in der Kraft und Wärme des Tons, in der
Wahrheit seiner nächtlichen Beleuchtungen, und in seiner späteren
Zeit in der Breite und Weiche des Vortrags. Ein treffliches Beispiel dieser Art befindet sich im Louvre, No. 346, welcher, so wie
die Gallerie in Wien auch andere ausgezeichnete Bilder von ihm
bewahrt. Viele seiner Bilder werden durch Figuren des jüngeren
Frans Francken, des Jan Breughel und des älteren David Teniers
belebt. Sein Mitschüler Hendrik van Steenwick der jüngere, der Sohn des Obigen, malte in einem kühleren Ton und steht
überhaupt unter ihm. Dasselbe gilt auch von seinem Sohn und
Schüler, Pieter Neefs dem jüngeren. Von beiden finden sich
sehr gute Bilder in der Gallerie zu Wien, von ersterem auch ein
grösseres im Museum zu Berlin.

Unabhängig von diesen bildete sich der, etwa von 1610—1630
blühende, Bartholomäus van Bassen aus. Er malte vorzugsweise das Innere von Kirchen im Geschmack der Renaissance und
Festsäle von derselben Art. Seine Bilder wurden häufig von dem
jüngeren Frans Francken mit Figuren geschmückt. Wiewohl er in
der Linearperspective recht geschickt und in der Ausführung des
Einzelnen sehr fleissig ist, so lassen doch seine Bilder in der Luftperspective viel zu wünschen übrig, sind öfter bunt in der Wirkung
und hart in den Formen. Zwei Bilder von ihm, eine Kirche und
ein Saal, befinden sich, No. 695 und 755, im Museum zu Berlin.

Auch die Anfänge der Malerei von Blumen und Früchten, als

einer besonderen Gattung, fallen in das Ende dieser Epoche, und zwar ist es wieder Jan Breughel, dem wir hier begegnen. In seinen verhältnissmässig seltnen Blumenstücken findet man eine liebevolle und in Form und Farbe sehr getreue Nachahmung der einzelnen Blumen, doch ist die Gesammtwirkung bunt und ohne alle Haltung. Ein Hauptwerk dieser Art ist ein sehr grosser Blumenstrauss in der Pinakothek, No. 226 Cabinette, ein anderes ein grosser Blumenkranz im Louvre, in dessen Mitte Rubens eine Maria mit dem Kinde gemalt hat, No. 429, ein drittes endlich in der Gallerie zu Wien

Obwohl die Miniaturmalerei in dieser Epoche, bei dem Vorhandensein so vieler Denkmale von grösserem Umfang, die Bedeutung, welche wir ihr in früheren Epochen zugestehen mussten, verloren hat, sind doch zwei belgische Künstler in der 2. Hälfte des 16. Jahrhunderts in diesem Zweige der Malerei so ausgezeichnet, und in ihrer Zeit so berühmt gewesen, dass ich sie nicht mit Stillschweigen übergehen kann.

Hans Bol, 1535 zu Mecheln geboren, hatte sich in seiner früheren Zeit auf die Ausführung grösserer Bilder in Leimfarben gelegt, sich aber später ausschliesslich der Miniaturmalerei gewidmet, und eine sehr grosse Anzahl von Arbeiten in dieser Weise ausgeführt. Er starb zu Amsterdam im Jahr 1593. In seinen Vorstellungen aus dem Gebiete der Historienmalerei findet sich der manierirte Geschmack der Schule des Franz Floris, in seinen ungleich zahlreicheren Landschaften mit Figürchen aus dem Leben verbindet er indess eine malerische Auffassung, eine gute Zeichnung mit einer höchst fleissigen und geschickten Ausführung. Nur herrscht häufig ein zu kaltgrüner Gesammtton vor und fehlt es an allgemeiner Haltung. Durch grosse Treue zeichnen sich seine Bildnisse, seine Thiere, seine Früchte und Blumen aus. Er bediente sich gleich den früheren Miniaturmalern der Guaschfarben. Er hat verschiedentlich nach alter Weise Manuscripte mit Miniaturen geziert, sehr häufig aber auch einzelne Blätter, meist kleine Landschaften, gemalt. Als Beispiel der ersten Art führe ich ein, im Jahre 1582 ausgeführtes, sehr kleines Gebetbuch in der Kaiserlichen Bibliothek in Paris an, Supplement latin No. 708, von der zweiten Gattung finden sich schöne Bildchen in dem Kabinet der Miniaturen in München, und auf dem Kupferstichkabinet in Berlin vor. Hans Bol

hat auch eine mässige Zahl von Blättern nach seinen eignen Erfindungen mit vielem Geschick radirt.

Jooris Hoefnagel, im Jahr 1545 in Antwerpen geboren,
genoss den Unterricht des Hans Bol, wurde aber, in Folge einer
sehr sorgfältigen Erziehung, ein Künstler von ungleich grösserer
Vielseitigkeit als jener. Er bereiste Frankreich, Spanien, Italien
und Deutschland, wo er früher in den Diensten des Herzogs von
Baiern in München, später in denen des Kaisers Rudolph II. in
Prag stand, jedoch in Wien lebte, wo er auch im Jahr 1600 starb.
Bei einer seltnen Leichtigkeit im Zeichnen und einem unermüdlichen
Fleiss, ist die Zahl der auf jenen Reisen von allen möglichen Gegenständen gemachten Zeichnungen, wie der von ihm ausgeführten
Miniaturen, erstaunlich gross, und sie umfassen alles Darstellbare,
heilige und weltliche Geschichte, Gegenden, Thiere, Pflanzen,
Blumen, Früchte, Edelsteine, Perlen u. s. w. Er verzierte vorzugsweise, nach der alten Art und Technik, Manuscripte. Am
berühmtesten darunter ist ein, jetzt in der Kaiserl. Bibliothek
zu Wien vorhandenes, römisches Missale (No. 1784), welches er
für den Erzherzog Ferdinand, Herrn von Tyrol, geschmückt und
woran er vom Jahr 1582—1590, mithin acht Jahr, gearbeitet hat.
Man lernt hieraus den Künstler als einen sehr gebildeten Eklektiker
kennen, welcher sowohl die geistigen Beziehungen der früheren
Zeit, als die verschiedenen Arten der Verzierung und die Techniken
derselben gekannt, und mit ungemeinem Geschick in Anwendung
gebracht hat. Dabei ist ihm eine bisweilen sinnreiche, öfter aber
gesuchte Mystik eigen und verfällt er häufig in das Ueberladene
und Geschmacklose. Man findet gelegentlich bei ihm noch die
sinnbildlichen Vorstellungen der Armenbibel, in den historischen
Vorstellungen die Benutzung der Motive von Raphael und von anderen Künstlern, in den Ornamenten, abwechselnd die frühere
Weise der niederländischen, der deutschen und italienischen Miniaturmaler, in der höchst meisterlichen Behandlung endlich ein glückliches Studium der Miniaturen des berühmtesten Malers dieser Art in
Italien im 16. Jahrhundert, Don Giulio Clovio. Nächstdem sind
noch zwei, für den Kaiser Rudolph II. ausgeführte Werke anzuführen, deren eins in vier Büchern die gehenden, die kriechenden,
die fliegenden und die schwimmenden Thiere, das andere, verschiedene andere Materien behandelte. Häufig führte Hoefnagel
aber auch einzelne Blätter aus, wovon ich als Beispiel die 1573

datirte Verherrlichung der spanischen Monarchie in der Bibliothek
zu Brüssel anführe. Die vielen emblematischen Vorstellungen sind
in dem gesuchten, styl- und geschmacklosen Geist der Zeit, die
Ausführung aber von einer unsäglichen Mühe und Feinheit.

Zweites Kapitel.

Die Malerei in Deutschland.

In Deutschland und der Schweiz bietet die Malerei in dieser
Epoche einen noch minder erfreulichen Anblick dar, als in den
Niederlanden. Vor allem fehlte es hier an einem Mittelpunkt, wie
jene an Antwerpen besassen. Die alten Schulen in Nürnberg,
Augsburg, Ulm, Köln hatten abgeblüht und an diesen, wie an
anderen Orten, begegnen wir nur vereinzelten Malern. In der
Historienmalerei lässt sich zwar wesentlich ein ähnlicher Gang der
verkehrten Nachahmung italienischer Kunst beobachten, wie in den
Niederlanden, doch treten die einzelnen Erscheinungen später hervor.
Die reiche Entwicklung der Genre- und Landschaftsmalerei, welche
dort gegen jene unerfreuliche Kunst eine Art Gleichgewicht bildete,
finden wir aber hier nicht. In der Bildnissmalerei wird jedoch auch
hier Ausgezeichnetes geleistet, ohne es indess darin den besten
Niederländern gleich zu thun.

Am frühsten und mit dem besten Erfolg wendete sich ganz
der italienischen Schule, Hans Stephanus, zu, in der Kunstgeschichte, nach der Stadt am Niederrhein, wo er wahrscheinlich um
1510 geboren worden,[1] unter dem Namen Hans von Calcar
bekannt. Er hielt sich in den Jahren 1536 und 1537 in Venedig
in der Schule des Tizian auf, dessen Manier er sich so sehr aneignete, dass es gelegentlich schwer war, die Bilder beider Maler
zu unterscheiden. Er machte dort die trefflichen Zeichnungen zu
den Holzschnitten, womit das bekannte Werk des Vesalius über
die Anatomie illustrirt ist, ging später nach Neapel, wo ihn Vasari
im Jahr 1545 gekannt hat, und starb dort, nach der Angabe des
van Mander, im Jahr 1546. Von historischen Bildern weiss ich

---

[1] Die Angabe, dass er um 1500 geboren worden, entbehrt aller Begründung.

kein einziges von ihm nachzuweisen. Die sehr seltnen, von ihm
vorhandenen Bildnisse rechtfertigen indess jenes günstige Zeugniss
des Vasari durchaus. Sie zeigen wirklich eine grosse Verwandtschaft zu Tizian. Sie sind minder energisch, aber sehr fein im
Naturgefühl, worin sie dem Giovanni Batista Moroni nahe stehen, [1]
sie sind trefflich gezeichnet, und im Fleisch in einem klaren, warmen,
etwas röthlichen Ton sehr fleissig kolorirt. Ein sehr schönes Bildniss eines Mannes vom Jahr 1540, welches früher bald dem Paris
Bordone, bald dem Tintorett, beigemessen wurde, besitzt der Louvre,
No. 95, der italienischen Schule, ein anderes das Museum zu
Berlin, No. 190.

Auch in Deutschland blieben indess manche Meister in ihrer
früheren Zeit noch der Weise der vorigen Epoche treu, und gingen
erst später in manchen Stücken zur italienischen über. Die vor-
nehmlichsten dieser Art sind folgende.

Bartolomäus de Bruyn, welcher von 1520—1560 in Köln
arbeitete. Die Bilder seiner jüngeren Jahre beweisen augenscheinlich, dass es ein Schüler des Meisters vom Tode Mariä gewesen
ist. So ganz besonders eine Anbetung der Hirten im Museum zu
Köln, auf dessen Flügeln der Stifter Arnold von Bruweiler und
dessen Frau mit ihren Schutzheiligen Georg und Barbara. In
seinem Hauptwerk aus dieser Zeit, den Flügeln des grossen Altarschreins auf dem Hochaltar der Stiftskirche in Xanten vom Jahr
1534, deren innere Seiten Vorgänge aus den Legenden der Heiligen
Victor, Sylvester und Helena, die äusseren die Figuren dieser
Heiligen, Maria mit dem Kinde, Gereon und Constantin, enthalten,
sind Köpfe und Gestalten edel, die Formen völlig, die Ausführung
sehr tüchtig und sorgsam, der Ton ungemein kräftig und warm,
und Bildnisse aus derselben Zeit, wie die der Bürgermeister J. van
Ryht vom Jahr 1525 im Museum zu Berlin (No. 588) und Bro-
willer vom Jahr 1535 im Museum zu Köln, schliessen sich noch
so eng der Holbeinischen Auffassung an, dass sie häufig mit dessen
Namen begabt werden. Auch die Abnahme vom Kreuz mit Flügeln
in der Pinakothek (No. 112, 113, 114), ist ein gutes Werk dieser
Zeit. Obwohl etwas später eine Abnahme in der Genauigkeit der
Durchführung, wie des Tons wahrnehmbar ist, bleibt er doch
derselben Auffassung getreu. Hiefür gewährt eine Maria mit dem

---

[1] Ein in Wien dem Johann von Calcar beigemessenes Bild ist nach meiner
Ueberzeugung sicher ein Werk des G. B. Moroni.

Kinde, von einem Herzog von Cleve verehrt, im Museum zu
Berlin, No. 639, ein Beispiel. Nachmals aber bemühte er sich
in jeder Weise die italienische Kunst etwa in der Form des Marten
van Heemskerk nachzuahmen, und verfiel dabei in Kälte und
Gleichgültigkeit der Köpfe, geschmacklose Motive, kalte und fahle
Farben und flüchtige Behandlung. Selbst die Portraits aus dieser
Zeit leiden wenigstens an den beiden letzten Eigenschaften. Die
Anzahl von Bildern dieser Art ist, sowohl in der Pinakothek, wo
sie indess, wie schon bemerkt, mit Ausnahme von zweien (No. 76,
80), sämmtlich den irrigen Namen des M. van Heemskerk tragen,
als im Museum zu Köln, sehr ansehnlich.

In Westphalen begegnen wir in Münster der Familie tom
Ring. Ludger der ältere hält sich in seinem Hauptbilde vom
Jahr 1538 in der Sammlung des westphälischen Kunstvereins zu
Münster noch entschieden zur altdeutschen Schule. Es stellt die
Fürbitte von Christus und Maria bei Gottvater dar, welcher, von
Engeln umringt, die sündige Welt zerschmettern will. Es ist von
würdigem, aber strengem Gefühl und tüchtiger Ausführung. Sein
Sohn, Hermann tom Ring, zeigt dagegen in seinem Hauptwerk,
der Auferweckung des Lazarus vom Jahr 1546 im Dom von Münster,
in einigen Stücken schon italienischen Einfluss. Von diesem zeugt
die Architektur mit den recht gut gemachten, weissen Büsten. Die
Köpfe von portraitartigem Charakter sind nicht bedeutend, die
Motive haben etwas Manierirtes. Besonders lebendig ist das Bildniss
des Stifters. Martha und Maria haben das Ansehen von Nonnen.
Die Färbung ist bunt, doch das Helldunkel gut beobachtet und
das Machwerk, zumal in den Nebensachen, sehr gut. In späteren
Bildern erscheint er indess als ein schwacher Maler in der Weise
des Frans Floris. Dessen Sohn, Ludger tom Ring der jüngere,
wandte sich dagegen, wie so viele Niederländer, entschieden der
Nachahmung der Wirklichkeit im Einzelnen zu, so dass seine
Bilder aus der heiligen Geschichte dieser fast nur noch dem Namen
nach angehören. Der Art ist eine Hochzeit zu Cana vom Jahr 1562
im Museum zu Berlin (No. 708), welche nichts als ein grosses
Küchenstück mit vielen, sehr geschickt gemachten Einzelheiten ist,
dem es indess gänzlich an Linienperspektive, wie an Haltung, fehlt,
während der eigentliche Gegenstand genreartig in einer Ecke des
Hintergrundes abgefunden ist.

In Nürnberg war gleichzeitig Virgilius Solis, geboren 1514,

gestorben 1562, als Maler, Kupferstecher und Zeichner für Holzschnitte, thätig. Seine Bilder sind jetzt sehr selten geworden. Aus
seinen zahlreichen, die verschiedenartigsten Gegenstände behandelnden Kupferstichen, und den nach ihm ausgeführten Holzschnitten, [1]
erhellt indess, dass er sich in seiner früheren Zeit, wenn schon in
mehr handwerksmässiger Weise, noch der Schule des Albrecht
Dürer anschliesst, später aber mit vieler Handfertigkeit, aber wenig
Geist, sich der Nachahmung der Italiener hingiebt.

In Regensburg ist Michael Ostendorfer, welcher sich mit
Abnahme von Geist und Geschick, meist nach A. Altdorfer ausge-
bildet, um 1550 als Maler dadurch merkwürdig, dass er, wie
Lucas Cranach, den Kern der Lehre Luthers darzustellen sucht.
Ein Altar dieser Art befindet sich in der Sammlung des historischen
Vereins zu Regensburg. [2]

In München blühte um dieselbe Zeit der dort 1515 geborene
und 1572 gestorbene Hans Müelich, gewöhnlich, doch irrig,
Mielich geschrieben. In seinen jetzt seltnen Bildnissen, deren ein
weibliches in den Privatsammlung des Königs von Preussen befindlich ist, folgt er noch der altdeutschen Weise. Die Auffassung ist
treu, die Farbe klar, die Behandlung fleissig. Ebenso erscheint
er auch in den Bildnissen des Herzogs Albrecht V. von Baiern,
seiner Gemahlin Anna, und anderer Personen, unter denen auch er
selbst, welche er in Miniatur für diesen Fürsten in den Pracht-
manuscripten der Musik der sieben Busspsalmen von Orlando di
Lasso, und der Motetten des Cyprian de Rore ausgeführt hat. [3]
Die darin befindlichen historischen Bilder von ihm zeigen dagegen
einen schwächlichen Nachahmer der Italiener.

In Wien arbeitete um dieselbe Zeit Hans Sebald Lauten-
sack, welcher sicher von der Nürnberg'schen Malerfamilie dieses
Namens abstammt, von dem mir aber kein Gemälde bekannt geworden ist. In seinen Kupferstichen, [4] erscheint er am meisten zu
seinem Vortheil in seinen Landschaften und Städteansichten, worin
er, nur in der Auffassung phantastischer, in der Ausbildung handwerksmässiger, die Weise des Albrecht Altdorfer fortsetzt. Auch
in seinen, übrigens in der Auffassung sehr derben, in der Zeich-

---

[1] Bartsch Th. IX. S. 243 ff. führt 558 Kupferstiche von, und verschiedene
grosse Folgen von Holzschnitten nach ihm an. — [2] Kunstwerke und Künstler in
Deutschland Th. II. S. 125 f. — [3] Siehe dieselben in der Münchner Hofbibliothek
unter den Cimelien No. 51 und 52. — [4] Bartsch im angeführten Werke Th. IX.
S. 207 f. führt 59 Kupferstiche und zwei Holzschnitte von ihm auf.

nung schwachen, in der Ausführung harten, Bildnissen schliesst er
sich in der ganzen Kunstform noch der altdeutschen Schule an.

Auch die Weise wie Quentin Massys, Vorgänge aus dem gewöhnlichen Leben darzustellen, fand, wenn schon sehr vereinzelt,
in Deutschland Nachfolge. So blühte in Basel der Maler Maximin, welcher mit vielem Humor und grosser Lebendigkeit, Geldwechsler und Aehnliches malte. Ein gutes Bild dieser Art befindet
sich in der Pinakothek zu München, No. 44.

Eine etwas spätere Generation giebt sich ungleich mehr jener
verkehrten Nachahmung italienischer Kunst hin, und erst in ihren
Hervorbringungen erscheint diese Richtung in ihrer völligen Ausartung. Besonders manierirt und geschmacklos zeigen sie sich in dem
ganzen Gebiete der idealischen Kunst, als der Mythologie, der Allegorie, der heiligen Geschichte, zumal wo nackte Figuren eine
Hauptrolle spielen. Um etwas erträglicher, jedoch minder wahr
und fleissig, als die gleichzeitigen Niederländer, sind sie in solchen
Gegenständen, welche dem Gebiete des Realismus angehören, als
in Vorgängen aus ihrer Zeitgeschichte, oder aus dem gemeinen
Leben, in Bildnissen und in Landschaften. Die namhaftesten unter
diesen Malern sind folgende.

Tobias Stimmer, geboren zu Schaffhausen 1534. Nach der
damals in Deutschland üblichen Sitte schmückte er viele Façaden
von Häusern in seiner Vaterstadt, in Strassburg und Frankfurt mit
Frescomalereien aus. Von diesen hat sich indess nichts mehr erhalten. Auch seine Oelgemälde kommen sehr selten vor. Die
Bildnisse eines Herrn von Schwyz, Bannerherrn von Zürich und
seiner Frau, in der Sammlung des Herrn Karl Waagen in München,
zeigen eine wahre Auffassung, gute Zeichnung und ein tüchtiges
Machwerk. Seine ganze Kunstweise lernt man aus mehreren hun-
derten nach seinen Zeichnungen ausgeführter Holzschnitte kennen. [1]
Er ist zu Strassburg in seinen besten Jahren gestorben.

Jost Amman, im Jahr 1539 zu Zürich geboren, kam schon
im Jahr 1560 nach Nürnberg und starb daselbst 1591. Von seinen
Bildern in Oel und auf Glas scheint sich nichts erhalten zu haben.
Von seiner erstaunlichen Kunstthätigkeit legen verschiedene von
ihm ausgeführte Kupferstiche und eine grosse Zahl nach seinen

---

[1] Bartsch im angeführten Werk Th. IX. S. 330.

Zeichnungen gemachte Holzschnitte indess noch ein sehr vollstän-
diges Zeugniss ab. [1]

Christoph Maurer, im Jahr 1558 zu Zürich geboren, 1614
gestorben, war ein Schüler des Tobias Stimmer, und schliesst sich
diesem in seiner Kunst enge an. Auch er ist nur durch eine mässige Zahl von Blättern, theils eigne Radirungen, theils nach seinen
Zeichnungen ausgeführten Holzschnitten, welche jetzt sehr selten
geworden, bekannt. [2]

Hans Bock, welcher in und am Rathhause zu Basel weit-
läuftige, theilweise noch vorhandene Frescomalereien, ausführte, ist
zwar ebenfalls sehr manierirt, doch von einer grossen Energie, wie
sein Bild der Allegorie der Verläumdung nach der Erfindung des
Apelles in jenem Rathhause beweist.

Wenn die vier letzten Maler vorzugsweise ihre Beschäftigung
in bedeutenden Städten fanden, so erfreuten sich die vier folgenden
vornehmlich der Gunst des Kaisers Rudolph II. und der Herzoge
von Baiern, und arbeiteten an den Höfen dieser Fürsten.

Hans von Achen, 1552 zu Köln geboren, wo er die Schule
des Malers Jerrigh besuchte, fand nach seiner Rückkehr aus Italien zuvörderst an dem zweiten, später an dem ersten dieser Höfe
Beschäftigung und starb zu Prag 1615. Am besten sind die Bilder
von ihm, worin man das Studium des Tintoret erkennt, wie seine
Bathseba im Bade in der Gallerie zu Wien, am widerstrebendsten
solche, worin er seinem Freunde, dem Bartholomäus Spranger, als
Vorbild folgte, wie in seinem Bacchus mit der Venus und Jupiter
und Antiope in derselben Gallerie. Bilder kirchlichen Inhalts von
ihm befinden sich in der Frauen- und in der Jesuitenkirche in München.

Der in der Schweiz, wahrscheinlich zu Bern, geborene Joseph
Heinz, ist nach dem van Mander ein Schüler des Hans von Achen
und gehörte zu den Lieblingsmalern Kaiser Rudolph II. Er starb
in Prag 1609. Er ist gelegentlich in seinen Bildern von einer kalten Ueppigkeit, so in seinem, Venus und Adonis, in der Gallerie zu
Wien, doch nicht ohne Gefühl für zierliche Formen, wie in dem
Bilde Diana und Actaeon ebenda. Die Färbung ist bunt und unwahr, der Vortrag mit vieler Meisterschaft verschmolzen. Am
widrigsten sind seine Bilder christlichen Inhalts, so sein Christus am

---

[1] Bartsch im angeführten Werk Th. IX. S. 351. — [2] Bartsch ebenda Th. IX.
S. 385.

Kreuz, ebenda, am besten seine Bildnisse, so des Kaiser Rudolph II.
an derselben Stelle.

Christoph Schwarz, geboren zu Ingolstadt in Baiern, gestorben 1594, wurde, nachdem er sich in Venedig vornehmlich nach
den Werken des Tintorett ausgebildet hatte, Hofmaler des Herzogs von Baiern in München. Er hatte Sinn für Gefälligkeit der
Formen, und Grazie der Motive, welche indess öfter sehr manierirt
sind. Seine Köpfe sind jedoch fade, seine Färbung bald grell und
bunt, bald schwach und verblasst. Auch er führte in Fresco Malereien am Aeusseren von Häusern aus. Unter seinen Bildern in
der Pinakothek ist die Maria mit dem Kinde in der Herrlichkeit,
No. 105, das namhafteste, ein Familienportrait, No. 115, worin man
als Vorbild deutlich Tintorett erkennt, das ansprechendste.

Johann Rottenhammer, geboren zu München 1564, gestorben in Augsburg 1623, ein Schüler des Hans Donnauer, besuchte
Italien und bildete sich ebenfalls besonders nach Tintorett aus.
Auch malte er eine Anzahl grosser Bilder, gewöhnlich aber arbeitete er in einem kleineren Maassstabe und vereinigte sich bald mit
Jan Breughel, bald mit Paul Bril zu gemeinsamen Arbeiten, wobei
er denn die Figuren, und zwar meist unbekleidete, aus dem Kreise
der Mythologie, oder der Allegorie, jene aber die Landschaften malten. In den Bildern aus seiner früheren Zeit, z. B. seinen Tod des
Adonis im Louvre, No. 424, kommt er in der Kraft, Wärme und
Klarheit der Färbung dem Tintorett sehr nahe, und finden sich auch
dessen zierliche, aber etwas spitze Formen vor. Leider aber hat
er sich auch von ihm in diesem, wie in vielen anderen Bildern die
styllose, in den Linien verworrene und zerstreute Anordnung angeeignet. Seine späteren Bilder aber, wie seine Maria in der Herrlichkeit in der Pinakothek, No. 111, machen häufig durch das ziegelrothe Fleisch, die grünen Schatten, einen bunten Eindruck. In
seinen sehr zahlreichen kleinen Bildern spricht er sowohl durch
jene zierlichen Formen, als durch die sehr zart verschmolzene Ausführung an. Dergleichen finden sich in allen Gallerien vor.

Bei weitem die originellste künstlerische Eigenthümlichkeit,
welche Deutschland in dieser, im Ganzen so wenig erfreulichen,
Epoche hervorgebracht hat, ist Adam Elzheimer. Zu Frankfurt
im Jahr 1574 geboren,[1] verrieth sich sein Talent zur Kunst schon

---

[1] Sandrart Th. I. S. 294. Schnaase, niederländische Briefe S. 26.

früh, so dass er bei dem Frankfurter Maler Philipp Uffenbach in
die Lehre gethan ward. Er reiste dann durch Deutschland nach
Rom, wo er sich mit einer Italienerin verheirathete und häuslich
niederliess. Ein ebenso tiefes, als feines Naturgefühl hatte er durch
das unablässigste Studium im seltensten Maasse ausgebildet, und
bei einer vortrefflichen Technik, welche er sich angeeignet, in seinen Bildern, von durchweg kleinem Maassstabe, mit wunderbarem
Erfolg in Anwendung gebracht. Seine historischen Bilder, welche
bald der heiligen Geschichte, bald der Mythologie entnommen, sind
von entschieden realistischer Auffassung, mit Einsicht angeordnet,
gut gezeichnet, bisweilen in einem, dem Rembrandt an Wärme nahe
kommenden, Ton kolorirt, und in einem trefflichen Impasto, bis auf
die grössten Kleinigkeiten, mit der seltensten Liebe durchgeführt.
Ganz besonders hat er die Wirkungen nächtlicher Beleuchtungen
auf das Feinste beobachtet. In seinen historischen Bildern ist er
indess bisweilen auch kalt im Ton, und hart in den Umrissen Ungleich bewunderungswürdiger ist er in seinen Landschaften. Sehr
glücklich ist der Ausdruck Kuglers, dass sie den Eindruck machen,
als ob man die Natur durch eine Camera obscura sähe. Man
könnte ihn nicht uneben den Gerard Dow der Landschaft nennen,
und, unerachtet dieser unsäglichen Ausführung, fehlt es ihnen doch
nicht an allgemeiner Haltung. Ebenso vereinigen seine dunklen
Wälder, seine öfter hellbeglänzten Wasserflächen, seine mit weiten
Ebnen abwechselnden Berge, eine grosse Naturwahrheit mit einem
eigenthümlich poetischen Gefühl. Die meisten sind mit Vorgängen
aus der heiligen Geschichte, oder der Mythologie staffirt Wiewohl
ihm seine Bilder gut bezahlt wurden, stand doch die darauf verwendete Zeit so wenig damit im Verhältniss, dass er, bei einer zahlreichen Familie, in den Schuldthurm gerieth, und in bitterer Armuth im Jahr 1620 starb. Da bei seiner Art zu arbeiten die Anzahl der von ihm ausgeführten Bilder nur mässig ist, gehören sie
jetzt zu den grössten Seltenheiten. Leider haben manche durch
Nachdunkeln einen grossen Theil ihres ursprünglichen Reizes verloren. Die namhaftesten mir von ihm bekannten Bilder sind: zu
Frankfurt im Städel'schen Institut, No. 68, Paulus und Barnabas zu
Lystra. Unter seinen historischen Bildern nimmt diese reiche Composition von einer fast Rembrandt'schen Gluth der Färbung eine sehr
bedeutende Stellung ein. Dasselbe gilt für die Landschaft von einem
Bildchen ebendort, No. 269, welches mit Bacchus als Kind, von den

Nymphen von Nysa gepflegt, staffirt ist. Von den fünf Bildern der Pinakothek zu München bemerke ich die Flucht nach Aegypten in einer mondhellen Nacht, No. 186, eins der Bilder, welche durch den Stich des Ritter Goudt allgemein bekannt sind. Obgleich es durch Nachdunkeln viel von seiner ursprünglichen Wirkung verloren hat, ist es doch noch durch das Gefühl des Nächtlichen, die Wahrheit der Lichtwirkung des Mondes und einer Fackel, so wie durch die grosse Ausführung noch immer sehr anziehend. Der Brand von Troja, No. 184, mit Aeneas, welcher seinen Vater rettet. Ein Hauptbild für Wirkung des Feuers. In der Wiener Gallerie, die Ruhe auf der Flucht nach Aegypten. In Composition, in den zierlichen Formen, in den Köpfen, sehr ansprechend. In der Wirkung etwas bunt. In Paris, im Louvre, ist der barmherzige Samariter, No. 160, von grosser Tiefe des Tons, und die Flucht nach Aegypten, No. 159, wohl eine Originalwiederholung des Bildes in München. In Madrid ist im dortigen Museum die vom Ritter Goudt gestochene Ceres, welche ihren Durst löscht, und dasselbe, wahrscheinlich eine Originalwiederholung, No. 696, im Museum zu Berlin vorhanden. In England befinden sich in öffentlichen Sammlungen zu Cambridge im Fitzwilliam-Museum, Amor und Psyche, von ungewöhnlicher Grösse der Figuren und grosse Kraft der Färbung, und in der Sammlung Mesman, eine Venus von seltenster Vollendung. In Florenz, in der Gallerie der Uffizien, der Triumph der Psyche, dort irrig Paul Bril bezeichnet. Er hat auch ein Blatt, den jungen Tobias, welcher seinen Vater führt, radirt.

Ich bemerke noch schliesslich einiges über die Glasmalerei dieser späteren Epochen. Als in der ersten Hälfte des 15. Jahrhunderts durch die Brüder van Eyck die Malerei von Staffeleibildern zu jenem hohen Grade der Ausbildung des Individuellen gelangt war, folgten auch die Glasmaler nicht, wie bisher, dem architektonischen, sondern dem malerischen Prinzip. Sie versuchten demgemäss, so weit irgend die Technik ihrer Kunst es zuliess, mit jenen Oelbildern zu wetteifern. Sie führten daher grosse, häufig stark bewegte, Compositionen, welche die ganze Breite der Fenster einnahmen, öfter mit weiten perspectivischen Hintergründen und architektonischen Einfassungen im Geschmack der Renaissance, aus. Wiewohl sie nun hiebei theils grössere Glasplatten, als bisher, anwendeten, theils sich auf eine feinere Ausführung der Köpfe, auf eine ins Einzelne gehende Angabe von Licht und Schatten legten, und auch

darin oft an sich sehr Schätzbares leisteten, so konnten sie es
doch, aus verschiedenen, sehr nahe liegenden Gründen, den Leistungen der Oelmalerei bei weitem nicht gleich thun. Denn, ungeachtet
jener Fortschritte, blieb ihre Technik immer, im Vergleich zu jener,
sehr schwierig und unbeholfen, und trat nun das, die grössere Compositionen durchschneidende Maasswerk der gothischen Fenster
höchst störend ein. Die Glasmalerei nahm solcherweise, als eine
selbständige Kunst, immer nur eine sehr untergeordnete Stellung
ein, verlor darüber aber gänzlich ihre ursprüngliche Bedeutung als
eine wunderschöne, architektonische Decoration. Während die früheren Glasmalereien durch die symmetrische Anordnung der Me-
daillons mit den kleinen Bildern, durch die ruhige Haltung der einzelnen Gestalten, durch eine, denselben Gesetzen folgende, Verthei-
lung der Farben, durch das Festhalten des Gefühls der Fläche, indem
alle perspectivischen Hintergründe vermieden wurden, den umgebenden
architektonischen Formen durchaus entsprachen, und dieselben, nur
in Farben, fortsetzten, machen jene späteren in der Entfernung, besonders durch die brennenden Farben der, lediglich von der malerischen Composition abhängigen, Gewänder eine durchaus zufällige,
fleckige und undeutliche Wirkung, wofür in der Nähe jene verhältnissmässig grössere Ausführung keineswegs einen gehörigen Ersatz
gewährt. Auch das Anbringen einer der gothischen ganz fremden
Architektur, wie die der Renaissance, in gothischen Gebäuden stört
ungemein die Harmonie des Eindrucks.

Obwohl nun in den Glasmalereien der verschiedenen Länder
vom 15., bis zu dem Ausgehen dieser Kunst im 17. und 18. Jahrhundert, welche ich hier gleich kürzlich mit in Betracht ziehe, dasselbe malerische Prinzip herrscht, sind sie doch unter sich, indem
sie den jedesmaligen Kunstformen der Zeit und des Orts entsprechen, wieder von grosser Verschiedenheit.

In Belgien wird schon im 15. Jahrhundert eine ganz besondere
Art der Glasmalerei, grau in grau, wobei in den Lichtern das
Glas nur leicht gedeckt wird, zu hoher Vollendung ausgebildet. Die
schönsten, in Farben ausgeführten, Glasgemälde in Belgien aus dieser Epoche sind die mit dem Jahr 1525 bezeichneten in dem Chor
der Kirche St. Jacques zu Lüttich, welche in der Mitte die Kreuzigung, zu den Seiten Engel, Heilige und die Stifter, darstellen. Sie
stehen nicht allein als Kunstwerke durch die Schönheit der Köpfe,
die Reinheit der Zeichnung, und die grosse Ausführung auf einer

hohen Stufe, sie leisten auch, durch die ruhigen Stellungen den ursprünglichen Stylgesetzen der Glasmalerei bis auf einen gewissen Grad Genüge. Die Bildnissfiguren fürstlicher Herrn, als Karl V., Ferdinand I., u. s. w., in der Gudulakirche zu Brüssel, aus der ersten Hälfte des 16. Jahrhunderts, machen ebenfalls, unerachtet der Einfassung im reichsten Geschmack der Renaissance, einen immer noch den früheren Glasmalereien verwandten Eindruck. In den vielen berühmten Glasmalereien der Kirche zu Gouda in Holland, so wie in dem grossen der Krönung Maria in der Kirche St. Paul in Lüttich, aus der 2. Hälfte des 16. Jahrhunderts, herrscht dagegen der manierirte Geschmack der Nachahmung der Italiener, eines Frans Floris, eines Marten Heemskerk. In Rücksicht der Farbenpracht und in Ausbildung der Technik stehen sie indess noch auf der vollen Höhe dieser Kunst. Die Glasmalereien des Abraham van Diepenbeck, eines Schülers von Rubens, in einer Kapelle der Gudulakirche zu Brüssel, stehen vollends mit dem dieser Kunstgattung ursprünglich eignen Richtung im vollsten Widerspruch und findet sich hier auch in der Gluth und Harmonie der Farben schon eine grosse Abnahme.

In Deutschland zeigen die Glasfenster aus dem Ende des 15. und dem Anfang des 16. Jahrhunderts, in der Lorenzkirche zu Nürnberg, namentlich das Volkamerische, die Formen der fränkischen Schule, und eine hohe Ausbildung in den schönen Farben und der Ausführung. Die fünf grossen Glasgemälde im nördlichen Seitenschiff des Doms zu Köln, von den Jahren 1508 und 1509, enthalten zwar im Einzelnen viel Verdienstliches, sind aber im Gesammteindruck sehr unbefriedigend.

Ein eigenthümlicher Zweig der Glasmalerei, welcher sich, mit immer abnehmender Güte, noch bis in das 18. Jahrhundert erhält, blühte in der Schweiz, und findet namentlich in den Wappen ein reiches Feld. Sowohl für diese, als für historische Bilder von kleinem Umfang, haben häufig Holbein, Manuel, genannt Deutsch, Urs Graf, die beiden Stimmer, die Cartons geliefert, und in Tiefe der Farben, wie in der Ausführung ist darin öfter höchst Vorzügliches geleistet worden. Beispiele hievon trifft man, ausser in der Schweiz, in vielen öffentlichen und Privat-Sammlungen von ganz Europa an.

Berichtigung.

Der Seite 192, No. 35, befindliche Holzschnitt ist nicht nach dem, auf S. 191 angeführten Bilde des Michael Wohlgemuth, sondern nach der Verkündigung auf dem Genter Altar der Brüder van Eyck, welche sich auch auf Fig. 22 vorfindet, genommen worden, hat indess in der Disposition mit jenem Bilde des Wohlgemuth viel Aehnlichkeit.

www.ingramcontent.com/pod-product-compliance
Lightning Source LLC
Chambersburg PA
CBHW021108270326
41929CB00009B/786